POLICE EN PÉRIL

Du même auteur

Mais que fait la police ?, éditions Minerve, 1995.

Police, une affaire d'État, Jacques-Marie Laffont éditeur, 2002.

JEAN-LOUIS ARAJOL
Avec la collaboration d'Agnès Naudin

POLICE EN PÉRIL

La « grande maison » brûle

cherche midi

Vous pouvez consulter notre catalogue général
et l'annonce de nos prochaines parutions sur notre site :
www.cherche-midi.com

92, avenue de France
75013 Paris

Mis en page par Nord Compo
Dépôt légal : juin 2020
ISBN 978-2-7491-6480-9

À Roland, Joël, Corinne, Catherine, Xavier, Damien, Maggy, Laurent, Thierry, Guy, Jordan, Gwladys, Marlène, David, Alice, Romain, Amandine, Philippe, Raphaël, Florent, Jean-Baptiste, Jessika, Samuel, Christophe, Benoît, Gaël, Clarissa, Ahmed, Franck, Yassine, Sandrine, Noam, Didier, Louis-Philippe, Fabrice, Jean-Marc, Cyril, Boris, Stéphane, Amaury, Pascal, Gilles, Cédric, Patrick, Érick, Anne, Frédéric, Nicolas, Gérard, Aurélie, Jacky, Jean-Serge, Florian et tous les autres...

Prénoms de policiers de tous grades décédés, victimes du devoir et/ou qui se sont suicidés ces dix dernières années.

SOMMAIRE

Avant-propos 11

PREMIÈRE PARTIE

LA « GRANDE MAISON » BRÛLE,
LA HAINE ANTI-FLICS ATTISE LES FLAMMES

CHAPITRE I. Radiographie d'un malaise 19

CHAPITRE II. Diviser pour mieux régner 39

CHAPITRE III. La haine anti-flics 57

DEUXIÈME PARTIE

COMMENT EN EST-ON ARRIVÉS LÀ ?

CHAPITRE IV. Le mauvais modèle américain 91

CHAPITRE V. L'échec des politiques publiques 115

CHAPITRE VI. Aux grands maux les grands remèdes 165

Remerciements 213

AVANT-PROPOS

L'Arc de triomphe est l'un de nos monuments nationaux à forte portée historique. Construit à la demande de Napoléon en 1806 pour célébrer la victoire d'Austerlitz, ce site parisien emblématique est le symbole des victoires de l'armée française. La dépouille du Soldat inconnu, tué lors de la Première Guerre mondiale, y est inhumée le 28 janvier 1921. Deux ans plus tard, André Maginot, alors ministre de la Guerre, soutient le projet d'y installer une « flamme du souvenir ». Allumée pour la première fois le 11 novembre 1923, celle-ci célèbre le souvenir des soldats morts au combat et ne s'éteint jamais. Chaque soir, à 18 h 30, sous la surveillance respectueuse de policiers en tenue, elle est ravivée par des associations d'anciens combattants ou de victimes de guerre. Il a fallu trente ans pour construire cet édifice. Il n'aura fallu que quelques heures, ce samedi 1er décembre 2018, cent quatre-vingt-deux ans après, pour que ce haut lieu de notre République et de notre mémoire collective soit l'objet de dégradations sans précédent.

Angelo fait partie de ces collègues qui se déplacent dans la nuit de samedi à dimanche pour constater les dégâts : « Ras le bol de ce bordel ! Seize ans de boîte, je n'ai jamais vu un tel merdier. J'ai été réquisitionné deux samedis d'affilée. Ça fait douze heures que je suis sur la brèche. Encore une nuit blanche qui s'annonce. Pas un week-end en famille avec mes enfants depuis mon retour de congés début septembre. On cumule les heures sup', on n'arrête pas. » Avec Josias, un autre copain flic de Paris en ligne, ils me dépeignent plus tard la scène.

Tous deux sont fatigués, usés, mais pas surpris. C'est la routine. Ils ne pensent pas à leurs heures supplémentaires, qui ne seront même pas payées[1]. Ils sont juste écœurés, fatalistes, résignés. Comme s'il ne s'agissait là que de l'aboutissement banal et sordide d'un vécu professionnel parmi tant d'autres.

Les slogans, tags et autres graffitis qui parsèment l'Arc de triomphe témoignent d'une certaine diversité de courants, mais sont unis par une fureur commune. Le rapport de police énumère, entre autres : le « A » de « Anarchie » entouré d'un cercle, « On a raison de se révolter », « À bas l'État, les flics, et les fachos », « À force de creuser, on finit par prendre des coups de pelle », « Vive le vent, vive le vent, vive le vandalisme », « Classe contre classe », « Pas de guerre entre les peuples et pas de paix entre les

1. Sur 24 millions d'heures supplémentaires dues aux policiers, 3,5 ont été pour la première fois payées par le ministère de l'Intérieur fin 2019.

classes », « Gilets jaunes antifas », « Vive les enfants de Cayenne ».

L'ultra-droite signe sa participation au saccage : « Ultra-droite perdra Manu », ont relevé les policiers. Le président est la principale cible : « On a coupé des têtes pour moins que ça », « Macron, rends l'argent », « Macron, t'es foutu », « Les Gilets jaunes triompheront », « Macron, démission »...

Quant aux dégradations diverses : une sculpture de plâtre représentant une femme et son bonnet phrygien, qui a incarné d'abord le concept de liberté avant de devenir celui de la République, totalement défigurée, et le buste de Napoléon Ier jeté de son socle – « la tête a été séparée de ses épaules », selon le procès-verbal. Les yeux du buste de Louis-Philippe ont, quant à eux, été peints en rouge.

Jamais un monument aussi prestigieux, un si haut symbole de la nation n'avait encore été ainsi dégradé.

Samedi 16 novembre 2019 : anniversaire de la naissance de ce mouvement social inédit.

Cette fois, c'est la place d'Italie qui est l'épicentre du désordre. Outre les banques et autres établissements d'usage, la stèle du maréchal Juin est en partie détruite. Trois black blocs courent en direction d'un cordon de CRS qui semble les laisser passer et les protéger. Une vidéo de vingt-huit secondes, vue plus de 550 000 fois depuis sa diffusion, suscite les doutes sur les réseaux sociaux : « Castaner, pourquoi tes policiers sont déguisés en casseurs ? », « Attention, si tu vois des casseurs, ne dis rien : ce sont juste des flics ! »... Un tweet de la Police nationale dément : « Faux ! Comme dans toute manifestation, les policiers en civil procèdent discrètement à des interpellations et renseignent sur les mouvements du cortège. » L'ombre des barbouzes plane sur les conflits sociaux...

Aujourd'hui, policiers, gendarmes, pompiers, adjoints de sécurité, etc., sont, au quotidien, même dans leur vie privée, épiés, menacés, agressés. Ces « soldats de la paix », buvards du mal-être social, sont considérés, ainsi que l'Arc de triomphe, à la fois comme des symboles de la nation et les exécutants d'un pouvoir suscitant la défiance quasi générale.

Piliers de l'État de droit, évoluant dans un contexte professionnel où désormais la performance est érigée en dogme, ils subissent en outre un management archaïque, centralisé, bureaucratique, parfois inhumain. Ils obéissent souvent à des consignes totalement décalées de la réalité du terrain. Leur travail est encadré par un mille-feuille de législations nébuleuses malgré lesquelles ils doivent assurer un travail de gardien de la paix, au péril de leur vie. Mal payés, peu considérés, ils ont, comme tout un chacun, des difficultés économiques, familiales ! Du fait de leur fonction, ils subissent, à titre privé et à titre professionnel, doublement la crise.

Dans cet ouvrage, je tente ainsi de dresser un état des lieux de la situation actuelle au sein de la profession, de me faire l'écho du mal-être qui la ronge et d'évoquer les causes qui l'ont, au fil des années, généré : la décrépitude du politique, le mépris du peuple, l'influence du modèle politico-économique américain et l'absence de cohésion sociale qui en découle.

Enfin, je propose quelques pistes de réflexion susceptibles selon moi d'inverser la tendance, tout en plaidant pour une refondation du mouvement social républicain au sein de la profession. Un syndicalisme policier républicain fort est non seulement un contre-pouvoir nécessaire mais il constitue, surtout au sein de notre République, une garantie citoyenne.

***

Réserve. Loyauté. Deux petits mots qui dansent dans ma tête depuis que j'ai décidé d'écrire cet ouvrage. Ancien secrétaire général du Syndicat général de la police (SGP) et de la Fédération autonome des syndicats de police (FASP) de 1994 à 1999, j'ai terminé ma carrière en tant qu'officier de liaison au Mali, de 2007 à 2013. Aujourd'hui consultant et retraité de la Police nationale, je reste très attaché au syndicalisme républicain au sein de notre institution, ce qui ne m'empêche pas de dénoncer les dérives du mouvement social policier, notamment de ce que François de Closets appelait la « syndicratie[2] ».

Réserve et loyauté. Deux petits mots qui empêchent les policiers de parler, de raconter, de décrire, de se plaindre. Certains ont essayé et se sont frottés à l'IGPN pour avoir enfreint cette règle. Au sein de notre famille professionnelle, pas de critique, pas de vagues. Surtout, ne changeons rien.

Réserve et loyauté. Deux petits mots derrière lesquels se cache aujourd'hui un chiffre. Un chiffre qui ne cesse de grossir, chaque semaine. Celui de la honte, celui de nos morts, dont on dit qu'ils vivaient des « situations personnelles difficiles ». Il est « difficile » d'être flic aujourd'hui. Un sacerdoce plus encore qu'une vocation.

---

2. *Pour en finir avec la syndicratie*, Paris, Points, 1987.

Il est juste mais facile de parler de la haine anti-flics, de dire que « c'est de la faute du citoyen » si les flics crèvent d'un manque de reconnaissance... Mais ce n'est pas la raison première du sentiment d'injustice. La raison première, c'est le modèle que nous avons choisi. Un système que personne ne veut vraiment s'atteler à réformer. Certes, de réformette en réformette, on panse tant bien que mal les maux des policiers, sauf que les blessures sont causées par celui qui les soigne. Tel est le sempiternel ouroboros[3] de la Police nationale !

Je souhaite ici démontrer par des témoignages et analyses qu'en près de quarante ans, peu à peu, ce qui était la « grande maison » est devenu une institution plus que jamais en proie au doute, à la lassitude, à l'exaspération. Tous ces témoignages – anonymes, pour des raisons évidentes – sont bien réels, et servent d'illustration à la démonstration.

Réserve et loyauté. Deux petits mots qui signifient que je prendrai des coups, c'est certain. De la part des syndicats, des associations, de la hiérarchie, du politique aussi. Mais je suis prêt.

Parce que, vous, policiers, vous le méritez bien.

3. Symbole très ancien du serpent qui se mord la queue.

PREMIÈRE PARTIE :

LA « GRANDE MAISON » BRÛLE, LA HAINE ANTI-FLICS ATTISE LES FLAMMES

Chaque fois que l'on fait passer nos différences
avant nos ressemblances, on met le doigt
dans un processus d'affrontement.

Élisabeth Badinter

CHAPITRE I

RADIOGRAPHIE D'UN MALAISE

4 avril 2019

Jean-François – Jeff pour les intimes, 38 ans – est policier depuis vingt et un ans, en service à la BAC[4] de nuit depuis treize ans. Aujourd'hui, il a décidé de se pendre à son domicile, dans l'Ain.

Dominique, sa mère, évoque publiquement comment les conditions de travail de son fils ont toujours empiété sur sa vie privée.

« Je savais que le métier de Jean-François était dangereux. Quand il me disait : "Je ne travaille pas ce soir", je me sentais soulagée : au matin, je n'aurais pas de mauvaise nouvelle. Depuis sa disparition, c'est une plaie béante.

4. Brigade anti-criminalité.

Les affaires de Jean-François ont été rendues à ma belle-fille dans un simple carton. Presque en catimini. Mais aux obsèques, ce sont 300 policiers qui sont venus. Ils m'ont offert une plaque avec son matricule. Et, encore aujourd'hui, ils restent très présents. Son major est venu à la maison pour me dire que, tous les soirs au moment de la prise de service, ils parlaient de Jeff. C'était sa deuxième famille, à Jeff…

Treize années de BAC la nuit, c'est vraiment trop long. Il aurait fallu le faire tourner dans d'autres services. Il ne disposait que d'un week-end sur sept – et encore, pas toujours complet. Une vie professionnelle avec des horaires décalés, en totale déconnexion avec la vie de famille.

Jean-François était en cours de séparation avec ma belle-fille. Ils ont quatre enfants, âgés de 3 à 13 ans. Ils avaient décidé de faire une pause, chacun vivant dans son appartement. C'est dur, d'être femme de flic. J'en sais quelque chose. Mon père était flic, ma nièce est flic, mon beau-frère et mon frère sont retraités de la police, mon ex-mari travaille dans la police municipale.

La femme de Jean-François ne voulait plus d'arme à la maison, et elle avait raison. Elle le sentait fragilisé. Mais quand on veut en finir… Si un flic se plaint, c'est un aveu de faiblesse.

En 2015, il a voulu passer les examens pour intégrer le RAID[5], son vœu le plus cher. Mais il s'est blessé dans les épreuves de sport. Il a vécu cela comme un échec. Toute vie professionnelle, quand elle ne tourne pas bien, déteint sur la vie personnelle.

---

5. Recherche, Assistance, Intervention, Dissuasion.

Le ministre de l'Intérieur m'a appelée, deux fois. Prise au dépourvu, j'ai quand même eu le temps d'expliquer à M. Castaner que mon fils ne supportait plus ce manque de respect, ces bouteilles jetées à la figure et ces crachats au visage. Imaginez ce que je ressens quand je lis sur les réseaux sociaux "Champagne ! Un de moins !"... On considère ce phénomène comme une fatalité.

Jean-François parlait peu mais, aux repas de famille, il témoignait du manque de moyens et des conditions de travail. Quand il fallait prendre en chasse une grosse berline dans une petite citadine... Ou quand il fallait verbaliser un automobiliste pour une infraction, alors que les flics eux-mêmes doivent rouler dans une voiture dont les pneus sont lisses.

Les jours qui ont précédé son suicide, je l'ai senti se rapprocher de moi. Lui qui s'épanchait si rarement, il s'est ouvert. Je m'en réjouissais, sans comprendre ce qui se jouait au plus profond de lui. Il est parti quelques jours plus tard, en laissant des lettres. Il avait organisé jusqu'à ses obsèques.

À part Christophe Castaner, je n'ai pas senti d'empathie dans la hiérarchie. Je n'arrive pas à comprendre que l'on considère ce phénomène comme une fatalité. Alors je me battrai jusqu'au bout. Je suis administratrice d'un groupe Facebook, "Alerte police en souffrance", créé à l'initiative de Franck Baudry, retraité de police, et qui doit se constituer en association. En attendant, le compteur de la honte continue de tourner. »

Des causes multifactorielles

On ne se suicide jamais pour une seule raison, mais quel policier ne se sent pas concerné par le témoignage de la mère de Jeff ? La situation actuelle de la Police nationale, et plus généralement du service public de sécurité, est dramatique.

C'est en 1996 que la vague de suicides dans la police fut la plus importante[6]. À cette époque et depuis six ans, les guérillas urbaines et les violences à l'encontre des forces de l'ordre se multiplient. La haine anti-flics fait rage. C'est alors que, à l'initiative d'une organisation syndicale, le SGP, Syndicat général de la police, se crée l'association SOS Policiers citoyens. Les policiers tirent la sonnette d'alarme et veulent attirer l'attention de tous sur leur situation. Ils ne sont pas préparés à ce phénomène. Ils veulent être soutenus par les autres professions et les citoyens.

Mais depuis le premier plan de modernisation de la Police nationale, rien ou presque n'a été fait sur le fond pour se prémunir de ce malaise et adapter l'institution aux nouvelles formes de violences.

Pierre Joxe, qui fut à l'origine de ce plan, est l'un des rares à avoir réussi à la faire évoluer. C'était en 1984. Cette loi de modernisation sur la sécurité, assortie d'un plan quinquennal applicable sur la période 1986-1990, dresse un constat de la situation, définit les conditions d'une efficacité retrouvée et propose une réforme considérée alors comme prioritaire : formation des personnels, modernisation des équipements et des services, présence accrue des fonctionnaires sur le terrain. Les deux objectifs principaux sont de rendre la police plus opérationnelle et d'accroître l'efficacité de ses interventions.

6. 70 suicides en un an.

Suite à ce plan de modernisation, si les problèmes économiques et sociaux se sont aggravés, l'institution, elle, n'a pas bougé. « Gouverner, c'est prévoir et ne rien prévoir, c'est courir à sa perte[7]. »

Il faudra attendre le deuxième plan de modernisation de la Police nationale – loi d'orientation et de programmation sur la sécurité intérieure (LOPSI), dite loi Pasqua – qui voit le jour le 21 janvier 1995. Cette loi grave dans le marbre législatif une nouvelle organisation au sein même de l'institution. Elle réaffirme l'engagement de l'État dans le domaine de la sécurité. Elle octroie des mesures sociales – depuis inégalées – aux fonctionnaires, dont la plus importante est la « fidélisation » des policiers dans les zones dites difficiles (primes, accélérations de carrière, etc.).

L'espoir renaît alors. Une vaste concertation s'engage pendant des mois avec l'ensemble des partenaires sociaux et dans toutes les régions de France. Les personnels sont consultés, écoutés. Une première, orchestrée par un fils de gardien de la paix[8].

Il ne fait aucun doute que les nombreuses mesures de cette loi ont, à l'époque, un impact sur la situation. Les suicides diminuent presque de moitié, puisqu'ils passent de 71 en 1996 à 47 l'année suivante.

De même, entre 2014 et 2016, le nombre de suicides dans la police baissera de 55 à 36, avant de remonter brusquement à 50 en 2017. Suite à cette nouvelle hausse, une commission d'enquête sénatoriale sur l'état des forces de sécurité intérieure se met en place. Ses travaux durent six mois.

7. Émile de Girardin, *La Politique universelle, décrets de l'avenir*, 1852.
8. Charles Pasqua, fils de gardien de la paix, résistant à 15 ans, et alors ministre de l'Intérieur.

En tant que consultant et représentant du collectif PRC[9], j'ai eu l'honneur d'être auditionné par cette commission. Ce qui ressort de ce rapport, c'est que le malaise est extrêmement profond. Le taux de suicide au sein de la Police nationale est supérieur de 36 % à celui de la moyenne nationale. La gendarmerie n'est pas épargnée. Si ce rapport constitue en quelque sorte un aveu d'échec des politiques publiques en matière de sécurité, il a le mérite de dresser un constat tout à fait réaliste et rationnel de la situation. Il souligne, comme dans les années 1990, un climat de violence accrue à l'égard des forces de l'ordre, dont le paroxysme a été atteint avec l'assassinat d'un couple de policiers à Magnanville à l'automne 2016. La baisse du nombre de policiers ayant attenté à leurs jours entre 2014 et 2016 est, quant à elle, très probablement due à la fois au premier plan de prévention du suicide mis en place par Bernard Cazeneuve, mais aussi à l'intense activité opérationnelle provoquée par la menace terroriste, qui aura redonné du sens au métier et renforcé le ciment entre policiers.

Lors de cette audition, j'ai pu, avec quatre collègues présents, attirer l'attention des sénateurs sur l'épuisement et le ras-le-bol de nos collègues, leur profond mal-être psychologique, leur absence de vie familiale, les difficultés liées à la nature même de la profession : moyens totalement insuffisants, voitures usagées, locaux vétustes, cadences de travail impensables au vu de la dangerosité du métier, etc.

9. Police, République et Citoyenneté est un collectif qui regroupe des policiers républicains, actifs et retraités, de toutes sensibilités et de toutes obédiences syndicales.

En outre, l'accès rapide à une arme, le stress, l'épuisement professionnel, l'obligation de rendement et parfois même le harcèlement qui en découle peuvent de toute évidence constituer des facteurs facilitateurs. Mais des études sur les suicides démontrent aussi que la désintégration du groupe social (excès d'individualisation) ou (et) la dislocation anarchique de ce groupe (au cours des crises économiques, politiques ou sociales) a des conséquences sur le passage à l'acte[10].

Les policiers vivent doublement la crise. Pompiers du mal-être social, ils sont confrontés au quotidien à la misère et à la fracture qui touchent notre société. Lorsqu'ils rentrent chez eux, à titre privé, ils ont aussi à faire face à leurs propres problèmes, sociaux, familiaux, etc.

Et si personne n'est là pour entendre leurs préoccupations, s'ils ne peuvent se confier à leur famille qu'ils ne voient que très rarement en raison des rythmes professionnels qui leur sont imposés, s'ils n'osent pas se confier à une hiérarchie par peur de passer, comme Jeff, pour des « faibles », ou encore si leur administration fait la sourde oreille à leur désarroi, qui peut comprendre leur souffrance et les empêcher, sur un coup de tête, de passer à l'acte ?

C'est le sénateur François Grosdidier qui précisera lors de la publication du rapport sénatorial portant sur le malaise au sein de l'institution que les policiers « sont aujourd'hui en quête de sens sur leur propre action, n'ayant pas le sentiment d'être reconnus ni par leur

10. Études sur le concept de « mémoire collective » du sociologue Maurice Halbwachs dans les années 1930.

hiérarchie, ni par le pouvoir, ni par les médias, ni par l'opinion[11] ».

Le compteur de la honte

5 juillet 2015

Rocco et Catherine entendent un message sur les ondes : « Bon courage à vous, moi, la boîte m'a tué. »

« Avec tous les effectifs présents ce soir-là, on a entamé des recherches au sein de la DDSP[12]. Au bout de longues minutes, son corps a été découvert dans les toilettes féminines du quatrième étage. Il avait laissé sa montre et un petit mot posé sur la vasque, n'expliquant pas son geste, mais qui donnait des consignes pour prévenir sa femme à leur domicile. Là, le temps s'est figé. Il y a un côté irréel face à cette vision. Le temps que les sapeurs-pompiers ont mis à arriver sur place nous a paru très, très long. Ils ont pratiqué un massage cardiaque sur lui pendant de longues minutes. »

Lui se prénomme Thierry. Thierry est brigadier-chef et travaille à la BAC nuit du 94, en civil. Thierry est marié et père de deux enfants. Il a 40 ans et compte à son actif vingt ans de service. Il a bossé à la capture des chiens dangereux et au commissariat du Kremlin-Bicêtre. Il a des soucis d'ordre privé, certes. Qui n'en a pas ? Néanmoins, les conditions de travail se sont dégradées au sein de son service – qu'il s'agisse des missions, du matériel ou des pressions au nom du sempiternel rendement que subissent les collègues. Une situation qui rend ce gradé

11. Présentation à la presse du rapport d'enquête sur l'état des forces de sécurité intérieure « Vaincre le malaise des forces de sécurité intérieure : une exigence républicaine », mardi 3 juillet 2018.
12. Direction départementale de la sécurité publique.

très apprécié de tous de plus en plus aigri. Comme tous les soirs, il assiste à l'appel tout à fait normalement. Il équipe son véhicule de patrouille avec ses collègues. Puis il monte au quatrième étage de la DDSP du Val-de-Marne et passe un message sur les ondes avant de se tirer une balle dans la tête.

Catherine : « Il a précisé que son travail l'avait tué sans dire clairement qu'il allait passer à l'acte, mais on a tout de suite percuté. À l'arrivée de la hiérarchie, on s'est rendu compte immédiatement qu'ils cherchaient juste à savoir si l'administration était responsable. On sent bien qu'il y a un protocole appris par cœur. Ce n'est pas que Thierry au sol. Pour eux, c'est surtout un problème, une forme de mission dramatique, à gérer. On sent que le suicide, pour l'administration, c'est gênant. Ils auraient sans doute plus assumé s'il s'agissait d'une mission extérieure. En fait, ils semblent juste vouloir se soulager du poids qui pourrait leur être imputable. Moi, quand je l'ai vu par terre, je lui en voulais énormément. Je voulais qu'il se relève et qu'il se bouge… »

Rocco : « Thierry, en tout cas, a réussi à nous cacher sa dépression. On se refait le film mille fois. Ce qui a été le plus déstabilisant, c'est qu'il a joué une sorte de jeu macabre pendant trois ou quatre mois. Il nous disait qu'il allait partir. Et qu'un télégramme nous l'annoncerait. Tout le monde pensait à un changement de service ou à une mutation, alors qu'il savait déjà ce qu'il voulait faire. Il a fait en sorte que ses enfants ne soient pas chez lui le soir de son acte. Il est venu au travail avec une voiture de location. Quand il a quitté son domicile, il savait qu'il ne reviendrait pas. »

Ce fut un coup très dur pour tous les effectifs du département et la BAC « N » du 94. Thierry, peu de temps avant son suicide, avait invité ses coéquipiers au restaurant. Pour lui, c'était une façon de dire adieu à ses collègues. Un adieu qu'ils n'ont pas vu venir.

Catherine : « Quand il a dit au revoir à ses enfants et à sa femme ce soir-là, il y avait quelque chose de spécial. Elle savait parfaitement qu'elle ne le verrait plus, que ce n'était pas un soir comme les autres. Il était, je crois, sous traitement antidépresseur et suivi par un psy, mais il ne nous en avait jamais parlé. Pourtant, nous étions dans la même TV[13], et nous passions beaucoup de temps ensemble. On discutait et on faisait beaucoup de sport. On a partagé plein de trucs, mais il ne m'a jamais, jamais parlé de sa dépression. On est tous, quelque part, blasés et déçus par le boulot, le manque de reconnaissance, le manque de moyens, etc. Thierry a été blessé en service sur le braquage d'un fourgon et avait obtenu des ATI[14], que la boîte, après, a voulu lui reprendre. Et ça, il l'a très mal vécu. Encore une fois, aucune reconnaissance. On est des larbins, c'est tout. Tant que tout va bien, ça roule. Mais à la moindre anicroche, on ne nous fait aucun cadeau. Pour ses 40 ans, Thierry nous avait invités au Pedra Alta, un resto du coin. On était cinq : ça lui a coûté cher. On a compris, après son départ, que l'argent n'était plus un souci pour lui. Aujourd'hui, nous le comprenons. Mais sur le coup, on n'a vraiment rien vu venir.

Ce que je peux dire aujourd'hui, c'est que, dans une vie de brigade, il y a un avant et un après-suicide. On ne peut plus regarder un collègue qui ne nous paraît pas

13. Véhicule.
14. Allocation temporaire d'invalidité.

bien sans penser au pire. Tant que tu n'es pas touché, tu te dis que ce sont peut-être des personnes faibles, qui ont trop de soucis. Tu te dis que tu te rendrais compte d'un risque potentiel de passage à l'acte. En fait, pas du tout. Cela étant, ce drame nous a encore plus soudés, et fait relativiser pas mal de choses. On a décidé d'être très proches de sa famille, de sa femme, de ses enfants, de ses parents, de ses frères et sœurs. Ces derniers aussi ont eu besoin de connaître de plus près son environnement professionnel, son autre famille, et de voir le lieu du drame. En découvrant les sanitaires, le père de Thierry nous a même dit qu'il ne laverait même pas son chien ici. En tout cas, ça a été une thérapie pour nous, d'être proches de sa famille. Au quatrième étage, il y a, depuis, un petit endroit avec sa photo, pour que l'on puisse aller s'y recueillir. 2019, c'est la première année où les parents de Thierry ne sont pas venus. En fait, ils ne savent plus si ça leur fait plus de bien que de mal. Les conséquences sur ses enfants sont énormes, à tel point que son fils a été mis sous traitement médical. »

Rocco : « Je pense qu'il ne voulait pas se montrer faible devant nous en nous parlant de psy et de traitement antidépresseur. Comme tous les policiers. On ne règle pas le problème. Tu as l'impression d'être écarté lorsque tu laisses percevoir ta faiblesse. En dix ans de travail de nuit, Thierry n'a pas vu un seul médecin de l'administration. On ne saura jamais si ça aurait pu éviter quelque chose. Mais, surtout, en tant que "nuiteux", il serait indispensable d'avoir un bon suivi médical. La boîte n'a pas fait son taf. Quand tu viens sonner chez ton collègue pour annoncer sa mort à sa femme et lui dire qu'il a mis fin à ses jours avec son arme de service, qu'elle te demande où il a fait ça, où il a tiré... C'est juste horrible. Il faut faire attention à chaque mot que tu dis. Ensuite, le fameux protocole de l'administration se met en place, avec la visite de la cellule psychologique. Mais franchement, on n'en a pas eu besoin. On avait juste besoin de se retrouver entre nous et de discuter. Certains ont pleuré, d'autres non. Mais ce qu'il y a de sûr, c'est qu'on avait besoin d'être ensemble. »

Message du père de Thierry : « Thierry venait de fêter ses 40 ans en famille. Une semaine après, comme d'habitude, il nous appelait pour prendre des nouvelles, juste avant de se tirer une balle dans la tête en laissant deux enfants en bas âge. Thierry aimait son travail mais en parlait rarement. Il se plaignait de ne pas avoir toujours le soutien de sa hiérarchie mais c'était rare. Nous avons pu constater les mauvaises conditions de travail dans lesquelles il exerçait son métier, qu'il s'agisse des locaux ou du matériel. Les policiers font un métier très dur et non reconnu qui se répercute sur femmes et enfants, et beaucoup d'enfants cachent le métier que font leur papa ou leur maman. Ce suicide restera à jamais un choc terrible et suscite pour nous beaucoup d'interrogations. Dans ces moments difficiles, nous avons été soutenus par tous les collègues de Thierry et son commissaire. Un soutien qui restera toujours dans nos cœurs. En cette année 2020, beaucoup d'enfants vont perdre leur papa ou leur maman parce que nous n'avons pas de politiques capables de prendre les bonnes initiatives. Thierry avait choisi ce métier par choix. Il avait fait son service militaire dans la police. Pour ma part, je reproche à l'administration de ne pas protéger suffisamment les policiers et, au moindre incident, de mettre leur action en doute. C'était le cas pour Thierry au cours de l'une de ses interventions. »

28 avril 2017

Xavier est rattaché à la brigade des réseaux ferroviaires, plus exactement à l'USIM[15] Créteil, service composé de 20 fonctionnaires. Il a des soucis personnels et médicaux. Il est en burn out. Sa hiérarchie directe prend l'initiative de le désarmer. Lors de son passage devant le médecin-chef de l'administration, Xavier est réarmé. Selon le médecin, « aucun motif médical ne justifie le désarmement ». Le lendemain de son réarmement, il reprend son service, récupère son arme et se dirige vers son vestiaire. Il se suicide à l'intérieur des locaux.

Maria raconte : « Xavier est brigadier de police, il a de gros soucis avec son épouse, et aussi des problèmes d'argent. C'est un collègue très discret et en retrait. En juin 2016, Xavier a fait un burn out à la suite de problèmes personnels et professionnels. Des reproches incessants lui sont faits pour les chiffres, entre autres. Il est arrêté cinq ou six mois, mis sous traitement médical – ce qui lui fait prendre du poids et l'assomme complètement. Mais quand on le voit, il nous dit qu'il veut revenir avec nous sur la VP[16]. Au bout de six mois, il voit le médecin-chef, qui le fait reprendre dans un bureau avec des horaires aménagés. Il ne veut pas rester dans ce bureau et décide de stopper complètement son traitement, pour pouvoir reprendre le terrain. Il a alors un autre rendez-vous avec le médecin-chef, qui l'autorise cette fois à reprendre sur la voie publique avec son arme de service.

Quand il reprend, il est passé brigadier-chef. Il a donc encore plus de responsabilités. Nous, lorsqu'on apprend

15. Unité de sécurisation intermodale.
16. Voie publique.

cela, on est surpris. Il arrive, on ne le reconnaît pas physiquement, il fait négligé. Dans notre service, on marche beaucoup, et on s'achète nos propres chaussures. Xavier ne peut pas, à cause de ses soucis d'argent. Il est complètement ailleurs. Il oublie tout, partout, sans cesse. Il est dangereux pour lui-même et pour son équipe. Chaque collègue de l'unité dit à la capitaine que Xavier ne va pas bien, et qu'il nous inquiète. Mais elle nous répond qu'elle ne peut rien faire, puisque le médecin l'a fait reprendre, armé. Elle décide quand même de lui demander de rendre son arme à chaque fin de service, par sécurité. Xavier, lui, le prend très mal et ne comprend pas.

Un jour, il ouvre son casier, et une grosse boîte de médicaments tombe et roule à ses pieds. Un collègue regarde de quoi il s'agit. Ce sont des antidépresseurs. Il lui demande s'il prend ces médicaments ; Xavier est très gêné et lui répond que non, que ce sont de vieilles boîtes. Mais on sait que c'est faux. Nous avisons notre major, qui ne peut rien faire. Nous sortons dans la foulée avec Xavier, pour un contrôle d'identité à Val-de-Fontenay. Nous n'avons pas mis nos casquettes. Le commissaire de police vient sur place et voit que nous n'avons pas nos casquettes. Il demande à Xavier de la mettre. Xavier lui répond qu'il ne l'a pas. Le commissaire lui demande un rapport, alors qu'il connaît sa situation. Une nouvelle fois, Xavier vit mal cet incident. Nous pensons que ce n'est pas la bonne méthode face à quelqu'un qui a plus besoin d'aide qu'autre chose.

Xavier se plaint sans arrêt de douleurs au ventre et regarde sur Doctissimo ce que ça peut être. Bien sûr, ça le rend un peu parano. Il passe ses journées sur son téléphone à chercher toutes les maladies pouvant provoquer ces symptômes. Il n'est plus du tout connecté au boulot. Franchement, il est vraiment dangereux pour lui et les collègues. Tous les gradés vont voir le major et la capitaine, les prévenir que ce n'est plus possible, qu'il va se passer quelque chose de grave. Il se néglige complètement, il arrive à l'appel débraillé, c'est de pire en pire.

Une nouvelle fois, ils répondent qu'ils ne peuvent rien faire. Je vais donc voir à nouveau la capitaine.

Xavier parle sans cesse du rapport qui lui a été demandé pour sa casquette. Cette réprimande, il ne l'a pas acceptée. Ses problèmes d'argent ne s'arrangent pas, et il dit toujours qu'il a une maladie – et il a peur que ce soit vraiment le cas. Je dis à Xavier qu'il est mal, qu'il doit voir un médecin et faire une pause. Mais il ne veut pas. Il dit toujours que, pour l'administration, le plus important, c'est d'avoir une casquette. Les semaines se passent. Xavier a un rendez-vous médical pour des examens au niveau du foie.

Samedi 28 avril à midi, on est cinq en salle de repos, on discute. Xavier entre dans la salle, nous fait la bise sans dire un mot. Je lui demande s'il va bien. Il me répond : "Oui, ça va. Attends, j'arrive. Je vais chercher la clé du frigo dans le bureau pour prendre un Coca Zero." C'est son habitude. On continue de discuter... Xavier est à côté de nous mais ne parle pas. Il se lève et nous dit qu'il revient. Il va souvent téléphoner sur le parking.

Au bout d'une demi-heure, la porte s'ouvre, et une collègue, toute blanche, nous demande si on est tous là. "Comment ça, tous là ? Non, il manque Xavier !" Elle nous somme de rester dans la pièce. On comprend immédiatement qu'il se passe quelque chose. Mais non, il n'a pas fait ça ?! Elle nous dit qu'un collègue est par terre dans les vestiaires, qu'elle ne sait pas qui, car elle ne l'a pas reconnu. Notre chef de groupe identifie tout de suite Xavier, grâce à sa veste. Il avise la hiérarchie, qui nous demande aussitôt de ne rien dire à personne. On appelle quand même une collègue qui nous rejoint.

La DSPAP[17], le directeur territorial et la hiérarchie parisienne arrivent en se présentant, comme s'ils attendaient qu'on les salue, complètement froids. La capitaine arrive. Elle est mal, mais c'est trop tard. Ils font ouvrir une salle de la DTSP[18] pour qu'on voie les médecins, mais on n'a pas envie de les voir, et pas envie de leur parler. On veut juste être entre nous. La hiérarchie est là, mais nous, on a perdu un pote. Pour eux, ce n'est qu'un matricule. On ne ressent pas d'humanité. Je dis même au médecin que ce n'est pas à nous qu'il faut parler, c'était à Xav' qu'il fallait le faire.

Ensuite, la capitaine vient à l'appel en demandant des volontaires pour accueillir sa femme et ses enfants. Les collègues ne veulent pas. Moi, je dis que je veux bien, pour les enfants. On leur montre où a travaillé leur père. Sa femme veut voir l'endroit où Xavier a mis fin à ses jours. J'emmène les enfants dans le parking pour les faire monter dans les véhicules. Une de ses filles me demande alors pourquoi son papa a fait ça. Qu'est-ce qu'on peut répondre à une gamine ? Qu'est-ce qu'on peut expliquer ?

Quelques jours plus tard se présentent à l'appel le directeur de la brigade des réseaux ferroviaires, le commissaire et la capitaine. Leur première question : "Vous nous confirmez, il avait bien des problèmes personnels ?" Je

---

17. Direction de la sécurité de proximité de l'agglomération parisienne.
18. Direction territoriale de la sécurité de proximité.

réponds qu'on les avait prévenus. C'est clair : ils veulent juste se dédouaner complètement. Ça me dégoûte, je quitte la pièce. Ils repartent en nous disant qu'ils nous laissent tranquilles une semaine, sans mission, pour que l'on puisse se retrouver et discuter entre nous.

Plus tard, nous apprenons par les parents de Xavier qu'il a déjà tenté de mettre fin à ses jours. Son papa a été obligé d'aller le chercher en forêt parce qu'il était parti avec une corde pour se pendre.

Sa femme nous raconte aussi que, le 28 avril, quand Xavier s'est préparé pour aller au travail, elle lui a dit : "À ce soir." Il lui a répondu : "On est le 28 avril ? C'est un beau jour pour mourir !" Elle ne l'a pas pris au sérieux. »

Sur ce département, une nouvelle directrice prend ses fonctions le 1er mai 2018. Les syndicats dénoncent un management très rigoureux. Le dialogue social est difficile, voire impossible. Certains évoquent même le mot « terreur ». Alors qu'elle est aux commandes du département, des déclenchements RPS[19] sont signalés à Maisons-Alfort, Créteil, Champigny-sur-Marne, Boissy-Saint-Léger et Nogent-sur-Marne.

Olivier est dans le viseur de la hiérarchie, qui semble s'acharner contre lui. Il est à bout. Les principaux syndicats interviennent tous de façon unitaire auprès de la direction départementale. L'un des représentants dit même à la directrice : « J'espère que vous n'allez pas attendre qu'Olivier se mette une balle dans la tête. »

Quinze jours après cette intervention, le 20 août 2018, il est retrouvé mort chez lui. Une balle dans la tête. La

19. Risques psycho-sociaux.

direction départementale demande aux syndicats de ne surtout pas médiatiser cette affaire.

Alors que le commissariat de Maisons-Alfort est toujours traumatisé par le suicide d'un commandant à l'été 2017, arrive Damien. Damien est officier. Il a effectué une grande partie de sa carrière à Boissy-Saint-Léger. Affecté en février 2018 au commissariat pour son passage au grade de commandant, il est reconnu de tous ses subordonnés comme proche de ses troupes, et n'hésite pas à aller au feu. Bref, « un super chef ». Sa propre hiérarchie lui reproche d'ailleurs sa « trop grande proximité avec ses effectifs ».

Mais Damien est en conflit permanent avec la directrice du Val-de-Marne. Il est convenu qu'il ne reste que six mois. Bien que l'administration ne le mute pas à l'issue de cette période, il joue néanmoins le jeu et assure même l'intérim de chef de service – comme bon nombre le font pendant les congés du mois d'août. Lui non plus ne supporte plus la pression. En septembre 2018, il est retrouvé mort devant son domicile. Une balle dans la tête.

Une nouvelle fois, le département est sous le choc. Le management de Maisons-Alfort est montré du doigt. L'épouse de Damien refuse que la chef de service assiste aux obsèques. La directrice départementale insiste. Nouveau refus de la famille. La DDSP aurait alors donné des ordres à tous les chefs de service du département afin de boycotter l'enterrement de Damien. Seul un adjoint et un ou deux commissaires, proches de la retraite, courageux, braveront l'interdit. Des collègues, l'ex-épouse et la compagne de Damien portent plainte contre la chef de service de Maisons-Alfort. Une enquête IGPN est en cours...

Trois autres tentatives de suicide liées à la pression auront lieu pendant la même période sur le même département : un collègue de Vincennes, un de Créteil et un de Nogent-sur-Marne. Une manifestation baptisée « Le Bus de la colère » est organisée contre les conditions de travail et les mutualisations de services. Un bus à impériale, rempli de policiers, arpente les rues de la capitale et les départements de la petite couronne. À chacun de ses arrêts – devant la préfecture de police de Paris ou les commissariats de la petite couronne menacés de fermeture –, des tracts sont distribués afin de sensibiliser les collègues concernés et la population. L'un des principaux animateurs de cette opération, représentant du syndicat Unité SGP Police, fera l'objet d'une procédure disciplinaire et sera entendu par l'IGPN[20].

La directrice du Val-de-Marne, pour sa part, est nommée quelque temps plus tard directrice de la DSPAP. Elle a désormais autorité sur... 26 000 fonctionnaires.

9 octobre 2019, peu après 6 heures

Vincent a 34 ans. Il est affecté sur le 93 en service de nuit. 6 heures sonnent la fin de son service. Ce 9 octobre, il se dirige vers les toilettes du tribunal de grande instance de Bobigny. C'est là qu'il se tire une balle dans la tête. Numéro 52 du « compteur de la honte ».

Une semaine plus tôt, une intersyndicale a mobilisé près de 27 000 policiers qui ont manifesté dans les rues de la capitale, afin d'alerter les pouvoirs publics sur les

20. Inspection générale de la Police nationale.

nombreux suicides dans la Police nationale. La région parisienne, et particulièrement le Val-de-Marne, a été durement impactée par la vague de suicides.

CHAPITRE II

DIVISER POUR MIEUX RÉGNER

Le nombre de suicides au sein de la profession amène à réfléchir, non pas uniquement sur la façon de panser les maux, mais d'empêcher qu'ils ne se reproduisent et continuent de décimer nos rangs. Tous les grades sont touchés, mais l'administration se cache trop souvent et exclusivement derrière l'argument des « problèmes familiaux ».

Or le malaise que traverse notre profession, l'insuffisance de reconnaissance sociale et un management trop souvent à côté de la plaque expliquent aussi cette situation.

Et si certaines interventions syndicales manquent aujourd'hui trop souvent de fond, heureusement, elles existent pour remédier aux lacunes, inepties ou autres contrevérités de l'administration et du politique.

Un bricolage institutionnel

Récemment, trois socialistes, un ancien directeur général de la Police nationale, un ancien premier secrétaire du Parti socialiste et un élu[21] ont publié leur contribution dans le *Journal du dimanche*. Pour faire face « au malaise persistant ressenti par le monde policier », ils proposent de calquer l'organisation de la Police nationale sur le modèle de l'actuelle Gendarmerie nationale. Comme si un changement de structure interne tendant à poursuivre une forme de militarisation de la police permettrait de changer les choses. Dans la gendarmerie, et plus généralement dans l'armée, la « grande muette », les gendarmes n'ont souvent pas voix au chapitre. Ce sont leurs épouses, par le biais associatif, qui parfois mettent au grand jour leur mal-être. Ainsi, en mai 2000, les femmes de gendarmes ont décidé de lancer une association appelée « Mouvement des femmes de gendarmes » (MFG), destinée à « contribuer à assurer la défense des intérêts matériels et moraux des personnels de la gendarmerie ». Un syndicalisme bis, en quelque sorte, et une façon de détourner la loi qui veut que les gendarmes, de par leur statut militaire, n'aient ni le droit de s'exprimer ni le droit de se syndiquer.

Dans le cadre des solutions structurelles, d'autres voix profitent de la situation et ne préconisent rien d'autre que de supprimer l'organisation spécifique de la préfecture de police de Paris, qu'ils qualifient d'« État dans l'État ». Or celle-ci a toujours été reconnue par tous comme la meilleure école pour les flics. Sa dissolution implique une

21. Patrice Bergougnoux (DGPN), Jean-Christophe Cambadélis et François Rebsamen.

municipalisation et une privatisation rampantes de la sécurité sur Paris, ce qui est dangereux pour les institutions de la République. Dans le domaine de la sécurité, tant sur un plan structurel que sur un plan organisationnel externe, la multiplicité des polices n'est pas la solution. Si l'on supprime la PP[22] et ses prérogatives, on concentre les pouvoirs de police sur une seule entité : la DGPN[23]. Or je suis très attaché au contre-pouvoir, surtout en temps de crise.

L'épisode du préfet Maurice Grimaud pendant les évènements de mai 68 est un illustre exemple de ce qui honore notre démocratie[24]. Sa gestion responsable et républicaine du maintien de l'ordre a permis d'éviter le pire.

Lors des manifestations parisiennes de l'époque, des images d'affrontements féroces font le tour du monde. On compte des milliers de blessés de part et d'autre. Le 29 mai 1968, le préfet adresse une lettre à tous les policiers : « Frapper un manifestant tombé à terre, c'est se frapper soi-même en apparaissant sous un jour qui atteint toute la fonction policière. » Et d'ajouter : « Toutes les fois qu'une violence illégitime est commise contre un manifestant, ce sont des dizaines de ses camarades qui souhaitent le venger. Cette escalade n'a pas de limites. »

Plus loin dans l'histoire, la préfecture de Police et ses effectifs ont pris une part active à l'insurrection parisienne et à la libération de la capitale. Enfin, depuis 1934, elle conserve un statut particulier. Une réforme que ni le général de Gaulle ni aucun autre chef d'État n'ont,

22. Préfecture de Police.
23. Direction générale de la Police nationale.
24. Maurice Grimaud fut préfet de police de Paris de 1966 à 1971.

jusqu'à ce jour, modifiée. Ce n'est sans doute pas le fruit du hasard...

En dehors des restrictions budgétaires et de la paupérisation du service public de sécurité, le problème relatif au mal-être policier est ailleurs que dans le bricolage institutionnel.

D'abord, de haut en bas, notre institution n'est que division... Plutôt que de fermer certains commissariats, de démultiplier les petits services spécifiques et cette multitude de sigles qui les caractérise, de réduire toujours plus le nombre d'effectifs, ne serait-il pas temps de faire un pas en arrière et de redonner toute sa place au service dit général ? Reculer n'est pas toujours synonyme d'échec. Au sein d'un service général « juste et parfait », chacun accomplit à tour de rôle les mêmes tâches. Il n'y a pas, d'un côté, les privilégiés qui effectuent les missions les plus motivantes et, de l'autre, les « larbins », condamnés aux tâches indues. Tout le monde, par rotation, mange son pain noir. La cohésion, ce n'est pas créer des disparités d'emplois au sein des services, travailler les uns contre les autres, susciter la défiance. Ce sont au contraire la solidarité et l'égalité de traitement pour toutes et tous qui créent le ciment et le sentiment d'appartenance à un groupe.

Les primes de la discorde

Comme dans le privé, les flics sont notés par leur hiérarchie. Dans le privé, c'est ce qui fonde parfois l'attribution ou non de commissions en fonction des résultats obtenus. Donc le salarié connaît les règles à l'embauche : comment gagner plus en fonction des objectifs qui lui sont fixés et ses résultats obtenus. Chaque année, lors de l'entretien annuel, une nouvelle négociation détermine les nouveaux objectifs, etc.

Au sein de la Police nationale, l'entretien annuel s'appelle « notation » : comme à l'école ! Voilà qui donne une idée de l'esprit du management au sein de la profession. Un entretien de notation dure en moyenne quinze minutes par fonctionnaire et permet de donner une note entre 0 et 7 suivant certains critères ayant trait à l'expression écrite, orale, à la disponibilité, etc. Celle-ci entraîne l'attribution de primes qui divisent toujours plus les policiers.

Ces primes, individuelles et collectives, sont distribuées sur appréciation des chefs de groupe, qui donnent les listes au chef de service, qui lui-même les transmet au bureau du directeur territorial de la sécurité publique, qui enfin prend la décision définitive[25]. Chaque année, cette période est mal vécue. Source de querelles intestines, ces primes disparates et inégalitaires sont à l'origine d'une mauvaise ambiance au sein des commissariats...

Créées en 2004 pour récompenser 10 % des policiers « les plus méritants », elles sont accordées en fonction d'éléments pour le moins opaques et subjectifs. Un policier sur trois perçoit aujourd'hui une prime dite de résultats exceptionnels, allant de 500 à 1 000 euros par an, et bénéficie de ce clientélisme. Une façon, de l'aveu même d'un directeur général de la police, de « faire plaisir et de mettre de l'huile dans les rouages ». Même les commissaires, qui bénéficient déjà d'une indemnité de

25. Le directeur territorial de la sécurité publique est en quelque sorte le grand chef du département.

responsabilité et de performance, sont servis ! Ces primes doivent disparaître. Et si les salaires de tous les policiers, notamment les plus bas, doivent être largement revus à la hausse, le montant cumulé de ces primes de la discorde doit être reversé à l'ensemble de la collectivité et destiné, notamment, aux policiers en situation de précarité.

Prime de risque (ISSP), garantie individuelle du pouvoir d'achat (GIPA), supplément familial de traitement (SFT), indemnité de résidence (IR), indemnité spécifique de l'aménagement et de la réduction du temps de travail (ARTT), indemnité d'astreinte (IA), indemnité horaire pour travaux supplémentaires (IHTS)... Ne pourrait-on pas simplifier et rendre plus transparente la rémunération des policiers ?

C'est à la création d'un véritable statut social qu'il faut s'atteler et non à un saupoudrage catégoriel bien complexe et totalement injuste.

En dehors des primes individuelles et collectives, la notation oriente aussi et bien sûr le devenir professionnel du fonctionnaire : elle sert de base pour les mutations. Une mauvaise appréciation, même si elle est partiale, suit le fonctionnaire tout au long de sa carrière.

Autrement dit : si votre hiérarchie, et en particulier le commissaire, ne peut pas vous encadrer, votre carrière est terminée... Hormis si un patron intelligent, et ils sont heureusement pléthore, décide de faire abstraction du passé, prenant courageusement et fort justement le risque d'estimer par lui-même la valeur du fonctionnaire.

Pour le système, être noté par le supérieur hiérarchique, c'est s'assurer de la loyauté du fonctionnaire, du fait qu'il fera tout pour lui plaire, pour que lui-même soit assuré de pouvoir être promu ou muté. Plus pernicieusement, les fonctionnaires doivent s'adapter à tous les types de management, surtout les mauvais. Contraints à l'hypocrisie pour la plupart, ils dépensent souvent une énergie folle à ravaler leur salive, à s'asseoir sur leur fierté, sur leurs heures supplémentaires, leurs jours de congés hebdomadaires ou de maladie, leurs vacances, autant d'injustices qui les font au mieux descendre dans la rue, au pire se mettre une balle dans la tête.

Créer des instances de concertation par service

Proposition : des instances de concertation et de décision locales pourraient, une fois par trimestre a minima, évoquer tous les problèmes – missions, management, problèmes sociaux, familiaux, etc. Ces organismes paritaires déconcentrés et participatifs, animés par le chef de service ou (et) son adjoint, pourraient émettre un avis sur l'ensemble des points abordés. Rien de plus simple à mettre en œuvre. Il suffirait d'instituer au sein de chaque service un comité d'hygiène, de sécurité et des conditions de travail. Ces commissions existent déjà à l'échelon central et départemental. Elles ont pour mission de contribuer à la protection de la santé, à la sécurité et aux conditions de travail des agents. Inutile de préciser qu'elles sont très sollicitées dans la période Covid-19. Au plus près de la réalité du terrain et du quotidien, ces instances institueraient alors une nouvelle forme de management plus humain, plus équitable.

Il me semble que l'on ne peut pas se passer de l'avis de ceux qui subissent un commandement pour pouvoir évoluer. Toutes celles et tous ceux qui ont choisi et assument des rôles de management doivent être capables de se remettre en question, car de cette possible remise en question dépend le bien-être des fonctionnaires de leur service.

Aujourd'hui, finalement, personne ne souhaite sacrifier sa carrière ni sa vie professionnelle pour les autres. En attendant, le compteur tourne... Alors responsabilisons tout le monde. Chacun, à tous les niveaux hiérarchiques, doit savoir et accepter de se remettre en question. Permettons aux subordonnés d'avoir un avis sur leur supérieur. Prenons en compte leurs ressentis.

Privilégier l'intérêt général

La façon dont sont gérées les mutations aujourd'hui suscite bon nombre de critiques. Et, disons-le franchement, bon nombre de collègues se syndiquent avec pour unique intention d'être promus ou mutés avec plus de facilité. De même, un policier va très souvent prendre un mandat syndical en espérant qu'il sera privilégié dans son avancement ou sa mutation. L'administration se plaît d'ailleurs à tendre la perche aux syndicats. Et, trop souvent, ces derniers tombent dans le panneau. En faisant cela, ils se discréditent aux yeux des collègues. En l'absence de ligne politique de fond, en se contentant de faire dans ce que j'appelle « l'épicerie fine », qui consiste à entretenir un clientélisme opportuniste, en favorisant l'intérêt particulier au détriment de l'intérêt général, ils ne fidélisent pas leurs mandants. Dès lors que le policier n'obtiendra pas satisfaction avec tel syndicat, il ira dans un autre ! Il changera... d'épicerie !

Le système actuel là encore est donc loin d'être parfait. Mais c'est aux partenaires sociaux de faire leur autocritique, de privilégier l'action pour le collectif à la gestion et à la « réunionnite ». Des heures et des heures perdues à se chamailler pour que tel département ou tel autre bénéficie de tel poste, de plus d'avancements ou de mutations... Ce mode de fonctionnement tout comme la multiplication des permanents[26] est aux antipodes du syndicalisme authentique et républicain !

Ceci étant, et en dehors du microcosme syndical, que pourrait-on faire pour améliorer les choses ? Quel système pourrait remplacer celui déjà existant ? Sur x demandes de mutation, certaines seront toujours lésées, non ? En quoi la « loi du chef » serait-elle la plus équitable ? Faut-il donc, comme pour le système de primes ou de notations, rester soumis et/ou jouer les flagorneurs pour être muté ?

En tout cas, le mode de gestion des mutations n'est certes pas parfait et mérite sans aucun doute d'être réformé. Mais il me semble être le plus à même de garantir un minimum de partialité, puisque ce sont tous les policiers, et non pas seulement les syndiqués, qui désignent par un vote leurs représentants du personnel tous les trois ans. En conséquence, s'ils considèrent que les représentants syndicaux ne font pas leur boulot, ils n'ont qu'à voter pour d'autres.

Enfin, lors des élections au sein de la profession, comme pour toutes les élections politiques, les syndicats perçoivent x euros par voix et, en plus, x jours de détachement. Plus ils ont de voix, plus ils ont de détachés et plus ils ont d'argent. Voici ce que j'appelle le « mal syndicrate ». L'administration a ainsi voulu affaiblir les partenaires sociaux en leur attribuant exagérément des petits

26. Les permanents sont des policiers détachés à temps complet au sein des organisations syndicales.

privilèges. Trop d'argent, trop de jours de détachement, trop de passe-droits. Mais un bon délégué est un délégué qui est d'abord sur le terrain avec ses collègues, et non pas dans un bureau ! Il faut ajouter que les moyens financiers des organisations syndicales sont de plus accrus, évidemment et cette fois légitimement, par les cotisations des adhérents. Or l'argent des contribuables, notamment des non-syndiqués, n'a pas à être utilisé à tort et à travers pour porter finalement atteinte à l'image du syndicalisme policier. Depuis la loi du 20 août 2008 portant sur la rénovation de la démocratie sociale et du temps de travail, la dotation d'argent public et son utilisation doivent être annuellement contrôlées et publiées par les syndicats sur leur site Internet ou le Journal officiel. Dans les faits, qu'en est-il ? Cette transparence serait un gage de crédibilité pour les organisations syndicales. Parce qu'un mouvement social discrédité au sein de la profession divise et affaiblit également cette dernière, il faut engager une réflexion pour une refondation du syndicalisme policier républicain au sein de la Police nationale.

Un médiateur pour rien ?

Ce sont ces types de situations (litiges pour une mutation ou un avancement, notation, etc.) que le médiateur de la police est amené à connaître depuis la création de son poste en 2013. Il émet des avis sur les injustices commises par l'administration, notamment en ce qui concerne les mutations. Le problème est double : ce ne sont que des avis, donc l'administration n'est pas tenue de s'y conformer. Et quand bien même elle voudrait le faire, le délai entre la saisine du médiateur et une réponse favorable est tel que l'on ne peut raisonnablement y remédier. Par exemple, un fonctionnaire de police qui aurait l'ancienneté requise, le mérite et les notations qui le prouvent, qui aurait attendu « son tour » pendant des années pour partir dans le Sud de la France, fait le choix de refuser des avancements pour ne pas rester bloqué en région parisienne (quand un fonctionnaire prend un grade, il doit rester sur place pendant deux ans). Il constate que de jeunes fonctionnaires partent avant lui dans ce paradis tant convoité et écrit au médiateur, qui lui répond qu'il est victime d'une injustice, mais qu'il n'est pas possible de demander au fonctionnaire muté de revenir en région parisienne… Une lapalissade ! Ce genre de situation est monnaie courante chez nous. En résulte un manque de confiance évident dans l'administration qui ne fait qu'augmenter la frustration et la rancœur du policier contre son propre camp.

Dans son rapport annuel de 2015, le médiateur de la police détaille un certain nombre de préconisations pour renforcer la cohésion interne de la Police nationale. Il y explique, entre autres, que l'administration doit poursuivre « l'effort éthique de suppression de l'influence des interventions qui engendrent un préjudice grave pour les fonctionnaires lésés ». Autrement dit, que les syndicats cessent d'intervenir pour obtenir des mutations de fonctionnaires qui ne seraient pas « justes » ! Et pourtant, si les syndicats n'intervenaient pas…

Une écoute insuffisante

Le manque de psychologues dans la police (un pour 1 822 fonctionnaires), la méfiance des fonctionnaires vis-à-vis de leurs supérieurs, la perte de confiance dans leur propre « grande maison » sont autant de raisons à la naissance de tribunes, souvent anonymes, sur les réseaux sociaux. Des lieux de liberté où des flics s'épanchent sur les situations qu'ils vivent et se conseillent les uns les autres, bien qu'ils ne soient pas formés pour ça. Faute de pouvoir se confier à leur supérieur hiérarchique, ou de ne pas oser le faire, les policiers crient leur révolte sur la toile. Ainsi, Familles de flics, SOS Policiers en détresse et bien d'autres groupes servent de défouloir sur Facebook.

Souvent, les fonctionnaires se plaignent du fait que les psys ne les comprennent pas. Et pour cause : il est très difficile pour une personne extérieure de saisir toutes les interactions qui se jouent dans le quotidien des flics, à moins de le vivre avec eux. Alors souvent, ces derniers se taisent, se renferment, se méfient de tout et de tout le monde, sont frustrés... De là naissent la démotivation, l'incompréhension, la dépression, la maladie. Le corps encaisse autant qu'il peut tant que la tête tient encore la route, jusqu'au jour où... Parce qu'il y a toujours un élément déclencheur, celui qui fait qu'on ne supporte plus la situation que l'on subit.

La meilleure des structures d'écoute des collègues en détresse reste donc leur hiérarchie directe. Si le management est bon, proche des préoccupations de ceux qui sont sur le terrain, ces derniers iront se confier à leur supérieur. Mais dès lors qu'est privilégiée la froideur du rendement à la chaleur humaniste, il ne faut point s'étonner du monde qui les sépare. Un tronc commun, durant la formation dite initiale entre tous les corps (gardiens, officiers, commissaires) en école serait judicieux et permettrait à chacun de mieux se connaître, d'être plus à l'écoute des autres.

L'épiphénomène associatif et ses limites

Pour ce qui est du phénomène associatif, les ramifications de certaines associations avec des mouvements extrémistes sont dangereuses pour l'institution et la démocratie. De plus, les associations – celles qui critiquent les syndicats et dont les représentants sont syndiqués ou demandent ensuite en douce des services aux syndicats par intérêt personnel – n'ont rien réglé. Qu'ont-elles obtenu ? Rien, strictement rien ! Je ne parle pas de groupes comme Police, République et Citoyenneté, qui rassemble des policiers de toutes obédiences syndicales, SOS Policiers citoyens, qui existe déjà depuis 1995, ni de l'Association nationale d'action sociale de la Police nationale (ANAS) ou d'autres associations qui reconnaissent l'utilité des organisations syndicales et travaillent sur le fond. Je veux parler des « y'a-qu'à-faut-qu'on » qui crachent dans la soupe, jouent en fait le jeu de l'administration et divisent le mouvement social… Soit volontairement, soit par manque de culture politique ou par méconnaissance de l'histoire de notre institution. Ce que j'appelle l'épiphénomène associatif – heureusement ultraminoritaire et parfois extrémiste – surfe donc sur le ras-le-bol des policiers et ne règle en rien les problèmes. Ne divisons pas l'institution. Au contraire, utilisons les moyens et les systèmes existants, qui ont fait leurs preuves. Rendons-les plus forts, plutôt que de les affaiblir en scindant toujours plus la Police nationale. Lorsque l'on critique l'administration et son mille-feuille fonctionnel, ce n'est pas pour prôner les mêmes travers dans le mouvement social.

L'Association nationale d'action sociale

Parmi toutes ces structures de soutien aux policiers existantes, nombreuses, la plus ancienne et la plus efficace est l'ANAS. Cette association a été créée par et pour les policiers. Elle permet de trouver des logements en urgence pour les collègues connaissant des situations personnelles et familiales difficiles à gérer, de constituer des paniers pour ceux qui peinent à acheter de quoi manger, de monter des dossiers pour prêter de l'argent à ceux qui connaissent le surendettement (lié aux divorces ou bien aux mutations des plus jeunes, qui quittent leur famille pour s'installer à Paris avec un salaire de gardien de la paix, très insuffisant pour vivre en Île-de-France). Elle a mis en place une structure d'écoute pour policiers en difficulté baptisée « Gyro 2 tons » et s'apprête à s'engager pour les enfants de collègues touchés par des troubles envahissants du comportement. Elle est aussi gestionnaire d'un parc immobilier de centres de vacances pour partir à moindre coût mais aussi et surtout d'un centre de repos dénommé « Le Courbat », dans lequel vivent en permanence 70 patients venus se reposer après une cure de désintoxication alcoolique ou… proches du burn out !

L'analyse d'une psychiatre vacataire ayant exercé très longtemps dans ce centre est la suivante : « Après avoir passé plusieurs mois comme psychiatre au Courbat, je pense être en mesure d'apporter un certain nombre d'éléments témoignant du mal-être (grandissant) des forces de l'ordre, gendarmes et gardiens de prison, aboutissant à des burn out, des addictions, des syndromes de stress post-traumatique, des tentatives de suicide et – stade ultime – des suicides réussis. Une fois ce constat fait, je tenterai d'apporter quelques solutions, dont certaines déjà préconisées, mais peu ou jamais encore appliquées.

Concernant le mal-être des forces de l'ordre, pour certains, il peut être dû à des ordres contradictoires et parfois inadaptés, provenant d'un supérieur à l'autre, déstabilisant complètement et démotivant le policier au cours d'une intervention. Pour d'autres, il s'agit de harcèlement subi de la part de certains supérieurs et pouvant se poursuivre même lorsque le fonctionnaire est en arrêt de travail (par le biais d'un contact téléphonique). Et, pour d'autres encore, il peut s'agir d'un refus ou d'une absence de réponse à une demande de mutation. Par ailleurs, un tiers seulement (au maximum) reconnaît un soutien de sa hiérarchie, alors qu'au moins deux tiers n'ont pas ce soutien, et rapportent globalement un manque de reconnaissance de la part de cette hiérarchie.

Dois-je revenir sur les conditions de travail déplorables décrites par à peu près tous les patients, état des commissariats, des véhicules, des uniformes qu'il faut parfois compléter de ses propres deniers, etc. ? Il est trop facile d'imputer les suicides (ou tentatives de suicide) à des problèmes personnels que tout un chacun peut rencontrer et qui, certes, peuvent exister en amont, mais il semble de plus en plus évident que ce sont les conditions de travail, toutes confondues et délétères, qui impactent la vie privée, familiale et sociale. Conditions de travail entraînant des passages à l'acte violents auto ou hétéro-agressifs, des séparations, des divorces, des addictions de toutes sortes, souvent dans un contexte de burn out, de syndrome anxio-dépressif ou encore de stress post-traumatique. S'y ajoutent ces derniers temps une pression maximale sur les fonctionnaires avec le terrorisme, la délinquance exponentielle et les manifestations d'une partie de la population, dont des policiers partagent intérieurement les revendications, ce qui n'est pas sans poser de problèmes à certains. Sans oublier la politique du chiffre, faire du chiffre.

Autre cause de surmenage : les tâches rajoutées, telles que les dépôts de plainte liés à la violence faite aux femmes, les appels justifiés (ou non) dans les zones de non-droit où les policiers sont attendus avec de véritables armes de guerre, sans pour autant que les effectifs soient revus à la hausse. D'ailleurs, à propos de chiffres, il semble que nombre d'heures supplémentaires n'aient pas été payées alors qu'elles sont un dû et non un bonus.

Avant de passer aux possibles solutions pour améliorer cet état de fait devenu très préoccupant, il faut mentionner aussi les contraintes administratives et judiciaires de plus en plus lourdes.

Des solutions qui sont ressorties des différents entretiens avec les patients, il se dégage plusieurs pistes :

Plus de reconnaissance et de soutien de la hiérarchie, une vraie écoute (avec des groupes de parole, en particulier après une intervention violente et traumatisante) afin de faire un état des lieux des situations et agir en amont (pas juste après une enquête !).

Une hiérarchie qui se mouille et défende ses hommes.

De meilleures conditions de travail, des locaux adaptés et salubres avec suffisamment d'espace pour travailler correctement.

Revoir les rythmes de travail permettant aux policiers de retrouver une vie de famille et sociale digne de ce nom.

Renforcer les effectifs afin de faire face à un climat de violence accrue (manifestations, dealers, migrants, etc.).

En matière de prévention, faire des réunions d'information sur les signes avant-coureurs du burn out et du syndrome de stress post-traumatique afin de ne pas attendre le passage à l'acte, déceler les facteurs de risque, les moments de fragilité rencontrés par certains et ne pas hésiter à entamer une prise en charge psychologique en amont.

Un climat de confiance doit s'établir entre les fonctionnaires de police et les médecins de cette administration afin que la parole soit plus fluide et débouche sur une prévention efficace. »

Un tronc commun de formation

Comme souvent dans la fonction publique, les policiers ont une formation initiale, dans trois types d'écoles différentes : celle des gardiens de la paix, celle des officiers de police et celle des commissaires de police. Depuis 1990, le Syndicat général de la police a déjà lancé l'idée d'une académie de police afin de réunir, dans le cadre de la formation dite initiale, ces trois corps qui effectueraient pendant un certain temps de leur scolarité un tronc commun de formation. Cela donnerait à tous les policiers, quel que soit leur grade, la possibilité d'apprendre à mieux se connaître et à travailler ensemble.

En septembre 2020 prochain, et c'est une petite avancée à souligner, un délai de formation sera désormais « partagé » pendant quatre semaines pour les 1 281 élèves qui vont être incorporés. Un bon début après... trente ans de combats ! Toutefois, ce délai est évidemment trop court et une stricte égalité de traitement (même cantine, mêmes conditions d'hébergement, même considération) entre tous les corps est impérative pour apprendre vraiment le « vivre ensemble » au sein de la profession.

Actuellement, dans les écoles de police, on nous apprend le b.a.-ba des interventions de police-secours, comment se défendre, tirer avec une arme, rédiger un procès-verbal, se servir d'une radio, ainsi que les connaissances juridiques nécessaires pour intervenir sur la voie publique en toute sécurité. Alors que la profession manque cruellement d'officiers de police judiciaire – pour de multiples raisons sur lesquelles nous reviendrons –, le policier doit attendre trois ans avant de prétendre acquérir cette qualification.

Pour les officiers ou les commissaires, le mot « manager » a remplacé celui de « commander ». Finalement, on ne sait plus faire ni l'un ni l'autre. On croit que les officiers « managent » et que les commissaires sont là pour « compter les gommes et les crayons ». Que cet énoncé soit vrai ou faux, peu importe. Ce qui importe, c'est que la majorité des gardiens de la paix le pensent et que cela concourt à la guerre intestine entre les corps.

Par ailleurs, il existe une chose que l'école ne nous enseigne pas. Que ce soit à l'école primaire, secondaire ou à l'université, personne ne nous apprend à nous connaître nous-même. Cette lacune est fatale. La véritable éducation ne consiste-t-elle pas à tirer, en premier lieu, le meilleur de soi-même ?

CHAPITRE III

LA HAINE ANTI-FLICS

La montée en flèche des agressions dites gratuites confirme les symptômes d'une société en proie à un stress plus important, à une violence croissante, à un climat social dégradé, à des individus plus impulsifs, à des passages à l'acte de plus en plus rapides. Ce que nous ne pensions possible qu'ailleurs s'est produit chez nous.

Pourtant le phénomène n'est pas nouveau. Petit retour en arrière...

Trente ans de violences

Mardi 6 avril 1993

Trois ans après les émeutes de Vaulx-en-Velin[27], la scène se joue dans le 18e arrondissement de la capitale,

27. Du 6 au 14 octobre 1990, un jeune handicapé, circulant à motocyclette comme passager, est tué après un choc avec une voiture de police. Cet

au 5 de la rue Achille-Martinet, une petite rue mal pavée qui remonte vers la rue Marcadet, le commissariat des Grandes-Carrières.

Un inspecteur de police, Pascal Compain, tente d'obtenir des aveux de Makomé M'Bowolé. Ce dernier, avec deux comparses, a été arrêté alors qu'ils venaient de commettre un vol « à la roulotte[28] ». Pour obtenir ses aveux, l'inspecteur le menace avec une arme. Le coup part : Makomé est tué d'une balle dans la tête. Un jeune de 17 ans vient de perdre la vie. Un terrible drame pour... quelques cartouches de cigarettes.

La police républicaine, par la voix du Syndicat général de la police, organisation alors la plus représentative en région parisienne, tente d'apaiser la situation : « Il ne s'agit pas d'un simple fait divers... Le syndicat exige une audience auprès du ministre de l'Intérieur pour lui exprimer son attachement à une police républicaine respectant les libertés dans un cadre déontologique clairement affirmé. »

Rien n'y fera. Suivront trois jours d'émeutes, des pillages, des affrontements très violents entre bandes et policiers.

Mathieu Kassovitz réalise dans la foulée un film culte en noir et blanc. Certains apprécient ce long-métrage qui fera la célébrité de ce réalisateur comme il sera le début d'une carrière « hors normes » pour cet excellent acteur qu'est Vincent Cassel. D'autres, en revanche, trouvent ce film subjectif et bien trop « anti-flics ».

---

accident provoque de violents incidents entre les forces de l'ordre et des centaines de jeunes du grand ensemble de la cité du Mas du Taureau à Vaulx-en-Velin (banlieue lyonnaise).

28. Vol d'objets dans un véhicule en stationnement.

Premier principe : en matière de sécurité plus que dans tout autre domaine, on devrait faire sienne cette règle élémentaire de sagesse laquelle consiste à garder en toute chose le juste milieu.

La tension entre forces de l'ordre et certains jeunes, depuis Vaulx-en-Velin, n'a fait que s'aggraver. Des années 1990 à nos jours, nous avons vécu trente ans de guérillas urbaines et d'affrontements entre jeunes et policiers.

Le scénario est connu : tout débute par un incident entre les forces de l'ordre publiques ou privées et la population. Les esprits s'échauffent, la rage éclate, l'émeute prend forme. Les scènes se suivent et se ressemblent. N'importe quel prétexte est bon pour que l'on assiste en permanence à ce triste spectacle, largement relayé par les médias.

Cette situation ne s'arrangera pas avec l'arrivée d'une nouvelle forme de « culture » : le gangsta rap.

Art ou voyoucratie ?

Le gangsta rap est une forme d'expression qui a émergé à la fin des années 1980 sur la côte ouest des États-Unis. Les premiers rappeurs sont issus de gangs et racontent leur vie dans la violence. Certains thèmes sont récurrents, comme celui de la drogue ou celui de la haine de la police.

Cette incitation à la violence est considérée par certains comme une nouvelle forme de révolution, une forme d'expression moderne émanant des exclus de la société. Ces nouveaux « artistes » prônent pourtant et trop souvent l'argent facile, la violence extrême et donnent une image dégradée de la femme… Alors, art ou voyoucratie ?

En 1995, lors de ma première émission avec Thierry Ardisson sur Paris Première, j'ai été confronté à l'avocat du groupe de rap Ministère A.M.E.R., qui a participé à la bande originale du film *La Haine* et exhorte carrément à « l'élimination systématique » des policiers ! Les textes de plusieurs de ses titres ne cachent pas une violence assumée : il faut « sacrifier du poulet » avec « une balle et basta ». Jean-Louis Debré, alors ministre de l'Intérieur, porte plainte contre ces rappeurs de Sarcelles pour « injures publiques et appel au meurtre des policiers ».

Mais, loin d'avoir été jugulée, cette surenchère dans l'agressivité n'a fait que se répandre et s'accentuer, aboutissant à des tensions de plus en plus fortes, dont je suis le témoin alors que je suis à la tête du syndicat.

Je passe alors régulièrement mes vacances à Fabregas, dans un camping de l'ANAS. Cela me permet d'avoir la température de la base, d'entendre et de prendre en compte les véritables préoccupations de nos collègues.

14 juillet 1995. Un mois avant, le Front national a remporté la mairie de Toulon. Jean-Marie Le Chevallier est le nouveau maire. Ses opposants organisent à La Seyne-sur-Mer un « concert de la liberté » avec notamment MC Solaar, Jack Lang, Patrick Bruel, Bernard-Henri Lévy et le groupe NTM.

Le lendemain, très tôt, six policiers (ils sont une trentaine pour assurer la sécurité de cette manifestation) viennent me rendre visite au camping. Autour d'un café, ils me parlent du concert. Ils demandent au syndicat de réagir. Ils me disent : « Inadmissible, on a eu la trouille, on a failli se barrer. Le groupe nous a traités de fachos, a incité à attaquer les flics, à incendier les commissariats. On s'est demandé si la foule n'allait pas s'en prendre à nous. »

Deuxième principe : vérifier, toujours, avant de condamner !

Je prends attache aussitôt avec la préfecture du Var afin d'avoir un maximum d'informations. Le syndicat publie ensuite un communiqué : « Pas plus que nous ne tolérons dans nos rangs le racisme anti-jeunes, nous ne saurions tolérer le racisme anti-flics. » Et nous déposons plainte contre le groupe NTM. Notre position est claire : tout ce qui peut alors contribuer à attiser la haine doit être condamné. Toute faille, par définition, est susceptible de s'élargir.

Troisième principe : dans le combat républicain, il ne faut pas laisser le terrain de la récupération démagogique à d'autres.

Il faut comprendre ce qu'est déjà l'état d'esprit de nos collègues : confrontés depuis plusieurs années au lourd problème des banlieues, soumis aux attaques répétitives de certains jeunes en totale rupture avec la société, ils vivent de plus en plus mal les agressions dont ils sont l'objet, alors qu'ils restent souvent les derniers à travailler dans les cités difficiles, en grande partie désertées par les autres services de l'État.

Du coup, les policiers en veulent à la justice, dont ils dénoncent le laxisme.

Peu avant ce concert de NTM à La Seyne-sur-Mer, une jeune femme gardien de la paix a été rouée de coups et violée dans le RER par cinq ados venus des cités du nord de Paris ; un policier de 26 ans a été grièvement blessé à la tête par une plaque de béton lancée du onzième étage par des jeunes de la cité Caravelle, dans les Hauts-de-Seine. Autant d'agressions et de faits inadmissibles qui viennent amplifier un mal-être déjà conséquent au sein de l'institution et qui, hélas, aboutissent en 1996 à une première vague de suicides sans précédent dans la profession.

Alors, dans un tel climat, des formules telles que « Police, machine matrice d'écervelés mandatés par la justice sur laquelle je pisse » ou « Les fascistes sont habillés en bleu et roulent par trois dans des Renault 19. Ils attendent que ça parte en couille pour nous taper sur la gueule. On leur pisse dessus » résonnent évidemment pour toute la profession comme des agressions irresponsables et insupportables !

Peu après ces évènements, Paul Amar m'invite à nouveau sur un plateau télé, dans son émission-débat « D'un monde à l'autre », où je suis au premier rang à côté des deux chanteurs de NTM. Éric Raoult, figure emblématique de la droite en Seine-Saint-Denis, est à ma gauche sur le plateau. Il sera un peu léger, pour ne pas dire ridicule. Ambiance très tendue. Kool Shen fait preuve de sang-froid, tente de décrisper l'atmosphère et argumente sa position. JoeyStarr, lui, est totalement ailleurs et porte visiblement sur lui les stigmates de son vécu. Mon positionnement est clair et conforme à ce que doit être celui d'un flic républicain : je condamne fermement tous les propos ou actes tendant à inciter à la haine anti-flics ainsi qu'à toute forme d'extrémisme et de racisme. Je plaide pour un rapprochement entre la police et la jeunesse, plutôt que de creuser le fossé déjà existant : les jeunes d'aujourd'hui seront peut-être les policiers de demain. Les policiers ne sont pas des privilégiés et des nantis. Ils ne vivent pas dans les quartiers huppés de telle ou telle ville. Ils n'ont pas à être pris pour cible et considérés comme boucs émissaires du mal-être social.

Le 14 novembre de la même année, la sentence est prononcée : trois mois de prison ferme et trois autres avec sursis assortis de six mois d'interdiction de concert pour les chanteurs du groupe. Motif : « Outrage à personne chargée d'une mission de service public[29]. » Cette sentence est prise par Claude Boulanger, juge de Toulon, ex-collègue. Le ministre de la Justice de l'époque n'est autre que l'actuel défenseur des droits, Jacques Toubon. Ce dernier, après avoir annoncé le lendemain du verdict qu'il respectait « les décisions de justice, comme tout citoyen a le devoir de le faire », se dit soudainement « frappé par la sévérité de la sentence » et demande au parquet de faire appel. L'affaire fait évidemment grand bruit et devient politique.

La cour d'appel d'Aix-en-Provence infirme le jugement du tribunal et condamne les deux rappeurs à 50 000 francs d'amende (environ 7 600 euros) et à deux mois de prison avec sursis. Cette peine de justice sera-t-elle suffisante pour enrayer la haine anti-flics ? La suite prouvera le contraire.

Vingt ans plus tard, d'autres faits divers vont faire la « une » des chaînes d'infos et de la presse. JoeyStarr et Kool Shen font des émules. Les plus jeunes sont une cible de choix et, là où l'État déserte, dans l'Éducation nationale ou ailleurs, le pire s'engouffre.

Virilité musclée illustrée sur la toile par des kalach à la mode ou des bagarres rangées en plein aéroport[30]. Et encore et toujours ces douces poésies, berceuses des

29. Article 433-5 du Code pénal.

30. 1er août 2018 : une bagarre éclate entre Booba et Kaaris, deux rappeurs et plusieurs autres membres de leurs équipes respectives dans une salle d'embarquement de l'aéroport d'Orly, au beau milieu des voyageurs.

lendemains qui déchantent : « Un keuf sans arme : un poulet rôti[31] » ou « Tuer des bébés blancs dans des crèches ? Mais c'est trop gros pour être vrai », comme le chante Nick Conrad, illustre inconnu jusqu'à la sortie de son clip « Pendez les Blancs », pour lequel il n'écopera que de 5 000 euros avec sursis... !

Les références françaises du genre s'appellent Kaaris, Niska ou Booba et figurent parmi les meilleures ventes dans le style rap. Au passage, les valeurs portées par la société républicaine et la démocratie en prennent un sérieux coup, puisqu'il ne s'agit pas moins que de laisser colporter messages de haine et de violence.

Une exception notable, qui n'aura pas le retentissement qu'elle mérite : en août 2019, le rappeur Kaotik 747, subventionné par la ville de Nice, sort le premier clip de rap de France qui dénonce les violences contre la police, les pompiers et le personnel du Samu.

Quatrième principe : politique et sécurité n'ont jamais fait bon ménage.

Pendant ce temps-là, les politiciens s'étripent et se montrent bien incapables d'ériger leur dogme en consensus, et ce dans l'intérêt du plus grand nombre.

Certains font preuve d'une surenchère démagogique ultrasécuritaire, tentant de tirer profit de la violence et de l'insécurité. D'autres, adeptes du laxisme, également à des fins purement électoralistes, prônent la bienveillance, le pardon et désignent à la vindicte populaire le « méchant » policier. Toujours ces deux écueils : soit la fuite en avant dans le sécuritaire, soit le misérabilisme.

31. On entend ce refrain dans la chanson « Allô, maître Simonard », de Niska.

Tentatives de récupération politiciennes, manque de courage, immobilisme, incompétence de nos décideurs.

Pendant ce temps, les zones de « non-droit » sont devenues des zones d'un « autre droit ». La haine de l'autre se généralise et déborde le cadre des banlieues ou des cités.

Certains élus locaux sont découragés. Ils ne peuvent faire face. Ils démissionnent ou ne se représenteront pas aux prochaines échéances municipales.

Le syndrome de Vaulx-en-Velin: du Bois-l'Abbé... à la Grande-Borne

Peu après le concert de NTM, en juillet 1995 toujours, je suis de retour chez moi. Je fais un point avec quelques militants. Il est tard. Le départemental du Val-de-Marne me contacte, des jeunes de la cité du Bois-l'Abbé ont incendié des véhicules et agressent des policiers à Champigny et à Chennevières. Une bombe artisanale explose devant un centre d'hébergement pour policiers auxiliaires[32]. La CRS 57 de Carcassonne est en mission à deux pas de là. Curieusement, la direction départementale du Val-de-Marne ne lui donne pas l'ordre d'intervenir. Je demande des explications. Il me sera répondu qu'une intervention de renforts pourrait « occasionner encore plus de dégâts » ! L'administration a peur. Après le concert de NTM et les incidents de Vaulx-en-Velin, elle vit dans la hantise d'une nouvelle guérilla...

32. Jeunes effectuant leur service militaire au sein de la Police nationale.

Autre épisode : discussion avec M. Charzat, député et maire du 20e arrondissement, à propos des quartiers Tour-du-Pin et Saint-Blaise. Je suis alors conseiller de Paris et élu. Je fais état du trafic de drogue qui existe sur ces secteurs ; il m'objecte alors que les trafics dans ces quartiers permettent à des familles défavorisées de vivre. Y envoyer des policiers reviendrait à les empêcher de subsister…

En attendant, la faille s'élargit encore et toujours. Aujourd'hui, les policiers, lorsqu'ils interviennent dans certains quartiers, sont l'objet d'agressions, de guet-apens. Même lorsqu'ils viennent, comme les pompiers, les médecins, prêter assistance à des citoyens qui n'aspirent pourtant qu'à une chose : vivre en paix et en toute sécurité.

Les objectifs ne semblent alors plus tenir à la seule volonté de résister, de « se bastonner » ou d'échapper à la police, ils vont bien plus loin.

8 octobre 2016, quartier de la Grande-Borne : quatre policiers ont pour mission de surveiller une caméra de surveillance installée au carrefour dit du Fournil, nom de la boulangerie voisine, pour observer les trafics de stupéfiants récurrents dans cette fameuse cité de Viry-Châtillon.

15 heures, une dizaine d'individus cagoulés lancent des cocktails Molotov en direction de leur véhicule. Plusieurs cocktails atterrissent à l'intérieur de l'habitacle, embrasant les fonctionnaires. Les agresseurs vont jusqu'à bloquer les portières du véhicule afin d'empêcher nos collègues de s'extirper. Très rapidement et vu l'ampleur dramatique des faits, un équipage arrive en renfort. Il est également pris pour cible par des engins incendiaires. Les collègues finissent par sortir des véhicules, se roulent par terre afin de ne pas brûler vivants. Plutôt que de recevoir de l'aide, ils essuient à nouveau une pluie de projectiles divers et

variés. À terre, alors qu'ils sont en feu, des jeunes leur assènent des coups de pied. Les policiers sont d'urgence transportés dans les hôpitaux parisiens. Parmi eux, l'un est brûlé à plus de 30 %.

Une sécurisation sans précédent du secteur est mise en place. Aucune interpellation n'est opérée. Les policiers sur place s'accordent pour dire qu'ils n'ont jamais connu une telle barbarie.

Ces violences sont survenues dans la cité de la Grande-Borne, à un feu rouge qui a longtemps été le théâtre de vols à la portière avec violence. Depuis plus d'un an, la mairie tente de reprendre le territoire aux agresseurs. Elle a dans ce but installé une caméra de vidéosurveillance, que les policiers attaqués étaient chargés de surveiller. S'ils doivent désormais faire des gardes statiques devant les caméras pour les protéger, il va falloir en recruter, des effectifs !

Le traumatisme est si important dans la tête de tous les policiers, et pour ceux de l'Essonne en particulier, qu'éclate alors une colère, une révolte sans précédent dans le corps des policiers de terrain. De cette colère historique naît le Mouvement des policiers en colère (MPC), devenu ensuite une association.

Pendant plusieurs semaines, des fonctionnaires de police manifestent leur mécontentement, défiant même l'administration qui n'autorise pas ces rassemblements. Rassemblements effectués, parfois, en tenue civile, dans des véhicules de fonction et cortèges allant jusqu'à défiler sur les Champs-Élysées.

Ce mouvement très médiatisé échappe totalement aux partenaires sociaux et prend rapidement de l'ampleur ; des dizaines puis des centaines de policiers rejoignent ces rassemblements. Une nuit, Jean-Marc Falcone, alors DGPN[33], vient à l'hôtel de police d'Évry rencontrer M. Mazoyer, DDSP[34]. Après six heures passées en réunion à Évry, lorsque le DGPN repart, une centaine de collègues l'attendent à la sortie du commissariat. Alors qu'il est copieusement sifflé, les policiers présents tentent de coller des affichettes et des slogans sur sa voiture. Ils l'invitent à démissionner. Un collègue se couche même devant sa voiture, l'empêchant ainsi d'avancer. C'est le DDSP qui viendra finalement extraire le fonctionnaire pour qu'il puisse repartir. Bon nombre de journalistes présents au moment des faits prennent de nombreuses photos, dont un cliché montrant M. Falcone apeuré à l'arrière de son véhicule. La situation est très tendue.

Guillaume, major, fait partie du mouvement : « On est sur un département sensible et l'association s'est créée en réaction au ras-le-bol que l'on ressent. Beaucoup d'entre nous sont syndiqués et moi, perso, je ne critique pas les syndicats. Les jeunes sont un peu plus réfractaires. Ils ne sont syndiqués que pour leur avancement ou leur mutation. Mais bon, faut bien reconnaître que si tu n'es pas syndiqué dans la boîte... Cependant, les syndicats semblent ne servir qu'à ça aujourd'hui. Ou alors ils se battent, mais qu'est-ce qu'ils obtiennent de concret par rapport à ce que l'on subit tous les jours ? Depuis la manif place Vendôme sous les fenêtres de Taubira, qu'est-ce qui a changé ? Non seulement nos conditions de travail se dégradent de plus en plus, mais on n'est pas respectés. S'il y a un dérapage, on déguste. Et si on

33. Directeur général de la Police nationale.
34. Directeur départemental de la sécurité publique.

ne fait pas le boulot parce qu'on est en incapacité de le faire, on déguste aussi. OK, on sait que, lorsqu'on fait ce job, on prend des risques. Mais ce serait bien qu'on puisse faire notre vrai boulot, que la justice suive, et que l'on se sente vraiment soutenus. C'est loin d'être le cas. Les flics municipaux ont plus de moyens que nous et lorsqu'ils interviennent et que ça se gâte, qui est-ce qu'on appelle ? Faut comprendre que l'on est toujours sous pression avec leur p... de politique du chiffre. On est à cran. Faut croire que c'est voulu pour qu'on pète les plombs. Nous, les anciens, on a la pratique, l'expérience, mais on a la trouille. T'imagines un jeune qui débarque ? Pas loin de la Grande-Borne, il y a "Flic City", sur Viry-Châtillon. Il y a, je crois, 520 familles de flics là-bas. Tu crois qu'ils sont tranquilles lorsqu'ils rentrent chez eux ? Lorsqu'ils bossent, ils ont peur pour leur famille. Et puis, franchement, c'est notre boulot de surveiller les caméras ? »

Le drame de Viry-Châtillon est la goutte d'eau qui fait déborder le vase.

Moi-même, je suis en Afrique au moment des faits. Lorsque je regarde les infos, je ne vois presque plus que des leaders associatifs s'exprimer sur les chaînes d'information continue. Au fond de moi, je suis furieux. Je m'interroge. Que font les syndicats ? Je prends contact avec quelques amis journalistes spécialisés. Leur analyse est simple, cruelle pour le syndicaliste que je suis encore. Par les réseaux sociaux, je suis en contact avec un militant syndical de terrain qui s'est également engagé au sein du mouvement associatif. La double appartenance : un choix désormais courant. Ce militant, Raynald, renforce par ses propos ce que disent les journalistes : « Le syndicalisme n'est plus ce qu'il était, les délégués de brigade ou de service qui partagent le quotidien des collègues, il n'y en a presque plus. Il n'y a que des permanents. Les mecs s'engagent au syndicat uniquement pour les mutations ou les avancements. Et s'ils n'ont pas satisfaction, ils changent de crèmerie. »

Toujours est-il que le mouvement social, nécessaire contre-pouvoir, se morcelle, s'affaiblit.

Un permanent syndical me livre : « Une ou deux associations font de l'anti-syndicalisme primaire. Je connais certains de leurs dirigeants qui en veulent aux syndicats parce qu'ils n'ont pas eu de poste de permanent chez nous. Et puis, qui finance ? Qui est derrière tout ça ? Lorsqu'on les voit s'afficher avec certains politiques, ça craint quand même... On a l'impression qu'ils se vendraient pour des pourboires. Et qu'ont-ils obtenu ? En fait, s'ils étaient à la tête de syndicats, ces syndicalistes éconduits feraient sans doute pire. Ce qu'il y a d'encombrant dans la morale, c'est que c'est toujours la morale des autres. »

De l'Essonne aux Yvelines : « Vous allez cramer ! »

Jeudi 6 décembre 2018, scène de guerre : 151 jeunes sont interpellés. Des images partagées sur les réseaux sociaux provoquent une indignation collective. Ils sont genoux à terre, mains sur la tête, face au mur d'un pavillon de Mantes-la-Jolie.

Pour comprendre cette scène révélatrice de l'atmosphère quotidienne dans bon nombre de nos quartiers, il faut revenir sur le climat de violences urbaines qui prévaut depuis deux décennies dans cette ville, non loin du quartier sensible du Val-Fourré, zone de sécurité prioritaire. Deux décennies marquées par une escalade quasi permanente de la violence.

Dimanche 9 juin 1991. Tout dérape. 1 h 45, des policiers mettent en place un barrage à l'entrée du Val-Fourré. Une Renault 9 ne s'arrête pas et une collègue âgée de 32 ans, Marie-Christine Baillet, est mortellement blessée. Peu après, l'un de ses collègues tire sur une Volkswagen Jetta. L'un des occupants, Youssef Khaïf, est abattu.

Quelques jours plus tôt, un jeune de la cité, Aïssa Ihich, décède en garde à vue d'une crise d'asthme.

Six ans après les émeutes qui suivront ce drame, en 1997, le jeune qui a tué notre collègue est condamné à dix ans de prison. Un tract du Mouvement de l'immigration et des banlieues (MIB) est largement distribué localement : « Les petits frères des Beurs n'ont plus confiance dans la balance de la justice qui penche toujours du même côté. »

Depuis cette histoire, au Val-Fourré, le contentieux entre jeunes et policiers ne cesse de s'alourdir.

Pourtant, en 2003, toutes les impasses de ce quartier considérées comme des traquenards sont supprimées et l'îlot Cézanne, réputé pour être le lieu le plus dangereux, est démoli. Depuis plus de vingt ans, ces mêmes quartiers font l'objet de différents programmes de renouvellement urbain. À titre d'exemple, en 2005, ce sont 411 millions d'euros qui ont été destinés à modifier le paysage urbain de ces cités. Plus récemment, après l'Agence nationale pour la rénovation urbaine, tous les acteurs du territoire, préfecture, conseil départemental, conseil régional d'Île-de-France, communauté urbaine, etc., se sont mobilisés. Des travaux d'urgence ont été effectués, 6 000 logements ont été réhabilités. Mais cette métamorphose ne convient pas à tout le monde. Les dealers et leurs trafics bien rodés sont contrariés. C'était leur territoire, leur zone d'un autre droit. Et coûte que coûte, il doit le rester...

Dans le procès-verbal rédigé en ce mois de décembre 2018 par le commissariat de Mantes-la-Jolie au sujet de l'interpellation de ces 151 gamins, il est fait état de « la situation tendue qui sévit dans le Mantois ».

Dominique, en poste à la CSI[35] au moment des faits raconte : « Les collègues entendent la voix d'un minot qui dit : "Aujourd'hui, vous allez cramer !" Trois jours avant, devant le lycée Saint-Exupéry, pendant des manifs de lycéens, on a pris des projectiles et des pierres en pleine poire. Le lendemain, alors que 200 jeunes bloquent le lycée Jean-Rostand avec des poubelles qui servent de brasiers, on en reprend plein la vue. On est obligés de reculer. On n'a pas pu interpeller un seul mec ce jour-là. Le mercredi, c'est monté d'un cran. On envoie notre compagnie à nouveau devant le lycée Jean-Rostand. Des jeunes, tout juste âgés de 14 ou 15 ans, sont armés de pieds-de-biche, de barres de fer et veulent en découdre avec nous. D'autres, cagoulés, plusieurs dizaines, sont munis de bâtons et d'engins incendiaires. Ils occupent la rue, dressent des barricades de poubelles auxquelles ils mettent le feu. Et, cerise sur le gâteau, preuve est faite qu'ils balançaient des bouteilles de gaz dans les flammes. Une dizaine de bouteilles ont été récupérées par les pompiers. Les casseurs s'en prennent à des automobilistes, profitant de l'occasion pour voler ces derniers. Les pompiers ne peuvent pas intervenir. On riposte avec des lacrys[36] pour tenir la

35. Compagnie de sécurisation et d'intervention.
36. Grenades lacrymogènes.

position. Les jeunes nous narguent. Pour certains d'entre eux, c'est un jeu. Ils dansent même autour des véhicules en feu. Le jeudi, on a été avisés que des jeunes qui n'ont rien à voir avec des manifestants arrivent de l'Eure pour prêter main-forte aux petits voyous. Car, pour moi, il n'y a aucun doute. On n'a pas affaire à des manifestants pacifiques. C'est le moins que l'on puisse dire. Sur la brèche depuis des jours, on est crevés, à bout de nerfs. »

Jean-Marc, lui, est membre de la BST[37] : « On doit interpeller mais on n'a pas assez de menottes et on est une vingtaine pour faire face à une centaine de jeunes. En fin de matinée, on nous positionne face à un groupe de jeunes casseurs. L'un d'entre eux a en sa possession un panneau de stationnement interdit qu'ils ont arraché. Plusieurs dizaines tentent de se réfugier dans les locaux des Restos du cœur. La responsable de l'association dit qu'il n'y a pas eu de violences illégitimes de notre part au cours de l'interpellation. Pourtant, on n'est qu'une vingtaine environ pour faire face à 150 mecs très agressifs pour certains. Je ne cherche aucune excuse, mais lorsque tu ne sais pas vraiment à qui tu as affaire et qu'en plus tu n'as pas assez de menottes pour serrer les gars, que tu n'as pas de véhicules appropriés pour les embarquer, comment tu fais ? Certains ont dit qu'on avait laissé les jeunes des heures et des heures dans cette position. C'est totalement faux. Ils ont dû rester tout au plus trente à quarante-cinq minutes avant de s'asseoir. Et ç'a été prouvé. Pour l'anecdote, parmi les interpellés, il y avait la fille d'un collègue. On se passerait bien de ce genre de situation. »

L'année suivante, plus exactement dans la nuit du jeudi 24 au vendredi 25 octobre 2019, une nouvelle fois

37. Brigade spécialisée de terrain.

les scènes de violence se répètent. Des policiers appelés pour un incendie sont confrontés à une centaine de jeunes. Assaillis de projectiles et visés par des tirs de mortier, les policiers répliquent avec des LBD[38], des grenades lacrymogènes et de désencerclement. Un policier et deux jeunes sont blessés. « La République ne peut tolérer que l'on attaque ceux qui la protègent, au péril de leur vie [...]. L'enquête permettra de faire la lumière sur les faits », écrira alors Christophe Castaner dans un tweet.

Les prémices du terrorisme

C'est dans les années 1990, lorsque cette haine anti-flics et que ces violences urbaines commencent, que des jeunes passent au stade supérieur et quittent la grisaille de leur quartier pour s'entraîner pendant plusieurs mois dans des camps situés au Pakistan, au Soudan ou au Liban. D'autres sont envoyés en Algérie ou au Maroc.

Le communautarisme a fait son lit, du fait de l'abandon de l'ordre républicain, d'abord en région parisienne, en Rhône-Alpes et en Provence-Alpes-Côte d'Azur. Trois régions qui concentrent le plus de population immigrée ou d'origine étrangère. Du fait de notre incapacité à enrayer ce phénomène et à mettre en place de véritables outils d'intégration, de plus en plus de jeunes se posent en rupture d'un système qu'ils réfutent. La France est une terre qui n'est pas la leur. Ils s'identifient comme n'étant de nulle part et se réfugient dans la radicalisation.

38. Un lanceur de balles de défense (LBD) désigne une arme dite sublétale. Les projectiles utilisés sont conçus pour se déformer et s'écraser à l'impact. Cette technique limite le risque de pénétration dans un corps mais elle est suffisante pour dissuader ou arrêter un individu.

Par ailleurs, l'adolescence est une période de révolte que l'on peut facilement détourner. Les petits délinquants d'hier se muent alors en « terroristes » en herbe. Leur séjour en prison fait office de « réussite » et permet trop souvent de les transformer en véritables machines à tuer.

De plus, la délinquance des mineurs ne cesse de se répandre et de s'enraciner : les statistiques des services de police et de gendarmerie témoignent de l'augmentation de la délinquance des mineurs. On évoque même un phénomène de massification. Entre 1977 et 2015, le nombre de mineurs mis en cause est ainsi passé de 82 151 à 234 000. Et surtout, ils sont de plus en plus jeunes. Pour enrayer ce phénomène, Mme Taubira a décidé de privilégier l'éducation sur la sanction, au risque de déresponsabiliser les jeunes délinquants. Elle a également proposé la suppression des tribunaux correctionnels pour mineurs de 16 à 18 ans, et une justice des mineurs étendue aux jeunes adultes de 18 à 21 ans.

Autant de mesures qui, loin de calmer le jeu, amplifient l'exaspération des policiers. La goutte d'eau qui fait déborder le vase est la blessure d'un collègue, grièvement touché lors d'une fusillade le 5 octobre par un malfaiteur ayant profité d'une permission de sortie de prison pour partir en cavale. Cela entraînera une manifestation de près de 8 000 policiers en octobre 2015, place Vendôme, à l'appel de tous les syndicats de police, pour dénoncer une nouvelle fois une explosion des violences, le manque de moyens, le laxisme du système pénal et des conditions de travail insupportables. Ce fut pourtant un coup d'épée dans l'eau. Rien ne changera.

On évalue aujourd'hui à près de 900 le nombre de personnes incarcérées pour des faits de droit commun, qui sont déjà fichées comme étant radicalisées. Qu'adviendra-t-il lorsque les petites peines effectuées par ces derniers seront purgées ? À peu près 30 % d'entre eux sont sortis en 2019. Pourquoi ?

Leur sortie ne résulte pas d'une volonté gouvernementale mais de la conséquence des remises de peine et de la fin des peines prononcées à leur endroit. Jusqu'en 2016, les peines liées à des faits de terrorisme pouvaient encore être sensiblement réduites par le biais des réductions de peine automatiques.

Il faudra attendre la loi de Jean-Jacques Urvoas du 3 juin 2016 pour que ces dispositions soient modifiées en créant une peine de perpétuité réelle[39]. Cette modification législative étend la période de sûreté jusqu'à 30 ans. Mais la législation n'étant pas rétroactive... cette nouvelle disposition ne s'applique pas aux faits commis avant sa promulgation.

Cette déficience du politique coûtera cher aux forces de l'ordre : depuis 2012, neuf policiers ou militaires sont morts, victimes du terrorisme islamiste. Après la haine des banlieues et les guérillas urbaines, l'invasion du gangsta rap, les policiers et militaires sont devenus des cibles de choix pour les combattants ayant prêté allégeance à la mouvance djihadiste.

39. Le 27 janvier 2016, Jean-Jacques Urvoas est nommé garde des Sceaux, ministre de la Justice, en remplacement de Christiane Taubira, démissionnaire. Il est le second garde des Sceaux du quinquennat de François Hollande.

Le ver est-il maintenant dans le fruit ?

3 octobre 2019 : Mickaël Harpon, flic dit radicalisé depuis dix-huit mois, assassine quatre de nos collègues au sein de la préfecture de police de Paris. Aussitôt, une note du préfet alerte les directeurs de service de la préfecture de Police sur les signes de radicalisation au sein de la profession. Était-ce bien utile ? Les directeurs et les policiers ne sont-ils pas capables de détecter eux-mêmes des signes de radicalisation en leur sein ?

Depuis des années, des collègues travaillant dans le renseignement tirent la sonnette d'alarme. Compte tenu de la masse de travail et du manque d'effectifs dans les secteurs concernés, liés au renseignement, les enquêtes préalables pour entrer dans la Police nationale sont souvent bâclées, lorsqu'elles sont réellement effectives. Et, depuis 1997, cette masse de travail est venue alourdir celles qui doivent être effectuées sur les ADS[40]. Depuis la loi du 16 octobre 1997 relative au « développement d'activités pour l'emploi des jeunes », ces derniers constituent en effet une main-d'œuvre bon marché pour le ministère de l'Intérieur. Le but est de permettre à des jeunes de tous âges et de toutes origines sociales d'accéder plus facilement au métier de policier. En réalité, ces emplois s'inscrivent dans la logique de décrépitude du service public de sécurité. Pourquoi n'a-t-on pas embauché directement des gardiens de la paix ?

Les ADS participent aux enquêtes menées dans le cadre de la lutte contre la délinquance et de la sécurité routière sous le contrôle de l'autorité hiérarchique. Ils accueillent et assistent les victimes. Ils participent à des missions

40. Adjoints de sécurité.

de soutien opérationnel. Ils doivent être de nationalité française, âgés de 18 à 30 ans. Ils doivent surtout être de bonne moralité.

À ces fins, ils font l'objet d'une enquête administrative. Un examen du dossier est censé être opéré. Ils passent un entretien oral et des tests psychologiques. Ils reçoivent une formation rémunérée de quatorze semaines dont deux effectuées sur le terrain. C'est le stage dit d'adaptation. Leur rémunération est de 1 387 euros nets en Île-de-France et de 1 289 euros nets dans les autres régions. Le gardien de la paix, lui, est rémunéré en tant que stagiaire 1 965 euros nets en région parisienne. Lorsqu'il est titulaire, il perçoit 2 017 euros par mois. Près de 700 euros par mois gagnés par l'État pour chaque fonctionnaire.

De plus, ces ADS sont des contractuels, les emplois précaires de la Police nationale, en quelque sorte. Ils sont engagés pour une période de trois ans, renouvelable une fois, soit six ans au total.

Leur nombre est en constante augmentation (11 000 aujourd'hui). Il est facile d'imaginer que demain, pour des raisons purement économiques, ils constitueront le gros des troupes de la Police nationale.

Ainsi, lorsque les enquêtes administratives sont peu ou prou effectuées, comment être surpris par d'éventuelles dérives ? D'après les chiffres, la préfecture de police de Paris découvre donc qu'il y aurait 27 fonctionnaires de police au sein de ces seules institutions signalés pour radicalisation. Une large majorité de ces signalements a été faite après l'attaque du 3 octobre 2019.

Trois demandes de suspension sont pour l'heure sur le bureau du directeur général de la Police nationale, alors que deux retraits d'arme ont été prononcés depuis l'attaque au sein de la préfecture de police de Paris. Dans le passé, des cas de radicalisation ont déjà été constatés en conseils de discipline – instances paritaires où comparaissent des policiers faisant l'objet de procédures disciplinaires. Il serait sans doute opportun de savoir combien...

Mickaël Harpon n'est pas un cas isolé. Éric Diard, député des Républicains des Bouches-du-Rhône, et Éric Poulliat, député de La République en marche de la Gironde, ont rédigé un rapport en juin 2019 portant sur la radicalisation au sein de la fonction publique et déclarant qu'une trentaine de fonctionnaires seraient suivis pour ce motif.

Or il n'est pas possible que Mickaël Harpon ait été suivi pour sa radicalisation. Si tel avait été le cas, il n'aurait pas conservé ses fonctions. Ce qui signifie que tous les cas de radicalisation au sein de la profession ne sont pas repérés ni suivis.

Depuis cette attaque du 3 octobre 2019, une bonne dizaine de policiers ont été suspendus soudainement pour « soupçons de radicalisation » et, au total, 106 cas sont suspectés au même motif. En février 2020, deux gardiens de la paix stagiaires et une policière âgée de 39 ans ont été révoqués.

Attention de ne pas stigmatiser pour autant nos collègues de confession musulmane : ils sont les premiers à être consternés par cette situation. Et la radicalisation n'est pas la seule « peste brune » qui menace l'institution.

D'une violence contextuelle à une violence organisée Gilets jaunes : « C'est une révolte ? – Non, Sire, c'est une révolution[41]. »

Depuis le 17 novembre 2018, un nouveau niveau de violence a été atteint dans les manifestations. Un niveau de trop. La goutte d'eau qui risque de faire déborder le vase.

En novembre, les forces de l'ordre sont près de 4 000 à être mobilisées partout en France pour encadrer les mouvements des Gilets jaunes. Le 1er décembre 2018, elles sont 8 000.

Ce 1er décembre, à Paris, on frôle la catastrophe. En milieu d'après-midi, les SMS de collègues sur le terrain sont très inquiétants : « Les compagnies sont débordées et à court de munitions », « Certains manifestants veulent investir l'Élysée », « C'est le bordel complet, ça craint un max... On ne maîtrise plus la situation ».

La France entière, informée instantanément par les chaînes d'information continue, s'attend au pire. Et nous aussi ! Pourtant, nous connaissons un peu la musique... Cette fois, on se dit : « Ça y est, c'est le chaos. » Il faudra des heures et des heures interminables de suspense, de souffrances, pour que les forces de l'ordre rétablissent enfin l'ordre. Sans parler des jours nécessaires pour panser les plaies, réparer, reconstruire.

Les commerçants sont effondrés. Nicolas, architecte d'intérieur installé au 190, boulevard Haussmann à Paris depuis dix ans, considère qu'il perd tous les samedis depuis le début du conflit entre 20 000 et 25 000 euros de chiffre d'affaires. Carlos, fleuriste place des Ternes depuis

41. Duc de La Rochefoucauld-Liancourt à Louis XVI, 1789.

douze ans, n'a jamais vu ça. L'an dernier, à la même date, il a vendu 150 sapins de Noël. Cette année, il n'en vendra que deux !

Les magasins sont pillés, les devantures brisées. À titre d'exemple, aucune des huit vitrines du magasin US Golf, situé à l'angle de l'avenue Marceau et de la rue Christophe-Colomb dans le 8e arrondissement, n'a résisté aux assauts des casseurs. « À coups de pavé, barre de fer et panneau de signalisation, la boutique a été dévastée et pillée. Des vêtements, des chaussures de marque ont été volés ainsi que 300 clubs de golf », constate un responsable.

À Paris, ce sont les symboles de la nation qui sont visés. On veut en découdre avec les institutions. En province, on s'attaque aux préfectures ou aux sous-préfectures, aux permanences des élus et même, à Pau, aux loges maçonniques accusées d'être à la solde du pouvoir.

Ici comme ailleurs, désormais, les réseaux sociaux attisent la haine anti-flics sans qu'ils puissent être maîtrisés. Ainsi, lorsqu'une vidéo fait état du témoignage d'une employée à qui des manifestants, qu'elle connaissait, ont lancé : « Vous allez griller comme des poulets », on s'attend à des messages de soutien à l'endroit des fonctionnaires ciblés. Au contraire, les messages d'insultes pleuvent. Il y a tant de messages ignobles que la vidéo finit par être retirée.

Gilets jaunes et Gilets bleus

François, CRS, a été engagé à Paris ce 1er décembre 2018. Fortement ébranlé par cette journée, le lendemain, il se fait « porter pâle ».

« J'en ai assuré des manifs. J'en ai fait des interventions violentes mais là... ras le bol. J'en peux plus, rideau ! Ça faisait 12 samedis que je bossais. Je n'ai vu mes enfants que deux week-ends entiers depuis six mois. Je sais que lorsque je ne travaille pas, on peut rappeler un collègue qui est en repos ou en congé pour me remplacer. Ça me fait chier, je suis désolé mais je suis à bout. Lorsque tu dois te lever à l'aube pour rejoindre ta compagnie, pour ne pas dire en plein milieu de la nuit, que tu es sur les Champs-Élysées à 7 heures du matin et que tu en prends ensuite jusqu'à 22 heures et que tu es au même régime pendant des mois, tu craques. Qui peut être serein avec de tels rythmes de travail ? Qui peut faire preuve de discernement lorsqu'on nous demande de charger ? Tant pis si je suis sanctionné ou que l'on me colle une étiquette de tire-au-flanc, que l'on essaie de me dénigrer vis-à-vis de mes collègues. Je sais que je ne suis pas le premier à dévisser. Et si rien ne change, y compris chez nous, croyez-moi, je ne serai pas le dernier. »

Frédéric, lui, bosse en BAC dans un arrondissement parisien : « Moi, ce qui me gêne, au-delà des douze heures de boulot que je me tape chaque samedi, c'est de voir en face de moi des mecs comme moi, qui ont les mêmes problèmes que moi. Nous, flics, on fait partie du peuple aussi et on n'est pas privilégiés. Si tel était le cas, ça se saurait ! Alors je ne suis pas à l'aise dans ce genre de situation. J'ai dans ma famille des manifestants qui ne sont pas anti-flics et qui ont des revendications. Eux aussi en ont ras le bol. Ce ne sont pas des casseurs. Je suis mal à l'aise car je m'identifie à ces manifestants pacifistes. Mais je ne m'identifie pas aux casseurs ou aux voyous. Je me demande, et je ne suis pas le seul, si je ne devrais pas, moi aussi, être avec les Gilets jaunes, avec eux, dans la rue, plutôt que d'être contre eux.

On a un point commun : les “vrais” Gilets jaunes et nous subissons la même violence sociale. »

Yves fait partie des compagnies d'intervention. Au nombre de sept, elles sont l'équivalent des CRS dans la capitale. En seulement quatre ans de boîte, il a connu les attentats, bon nombre de manifestations souvent « bien encadrées », dit-il, comme « celles de la CGT » et les manifs contre la loi Travail en 2016. Mais aujourd'hui, il est exténué par le rythme de travail qui lui est imposé. Il a demandé sa mutation pour la province et il a pris un mandat syndical. Il espère ainsi, de son propre aveu, être plus rapidement muté.

« Lorsque tu commences à 1 800 balles par mois, que tu dois te loger, t'habiller, faire vivre ta famille, prendre un crédit pour ta bagnole et qu'en plus tu as la vie que j'ai… laisse tomber ! Mes illusions quant au métier sont vite tombées par terre, sans doute la faute à Voltaire ? Droit de réserve oblige ! (Rires.) J'ai 300 heures sup' à mon actif, rien que pour 2018. T'en connais beaucoup, dans le privé, qui accepteraient une telle situation ? Au sein de mon service, sur un effectif théorique de 150 collègues, il y a entre 10 et 20 arrêts maladie par jour. Récemment, on est même arrivés à plus de 30. Tu peux en embaucher, des effectifs, mais s'ils se font tous porter pâle, t'es mal pour assurer le service public. Moi, je suis déjà divorcé, mon ex n'a pas supporté cette vie. Elle est repartie dans le Nord. Je vois ma fille environ un week-end sur six, lorsque je suis de repos. Si on nous proposait dans la boîte des dérivatifs à bas prix ou autres, si on avait des réductions SNCF pour nous permettre d'aller plus souvent au pays, si on avait des lieux pour faire garder nos enfants avec nos putains d'horaires atypiques, bref ! Il y a plein de choses que l'on pourrait faire pour avoir une vie décente. Là, on rumine, on sort entre collègues, on parle boulot, toujours et encore. On est dans le moule. On picole un peu le soir dans un rade, on se vide, on se défoule de façon anonyme sur les réseaux sociaux et, le lendemain, on retourne au turbin. Tu parles d'une vie. »

Didier travaille dans une autre compagnie d'intervention, en CDI[42] : « Le pire, c'est le 1er décembre. On bosse de 9 heures à 21 heures, non-stop. On prend des projectiles sur la tronche, on est arrosés de peinture, on nous jette de l'acide et des excréments lorsque nous sommes en carrés de section. On ne bouge pas, on ne mange pas, on crève de soif. On se pisse dessus. Alors, forcément, quand on nous lâche, on ne fait pas dans la dentelle. C'est peut-être vrai que certains tirs ou autres comportements ne sont pas légitimes. Mais bon, y a quand même des enquêtes de l'IGPN[43]. L'erreur, la panique sont humaines, non ? Toute la journée, sans arrêt, tu vois des collègues tomber, blessés et tu as des ordres de résister sans charger. Moi, ce jour-là, je participe à l'évacuation d'une dizaine de collègues, blessés ou victimes d'épuisement. L'un d'entre nous a fait un malaise vagal. Dans une autre compagnie, le 23 mars, un collègue a fait un malaise cardiaque. En clair, on s'en prend plein la gueule pour presque pas un rond. Tu sais que je craque près de 500 balles perso pour mon propre matos ? J'ai acheté un gilet tactique et des

42. Compagnie départementale d'intervention. Une CDI, une CSI, compagnie de sécurisation et d'intervention, ou une SDI, section départementale d'intervention, sont des services spécialisés départementaux de police. Pour Paris, il existe les CI, compagnies d'intervention, qui font, elles, partie de la DOPC, Direction de l'ordre public et de la circulation.
43. Inspection générale de la Police nationale.

rangers. Ceux de la boîte, on nous les change tous les quatre ou cinq ans et ils sont lourds, je ne te dis pas… Les militaires disent que c'est le pied qui doit s'adapter à la chaussure et pas le contraire. Bon, admettons ! Mais moi, je ne veux pas faire carrière dans l'armée. Je suis flic ! Si tu veux galoper avec ces engins… bon courage. En tout cas, je débourse pour me protéger. Tu trouves ça normal ? Franchement, on est sous-payés pour le boulot que l'on fait. On est des prolos. Finalement, on est comme les Gilets Jaunes sauf que nous, on est en bleu. »

Le boxeur ou le « bon Samaritain » ?

5 janvier 2019, acte VIII des Gilets jaunes : Christophe Dettinger frappe deux gendarmes en marge de la manifestation. L'ancien boxeur, surnommé « le gitan de Massy », armé de gants de moto coqués sur les phalanges et lestés de plomb, tente de se faire passer pour un bon Samaritain. Il a voulu venger une manifestante, victime des policiers.

Alors qu'il est en garde à vue, une cagnotte Leetchi est créée afin de récolter des fonds pour le soutenir. Dénonçant des irrégularités, la plate-forme décide de fermer cette cagnotte au bout de deux jours alors qu'elle a atteint plus de… 145 000 euros ! L'ancien champion de France de boxe fait délivrer le mardi 18 mars une assignation à Leetchi dans laquelle il réclame 3 120 768 euros de dommages et intérêts.

Le ministère public requiert trois ans de prison, dont un avec sursis et de mise à l'épreuve. Christophe Dettinger est finalement condamné par le tribunal correctionnel de Paris à deux ans et demi de prison, dont dix-huit mois avec sursis et de mise à l'épreuve ainsi qu'une interdiction de séjour à Paris de six mois. Il doit également indemniser ses deux victimes, respectivement à hauteur de 2 000 et 3 000 euros.

Christophe Dettinger est en semi-liberté. Karine, son épouse, dit que leur vie est devenue un enfer. Pourtant, lorsqu'ils sortent, des dizaines de personnes veulent faire des photos avec lui, lui serrent la main. Une vraie star... même en prison. D'ailleurs, dans sa prison, il reçoit 30 à 40 courriers par semaine. Des dessins, des montages mais aussi des chèques ! Le message semble être le suivant : « Si tu frappes un flic, finalement tu ne risques pas grand-chose. Tu peux regagner tes pénates de temps en temps, voir ta famille, plus souvent que ce que les flics ne voient la leur, et ta peine ne dure pas très longtemps. Lorsque tu sortiras, tu seras un héros. Mieux encore, tu pourras récolter une coquette somme grâce à une cagnotte en ligne. »

Entre 2016 et 2017, un peu plus de 35 000 personnes ont été mises en cause pour des faits de violence commis sur un fonctionnaire de la Police nationale, un militaire de la gendarmerie, un membre du personnel de l'administration pénitentiaire ou toute autre personne dépositaire de l'autorité publique.

Si la loi prévoit des sanctions très lourdes pour les auteurs d'agressions contre les forces de l'ordre, la réalité de la peine est tout autre[44]. En pratique, les peines prononcées sont moins sévères.

Compte tenu de cette disproportion entre la peine encourue et celle prononcée, un parlementaire a récemment

---

44. En cas de violences sur un représentant de l'autorité publique (policier, douanier, magistrat...), trois ans de prison et 45 000 euros d'amende sont encourus si la victime a une incapacité temporaire de travail de moins de huit jours, et cinq ans de prison avec 75 000 euros d'amende sont encourus au-delà de huit jours d'arrêt de travail (Code pénal art. 222-12).

réclamé un durcissement de la législation. Le gouvernement a répondu qu'au vu de la palette de sanctions, il n'envisageait pas de modifier les dispositions existantes en cas de violences commises sur les forces de l'ordre.

« Suicidez-vous ! » Trop, c'est trop !

Samedi 20 avril, acte XXIII des Gilets jaunes : des slogans et autres banderoles invitent publiquement les forces de l'ordre à… se suicider ! L'un des auteurs de la formule, un cuisinier au chômage, est identifié et condamné dix jours plus tard à huit mois de prison avec sursis, à cent quatre-vingts heures de travail d'intérêt général, ainsi qu'à verser 500 euros à chacun des deux policiers plaignants. Et pour les autres ?

« Suicidez-vous ! » ont donc lancé certains manifestants aux forces de l'ordre alors que, depuis le début de l'année, les suicides au sein de cette catégorie professionnelle sont en moyenne de deux par semaine depuis le début de l'année.

Certains Gilets jaunes, ou ceux qui profitent de ce mouvement, sont-ils devenus fous, inconscients, immoraux ? Qu'y a-t-il de plus odieux que de lancer à une personne que l'on sait affaiblie : « Tu te sens mal dans ta peau, tu as des problèmes, tu es victime d'un mal-être social, alors vas-y, retourne contre toi l'arme que tu braques sur nous ! » ? Parce que l'homme est policier, il ne mérite donc pas de vivre ?

Linda Kebbab, jeune et brillante syndicaliste, s'évertue à défendre la profession de policier dans les médias. Secrétaire nationale et porte-parole, elle est aussi en charge du pôle « féminisation » au sein de son organisation.

Cette structure a été mise en place en 1995 pour prendre en considération la spécificité des femmes dans la police. Linda sera peut-être un jour la première femme à prendre la tête d'un syndicat de police, elle a en elle la fibre du syndicalisme républicain. Mais elle est aussi en permanence l'objet de menaces de mort ou de viol, d'insultes sexistes et racistes : « La Beurette, faut la faire disparaître », « Faut la violer pour qu'elle comprenne », « Fais comme tes collègues, suicide-toi »... En février 2018, l'un des auteurs de ces messages a été condamné à quatre mois de prison ferme et à 1 000 euros de dommages et intérêts.

« La femme a le droit de monter à l'échafaud, elle doit avoir également celui de monter à la tribune[45] ! »

Notre société est malade. Elle est inquiète sur son identité, ses valeurs, ses repères. Nombre de citoyens ont tendance à attendre de la police des solutions à tous leurs maux. Des solutions immédiates que les policiers ne peuvent, évidemment, leur donner. Mais une société a aussi la police qu'elle mérite. Si elle préfère trouver des boucs émissaires ou se laisser aller à tous les fantasmes notamment vis-à-vis des flics comme des étrangers, elle n'est guère apte à relever les défis de l'avenir.

C'est à la Révolution française et à la Déclaration des droits de l'homme et du citoyen que nous devons les principes qui doivent guider l'organisation et l'action de l'État de droit. Notre modèle n'a rien à envier aux autres nations. Alors pourquoi renier ce modèle républicain au profit d'un autre dont les Français ne veulent pas ?

45. Olympe de Gouges, Déclaration des droits de la femme et de la citoyenne, 1791.

DEUXIÈME PARTIE :

COMMENT EN EST-ON ARRIVÉS LÀ ?

Mieux vaut bien faire que bien dire.

Benjamin Franklin

CHAPITRE IV

LE MAUVAIS MODÈLE AMÉRICAIN

En matière de sécurité aussi, nos politiques ont fait le choix d'un modèle économique qui a pour aboutissement une jungle où seuls les plus aisés d'entre nous peuvent vivre en toute sécurité.

J'oppose à cette vision une alternative qui puise sa raison d'être dans nos racines et notre histoire : le choix républicain, qui est né de la Résistance et qui a mis l'humain au centre de son choix économique. Un État fort, au service du bien commun. Un modèle que nous avons peu à peu détruit en privatisant à tout-va, en affaiblissant au fil du temps notre service public, en choisissant la performance dans tous les domaines, au risque de voir se substituer à notre État démocratique un État « égocratique ».

Le concept de fraternité ? Aux oubliettes ! Place à la division, à l'indifférence, à la haine et au productivisme, y compris au sein même du service public. Place au dépassement systématique et systémisé de l'individu, quitte à écraser les autres.

Lorsque la romance devient réalité : l'importation du modèle américain

Mardi 30 avril 2019. Comme souvent, je me balade sur la plage de ma station balnéaire préférée hors saison, Gruissan. Il est 8 h 30 environ. Tout est superbement calme, il fait 12 degrés et un soleil radieux. Trente-trois ans après *37°2 le matin,* tourné en 1986, les chalets qui ont servi de décor au film culte de Jean-Jacques Beineix, lieu que certains habitants ici nomment depuis « Boboland », sont toujours aussi populaires. Le film est par ailleurs l'adaptation d'une œuvre de Philippe Djian, romancier fortement imbibé d'une certaine culture américaine, et particulièrement de sa littérature. Pourtant, les États-Unis vont surtout provoquer chez Djian une forme de pessimisme noir, à la fois précurseur et terrifiant, qui lui vaudra d'importer en France l'image du *loser* américain et d'influencer toute une nouvelle génération d'écrivains partageant, comme Frédéric Beigbeder ou Virginie Despentes, une même vision désabusée et sombre de l'avenir[46].

Conformément à ces représentations dont s'est saisie la littérature, il semblerait que nous ayons en effet, en vénérant le modèle américain, enfanté un système inégalitaire où règnent aujourd'hui la compétition et l'affirmation de

46. Frédéric Beigbeder, « Les Enfants de Dijan », *Lire*, juillet-août 2011.

soi. Un véritable *Total Recall*[47]. Dans ce film, les acteurs perdent non seulement les repères avec la réalité, mais surtout avec eux-mêmes. Un monde cruel où l'on impose dans tous les domaines ses propres intérêts sans aucun scrupule. C'est le règne du chacun pour soi, la culture de la concurrence, une société où l'individu ne se préoccupe que de son bien-être, même si ce dernier n'est que superficiel et éphémère. Notre modèle français illustré par les Trente Glorieuses et caractérisé par un service public et un modèle social permettant l'épanouissement de chacun a vécu... Nous avons fait nôtre celui adopté par la société américaine au milieu du XIXe siècle, auquel Tocqueville nous sensibilisait déjà dans son essai *De la démocratie en Amérique*[48]. Il y analysait le soin extrême porté par le citoyen américain à sa vie privée, au détriment de la vie publique, ainsi qu'un idéal économique ultralibéral provoquant une fracture sociale et une sociologie inégalitaire.

On peut caractériser l'échec d'une certaine forme de culture occidentale et la croissance d'actes criminels par l'adoption du paradigme américain, entre autres, ayant directement mené à une société rompue par la « tyrannie de l'individu[49] ».

Nous sommes la France[50]

Les États-Unis ont érigé un modèle sécuritaire « piloté par des grands acteurs privés et qui n'est plus sous contrôle

47. Film réalisé par Paul Verhoeven en 1990.
48. Alexis de Tocqueville, *De la démocratie en Amérique*, Flammarion, Paris, 1981 (première parution : 1845).
49. Formule empruntée à Frédéric Beigbeder, et que l'on retrouve au fil de ses romans.
50. D'après le livre éponyme de Natacha Polony (Plon, 2015).

démocratique », de l'aveu même de notre président en mai 2019, lors d'une intervention au salon VivaTech à Paris. « Donc il n'y a plus un gouvernement aux États-Unis qui peut vous garantir le respect de votre vie privée, de vraies politiques comme le changement climatique », a-t-il alors lancé. Et de s'en prendre au capitalisme ultra-libéral que Mitterrand fustigeait et que Jacques Chirac qualifiait de « fasciste ». Sauf que nos dirigeants ne proposent à l'alternative néolibérale que le fameux… « capitalisme à la française ».

Nos responsables politiques, pendant des années, ont pour la plupart manqué de courage et se sont alignés sur un modèle qui n'est pas le nôtre, et qui n'est plus sous contrôle.

Voilà dans quelle sphère sociétale les policiers et, avec eux, tous les agents du service public de sécurité doivent évoluer. Il est demandé aux soldats d'un État exsangue d'être le bras exclusivement répressif de la fracture sociale.

De tous les pays industrialisés, les États-Unis sont ceux qui possèdent la plus grande richesse, mais aussi le plus grand pourcentage de nécessiteux, le plus grand nombre de travailleurs pauvres, le système social le moins généreux, le droit du travail le plus restrictif, le plus faible taux de mobilité sociale, le plus fort taux de mortalité infantile et le degré de répartition des richesses le plus inégalitaire. Là-bas, des personnes meurent chaque jour, faute de payer les soins dont elles ont pourtant besoin ; des milliers d'enfants abandonnés à leur triste sort vivent sous le seuil de pauvreté ; pas de congés payés pour une grande majorité de la population active ; pas d'assurance retraite ni de couverture chômage. Certains retraités sont même contraints de faire l'aumône, les poubelles ou de vendre des canettes de Coca pour vivre.

L'auteur de *La Société du spectacle*[51] dit que « nous nous sommes faits américains » et que nous en récoltons les misérables problèmes. S'il pense surtout à la drogue, à la mafia, aux fast-foods et au communautarisme, c'est un constat qui peut aussi s'appliquer à la violence et à l'insécurité. Les États-Unis, depuis le plan Marshall, exportent leur culture de masse, ont un rapport culturel particulier avec toutes les formes de violence, les tueries de masse, les tueurs en série et autres. Si le rapport entre violence, culture et société trace effectivement la « frontière symbolique du territoire civilisé », nous savons désormais où nous situer.

Voici le modèle que nous avons importé en France. Un modèle qui induit communautarisme, révolte, violence, et qui n'offre qu'une seule réponse à cette déviance : une répression extrême. Un modèle où le service public de sécurité est sacrifié au bénéfice de la multiplication de polices diverses et variées. Un modèle où le principal problème vient d'une chaîne de commandement multiforme, concurrentielle et non coordonnée, et de l'incitation politique des maires, des autorités locales, des gouverneurs... au seul recours à la violence par les forces de l'ordre. Un modèle où les pouvoirs publics refusent d'admettre que l'application extrêmement stricte de certaines lois, dont sont victimes les pauvres et les minorités, contribue à la série de violences policières.

Un chiffre : aux États-Unis, en 2014, près de 1 000 personnes ont été tuées par la police.

51. Guy Debord.

Les problèmes de société ne peuvent pas être résolus que par la force !

Los Angeles : 29 avril 1992

Les meurtres commis aux États-Unis par des policiers, la plupart du temps de Noirs et dans des circonstances particulièrement choquantes, attirent depuis des années une attention sans précédent dans les médias et l'opinion publique[52]. Désormais, il ne se passe pas deux ou trois mois sans qu'une nouvelle affaire similaire à celle de Los Angeles éclate dans le Missouri, à New York, en Californie, dans l'Oklahoma, en Caroline du Sud. Ou ailleurs.

À Los Angeles, le 3 mars 1991, après une course-poursuite à plus de 160 kilomètres à l'heure, Rodney King, toxicomane déjà condamné pour braquage, est arrêté en état d'ivresse par quatre policiers qui usent d'une violence inouïe pour le maîtriser, lui assenant plus de 50 coups de matraque et coups de pied. Un artisan plombier, alerté par le bruit de l'arrestation, enregistre la scène. La vidéo circule dans les médias et sur les réseaux sociaux. Le pays tout entier est témoin de cet acte. L'opinion publique est scandalisée. Le procès est inévitable. Pour éviter les troubles, il est délocalisé dans une bourgade proche de Los Angeles, Simi Valley. Le jury est composé de dix Blancs, un Asiatique et un Hispanique. Rodney King ne fait pas le poids. Le 29 avril 1992, le verdict est rendu : les quatre policiers sont blanchis.

52. Ils sont au moins 123 à avoir été abattus en 2016, selon un décompte du *Washington Post*.

Le jour même, le quartier de South Central s'embrase littéralement : tabassages, pillages, incendies. « Une crise de folie, raconte la journaliste du *Figaro* Catherine Delaprée. Ce n'est peut-être pas la guerre des classes annoncée depuis longtemps à Los Angeles entre les pauvres et les nantis, entre les Noirs et les Blancs... mais cela ressemble fort à une répétition générale[53]. »

On est loin des émeutes de la fin des années 1960, lors des combats pour les droits civiques, mais si deux millions de Noirs font aujourd'hui partie de la classe moyenne grâce à la déségrégation, dix autres millions vivent quand même et toujours au-dessous du seuil de pauvreté.

Émeutes raciales ou révolte des pauvres ? Toujours est-il que le bilan est très lourd : entre 50 et 60 morts, des milliers de blessés, plus d'un milliard de dollars de dégâts matériels.

À Los Angeles, lors des violences, toutes les polices, placées sous des commandements différents, sont intervenues de façon anarchique et non coordonnée. Le maire de Los Angeles, Tom Bradley, a dû instaurer un couvre-feu. Et il aura fallu le renfort des militaires pour que l'ordre soit rétabli.

Lorsque l'on se prétend républicain, on défend une police civile et non pas une police d'essence militaire. Lorsque l'on se prétend progressiste, on ne plaide pas pour une multiplication des polices, mais pour un service public de sécurité fort, lequel constitue une garantie citoyenne pour le respect des libertés publiques.

---

53. *Le Figaro*, 28 avril 2017.

Le modèle de police aux États-Unis ressemble aux poupées russes : dans tous les États s'ajoutent à la police fédérale, qui gère le maintien de l'ordre, des polices municipales et un système policier local spécifique comportant des forces distinctes à chaque échelon. *State troopers*, agents du FBI, shérifs... Qui fait quoi, qui punit quoi et qui dépend de qui ? Quelques précisions pour ne rien confondre.

Le système de police américain

Il existe des dizaines d'agences fédérales de police qui dépendent de l'État.

Les agents de la police fédérale sont compétents sur tout le territoire américain et dépendent du gouvernement fédéral des États-Unis pour faire appliquer les lois fédérales. Autrement dit, si les ordres arrivent, ils viennent de très haut. Ils peuvent toutefois dépendre de différents départements (ministères), que ce soit celui de la Justice, de la Défense ou de l'Intérieur, ou encore de la Cour suprême et du Congrès. Parmi eux, on retrouve d'abord le fameux FBI, *Federal Bureau of Investigation*, la police judiciaire qui gère les crimes fédéraux et le service de renseignement intérieur. Puis la DEA, *Drug Enforcement Administration*, qui lutte contre le trafic de stupéfiants. Le CB, *US Customs and Border Protection*, le service des douanes et protection des frontières, notamment dans les aéroports. L'USSS, *US Secret Services*, qui lutte contre la fausse monnaie et les fraudes financières, tout en veillant à la protection du président et du vice-président des États-Unis... Ajoutez la NSA, *National Security Agency*, qui collecte toutes sortes d'informations pour le renseignement, l'USPP, *US Park Police*, la plus ancienne agence de police en uniforme, qui veille sur les parcs nationaux des États-Unis, la NCIS, *Naval Criminal Investigative Services*, qui enquête sur les crimes commis au sein de l'*US Navy* et des *US Marine Corps*. Autant de services qui font vibrer les téléspectateurs du monde entier et font pâlir d'envie, de par les moyens mis à leur disposition, nos collègues français !

À l'échelon en dessous des polices fédérales, chaque État, ou presque, a une police. La plus connue, grâce à Chuck Norris[54] : les *Texas Rangers*. Toutes ces polices d'État font appliquer la loi et sont divisées en deux grandes forces : la *Highway Patrol*, qui veille sur les routes et autoroutes, et la *State Police*, qui gère les crimes graves commis dans l'État concerné. Ces polices sont dirigées par un haut fonctionnaire nommé par le gouverneur.

Troisième échelon du système policier aux États-Unis, celui des comtés et des villes. Chaque ville, à l'intérieur de chaque État, possède aussi sa propre police. C'est la NYPD à New York, la LAPD à Los Angeles, la CPD (Chicago Police Department), etc. Les grandes villes ont parfois aussi des départements spécialisés, comme le SWAT, *Special Weapons And Tactics*, ou des polices dans les aéroports, police routière, etc., qui peuvent intervenir dans des situations dites à risque.

Enfin, dans les villes ou villages qui ne sont pas des municipalités ou qui n'ont pas de police municipale, ce sont les shérifs qui font la loi. Ils ont pour compétence territoriale le comté.

Maintenant, vous pouvez regarder la télévision !

Compte tenu désormais de nos différentes strates de collectivités territoriales, si l'on continue de se conformer

54. Acteur vedette de la série américaine *Walker Texas Ranger*.

au modèle américain, on peut tout à fait imaginer en France une police à l'échelon d'un conseil régional et pourquoi pas une autre à l'échelon du département. Dans les années 2000, au conseil général des Hauts-de-Seine, la création d'une agence était à l'étude mais le projet n'a jamais abouti en raison d'un montage juridique très difficile et du problème politique que cela pouvait générer.

De Columbine à la Côte d'Azur

Grasse, 16 mars 2017, 13 h 30. Après s'être procuré une grenade d'exercice, un fusil de chasse et des armes de poing, Killian, 16 ans, ouvre le feu sur plusieurs personnes de son école, faisant 14 blessés. L'hypothèse djihadiste très vite abandonnée, on découvre un jeune homme marginal, ayant des difficultés à s'intégrer, fasciné par les armes à feu, les films gore et les tueries de masse, en particulier celle de Columbine. Patrick, sur place, se souvient : « Nous pensons au début à un nouvel attentat terroriste, le RAID intervient très rapidement. L'ado est le souffre-douleur de la classe... Le jeune est conduit en garde à vue. Il est totalement abruti avec un de ses copains par les jeux vidéo hyper violents, fasciné par les séries américaines, les tueries de masse et les tueurs en série. Il est surnommé par les élèves "le sataniste", du fait de ses relents gothiques. Sa page Facebook est remplie d'images de clowns sanguinolents, son compte YouTube le montre, en août 2016, déambulant avec un masque à gaz de la Première Guerre mondiale pour finir devant le miroir de la salle de bains en simulant un suicide avec un poignard. Il a la haine contre les autres élèves et il a envie de reproduire ce qu'il voit chez lui en permanence sur les écrans. »

Autant d'éléments qui ont encore pour dénominateur commun les États-Unis.

Dans la nuit du 1er août 1966, Charles Whitman, un ancien Marine, tue ses parents. Le lendemain matin, il se rend sur le campus de l'université du Texas, à Austin, monte sur le toit de la tour d'observation de l'établissement et tire sur les étudiants, avant d'être tué à son tour par la police. Bilan : 16 morts et 32 blessés.

Le 16 octobre 1991 au Texas a lieu la fusillade la plus meurtrière en dehors d'une école. Dans la petite ville de Killeen, George Hennard, chargeur sur un cargo, pénètre dans une cafétéria Luby's en hurlant : « Voici ce que cet État a fait de moi ! » Armé d'un pistolet semi-automatique, il ouvre le feu. Sur les 80 clients et employés du restaurant, il tue 22 personnes. Une vingtaine d'autres sont blessées.

Le 20 avril 1999 à Columbine, à 11 heures du matin, deux lycéens de 17 ans, Dylan Klebold et Eric Harris, se rendent dans leur lycée. Ils détournent l'attention des policiers et des pompiers en faisant exploser une bombe à 800 mètres de là puis ouvrent le feu sur les élèves. La fusillade prend fin à midi, quand les deux tireurs se suicident. En une heure, ils ont tué 12 lycéens, un enseignant et ont blessé 24 personnes.

Le 21 mars 2005, Jeffrey Weise, un lycéen de 16 ans, tue neuf personnes, dont son grand-père et cinq autres élèves, dans un lycée de Red Lake (Minnesota). Il finira lui aussi par se suicider, après un échange de tirs avec la police.

Le 16 avril 2007, université de Virginia Tech à Blacksburg (Virginie). À 7 heures du matin, Cho Seung-hui, un étudiant sud-coréen de 23 ans, tue deux personnes par balles. Il envoie un testament vidéo à la chaîne de télévision NBC News. Ensuite, il arpente les salles de classe, muni de deux armes de poing. Il tuera 32 personnes, étudiants et professeurs, blessant 25 autres. Il s'agit de la fusillade la plus meurtrière de l'histoire des États-Unis en temps de paix.

Le 24 décembre 2008, un homme déguisé en Père Noël, Bruce Jeffrey Pardo, 45 ans, tue son ex-femme et huit membres de la famille de cette dernière le soir du réveillon à Covina en Californie, dans la banlieue de Los Angeles. Il incendie la maison de ses beaux-parents et se donne la mort.

Le 3 avril 2009, un homme de 41 ans entre dans un centre d'aide aux immigrés, à Binghamton, dans l'État de New York, pendant un cours d'anglais. Il prend une quarantaine de personnes en otage, avant d'ouvrir le feu. Il tue 14 personnes.

Le 8 janvier 2011, un homme ouvre le feu à Tucson, en Arizona, lors d'une rencontre entre une parlementaire fédérale démocrate, Gabrielle Giffords, et ses administrés. Bilan : 6 morts et 15 blessés.

2 avril 2012 : un homme tue sept personnes et en blesse trois à l'université chrétienne d'Oikos en Californie, avant de se rendre à la police. Le tireur tire méthodiquement sur ses victimes après les avoir alignées contre un mur.

Avril 2013 : le Sénat américain, pourtant démocrate, vient de rejeter le projet de loi de Barack Obama visant à mieux contrôler les acheteurs d'armes à feu aux États-Unis. Et ce n'est pas peu dire que le président américain avait donné de sa personne pour ce projet. Les Américains montrent en effet un réel attachement à ce « droit fondamental » inscrit dans le marbre juridique de la Constitution et de l'histoire américaine depuis 1791. Et si, en 1994, les armes d'assaut ont été interdites aux civils pour dix ans par le démocrate Bill Clinton, cette loi n'a pas été reconduite par George W. Bush en 2004. « Une milice bien organisée étant nécessaire à la sécurité d'un État libre, le droit qu'a le peuple de détenir et de porter des armes ne sera pas transgressé », dit le deuxième amendement de la Constitution.

Résultat : aux États-Unis, au moment où nous écrivons ces lignes, 348 morts et 1 162 blessés dans 297 fusillades de masse ont déjà eu lieu en 2019. Ce pays « de paix » ne connaît pas plus de six jours d'affilée sans fusillade ! Selon le MST[55], qui recense depuis 2013 ce type de crimes, l'année 2019 est la pire, avec une moyenne de 1,37 fusillade par jour.

Aux États-Unis, les armes foisonnent, tout comme les milices paramilitaires qui les utilisent, comme le Ku Klux Klan, organisation suprématiste blanche des États-Unis fondée le 24 décembre 1865, l'UCP[56], une milice du Nouveau-Mexique composée d'anciens militaires et de policiers fortement armés qui patrouillent le long de la frontière entre les États-Unis et le Mexique, à la recherche de migrants illégaux, ou encore la *Bloodagent*. Cette milice, qui s'entraîne régulièrement dans le Sud des États-Unis et assure le service d'ordre de Donald Trump, affirme ouvertement qu'elle serait prête à prendre les armes si Trump le demandait. De telles milices fleurissent sur l'ensemble du territoire américain, notamment dans le Montana ou le Michigan. Elles sont constituées de

55. *Mass Shooting Tracker.*
56. *United Constitutional Patriots.*

plusieurs dizaines de milliers de membres, généralement de militants d'extrême droite.

La machine plutôt que l'homme : le « technosolutionnisme »

Paupérisation du service public, multiplication des polices, multiplication des armes, milices et... gadgets technologiques !

Autre caractéristique des États-Unis : à Baltimore, dans le Maryland, on vient d'installer une nouvelle petite merveille technologique, les micro-capteurs. Ces derniers, pas plus gros qu'une pièce de deux euros, sont placés partout à une hauteur de dix mètres. Ils permettent une localisation et donc une intervention plus rapide des policiers municipaux. Pourtant, la délinquance est en hausse, avec 10 à 14 fusillades par week-end. Cherchez l'erreur !

Capteurs de sons, reconnaissance faciale, vidéosurveillance... Les États-Unis sont les pionniers en matière de « technosolutionnisme », de façon à proposer systématiquement une réponse technologique à un problème de société. Et bien que toutes ces nouveautés soient contestables, eu égard à leur coût et leur réelle efficacité, nous les reproduisons : Saint-Étienne, Lyon et demain d'autres villes en France vont s'équiper de ce type de matériel moderne.

À Nice, lors de l'attentat du 14 juillet 2016, 86 personnes ont perdu la vie. La ville accueille quelque temps après la première conférence des maires des villes d'Europe et de Méditerranée sur la prévention de la radicalisation et sur la sécurisation de l'espace public, en présence du ministre de l'Intérieur, Gérard Collomb.

Le maire de Nice préconise alors : « Je voudrais que l'on puisse faire de la reconnaissance faciale des individus fichés S par les logiciels de vidéosurveillance de la ville. Cela se ferait sous contrôle de l'État. Nous avons démontré à Nice que nous pouvions faire de la reconnaissance faciale. Cela se fait en Israël et cela permettrait d'identifier le déplacement de n'importe quelle personne radicalisée ou soupçonnée d'être radicalisée. Ce serait un moyen efficace de nous accompagner et d'accompagner l'État dans la lutte contre le terrorisme. »

Depuis toujours, le débat sur la vidéosurveillance fait rage. D'un côté, ceux qui veulent des caméras en tous lieux, ne serait-ce que pour calmer le sentiment d'insécurité ressenti par les habitants de tel ou tel quartier. D'un autre, ceux qui au contraire réfutent tout « flicage ». Il y a aussi ceux qui, comme moi, pensent que si la vidéosurveillance peut être utile et constituer un apport à la lutte contre l'insécurité, son amplification est toutefois démesurée et coûte excessivement cher.

Par ailleurs, les trop rares études d'évaluation montrent de façon irrévocable que ses bénéfices sont faibles, pour ne pas dire dérisoires. Elles remettent en cause les supposés effets préventifs de cette technologie. Les rapports des cours des comptes régionales sur ces questions vont dans le même sens.

À Saint-Étienne, en 2010 : pour un coût de 1,3 million d'euros annuel, le taux de faits « repérés ou élucidés » culmine à 2 % sur l'année.

À Lyon, la même année : pour un coût de 2,7 à 3 millions par an, c'est seulement 0,7 à 1,6 % des faits délictueux sur la voie publique qui ont recours aux images de vidéosurveillance.

La ville de Nice est équipée de 2 145 caméras soit environ une caméra pour 16 habitants. Le taux d'élucidation des faits constatés est inférieur à 3 %.

Le département des Yvelines doit lui aussi mettre en place en 2020 de nouvelles caméras de surveillance ultramodernes et multifonctions. Objectif ? Signaler tout comportement ou situation qui puisse paraître suspect aux yeux des forces de l'ordre, y compris les attroupements de plusieurs individus. Coût ? Entre 13 et 14 millions d'euros pour un parc d'environ 4 000 caméras, le projet sera une première en France.

Comme à Viry-Châtillon, les policiers seront sans doute, demain, à Mantes-la-Jolie et au Val-Fourré, chargés de surveiller... les caméras. Une tâche peu valorisante en perspective. De nouvelles victimes parmi les forces de l'ordre ? Probable ! De nouveaux véhicules de police incendiés ? Sûrement !

Ne vaudrait-il pas mieux investir dans le service public de sécurité plutôt que de demander au contribuable de payer pour des dispositifs techniques démesurés ou la privatisation de la sécurité ? D'autant que lorsque les citoyens sont informés objectivement sur le coût et l'efficacité du technosolutionnisme, ils le rejettent massivement. Ainsi, en 2011, une commune du Lot-et-Garonne de 7 000 habitants a réalisé un référendum consultatif sur l'utilité de la vidéosurveillance. La population a rejeté cette option sécuritaire à 59 %.

En réalité, la vidéosurveillance n'est pas la réponse préférée des citoyens. Ils préfèrent souvent d'autres politiques : renfort des effectifs, lutte contre l'échec scolaire, prévention et aide aux familles en difficulté.

De Tueurs nés *à Florence Rey et Audry Maupin*

Tueurs nés est un film américain réalisé par Oliver Stone (1994), dans lequel Mickey et Mallory, un jeune couple, décident de s'embarquer dans une virée sanglante, tuant par plaisir des policiers et les gens qu'ils croisent sur leur route. Ils laissent cependant un employé en vie pour qu'il témoigne des faits et participe ainsi à construire leur légende.

Dans ce film, les deux tueurs deviennent de véritables stars. Ils sont admirés par de nombreuses personnes qui les trouvent fascinants, malgré leur comportement. Les médias, suivant la folie meurtrière du couple, transforment son histoire en une sorte de spectacle en temps réel. Une série de téléréalité. Tout le monde oscille entre la condamnation et la fascination morbide.

4 octobre 1994 – soit moins d'un mois après la sortie du film –, cours de Vincennes à Paris : deux jeunes qui se prennent pour les héros de *Tueurs nés* se lancent dans une épopée aussi absurde que sauvage… Les trois gardiens de la paix de 26, 30 et 37 ans qui sont morts ce jour-là sont passés à la trappe de l'oubli. Mais pas Florence Rey et Audry Maupin, leurs meurtriers. La photo de Florence Rey est même imprimée sur des tee-shirts et un magazine féminin n'a pas hésité à la citer en 1994 parmi les « femmes de l'année ».

Paris au XXIe siècle :
Youssouf, policier du territoire, témoigne

Paris, 16e arrondissement. L'un des trois arrondissements ultrasécurisés et filtrés de la capitale (avec le 7e et le 8e).

Il est bordé d'une série de moyens de défense passive (barbelés, micro-capteurs, vidéosurveillance high-tech, systèmes de reconnaissance faciale, de lecture de plaque d'immatriculation, de comptage des hommes, des bêtes ou des voitures...), eux-mêmes contrôlés par des algorithmes. Désormais, pensent certains chefs, les humains ne servent plus à rien. On peut tout maîtriser depuis son smartphone.

Youssouf est policier du territoire. Chargé plus spécifiquement des problèmes liés à l'immigration, son service a été créé en 2025. Son but : détecter les étrangers en situation irrégulière, démanteler les réseaux, engager la procédure judiciaire en liaison avec la police aux frontières pour les reconduire chez eux. Ce service est très vite submergé. À Paris, les migrants sont partout et des scènes quotidiennes de violences les opposent aux autres citoyens et aux forces de l'ordre, avant d'être reprises dans tous les médias. Par manque de logements, tous les parcs et jardins de la capitale sont inondés de tentes ou de campements de fortune.

Le travail de Youssouf et des 1 200 policiers de ce service consiste exclusivement à protéger les ex-quartiers chics de Paris encore préservés de la violence qui s'est généralisée dans la capitale. Les autres arrondissements sont sécurisés à la fois par des milices d'autodéfense hyperarmées et des polices communautaires ou privées.

« En dehors du 7e, du 8e et du 16e, c'est la Jungle ! Et pour venir habiter dans ces quartiers encore privilégiés, il faut être riche, très riche. Certaines grandes fortunes ont même investi dans la sécurité privée de la Jungle... Le merdier de la Jungle, ça les arrange ! La difficulté de notre travail consiste à ménager ces grandes familles qui détiennent le véritable pouvoir, protègent et recueillent les dividendes de tous les trafics, qu'ils soient humains ou autres. Nous sommes les policiers qui représentent l'État. Mais en réalité, depuis le Grand Chaos[57], cet État est totalement absent et nous n'avons que peu de moyens et encore moins de pouvoir pour faire face à la situation. »

Aujourd'hui, en ce mardi de février glacial, non loin de la porte d'Auteuil, vers 18 heures, une bagarre faisant suite à un AVP[58] a éclaté entre des membres des communautés chinoise et albanaise, qui se disputent le leadership de la prostitution en région parisienne. Youssouf et son équipe sont intervenus. Sur place, la police privée chinoise, dénommée « PP13 » (son siège est situé à l'emplacement de l'ancien commissariat de police du 13e arrondissement), est déjà en action et se heurte à la police privée de l'Est, la PPE, sise, elle, rue de la Goutte-d'Or.

Lorsque Youssouf intervient, sont déjà sur place les membres de la police environnementale, qui gère les parcs et jardins de la ville et se contente, faute de moyens réels, de racketter les contrevenants. Ils observent et semblent totalement impuissants face à la situation qui prend de plus en plus d'ampleur.

Le chef de la police du 16e arrondissement, désigné indirectement par les dignitaires de l'arrondissement, est avisé de ce qui se passe. Des véhicules sont en feu, les

---

57. Lors de l'arrivée au pouvoir des extrémistes dits populistes, en 2027, la situation a dégénéré. Cette période a été appelée « Grand Chaos ».
58. Accident de la voie publique.

rares magasins qui restent dans le quartier sont pris d'assaut. Rien n'est sous contrôle.

« Notre chef fait aussitôt appel à la Direction nationale du maintien de l'ordre, désormais sous la tutelle exclusive de la Gendarmerie nationale. Trois hélicoptères Gazelle et Tigre sont envoyés pour éclairer le site, filmer la scène, et hélitreuiller ou larguer à proximité des hommes de la BRHV[59].

L'ASPGP[60] et l'AS 92[61] sont également sur place et tirent dans le tas, sans discernement. La police municipale parisienne se borne à rendre compte de la situation au maire de la capitale.

La mairie est une véritable forteresse en permanence assiégée qui est dans l'obligation de trouver au quotidien des compromis avec tous les nouveaux maîtres de Paris.

Face à cette situation catastrophique et le danger que courent les habitants du 16e et des départements limitrophes, nous faisons intervenir l'armée. Trois pelotons de la Garde nationale, soit au total près de 150 militaires, sont alors dépêchés sur place sur réquisition du ministre de la Défense par VIV[62].

Ils sont appuyés et escortés par dix robots guerriers cracheurs d'eau et équipés de SMAW (lance-roquettes multifonction), de M32 (lance-grenades) et de M134. Cette mitraillette pouvant effectuer entre 2 000 et 6 000 rotations par minute et qui est munie de six tubes tire 50 balles à fragmentation RIP[63] à la seconde.

---

59. Brigade de répression des hommes volants.
60. Agence de sécurité et de prévention du Grand Paris.
61. Agence de sécurité départementale des Hauts-de-Seine.
62. Véhicules d'intervention volants.
63. *Radically Invasive Projectile.*

Bilan : après dix heures d'émeutes, 160 morts. On compte encore les blessés. Nous avons dû taper le CRAI[64]. La Direction nationale de la police judiciaire a été saisie des faits et de notre procédure. Elle transmettra sans doute, ou pas, au parquet. Pourtant, cela nous a pris toute la nuit. Éreintant, usant ! Et j'ai réattaqué aujourd'hui à 13 heures. »

Ce genre d'incidents et d'émeutes, Youssouf les vit désormais régulièrement. Il est exténué, n'a plus de vie de famille et ne compte pas rempiler. Il envisage de se faire embaucher dans une police para-civile du 16e arrondissement.

Pourtant, lorsque Youssouf est entré dans la police en tant que PADS (policier adjoint de sécurité), il croyait à sa mission, à son travail. Il avait la fibre, il avait épousé ce métier par vocation. Lorsqu'il a passé le concours, il était ingénieur et voulait intégrer la PTS (police technique et scientifique). Mais, là encore, les CSRS (Centres scientifiques de recherche et de sécurité), officines privées, ont totalement supplanté le service public et leurs conclusions dépendent de l'autorité la plus offrante.

Du coup, bon nombre de services d'hier, comme la police scientifique, n'existent que sur le papier, et la police judiciaire ne fait les procédures que lorsqu'elle en a reçu l'autorisation par le directeur général de la Police nationale, nommé et rattaché directement à l'Élysée.

Youssouf est un brin nostalgique : « Lorsque je suis reçu au concours de PADS, je suis fier d'intégrer ce nouveau corps de ce que nos anciens appellent la "grande maison". Nous sommes encadrés par le corps des GPX

64. Compte rendu d'activité informatisé.

(gardiens de la paix). Il y a des officiers au-dessus, puis des commissaires. Les syndicats constituent un véritable contre-pouvoir et nous viennent en aide. Aujourd'hui, ils n'existent plus et sont noyés dans une pléthore de coordinations et d'associations totalement inefficaces, souvent aux ordres du pouvoir en place ou d'un parti, ou même d'un lobby. Ces dernières ont surfé sur l'individualisme, les réseaux sociaux et sur l'alignement politique total de ceux que l'on appelait alors les partenaires sociaux…

Nous sommes en fait une main-d'œuvre bon marché puisque nous sommes payés au SMIC, le salaire minimum de croissance, qui n'est plus revalorisé depuis des lustres, contrairement aux gardiens de la paix qui sont mieux payés, mais qui constituent un corps en voie d'extinction. Les commissaires de police n'existent pratiquement plus. Les seuls qui restent sont les adjoints du chef de police d'arrondissement ou travaillent comme ronds-de-cuir au ministère ou à la préfecture. Tout au plus, quelques commandants promus à l'échelon exceptionnel font leur boulot, sur le terrain, à leur place. Si ces trois corps sont hiérarchisés, nous, nous ne le sommes pas. Nous sommes en quelque sorte les ouvriers spécialisés de la sécurité.

Nous sommes liés à notre ministère de tutelle par un contrat à durée déterminée de six mois. Et nous sommes jugés et notés en fonction de la quantité du travail que nous faisons. Si nous ne sommes pas performants, au bout de six mois, c'est la porte, sans autre forme de procès.

Certes, nous avons toujours des représentants du personnel et des commissions administratives paritaires locales, mais elles ne sont plus que des chambres d'enregistrement. Elles n'ont plus aucun pouvoir si ce n'est un pouvoir de recours. C'est la porte ouverte à toutes les dérives : le copinage, la corruption, le clientélisme, le droit de cuissage, etc. Bref, très peu pour moi. Je ne renouvellerai pas mon contrat. Ça, c'est une certitude ! »

Cette petite fiction futuriste est une histoire fondée sur des faits évidemment imaginaires.

Mais au stade où nous en sommes, il n'y aurait rien de surprenant qu'après le « Grand Chaos », plus que prévisible, et au moment de ce qui sera l'ère de gloire de l'intelligence artificielle, de la robotique et des exosquelettes, de la science bionique et génétique, ce scénario soit le nôtre, celui de nos enfants ou de nos petits-enfants.

CHAPITRE V

L'ÉCHEC DES POLITIQUES PUBLIQUES

La dérive fasciste

Paris, 1986. Je suis en compagnie d'instruction où je mange mon pain noir après avoir fait mes classes de flic sur le terrain, au sein de la 1re compagnie d'intervention. Un officier me demande de l'accompagner sur le 2e arrondissement. Il veut créer une BAC d'arrondissement sur ce secteur. Je viens juste d'adhérer au syndicat. Lorsque j'arrive place des Petits-Pères, où est situé le commissariat, je suis surpris par l'ambiance. Trois adhérents de mon syndicat seulement, un délégué SGP d'une discrétion accablante et près de 80 % des effectifs adhérents à la FPIP[65], syndicat classé à l'extrême droite dont les leaders considèrent cet arrondissement comme leur fief. Du coup, ils passent souvent y faire leur propagande.

65. Fédération professionnelle indépendante de la police.

Le sous-directeur de district est de confession juive. Les insultes et les brimades antisémites pleuvent, des signes nazis sont effectués lors des appels sans que personne ne s'en offusque, des croix gammées ornent nos vestiaires. Je me demande où j'ai atterri. Je contacte le délégué de l'autre syndicat, alors dénommé USC[66]. Mais ce dernier me fait comprendre, venant tout juste d'arriver, qu'il vaut mieux pour moi que je me taise et que je fasse l'autruche. Idem pour le délégué fantôme de mon syndicat qui me dit de laisser tomber, de ne pas « foutre la merde », que je risque des représailles, etc. Et je ne parle pas de la hiérarchie qui de la même façon me donne pour seule réponse : « Pas de vagues ! »

Un autre jour où, au même endroit, le signe hitlérien est à nouveau fait par quasiment l'ensemble des effectifs à l'appel, je prends le chef de poste apeuré à témoin et je rédige un rapport que je transmets bien évidemment au responsable du Syndicat général de la police et qui me fait recevoir par le grand patron du syndicat de l'époque. Ils m'imposent comme délégué de service du syndicat sur le 2e arrondissement et me soutiennent de façon exemplaire.

Pendant un an, je combats le fascisme rampant avec obstination. J'y laisse quelques plumes. Je joue le rôle de cafardeur de service, multipliant les rapports chaque fois que je surprends des réflexions antisémites ou que des croix gammées sont peintes sur les armoires. Avec et grâce au soutien du syndicat républicain, nous gagnons ce combat, au bout de quelques mois. Sans lui, c'est moi qui aurais fait les frais de ce combat. Voilà comment je fais mes armes syndicales. Cette expérience me fait

66. Union des syndicats catégoriels, classée à droite.

comprendre une réalité fondamentale de notre société : il existe, dans la police, trois sortes d'individus. Ceux qui veulent changer les choses. Puis les partisans de la tendance fasciste. Ces deux groupes sont minoritaires. Enfin, la grande masse, les suiveurs, qui vont toujours du côté du plus fort. Ainsi, tous ceux – ou presque – qui étaient à la FPIP avant que je n'engage mon combat syndical et participaient à ma mise en quarantaine ont ensuite changé de camp et adhéré au SGP.

En règle générale, reconnaître un ou deux fachos dans son service et les dénoncer, c'est porter atteinte à l'honneur de la police. Dans la « grande maison », la loi du silence doit prévaloir. Un incident raciste qui fait grand bruit, ce n'est pas bon pour l'image. Surtout pour celle d'un patron ou de l'administration. Car le ministre ou les autorités politiques ne payent jamais les conséquences d'un système qu'ils n'ont pourtant pas le courage de réformer sur le fond. Ils font payer les pots cassés à des lampistes. Et ainsi de suite, de haut en bas de la pyramide, « le parapluie » sera ouvert jusqu'à ce que le moins gradé soit sanctionné. Quelques comportements minoritaires inadmissibles et contraires à la déontologie : ce sont la Police nationale et le métier qui trinquent.

La FPIP prétend aujourd'hui par un odieux mensonge sur son site officiel être « le plus ancien syndicat » existant, usant de ce prétexte pour lancer sa campagne d'adhésion. Cela prêterait à rire si le passé très sombre de cette organisation n'était pas la honte de notre institution.

Groupe ultraminoritaire créé en 1977, la FPIP a pour secrétaire général en janvier 1988 un certain Georges

Lecanu, qui est également secrétaire du PNFE[67]... la droite de l'extrême droite. « Méfiez-vous des policiers : il y a peut-être parmi eux des ennemis. » C'est l'avertissement que ce dernier lance le 5 novembre de la même année aux congressistes du château du Corvier, en Sologne, face à 200 militants de ce parti. Les policiers visés ? « Des marxistes et des libéraux. »

Le PNFE est alors mis en cause dans plusieurs attentats. Face à la passivité du ministre de l'Intérieur de l'époque et du directeur général de la Police nationale, le préfet de police de Paris, Pierre Somveille[68], menace de retirer les locaux attribués gracieusement par l'administration à ce « syndicat ». C'est la préfecture de Police qui jouera à nouveau son rôle de contre-pouvoir, ainsi que le syndicalisme républicain, pour mener sans relâche le combat contre ce groupuscule. Un groupuscule toujours toléré aujourd'hui par le pouvoir politique actuel, comme il l'a été par tous les pouvoirs qui se sont succédé, exception faite de la période Pasqua.

Lors de sa création au sein de la FPIP sont simultanément fondés des groupes dénommés « sections spéciales », pilotés par des policiers triés sur le volet.

À l'époque, Bernard est sous-brigadier dans le 2e arrondissement de Paris, où ces derniers, en dehors de leurs jours de détachement, exercent : « L'alcool coule à flots dans les commissariats. Personne ne dit rien. On mange le petit salé en pause lorsqu'on est de matinée, on ressort ensuite en patrouille. Le matin tu arrives et tu as droit à ta "goutte", la spécialité des collègues du Nord

67. Parti nationaliste français et européen.
68. Pierre Somveille est nommé préfet de police de Paris de 1976 à 1981.

qui travaillent essentiellement la nuit, ce qui leur permet d'avoir deux jours de repos par semaine et de rentrer chez eux. Un peu de gnôle dans le café pour bien commencer la journée. Un collègue est affecté directement au bar. C'est M. Joxe qui met un terme à ces dérives.

Des situations qui parfois dégénérèrent ont même flingué bon nombre de ménages et de collègues, devenus par la suite alcooliques, mais qui semblent convenir parfaitement aux délégués FPIP qui ont pour seul combat local celui de maintenir ce qu'ils appellent "une bonne ambiance"... Pour faire des adhésions, ils paient plusieurs tournées, mettent sur les tables de la salle de repos quelques-uns de leurs tracts abjects et extrémistes. Puis ils se barrent. »

31 juillet 1988 : un attentat est commandité contre le journal *Globe* à Paris.

19 décembre 1988, un autre attentat est perpétré contre un foyer Sonacotra[69] de la Côte d'Azur.

Quatre policiers membres de la FPIP sont inculpés d'association de malfaiteurs dans l'enquête diligentée pour ces deux attentats. Les 28 et 29 mars 1990, ils font l'objet d'une proposition de révocation par le conseil de discipline de la Police nationale. Suspendus, ils sont ensuite inculpés et écroués à Grasse.

Lors de l'affaire des attentats contre *Globe* et les foyers Sonacotra, c'est la première fois que des policiers sont sanctionnés pour non-respect du code de déontologie, affiché désormais dans tous les services de police de

69. Société nationale de construction de logements de travailleurs. Les foyers Sonacotra ont été créés en 1956 à l'initiative du ministère de l'Intérieur, afin de loger les immigrés.

France sur instruction de Pierre Joxe, depuis le 18 mars 1986. Et c'est Bernard Deleplace, ancien secrétaire général de la FASP[70] et la Ligue des droits de l'homme, qui a poussé le ministre à cette décision.

Ces temps seraient-ils depuis révolus ? Pas si sûr ! Récemment, et plus particulièrement en décembre 2018, un policier démissionnaire s'est confié sur la toile : « Je suis tombé dans une brigade un peu spéciale, ambiance fasciste, qui prône le nazisme. Quelques-uns ont fait allégeance à Hitler et les autres sont complices, sans avoir les mêmes mots, mais prennent quand même bien plaisir à faire des insultes racistes. »

Le Front national-Police, pseudo-syndicat éphémère

Le FNP[71] voit le jour le 6 novembre 1995 et est alors pleinement reconnu par le ministère de l'Intérieur de Jean-Louis Debré. Aux élections professionnelles des 12 et 15 décembre 1995, il obtient 7,4 % des voix. Le 10 avril 1998, le syndicat est invalidé par la Cour de cassation sur réquisition… non du pouvoir en place, mais du Syndicat général de la police. Il lui est reproché de « diffuser l'idéologie d'un parti politique ». En effet, le FNP était alors présidé par Jean-Paul Laurendeau, conseiller municipal Front national de Brunoy (Essonne) de 1989 à 1995 et, lui aussi, ancien secrétaire général de la FPIP.

En 2012, le vote Front national des fonctionnaires de police est de 30 % et, en 2015, les intentions de vote

70. Fédération autonome des syndicats de police, classée à gauche.
71. Front national-Police.

dépassent les 50 %, selon une enquête du Cevipof, le Centre de recherches politiques de Sciences Po. Au deuxième tour de la dernière élection présidentielle, les intentions de vote de la police portaient à 65 % les voix pour Marine Le Pen contre Macron.

Il serait pourtant dangereux et inexact d'en déduire que 65 % des policiers sont des fascistes.

Tous les électeurs qui votent aujourd'hui pour le Rassemblement national, comme ceux qui votent pour La France insoumise, partagent le même ras-le-bol de la situation qu'ils subissent. Ils sont excédés et déçus par les partis politiques traditionnels qui sont tous passés par les arcanes du pouvoir mais n'ont en rien réglé leur situation. Hier, le dégagisme a profité à M. Macron. Demain, à qui profitera ce mouvement de masse contestataire sans repères, qui ne croit plus en rien et éprouve une forte défiance vis-à-vis du monde politique en général et du monde syndical en particulier ? Où est l'alternative républicaine qui permettrait de fédérer, au-delà des clivages traditionnels, le peuple de France ?

Au sein de la Police nationale, les frustrations des policiers face à la dévalorisation de leur métier, une justice accusée de laxisme, un durcissement du climat social et la lenteur de l'administration ou des politiques dans la prise en compte de leurs problèmes sont des facteurs aggravants qui poussent nos collègues dans les bras de « la peste brune ».

Lors des dernières élections professionnelles, en 2018, la FPIP n'a réalisé un score que de 1,20 %. Rassurant ? Comment peut-on concevoir qu'après les attentats évoqués plus haut, de tels groupuscules puissent encore être tolérés dans l'institution ?

Une autre organisation, dénommée France Police – Policiers en colère, s'est présentée pour la première fois aux urnes et a réalisé un « remarquable » score de 3,12 % (9 954 voix) aux dernières élections professionnelles. Ce syndicat déclare être « la cinquième puissance syndicale du ministère de l'Intérieur et la première force d'opposition de la Police nationale [...] 100 % indépendant, autonome, corporatiste, apolitique et patriote ».

Le mouvement associatif, à son tour, déjà se fissure

Quels liens existe-t-il vraiment entre ce monde syndical policier, les différents mouvements associatifs et l'extrême droite ?

Lors des manifestations qui ont suivi le drame de Viry-Châtillon et la création de la Mobilisation des policiers en colère (MPC), le secrétaire général d'Alliance, classé à droite, affirme sur France Info qu'« il y a des manipulateurs » qui œuvrent en coulisse[72].

Sur son site, France Police – Policiers en colère titre de façon radicale : « Très fonctionnel en manifestation mais en panne en banlieue depuis quinze ans, le karcher, c'est magique » et propose l'organisation d'une grande manifestation rassemblant « tous les cocus du système » tout en s'interrogeant et en fantasmant sur une telle convergence, à travers une allusion claire aux manifestations et aux Gilets jaunes : « Combien serions-nous dans les rues et sur les ronds-points ? »

Finalement, la situation du mouvement associatif policier et son éclatement sont assez bien résumés dans le rapport moral du secrétaire de France Police

72. *L'Express*, 22 octobre 2016.

– Policiers en colère, Michel Thooris. Un rapport voté à l'unanimité par l'assemblée générale ordinaire du mouvement le 16 janvier 2019. En voici un extrait : « Suite à l'attaque des collègues aux cocktails Molotov à Viry-Châtillon en octobre 2016, certains collègues impliqués dans ce mouvement de protestation ont souhaité se structurer sous la forme d'associations régies par la loi de 1901 et ont créé des CLIP[73], l'UPNI[74] ou encore la MPC. »

La position de quelques militants associatifs impliqués dans la fronde de 2016 a été d'inscrire la poursuite de la lutte dans le cadre du syndicalisme pour pouvoir peser dans les instances paritaires et ainsi imposer les revendications des policiers en colère, qui sont celles de France Police, dans un cadre démocratique et institutionnel, celui du dialogue social. En décembre 2016, la marque « Policiers en colère » a donc été achetée à l'INPI[75] par le secrétaire général de France Police, Michel Thooris.

Provoqué par les incidents de Viry-Châtillon, le mouvement associatif MPC s'est alors scindé en deux branches. L'une associative (MPC), l'autre syndicale (France Police – Policiers en colère). Dès 2017, soit un an après ces évènements, ces deux groupes ont entretenu des relations officieuses : il a été convenu entre Michel Thooris et la présidente de la MPC, Maggy Biskupski, que les membres de France Police pouvaient, s'ils le souhaitaient, adhérer à l'association (et réciproquement),

73. Collectif libre et indépendant de la police.
74. Union des policiers nationaux indépendants.
75. Institut national de la propriété industrielle.

sous réserve de ne pas participer aux délibérations en assemblées générales ni d'influencer en interne ladite association.

Suite au suicide de Maggy Biskupski, le néo-syndicat France Police – Policiers en colère a finalement coupé les ponts avec le MPC. Mais lors de nouvelles manifestations policières en décembre 2018, baptisées « opérations gyros bleus », une tentative de contact avec Guillaume Lebeau, cofondateur de la MPC aujourd'hui muté à la Réunion, a été menée, même si elle est finalement restée infructueuse.

Il tente également d'entretenir de bonnes relations avec d'autres associations, telles que l'Union des policiers nationaux indépendants, mais les mouvements associatifs se veulent – en principe – indépendants de toute obédience politico-syndicale.

Ainsi, entre les tentatives de récupération politique par l'extrême droite, le décès de la présidente de la Mobilisation des policiers en colère, puis la mutation de son cofondateur et, enfin, le regain de vitalité du syndicalisme policier républicain exprimé dans bon nombre de mouvements sociaux actuels, le mouvement associatif né des évènements de Viry-Châtillon semble aujourd'hui totalement fissuré.

Rappelons pour conclure que le secrétaire général de France Police, Michel Thooris, officier de police judiciaire, est l'ancien conseiller politique de Marine Le Pen pour la présidentielle de 2007. Il est désormais conseiller municipal Rassemblement national à Carros (Alpes-Maritimes). À chasser le Front national hier par la porte, le RN entre aujourd'hui par la fenêtre et s'intègre désormais, à nouveau, au sein du mouvement social policier…

La Police nationale, une autre « grande muette »

Florence, gardien de la paix, travaille en section de roulement en région Île-de-France. Elle sollicite une mutation car elle fait l'objet de brimades, de vexations et de propos racistes. Son seul crime est de s'être mariée à un Antillais. Pendant près de quinze mois, après chacun de ses passages dans certains lieux du service, un de ses collègues, ivre en service, ouvre les fenêtres et pulvérise du désodorisant. La jeune femme intervient auprès de la hiérarchie qui lui demande de justifier ses « éventuelles accusations ». À la fin de son rapport, la jeune femme croit bon de mentionner : « Pour information, des précisions sur mon hygiène de vie : je prends une douche une fois par jour, deux quand je fais du sport et je change de linge tous les jours… »

Dans les Hauts-de-Seine, cimetière de Bagneux où se déroule une cérémonie juive. La circulation doit être régulée par les collègues. L'un d'eux dit à son équipier : « Fais-le, toi, moi je n'aime pas les juifs, qu'ils se démerdent. » Le second dénonce cette attitude. Sanction : déplacement des deux collègues sans distinguer l'auteur des insultes antisémites et son dénonciateur.

Sur le même département, à Nanterre, un policier informe ses chefs que, dans le cadre d'un cambriolage, il s'est opposé à l'un de ses collègues qui portait des coups à un individu menotté. Il sera tout simplement muté dans un autre service.

À Paris, en 2019, à la compagnie de l'Élysée, une jeune collègue féminine fait l'objet de provocations sexistes de la part d'un sous-brigadier. Elle vient juste d'être affectée. Elle n'ose pas dénoncer le collègue de peur d'être mal vue. Tout le monde ferme les yeux et elle n'a d'autre choix que de demander sa mutation dans un autre service.

Bon nombre de cas de ce type ont toujours existé : être femme et flic, ce n'est pas toujours évident. Je me suis toujours battu contre ceux qui usent de leur grade pour mettre une collègue dans leur lit. Soit elle craque et plutôt que de se battre, de résister, elle succombe aux avances de ces frustrés, soit elle fait face et ne cède pas, auquel cas le mâle éconduit se fait un malin plaisir de la discréditer au sein du service. Dans les deux cas de figure, elle passe pour une fille « facile ».

Mais ce genre de situation peut aussi se produire en sens inverse. Récemment, un collègue gradé exerçant sur Paris et ayant refusé les avances d'une collègue féminine adepte de la « promotion canapé » s'est vu dénoncé alors qu'il posait de façon un peu osée sur une photo hors service, lors d'une fête bien arrosée. La photo a fait le tour des réseaux sociaux. Le collègue masculin a fait l'objet d'une procédure disciplinaire.

C'est ainsi : souvent l'administration étouffe les affaires. On parle souvent de la « grande muette » lorsque l'on évoque l'armée. On pourrait employer ce terme au pluriel. Et un syndicat républicain responsable se doit non seulement de dénoncer de tels comportements, mais aussi de demander lui-même la révocation de certains policiers qui ternissent l'image de notre métier. C'est comme ça qu'une organisation fait office de garantie citoyenne et défend réellement la profession.

Celles ou ceux qui agissent ainsi et ont des comportements sexistes, celles et ceux qui usent de violence illégitime avérée n'ont rien à faire dans la Police nationale. Dans l'intérêt du métier, toutes ces dérives internes, heureusement minoritaires, doivent être combattues, résolument, inlassablement.

La dérive des « flics nounous »

Un flic est à l'origine d'une bavure, il se retrouve en une des journaux. On parle pourtant beaucoup moins d'une autre dérive d'autant plus dangereuse qu'elle n'est pas perçue comme telle : la dérive moralisatrice... qui projette de transformer le policier en assistante sociale.

« Il s'agit, en fait, des deux faces d'une pièce de monnaie. Les deux modèles sont complices l'un de l'autre car ils se renforcent mutuellement. Une police fascisante nourrit la diabolisation de toutes les formes de répression. Quant au "laisser-faire" et "laisser-aller" de la police laxiste, il renforce le désir de retour à l'ordre le plus brutal possible. Les deux font obstacle à l'existence d'une police républicaine[76]. »

En 2010, le policier Stéphane Liévin décrypte courageusement et de façon remarquable dans la presse cette problématique, toujours d'actualité. Entré dans la Police nationale en 1996, Stéphane est brigadier-chef et officier de police judiciaire. Il travaille de nuit au commissariat d'Orléans, au service en charge du traitement judiciaire.

« Je tiens tout d'abord à préciser que je fais bien la différence entre "discours sécuritaire" et "politique sécuritaire". En effet, dans mon esprit, cette dernière est la politique mise en place par un pouvoir politique à un moment donné pour tenter de régler les problèmes d'insécurité.

---

76. Jean-Louis Arajol, *Mais que fait la police ?* Paris, Éditions Minerve, 1995.

En revanche, ce que je nomme "discours sécuritaire" est le discours selon lequel la police est la seule capable de régler les problèmes d'insécurité, et qui met donc l'accent sur les seuls acteurs de la sécurité (police, gendarmerie, justice). On peut également parler de discours "ultra-sécuritaire"... Depuis presque trois décennies maintenant, les pouvoirs politiques successifs ont largement emprunté leurs discours sur la sécurité aux quelques universitaires qui se sont intéressés de près à ce sujet. Dévoyant souvent les conclusions de ces chercheurs, ces pouvoirs politiques successifs ont fait leur petit marché dans ces doctrines diverses et variées pour ne garder que ce qui pouvait les intéresser afin de justifier la mise en place de leur vision politique. Ils ont donc tranché, comme souvent dans le vif et sans aucun discernement, en opposant systématiquement deux notions pourtant reconnues par les professionnels de la sécurité comme complémentaires : prévention et répression. Le discours de gauche en la matière passait auparavant (et sans doute encore aujourd'hui) pour un concept compliqué n'étudiant systématiquement que les solutions préventives et faisant passer la police pour un groupe de dangereux opposants à la démocratie. Le fait de vouloir s'intéresser davantage aux causes de l'insécurité (causes sociales, éducatives, économiques, sociologiques...) qu'à ses conséquences passait pour une permissivité inacceptable. Dans les discours de droite, il n'est jamais question de répression sans prévention. Mais il faut bien reconnaître que, dans les faits, la politique sécuritaire imposée par les ministres successifs de ce bord a souvent fait la part belle à l'aspect répressif des choses évoquant l'aspect préventif uniquement comme alibi d'une répression tous azimuts... Quoi qu'on en dise, le discours sécuritaire a son pendant disciplinaire toujours implacable. Ceux qui, comme moi, siègent ou ont siégé en commission de discipline le savent et le remarquent aujourd'hui. D'un côté, on met la pression aux policiers pour qu'ils obtiennent des résultats rapides et productifs en matière statistique et, de l'autre, on tape sur la tête de ceux qui, par zèle certainement, par idiotie quelquefois et, hélas, même par conviction politique à d'autres reprises, franchissent la ligne déontologique. »

Entre dérive fasciste et dérive laxiste, le politique fait sa tambouille. Mais, *in fine*, c'est toujours le policier qui trinque.

Gilbert Bonnemaison et le début du tout préventif

1981 : François Mitterrand est élu président de la République. Un gouvernement d'Union de la gauche dirige le pays et veut initier une nouvelle théorie en matière de lutte contre l'insécurité.

Une commission des maires de France, pilotée par Gilbert Bonnemaison, maire d'Épinay-sur-Seine, remet un rapport au Premier ministre Pierre Mauroy, intitulé « Face à la délinquance, prévention, répression, solidarité ». Ce rapport dresse un état des lieux et fait état de 64 propositions réparties sur cinq thèmes arrêtés par la commission : l'environnement et le cadre de vie, la protection de la jeunesse, la réforme des méthodes administratives, la politique judiciaire, et l'organisation de structures permanentes de prévention. C'est le début du « tout préventif », l'ère des « flics nounous ». C'est l'époque où l'on demande aux policiers de remiser l'aspect répressif de leur travail et de privilégier au contraire sa dimension préventive. Cette théorie a tendance à généraliser l'idée que tous les types d'approches répressives seraient par définition mauvais, et à développer plutôt le dialogue – il en restera toujours quelque chose !

Pour ces adeptes de l'angélisme, les crimes et délits sont d'abord l'expression d'une révolte, un message de désespoir. Il faut alors privilégier le travail d'explication. Le monde proposé est un monde où la police finit par remplir toutes les missions, sauf la sienne. Elle joue le rôle de service social, de pédagogue, de psychologue, se substitue aux associations de quartier, aux « grands frères », et même à la justice. On cherche des circonstances atténuantes à un criminel parce qu'il est issu d'un quartier défavorisé ou qu'il est pauvre. On hésite à interpeller un délinquant de nationalité étrangère car toute intervention susceptible de passer pour une intervention subjective dite au faciès pourrait provoquer des tensions, aggraver la situation. C'est la même théorie qui explique qu'un professeur relève les notes d'enfants socialement défavorisés pour compenser ce qu'ils perçoivent comme un handicap.

C'est sur ces mêmes bases que s'est édifiée dans les années 1980 la fameuse police de proximité, à savoir l'îlotage. Ce qui aurait pu être une bonne stratégie tendant à impliquer le policier dans la vie et la sociologie du quartier a malheureusement échoué car on a voulu gommer les aspects répressifs de l'îlotier pour en faire un outil exclusivement préventif. D'où la prolifération des zones de non-droit, des émeutes, des guérillas urbaines, la multiplication des polices municipales et privées, etc. En laissant croître les zones de non-droit devenues aujourd'hui zones d'un autre droit, on a donné aux délinquants un sentiment d'impunité.

En 1990, le film *La Haine* faisait suite aux premières escarmouches entre jeunes et flics dans les cités. Dans la France du XXIe siècle, *Les Misérables*, film réalisé par Ladj Ly, témoigne d'une réalité vécue qu'il a souvent filmée à Montfermeil. Non seulement les problèmes ne sont pas réglés, mais ils s'aggravent !

Faire de la prévention l'unique politique en matière de lutte contre l'insécurité est, tout comme l'utilisation unique de sa stratégie opposée, un contresens. Prévention et répression constituent un couple indissociable. L'une ne peut fonctionner sans l'autre. La répression ne doit pas être l'outil de dernier recours, quand il est trop tard et que l'escalade de la violence a déjà eu lieu… L'interdit, mesuré, qui respecte et assure la liberté de tous, est nécessaire à toute vie humaine et à toute paix dans la cité. Et chacun, dans l'intérêt de sa propre liberté, a besoin que des barrières soient établies.

Deux poids, deux mesures

La règle pourtant devrait être la même pour tous, inébranlable, immuable et seul un juste milieu entre prévention et répression peut fonder l'équilibre de l'édifice républicain. Or beaucoup d'exemples montrent l'inverse.

Été 2019, Aulnay-sous-Bois. Un policier intervient lors d'un contrôle. L'un des jeunes interpellés fait de la résistance. Il est muni d'un couteau. Dans l'échauffourée qui suit pour le désarmer, le policier blesse l'individu concerné. Un journaliste se jette sur l'occasion pour dénoncer un policier qui a volontairement « poignardé » un jeune.

Deux ans plus tôt, le 2 février 2017, Aulnay-sous-Bois toujours : le groupe de la brigade spécialisée de terrain auquel appartient Marc-Antoine décide d'organiser le contrôle d'identité d'une dizaine d'individus s'adonnant à du tapage au niveau du centre culturel Le Cap. Ce lieu est connu pour la vente quotidienne de produits stupéfiants et engendre des nuisances permanentes pour les riverains. Au cours de cette opération, une jeune tente d'éviter la palpation de sécurité des forces de l'ordre. Théo Luhaka, 22 ans, éducateur de quartier et neveu de Thomas Luhaka, ancien ministre des Infrastructures de la République démocratique du Congo, s'interpose. Dans la lutte pour mener à l'interpellation de ce dernier, Marc-Antoine, pour se défendre, lui et ses collègues, use à plusieurs reprises du bâton télescopique de défense.

Au vu des déclarations de Théo Luhaka ainsi que des constatations médicales – il est blessé au niveau de la zone rectale –, Marc-Antoine ainsi que ses collègues sont placés sous le régime de la garde à vue par les services de l'IGPN. À l'issue des quarante-huit heures de GAV, le policier est déféré au parquet de Bobigny et devant le procureur de la République, qui demande une ouverture d'information judiciaire, au vu des faits de « violences volontaires aggravées ». Marc-Antoine est ensuite présenté à un juge d'instruction, laquelle le met en examen pour « violences volontaires aggravées », mais aussi pour « viol aggravé ». Cette dernière infraction n'avait pourtant pas été retenue dans le réquisitoire initial du procureur. Enfin, un placement en détention provisoire est demandé à l'encontre du gardien de la paix.

Le juge des libertés et de la détention décide du placement sous contrôle judiciaire de Marc-Antoine, ce qui astreint ce dernier à se soumettre à plusieurs obligations :

fixer sa résidence au domicile parental situé en province, ne pas se rendre en Seine-Saint-Denis, sauf pour répondre aux convocations de l'autorité judiciaire, se présenter une fois par semaine dans un commissariat déterminé, s'abstenir de recevoir, de rencontrer ou d'entrer en relation, de quelque façon que ce soit, avec d'autres gardiens de la paix. Enfin, ce contrôle judiciaire interdit à Marc-Antoine d'exercer sa profession de gardien de la paix ou toute autre activité ayant un lien avec la sécurité. Simultanément, le président François Hollande lui-même vient immédiatement soutenir Théo et cite à propos un « jeune toujours connu pour un comportement exemplaire dans une famille d'Aulnay qui voulait vivre en paix et en confiance avec la police ». Le bénéfice du doute profite à la présumée victime. Les policiers, eux, sont présumés coupables[77].

Dans le cadre de l'information judiciaire, deux formateurs et référents nationaux en maniement des bâtons de défense sont entendus. Les vidéos de surveillance exploitées dans le cadre de la procédure leur sont soumises.

D'une part, ces formateurs et référents nationaux affirment que l'usage fait du BTD[78] est proportionnel à la difficulté rencontrée. Une difficulté justifiée notamment par la position de l'un des fonctionnaires en danger au sol. Par ailleurs, les spécialistes confirment aussi les déclarations du policier qui n'avait selon eux ni la capacité ni l'intention de percuter une zone aussi précise que le rectum de Théo. D'autre part, les vidéos extraites des caméras de la municipalité permettent de déterminer

77. *Le Figaro*, « La visite de François Hollande au chevet de Théo a été une gifle pour les policiers », janvier 2018. Cette attitude pour le moins subjective provoquera la naissance du collectif Femmes de policiers en colère.
78. Bâton télescopique de défense, ou matraque télescopique.

clairement qu'en aucun cas le groupe de policiers n'a baissé intentionnellement le bas de survêtement et le caleçon de cet individu. Jamais l'individu récalcitrant n'a été maintenu par trois policiers, pendant qu'un quatrième policier le sodomisait. La blessure semble en réalité causée dans l'agitation générale du moment.

Jeudi 26 octobre 2017, 14 heures : le premier interrogatoire au cabinet de Mme la juge d'instruction dure plus de quatre heures, pendant lesquelles Marc-Antoine est questionné sur le résultat des investigations menées. L'accent est mis sur son interprétation de ce que représentent des violences légitimes et illégitimes dans un cadre général d'intervention. Marc-Antoine se défend en évoquant la notion de légitime défense. Il revient dans le détail sur le déroulement de l'opération de police, à savoir le motif constitué par les tapages, l'interpellation difficile, la conduite au poste de l'interpellé et la découverte de sa blessure.

Par la suite, et toujours pendant l'interrogatoire, les mêmes séquences vidéo exploitées durant sa garde à vue sont présentées à Marc-Antoine. Il lui faut alors décrire et expliquer des courtes scènes d'une durée de quinze à vingt secondes en insistant sur plusieurs points : le positionnement de chacun des fonctionnaires du groupe, leur tâche respective, leur moyen de défense, la nature des coups employés comme riposte, les difficultés techniques dues à la configuration des lieux et à la présence d'individus virulents qui les entourent. L'intérêt de cette séquence repose sur la justification des coups portés à M. Luhaka. Il s'agit pour le policier de caractériser de façon rationnelle la nécessité, la simultanéité et la proportionnalité de l'action des intervenants.

La blessure de Théo serait donc un malheureux concours de circonstances justifié par la résistance de l'individu concerné, sa volonté inébranlable d'échapper au contrôle et son extrême agitation. Le policier précisera lors de son audition qu'il a voulu porter un coup d'estoc au niveau du haut de la cuisse pour déstabiliser Théo, le faire fléchir et l'amener au sol de sorte à le maîtriser plus aisément.

La partie adverse et la famille de Théo, de leur côté, s'expriment à plusieurs reprises à travers des interviews dites exclusives, à la fois poussées par des journalistes en proie à du sensationnel mais aussi, sans doute, incitées par la stratégie de leur cabinet d'avocats. Eleanor, la sœur de Théo, fait une interview sur Al Jazeera : « La vague d'indignation hypocrite du gouvernement n'a été suivie d'aucune procédure exemplaire contre les officiers de police qui ont participé au viol. Encore une fois, on a eu la preuve que la police bénéficie de la plus grande impunité lorsqu'il s'agit de violence contre les personnes de couleur en France, encore plus quand elles viennent de milieux économiques difficiles. »

Les policiers suspendus par l'administration ont beau clamer leur innocence, rien n'y fait. Ils craignent pour leur sécurité et celle de leurs proches. Les menaces de représailles sont courantes, les commentaires regorgent de haine sur les réseaux sociaux.

Marc-Antoine est contraint de se réfugier chez ses parents. Il est atteint moralement par cette affaire. Il prend des médicaments pour mieux supporter la pression. Il respecte le contrôle judiciaire qui lui impose de se présenter régulièrement au commissariat. Il est invité ensuite à proposer à l'administration un projet professionnel en lien avec cette dernière, lequel lui permettrait d'être enfin réintégré.

Un jour, un journaliste de France Télévisions fait du tapage devant le domicile des parents de Marc-Antoine. Les parents sortent, lui avec. Dehors, le journaliste provoque le policier, tente de lui faire perdre son sang-froid. Le but, évident, est de démontrer qu'il serait impulsif, violent, qu'il ne se maîtriserait pas. Marc-Antoine interroge le journaliste : comment a-t-il eu son adresse ? Et celui-ci de répondre qu'il suffit aujourd'hui de graisser la patte à quelques greffiers pour avoir des informations sur les procédures en cours. Cette hypothèse est peu probable. Reste à savoir comment un journaliste peut avoir de telles informations et comment il peut venir provoquer un policier fatigué, usé par l'ultramédiatisation de cette affaire en tentant d'instruire lui aussi à charge contre ce dernier.

Tous ces déboires ne l'empêcheront pas d'exprimer sa compassion à l'égard de la situation de Théo : « Malgré la violence dont il a fait preuve à l'égard de mon groupe, il s'agit d'une blessure désolante que l'on ne souhaite à aucune personne. » Cependant, cet individu n'aurait pas été blessé « s'il n'avait pas délibérément fait le choix de contrecarrer notre opération et ainsi s'exposer à une réponse justifiée de notre part ».

En juin 2016, soit plusieurs mois avant l'interpellation de Théo, une enquête préliminaire vise des faits d'escroquerie et d'abus de confiance. En août 2017, le parquet de Bobigny en Seine-Saint-Denis ouvre une information judiciaire contre X pour « escroquerie en bande organisée au préjudice d'un organisme chargé d'une mission de service public, abus de confiance et blanchiment ».

La justice soupçonne l'existence d'un véritable système familial d'escroquerie aux aides de l'État, d'une ampleur et d'une complexité qui nécessitent la saisie d'un juge d'instruction. C'est la famille de Théo qui est ciblée... Une famille qui pourtant a toujours voulu vivre « en confiance avec la police »...

Tout commence en 2015 par un contrôle de l'inspection du travail d'Île-de-France, concernant l'association Aulnay Events, censée avoir embauché 30 salariés formés pour être animateurs de rue et dont le président est Mickaël Luhaka, frère de Théo. La structure, dont le but est de lutter contre la violence dans le département, aurait reçu, entre janvier 2014 et juin 2016, 678 000 euros de subventions d'État par le biais de contrats d'accompagnement à l'emploi.

Lors du contrôle de l'inspection du travail, rien n'a pu étayer la réalité des emplois. Par ailleurs, plus de 350 000 euros de cotisations sociales n'ont pas été réglés. Entre-temps, l'association a mis la clé sous la porte. D'où le déclenchement d'une enquête préliminaire en 2016.

Des investigations auraient démontré que huit membres de la famille Luhaka pourraient avoir perçu par virement des rémunérations de l'association à hauteur de 170 000 euros. Théo aurait pour sa part perçu 52 000 euros !

Parallèlement, l'inspection du travail découvre qu'au moins deux membres de la famille, Mickaël et Grégory, apparaissent dans deux autres associations. Nouveau signalement en août 2016 de la part de l'inspection du travail auprès du procureur de la République de Bobigny, cette fois pour travail dissimulé. Mickaël Luhaka évoquera une mauvaise gestion et contestera les faits d'escroquerie.

Théo, lui, est mis en examen pour escroquerie en bande organisée. Il a un nouveau projet associatif, Nouveau départ : le phénix. L'idée est d'occuper les jeunes des cités. Un nouveau projet pour lequel Théo assure qu'il s'entourera de professionnels, de comptables, afin de ne pas commettre d'impair.

Quant à Marc-Antoine, il a pu réintégrer la Police nationale, mais désarmé et au sein d'un service de soutien de la préfecture de Police.

Aujourd'hui, malgré tout ce qu'il a subi, il fait confiance à la justice et ne tarit pas d'éloges vis-à-vis de tous les syndicats de police. « Heureusement qu'il y avait les syndicats pour nous aiguiller et faire entendre un autre son de cloche, dit-il. Sans représentant syndical pour faire le lien avec la haute hiérarchie dans ce genre d'affaire, la perspective d'une réintégration n'aurait pas été envisageable, quand bien même les expertises parues vont dans notre sens. La représentation syndicale est une obligation pour faire valoir nos droits et nous faire entendre. »

Parmi les 4 079 gendarmes blessés lors d'une mission de police en 2016, 49 % l'ont été à la suite d'une agression. Avec 687 policiers nationaux blessés par arme en mission, ce taux connaît une hausse de près de 60 % entre 2015 et 2016. Par ailleurs, ce sont également 2 813 vaillants soldats du feu qui ont rapporté avoir subi une agression au cours d'une intervention en 2017.

Ce qu'il faut d'abord dénoncer ici, c'est cette montée en flèche de la violence résultant d'une incompétence politique atavique. Les règlements de comptes entre jeunes et policiers sont en quelque sorte l'arbre qui cache la forêt et, lorsque l'on évoque le sensationnel d'une embuscade ou d'une bavure, on en oublie souvent le fond et la raison d'une situation globale insupportable.

La « grande maison » brûle... et ferme ses portes

Hier, la fermeture de postes et, aujourd'hui, la mutualisation. Hier, la « pol' prox' » et, aujourd'hui, la PSQ[79]. La logique économique ultralibérale consistant à flinguer le service public de sécurité est privilégiée. La fermeture de certains commissariats constitue depuis quelques années la nouvelle réponse à la lutte contre l'insécurité.

Septembre 1998 : le ministère de l'Intérieur envisage de fermer 94 commissariats qui couvrent 193 communes rurales de moins de 20 000 habitants. À l'inverse, il devrait confier à la police la sécurité de 38 communes urbaines qui dépendent actuellement de la gendarmerie. Ce projet de redéploiement des effectifs concerne 3 000 hommes, policiers et gendarmes confondus, et attise la colère d'élus locaux qui veulent conserver leur poste de police. Les préfets ont pour instruction de consulter les intéressés au plan local et départemental, et de rendre compte à la place Beauvau. À l'origine de ce nouveau projet, Jean-Jack Queyranne, qui assure l'intérim de Jean-Pierre Chevènement au ministère de l'Intérieur.

Le prétexte évoqué sera la remise d'un rapport donnant les chiffres suivants : le taux de faits délictuels constatés pour 1 000 habitants est de 79 dans les zones de police et de 32 dans les zones de gendarmerie. Il dénonce une implantation des polices urbaines totalement dépassée datant de 1941, bien que déjà revue et rectifiée en 1983.

79. Police de sécurité au quotidien.

Ici, on fait état d'une « surabondance des effectifs » sous-utilisés. Là, on fait état d'une insuffisance d'effectifs. Il faut donc rationnaliser la carte police-gendarmerie. Sur 20 départements, dont la Lozère, le Cantal, le Tarn-et-Garonne, l'Orne, le Jura, la Creuse, le Lot, l'Indre ou les Hautes-Alpes, il y a trop de policiers. Sur d'autres, comme l'Isère ou les Alpes-Maritimes, il n'y en a pas assez.

Le gouvernement entend donc « concentrer plus de forces de police dans les zones urbaines les plus touchées par l'insécurité »… et ferme ici pour renforcer là-bas. Tant pis si certains territoires sont ainsi laissés en jachère, et si les citoyens doivent se passer de forces de l'ordre !

Une réponse républicaine aurait consisté à renforcer ici *et* là-bas, tout en ciblant mieux localement les missions et en assurant une meilleure répartition des tâches.

Quelques années plus tard, la même logique dominante revient à la charge et des redéploiements territoriaux opérés de 2003 à 2006 entre la Police et la Gendarmerie nationales concerneront 66 départements. En l'absence d'un véritable contre-pouvoir unitaire, environ la moitié des petites circonscriptions de sécurité publique énoncées dans ce rapport sont fermées et transférées en zone de gendarmerie. Par ailleurs, cette vague de redéploiements se traduit par un accroissement net de la population couverte par la Police nationale.

Par la suite, on ne parle plus de « redéploiement » ou de « transfert de compétences », on parle de « mutualisation ». On fusionne certaines circonscriptions au sein d'une seule et même entité. Ainsi, on renforce un endroit ciblé du fait de sa forte criminalité du moment en fermant d'autres lieux moins touchés par le même phénomène et au même moment.

Or le mouvement des Gilets jaunes a mis en avant un problème majeur : la dévitalisation de la ruralité. Car ce qui est vrai pour le service public de sécurité est vrai pour le service public en général. Un recensement de 2016 l'atteste : la France connaît au sein de 15 000 communes un nouvel épisode d'exode rural. Les populations concernées se sentent abandonnées. La ligne politique qui prévaut depuis des années est claire : poursuite des politiques d'austérité et de destruction du service public. Un exemple récent enfonce le clou : l'instauration d'une agence de reconversion pour les agents de l'État, inspirée de l'agence de reconversion des armées, laquelle devrait permettre d'accompagner les départs des agents volontaires. La machine est en place. Il suffira demain de contractualiser et de concrétiser le fonctionnariat précaire. C'est en quelque sorte un plan de licenciement massif au sein même de la fonction publique qui est d'actualité.

La chute des effectifs

À partir d'octobre 2005, une nouvelle fois, les banlieues s'embrasent. Cela durera trois longues semaines. L'état d'urgence est décrété par Dominique de Villepin.

Qu'à cela ne tienne, l'incohérence ne tue pas : paradoxalement, on constate la chute des effectifs entre 2007 et 2012, tant dans la gendarmerie qu'au sein de la Police nationale.

En 2007, un fonctionnaire sur deux partant à la retraite n'est pas remplacé, un effet de la révision générale des politiques publiques. Les chiffres parlent d'eux-mêmes : entre 2007 et 2012, plus de 13 000 postes ont été perdus et compensés partiellement par le recrutement de

2 700 adjoints de sécurité. Une main-d'œuvre bon marché... Les futurs CDD de la Police nationale !

Depuis 2014, mis devant le fait accompli à cause des problèmes liés au terrorisme, les pouvoirs publics finissent par inverser la tendance. Lorsqu'ils évoquent un renfort des effectifs au sein de la Police nationale ou de la gendarmerie, ils prennent en compte ce que l'on nomme aujourd'hui les « ETPE », les équivalents temps plein employés, qui intègrent les adjoints de sécurité. Par contre, les corps de conception, de direction et de commandement, qui ont déjà connu une baisse significative de leurs effectifs au cours des derniers exercices, perdent à nouveau 364 emplois en 2018. Moins d'encadrement, moins de professionnalisme, plus de précarité : tel est le nouveau mot d'ordre pour les années à venir.

La crise du judiciaire

En France, la police judiciaire est chargée de trois missions : constater les infractions pénales, rassembler les preuves de ces infractions et rechercher les auteurs de ces dernières. Les policiers de tous grades que sont les OPJ[80] exercent leurs prérogatives sous la direction du procureur de la République. Cette qualification, qui était à l'origine source d'enrichissement professionnel et valorisante pour nos collègues, est devenu « un repoussoir », pour reprendre les propos de la commission sénatoriale qui a travaillé sur le malaise des forces de sécurité intérieure. La phase procédurale, alourdie par les normes européennes et la fusion de ces dernières aux normes pénales françaises, accapare la plus grande partie du travail des OPJ.

80. Officiers de police judiciaire.

La crise de la police judiciaire aggrave la situation. Plus de 1 000 procédures en attente dans certains services. D'un côté, on demande aux effectifs de voie publique de faire du chiffre, de l'autre, on cumule les charges procédurales. Les victimes, elles, attendent toujours que justice soit faite !

Arnaud travaille au sein d'un SAIP, service de l'accueil et de l'investigation de proximité dans les Hauts-de-Seine. Il nous résume la situation : « Là où je bosse, le service d'enquête est composé d'une vingtaine de fonctionnaires. Nous sommes répartis en plusieurs groupes : le groupe flagrant délit, qui gère les affaires au jour le jour, et le groupe préliminaire, qui gère les affaires ne relevant plus de la flagrance. Ces deux groupes travaillent en alternance, une semaine de flagrance de 9 heures à 19 heures, suivie d'une semaine de "prélim", de 8 h 30 à 17 h 15. Il y a aussi le groupe des mineurs, qui gère les affaires relatives à la famille, aux mineurs et aux personnes vulnérables. Lui travaille de 9 heures à 18 heures. Et, enfin, il y a l'unité des délégations judiciaires, qui gère les pièces parquet – ce sont les dossiers qui émanent des différents tribunaux de France. C'est aussi le service qui doit répondre à toute demande provenant des préfectures ou des mairies, comme les dossiers urbanisme ou les vérifications de domicile, ou encore ce qui touche aux enquêtes concernant les étrangers comme le mariage, la reconnaissance d'enfant, la naturalisation… Bienvenue dans le labyrinthe de la judiciaire ! Pour tout ce travail, il y a trois fonctionnaires. Il n'y en avait que deux il y a encore un mois. Le portefeuille des dossiers à traiter s'élève à 1 600 ! Rien que ça ! Sur ces 1 600 dossiers, environ 500 sont prescrits. Le délai prévu par la loi est passé et donc la justice ne peut plus être saisie. Personnellement, il ne me reste "plus que" 300 dossiers à traiter sur les 1 200 qui m'ont été attribués en quatre ans de service. À cela s'ajoutent des permanences week-end... environ tous les deux mois, quand tout va bien.

Récemment, nous avons été mutualisés avec un autre commissariat pour les effectuer mais cela pose évidemment beaucoup de problèmes, à la fois humains et matériels. La prise de service s'effectue toujours sur le lieu de son service habituel puis on équipe un véhicule pour se rendre sur l'autre commune. Cela implique, qui plus est, chaque week-end un transfert potentiellement dangereux des gardes à vue d'un commissariat à un autre. Ce transport mobilise une patrouille du commissariat concerné. Quant aux victimes, lorsqu'une garde à vue est en cours, elles sont obligées de se déplacer d'une commune à une autre. Alors, lorsque le week-end est très actif, cela devient vite compliqué de gérer deux communes. Cela nécessite que les agents de police judiciaire, qui ne sont pas formés ni habilités à certaines tâches, effectuent des actes de procédure relevant en principe des officiers de police judiciaire. Évidemment, l'administration est la grande gagnante, car elle n'est pas tenue de donner la prime d'officier de police judiciaire aux agents de police judiciaire[81]. En clair, c'est un merdier pas possible mais cela convient à nos gestionnaires. La gestion au détriment de l'efficacité.

Petite anecdote sur un week-end très chargé : à un moment, je me suis retrouvé seul à gérer deux étrangers en situation irrégulière, placés en garde à vue. L'unique

81. La prime OPJ, augmentée en 2018, s'élève à 90 euros par mois.

officier de police judiciaire de service est à l'extérieur sur une enquête "décès", accompagné d'un agent de police judiciaire. Le dernier d'entre eux est sur un autre dossier en cours. Les appels par les effectifs de deux communes me sont transmis pendant que j'auditionne les deux gardés à vue avec un interprète. Ce jour-là, j'avais l'impression d'être une pieuvre. Trois lignes téléphoniques, un ordinateur, les mecs en face... Il ne manquait plus que le bocal. J'étais rincé ! Comment, dans de telles conditions, être efficace et faire du bon boulot ? »

Nathalie est brigadier-chef et auxiliaire de police judiciaire en province, dans une ville du Sud de la France. Ici, la sémantique change, le service est moins pénible, mais les problèmes liés à l'accumulation des procédures demeurent : « Nous, on ne s'appelle pas SAIP mais BSU[82]. Notre service comprend : l'UPJ[83], qui prend en charge les atteintes aux biens, l'UPS[84], qui prend en charge les atteintes aux personnes, l'UIJ[85], qui s'occupe de tout ce qui touche à la délinquance financière. La nuit, il y a une structure spécifique, le SJN[86]. Et je ne parle pas de la brigade accidents ! Au minimum, on a deux ou trois officiers de police judiciaire par service, hormis la nuit où ils sont cinq. Mais il n'empêche, j'ai près de 600 procédures en attente, dont six sont prescrites. Je bosse de 6 heures à 18 heures tous les jours mais je ne fais qu'un week-end de permanence tous les deux mois, environ.

82. Brigade de sûreté urbaine.
83. Unité de protection judiciaire.
84. Unité de protection sociale.
85. Unité d'investigation judiciaire.
86. Service judiciaire de nuit.

Le problème est simple : d'abord il faudrait plus d'officiers de police judiciaire, mais, compte tenu de la masse de travail et du peu d'intérêt de la prime, il n'y a pas beaucoup de candidats. Après, on nous note sur notre rendement. On va donc vite, il nous arrive de bâcler les procédures, on fait du mieux que l'on peut. Mais on ne peut pas faire plus vite que la musique. Les collègues sur la voie publique sont contraints de faire du rendement et nous inondent d'affaires. Ils font leur boulot. Mais nous, on croule sous la charge administrative et on a du mal à faire face. Cela crée parfois quelques tensions entre collègues au sein même du service. Ça casse un peu l'ambiance. Tout le monde est sous pression puisque notre travail est jugé sur la quantité que nous produisons. Cela se fait évidemment au détriment de la qualité du boulot. Bref, c'est quand même un peu l'usine à procédures notre truc. »

Jean-Yann, brigadier-chef, travaille lui aussi en province au sein d'un secteur judiciaire, sur une zone sensible. Il témoigne de sa situation et des injustices vécues.

« Je suis affecté au sein de ce commissariat en septembre 2014, en tant qu'adjoint au chef BTJTR[87]. Le capitaine, chef du service, a pour ambition de m'affecter à la tête de la BEI[88]. Le travail sur les stups est intéressant. On travaille en liaison avec la DCPJ[89]. À mon arrivée, le commissaire décide de me "tester", selon ses dires, dans la mesure où je n'ai plus pratiqué de judiciaire depuis

87. Brigade de traitement judiciaire en temps réel.

88. Brigade des enquêtes d'initiative, qui travaille par exemple sur les trafics de stupéfiants.

89. Direction centrale de la police judiciaire dont la vocation est la lutte contre les trafics d'assez haut niveau.

ma dernière affectation, où j'occupais la fonction d'adjoint au chef de brigade de l'unité de roulement nuit. Trouvant ce raisonnement logique, je m'exécute et je prends donc mes fonctions à la BTJTR, comme décidé par le chef de service, en tant qu'adjoint.

Mes quinze premiers jours de service ont été exclusivement occupés à rédiger des rapports listant des centaines de procédures prescrites.

Je suis ensuite habilité officier de police judiciaire sur la cour d'appel de Paris. Je peux donc exercer normalement ma fonction. La charge de travail est lourde, le passif en procédures très important et la situation désastreuse.

En octobre 2014, le chef de service décide de m'affecter sur les procédures pour vol par effraction. Je récupère alors, avec la précieuse aide d'un lieutenant, l'ensemble des procédures qui croupissent depuis un certain temps. Bon nombre d'entre elles sont, là encore, à la limite de la prescription[90]. Mais j'obéis aux ordres et je m'exécute, non sans difficulté. Après, on me demande en plus d'effectuer d'autres missions. Là encore, je fais le boulot. Mais je ne vois pas le jour.

Fin juillet 2015, un lieutenant est affecté au service. Son management s'avère rapidement inefficace et infructueux, avec des méthodes rabaissantes et des dénigrements constants envers les fonctionnaires. Cela fait l'objet de nombreux rapports de la part des fonctionnaires concernés et provoque des interventions des syndicats qui dénoncent les faits.

---

90. La prescription est un principe général du droit qui désigne la durée au-delà de laquelle une action en justice n'est plus recevable.

Tous les échelons de ma hiérarchie sont avisés en temps réel de la situation sans jamais réagir. Je ne compte plus le nombre de fois où je vois pleurer mes effectifs, à bout de nerfs, et prendre sur eux pour ne pas imploser. De nouveaux rapports sont rédigés par les fonctionnaires concernés pour dénoncer ce management inadmissible. Certains demandent leur mutation pour se préserver de ce climat délétère.

En décembre 2015, un autre commissaire est affecté au sein de notre groupe. Il doit réunir les effectifs du service car quasiment tous ont décidé de le quitter. Je le rencontre pour lui dire que le travail est colossal et je formule une ou deux propositions pour améliorer la qualité du service. J'essuie un refus catégorique du commissaire. La situation, selon lui, est tout à fait gérable. Toujours est-il qu'en septembre 2016, la BEI n'existe plus ! Les fonctionnaires dont les doléances n'ont pas été entendues ont fait le nécessaire pour partir. Seul un brigadier reste affecté à la BTJTR.

Me concernant, je viens d'être nommé major au 1er juillet 2016. Le commissaire décide alors de me confier la charge de l'UIRE[91]. Entre septembre 2014 et septembre 2016, notre service passe de douze à quatre officiers de police judiciaire ! Par voie de conséquence, de nouvelles missions m'échoient. Le but est-il de me faire craquer ? Seul officier de police judiciaire à suivre les dossiers, seul affectataire de vols par effraction jusqu'à identification de l'auteur, seul à transmettre les chiffres tous les jours, à répondre aux demandes des services extérieurs et j'en passe...

91. Unité d'investigation de recherches et d'enquêtes.

J'ai toujours aimé mon travail, mais là je suis vraiment à bout. Je rentre chez moi agacé, irrité et c'est ma famille qui paye les pots cassés de la pression du travail.

Le commissaire vient plusieurs fois dans mon bureau à ma demande. Il constate que je ne peux plus assumer seul toutes ces missions. Les procédures en attente sont visibles. Il faut bien comprendre que derrière chaque procédure il y a une ou plusieurs victimes qui espèrent que justice leur soit rendue. Il ne s'agit pas que de la masse de travail d'un fonctionnaire. Il s'agit de justice, bon sang ! Le commissaire m'a suggéré de déléguer. Déléguer, c'est vrai, c'est tellement facile de charger le service d'à côté qui a plus de 1 200 procédures lui aussi en attente. Bref, je finis par craquer ! Mon médecin décide de me mettre en arrêt pour "épuisement moral et physique". Mais ce ne sont pas mes multiples consultations chez le psychologue de l'administration et chez un psychiatre qui me contrediront. Je ne vais pas en rester là.

En mars 2017, je prends connaissance de ma note et de mon évaluation. Je signe une note globale de 6. Après ce nouveau coup tordu, je cesse mon service, fatigué, diminué ! Je ne suis pas un habitué des arrêts maladie, mon dossier personnel peut en attester, mais mon médecin trouve les mots pour me faire comprendre que je me trouve au plus mal et qu'il faut que je prenne mes distances avec ce qu'il appelle des personnes malsaines. C'est à se demander si l'ennemi est à l'extérieur ou à l'intérieur. »

La crise du judiciaire en France n'est pas un mirage. C'est bel et bien une réalité. En 2014, les affaires pénales ayant fait l'objet d'un dépôt de plainte dans un service de police ou de gendarmerie concernent plus de 4 millions de victimes. Pour trois victimes sur quatre, l'affaire est classée sans suite. Compte tenu du manque de moyens et du fonctionnement interne de la Police nationale, il n'y a rien de surprenant à cela. Le judiciaire dans la police, c'est en réalité un déni de justice. Sans parler des policiers découragés par le fait que les suites judiciaires données aux « petites enquêtes » ne sont pas à la hauteur des efforts qu'ils déploient.

Combattre avec efficacité l'insécurité est une question de volonté et de choix politique. Soit on considère que la sécurité est une priorité nationale et on se donne les moyens de cette ambition. Soit on considère qu'elle est secondaire, et alors, comme on l'a fait pour l'hôpital public, on poursuit la politique de l'abandon ou de la demi-mesure, les restrictions budgétaires, la paupérisation du service public de sécurité.

De la « pol' prox' » à la PSQ... On ne change – presque – rien !

18 octobre 2017 à l'Élysée. Emmanuel Macron prononce un discours « fondateur » sur la politique de sécurité face aux représentants des forces de l'ordre, sur fond de menace terroriste persistante et de grogne policière. On s'attend à un changement radical de cap, l'annonce d'une vaste concertation pour faire un bilan de la situation, une nouvelle loi d'orientation et de programmation sur la sécurité. Il n'en est rien ! Gérard Collomb, ministre de l'Intérieur, va reprendre tout simplement les vieilles recettes en essayant quelque peu de les dépoussiérer.

La politique du gouvernement s'articule ainsi sur deux axes principaux : d'une part, l'élaboration d'une loi sur la sécurité intérieure qui débouchera sur la création de la fameuse PSQ. D'autre part, une réforme de la justice autour de cinq grands chantiers, dont celui de la simplification de la procédure pénale. À aucun moment les policiers ne sont conviés à participer activement à la mise en place de ces réformes. Pour répondre à cette méprise, un syndicat de police lance une initiative sur la région Île-de-France intitulée « Les états généraux de la police francilienne ». Près de 10 000 questionnaires sont remplis par les policiers de la région. Pour la première fois depuis la loi Pasqua, on leur donne enfin la parole. Le résultat est révélateur. Les préoccupations premières des collègues relèvent des conditions de travail et de l'absence de reconnaissance sociale. Est-ce un simple hasard ? Toujours est-il que ce questionnaire semble montrer la voie à suivre au ministère. Peu de temps après, un questionnaire est lancé par la Direction générale de la Police nationale au niveau national. Ce coup de communication n'a pour but que de réparer une erreur initiale de stratégie. En effet, à quoi sert une telle initiative dès lors que les lois et autres réformes voulues par le gouvernement sont déjà votées ? On essaie du côté de la place Beauvau de faire bonne figure. Les policiers se sentent à nouveau méprisés et trop peu considérés. La « nouvelle » politique est déjà en œuvre.

La PSQ doit être entre autres chargée de la lutte contre le harcèlement. Une quinzaine de sites sont retenus pour expérimentation. Cette « nouvelle » police de proximité est en fait expérimentée, sans succès, depuis presque quarante ans !

C'est en 1997 qu'est en effet défini le concept de police de proximité, dite « pol' prox' » dans le jargon policier, porté à l'origine par Charles Pasqua.

Le Parti socialiste, à travers Lionel Jospin, en appelle néanmoins à la constitution d'une police encore plus proche du terrain, ouverte au dialogue avec les citoyens, basée sur la prévention. Le message est clair : « Passer d'une police d'ordre à une police au service du citoyen. »

Dans un premier temps, c'est à Jean-Pierre Chevènement, ministre de l'Intérieur en 1998, puis à son successeur Daniel Vaillant qu'incombe la lourde tâche de mettre en application cette « grande réforme ». L'objectif est de procéder par étapes et de généraliser le système pour 2002. À cet effet, le gouvernement recrute principalement des adjoints de sécurité[92].

Au printemps 2001, un rapport de l'Inspection générale de la Police nationale démontre que la « pol' prox' » est un échec ! Le terrain n'est pas réinvesti, les policiers ne sont pas suffisamment fidélisés sur les secteurs ciblés. Pire encore : le rapport pointe l'impuissance du nouveau dispositif face à la délinquance, notamment nocturne. Sur la période de mise en œuvre du projet, les chiffres de la délinquance ne cessent de progresser. Les chiffres parlent d'eux-mêmes : entre 1998 et 2003, les chiffres de l'Observatoire national de la délinquance montrent une augmentation des violences physiques, des vols et du vandalisme. Puis, de 2008 à 2012, on constate une explosion des cambriolages, de plus de 40 %. Enfin, les homicides sont également en forte augmentation en 2011 : + 11 %.

92. Entre 1999 et 2002 sont recrutés au sein de la Police nationale 4 455 gradés et gardiens de la paix et 6 148 adjoints de sécurité.

Mais tout n'est pas à jeter. La création des contrats locaux de sécurité a eu le mérite de sceller institutionnellement un partenariat entre les collectivités locales et l'État.

Cependant, compte tenu de l'échec de cette police de proximité instituée sous Lionel Jospin, Nicolas Sarkozy la supprime en 2003 : « Vous n'êtes pas des travailleurs sociaux. » Cette phrase prononcée devant des policiers à Toulouse sonne le glas du tout préventif.

En 2008, Michèle Alliot-Marie fait de l'occupation des territoires une priorité et crée les unités territoriales de quartier (les UTEQ). Le but est d'affecter ces unités sur des territoires ciblés considérés « difficiles ». Une nouvelle « pol' prox' » est de retour.

En 2010, c'est au tour de Brice Hortefeux de marquer son passage à l'Intérieur. Ce dernier pense que ces unités territoriales de quartier font trop de social. Les UTEQ ont vécu, vive les brigades spécialisées de terrain (BST) : on se contente de changer le nom, et on recommence.

En 2012, François Hollande fait du rétablissement de la police de proximité une mesure clé de son programme de campagne. La partie de ping-pong idéologique continue au gré des alternances politiques. Le nouveau président met ainsi en place des zones de sécurité prioritaire pour concentrer ses efforts sur certains secteurs. À nouveau, on investit certains quartiers. Et à nouveau, on abandonne des pans entiers de l'Hexagone.

2016 : c'est à un ancien ministre de Lionel Jospin, Jean-Luc Mélenchon, que l'on doit la réapparition de la police de proximité dans le débat public.

La surenchère démagogique refait alors surface. D'un côté, une véritable chasse aux immigrés, désignés coupables, est lancée. De l'autre, on veut désarmer la police, supprimer les BAC et d'autres services spécialisés de la Police nationale qui ont une vocation exclusivement répressive.

Emmanuel Macron, lui, souhaite une police « mieux intégrée dans le tissu social des quartiers, mieux à même d'intervenir avec discernement et de traiter les problèmes de proximité ». Il aurait sans doute fallu d'abord, avec sérieux et sérénité, sans pensée électoraliste, dresser un diagnostic du malade. Un grand débat sur la sécurité intérieure aurait été rationnel. Mettre à plat les problèmes, faire un constat de l'existant et, seulement après, programmer dans le temps une véritable réforme du service public de sécurité.

2018 : hier, on parlait des ZUP[93], puis des ZSP[94]. Avec Gérard Collomb, il s'agit désormais des quartiers de reconquête républicaine, les QRR. Pour la énième fois, si on renforce ici et on déserte ailleurs, on ne se donnera pas les moyens de sa politique. Tant pis pour le citoyen. Et tant mieux pour les extrêmes qui se gargarisent et se construisent sur l'échec des démocrates.

Le concept de performance

Christine est brigadier de police. Elle est affectée au sein de la brigade de délégation des enquêtes de proximité, la BDEP, sur un arrondissement parisien. « Lorsque je prends mes fonctions à la BDEP, il s'agit d'enregistrer des plaintes, d'assurer l'accueil du public et de traiter des dossiers d'escroqueries, de violences ou de vols. Ensuite, je convoque les mis en cause, les victimes et je rends

---

93. Zone à urbaniser en priorité.
94. Zone de sécurité prioritaire.

compte aux magistrats. Je suis très satisfaite, c'est différent du travail de brigade, mais tout aussi intéressant. Même si le terrain et les patrouilles me manquent un peu. J'aime mon métier. Vraiment. Même si je suis déçue de la manière dont on nous traite. Attention, contrairement à certains, je ne noircis pas le tableau.

J'ai suivi une formation dédiée à l'accueil des victimes organisée par la préfecture de Police. C'est super intéressant. Par contre, la confidentialité de l'accueil n'est pas assurée convenablement dans nos locaux à cause de leur disposition, du manque de place. Or certaines dépositions demandent une véritable confidentialité et discrétion. Je le signale à ma hiérarchie par un rapport indiquant que l'accueil des victimes, notamment celui des personnes handicapées, pourrait être amélioré.

Lorsque je cumule les plaintes et que, malgré ma bonne volonté, je ne peux pas faire plus que ce que je fais, forcément, il m'est reproché de ne jamais en faire assez. Le chiffre, le chiffre, toujours et encore le chiffre.

Lors de ma dernière notation, mon supérieur me reproche de faire preuve de trop d'entregent. En quelque sorte d'être trop familière, trop proche des victimes sans doute ? Oralement, il me dit que j'ai enregistré moins de plaintes que l'année précédente. Ses propos ne manquent pas de piquant : "Vous devez quand même justifier votre salaire. Vous avez tous les week-ends pour vous reposer. Vos chiffres ne sont pas satisfaisants."

J'envisage une mutation dans un autre service. Peut-être au service de traitement judiciaire de nuit ou à la brigade locale de protection de la famille qui s'occupe des plaintes liées aux mineurs, aux violences conjugales ou scolaires.

J'ai aussi demandé une révision de cette notation que j'ai transmise à mon syndicat. J'espère qu'elle aboutira. Mais c'est pour cela que je veux partir d'ici. Quand tu commences à te mettre la hiérarchie à dos, vaut mieux se barrer ailleurs. »

La politique du chiffre est la pierre angulaire du métier de policier. Il est évalué en fonction non pas de la qualité du travail, mais de la quantité du travail que ce dernier fournit.

Les chiffres mensuels des faits constatés par les services de police et les unités de gendarmerie sont comptabilisés dans le tableau *État 4001*. Tous les ans, ces statistiques sont publiées à la Documentation française dans la collection de recueils intitulée « Aspects de la criminalité et de la délinquance constatés en France ». C'est en 2001 que ces données ont été pour la première fois rendues publiques par l'intermédiaire d'un communiqué de la Direction générale de la Police nationale. Dans certains pays occidentaux, ce type de statistiques est publié toutes les semaines. L'Observatoire national de la délinquance en dispose depuis 1996 et peut les rendre publics.

Depuis 2002, les résultats globaux enregistrés tous les mois sont ainsi connus du grand public le mois suivant. Cet *État 4001* est donc censé constituer un véritable indicateur conjoncturel relatif à la délinquance enregistrée.

Deuxième outil statistique, la main courante informatisée, la MCI, censée faciliter le traitement des déclarations des usagers et évènements traités par les services de police, assurer une meilleure efficacité des interventions, améliorer l'accueil du public, produire des statistiques sur l'activité, faciliter la direction opérationnelle des services de police et de leurs agents ainsi que le contrôle de l'évaluation de leur activité.

Les commissariats de police doivent tenir un certain nombre d'états obligatoires relatifs à l'activité de l'unité. Ces états portent aussi bien sur l'activité de chaque fonctionnaire que sur ses périodes d'absence ou sur le nombre de faits élucidés.

Une même information peut être saisie plusieurs fois dans la mesure où les principales applications existantes (MCI, LRPPN[95], GEOPOL[96] et TAJ[97]) ne sont pas interfacées. Exemple : quand un fonctionnaire de police est absent, cette absence est saisie dans la MCI ainsi que dans GEOPOL. Lorsqu'une patrouille interpelle un individu, elle doit le mentionner dans la MCI. Un deuxième service saisira ensuite la procédure dans le LRPPN. Un troisième service prendra ensuite la procédure pour intégrer le fait dans le TAJ qui alimente l'*État 4001*. Ce sont des administratifs qui remplissent ces tableaux. Et ils ne connaissent pas toujours la réalité de l'intervention. La multiplication de tous ces paramètres et de ces quelques fichiers, la

---

95. Le logiciel de rédaction des procédures de la Police nationale (LRPPN) est depuis 2002 le principal outil de travail utilisé pour la rédaction des enquêtes de police, les déclarations des victimes, des témoins, des suspects, en plus des informations glanées par les patrouilles.
96. GEOPOL est un logiciel de gestion des horaires de la Police nationale. Il prend en compte l'activité des services : heures supplémentaires, congés, repos.
97. Le traitement des affaires judiciaires est le regroupement de deux anciens fichiers : le STIC, système de traitement des infractions constatées, et le JUDEX pour les gendarmes. C'est une base de données regroupant les fichiers de la police et de la gendarmerie répertoriant toute personne ayant été concernée par une procédure judiciaire (crimes, délits et contraventions de 5e classe). En 2008, la CNIL, Commission nationale de l'informatique et des libertés, a constaté que 80 % des données mentionnées dans ce fichier comportent des erreurs, le plus souvent faute d'une mise à jour sérieuse. Or plus de 5,5 millions de mis en cause et 28 millions de victimes figurent dans cette base de données, soit la moitié de la population française !

surcharge de travail et les erreurs humaines dès le départ peuvent alors provoquer une déperdition de l'information et dénaturer sa réalité.

Ne serait-il pas temps d'évaluer sereinement ces critères d'enregistrement des données et de simplifier en toute transparence le système, dans le respect scrupuleux des libertés et du droit de chacun ?

En tout cas, nul doute que les tableaux statistiques comme la MCI et l'*État 4001* permettent d'évaluer le fonctionnaire. S'il fait des « bûchettes » – comprenez des affaires, si minimes soient-elles – ou des procès-verbaux, alors il sera considéré comme un bon fonctionnaire. S'il fait du travail de fond, qu'il a des contacts judicieux avec la population, qu'il fait de la prévention, qu'il intervient sur un problème social et qu'il le règle : l'administration n'en a rien à faire. Ce qu'elle veut, c'est du chiffre.

Un policier qui a une activité « non soutenue » est un mauvais policier. Et c'est toute la hiérarchie qui dépend de cette évaluation. Si les gardiens de la paix ne sont pas suffisamment rentables, les officiers qui les encadrent se font sonner les cloches et ainsi de suite jusqu'aux chefs de service, puis aux directeurs départementaux qui doivent rendre compte à la haute hiérarchie, laquelle, à son tour, doit présenter des « résultats » au ministre. Ainsi, toute l'activité de la police et l'avenir professionnel de ses agents reposent sur ces outils statistiques.

Denis est brigadier-chef. Il est entré dans la « grande maison » il y a quatorze ans. Il bosse sur un département de la grande couronne parisienne, au sein d'une compagnie d'intervention.

« Quand je rentre dans la boîte, je me fais l'image d'une entité surpuissante qui semble refléter certaines valeurs qui me correspondent. Ma famille, mes proches, mes amis me disent : "Quel beau métier tu as choisi !" Ils sont fiers de moi. Je suis fier de moi. Je fais ce choix par conviction, en espérant y trouver une certaine droiture, une cohésion à toute épreuve, une seconde famille en quelque sorte. Je suis plein de fougue, de courage, prêt à me sacrifier pour sauver la veuve et l'orphelin. Après l'école de police, je me spécialise dans le maintien de l'ordre. Le souci, c'est que je déteste l'injustice. Je suis vite confronté à la réalité du terrain et surtout à cette réalité sociale que nos "tout-puissants" cherchent à nous cacher. Taper sur la gueule des grévistes et des manifestants, ce n'est pas mon truc, les horaires inhumains non plus ! J'ai l'occasion de rentrer en compagnie de sécurisation et d'intervention (CSI). Les missions sont intéressantes, beaucoup de formations, d'habilitations. Une vingtaine de collègues par section, ce qui permet d'intervenir en sécurité. Le rêve de tout flic de terrain. On a la chance de pouvoir bénéficier assez rapidement du cycle horaire baptisé "3-2-2-3", un week-end sur deux et un mercredi sur deux. En tant que père de famille, c'est appréciable. Évidemment, je n'ai vu que l'aspect positif de ce cycle horaire. L'administration n'est jamais généreuse, elle est fourbe et pleine de vices.

En effet, il est quasi impossible de poser des heures sans être rappelé au service, ce qui devient vite un cauchemar. Alors il faut trouver de quoi s'occuper pendant les vacations. La solution trouvée par notre administration : ramener du chiffre, beaucoup de chiffre. En moyenne au moins une à deux mises à dispo par jour et par véhicule. Les mises à disposition consistent à conduire au poste et à mettre à la disposition de l'officier de police judiciaire un individu coupable d'une infraction, d'un délit ou d'un crime. Peu importe le pourquoi de la mise à disposition : défaut de permis de conduire, défaut d'assurance, etc. Et tant pis s'il s'agit de ramener un individu qui fumait un joint, quitte à rajouter un dossier de plus sur le bureau de l'officier de police judiciaire qui croule déjà sous les procédures. Pas d'autre choix que de ramener des affaires sous peine de sanctions déguisées. Pas d'interpellation aujourd'hui ? Ce n'est pas grave ! Demain, une réquisition tombera pour un contrôle routier sous la flotte à 2 heures du matin ou un contrôle en gare, histoire de ramener trois ou quatre individus sans papiers. Il faut bien compenser la perte d'hier.

À qui profite tout ça finalement ? À nos chers officiers caféïnomanes qui continuent de se prélasser dans leur bureau à longueur de journée. Ils achètent leur paix sous couvert d'un commissaire qui se gave de primes sur notre dos et qui ne sait rien faire d'autre que de remplir des tableaux ou des camemberts. Ces mêmes officiers et commissaires qui dirigent un service spécialisé alors qu'ils refusent les formations en maintien de l'ordre car "c'est trop dur", disent-ils. Les mêmes qui ne veulent pas intervenir avec nous sur la voie publique car il est 17 heures et que c'est bientôt la fin de service. Toujours les mêmes qui n'ont aucune connaissance de la topographie du département, qui sont incapables de prendre le volant sous peine de se paumer sur la route. J'ai connu des officiers, des chefs, des vrais. Mais aujourd'hui, au sein de ma compagnie, il n'y a que des gestionnaires à qui l'on apprend qu'il faut faire du chiffre. Nous, c'est comme à l'usine. On doit produire un max. Ils sont les contremaîtres. Trop facile de faire la guerre avec la peau des autres. »

La loi d'orientation et de programmation pour la sécurité intérieure de 2002 de Nicolas Sarkozy permet de réduire le nombre de faits constatés par la Police et la Gendarmerie nationales de 12,8 % (soit 500 000 victimes de moins) et de diminuer les actes de délinquance dits « de proximité » de 29,6 %.

Mais en 2011, une nouvelle loi marque un tournant. Elle s'inscrit dans un nouveau contexte historique marqué par le rattachement de la Gendarmerie nationale au ministère de l'Intérieur. Elle privilégie « le renforcement de la performance sur l'augmentation des effectifs et des moyens ». Nous y voilà : désormais, après la dictature du chiffre des années 1990, c'est à nouveau le rendement quantitatif qui va prévaloir en matière de sécurité. Le fait précédant toujours le droit, le concept de performance est inscrit dans le marbre puisque cette loi est même baptisée « loi d'orientation et de programmation pour la performance de la sécurité intérieure ». La messe est dite !

Chaque fois que l'on incite la police à faire du chiffre, elle est mise sous pression et travaille mal. Il est inutile de chercher plus loin l'explication aux quelques bavures ou encore aux tensions qui existent entre la population et les policiers. Pourtant, ils ne sont pas responsables du système au sein duquel ils évoluent. Ce sont eux qui font les frais d'un système ultraproductif qu'ils sont les premiers à récuser.

Le mépris du peuple et la décrépitude du politique

Le non-respect des plus hauts symboles de l'État, de l'autorité, c'est d'abord la conséquence de l'impuissance publique d'une certaine élite technocratique qui impose un ordre anticonstitutionnel échappant au contrôle des instances élues et à la souveraineté populaire. L'article 3 de la Constitution de 1958 est pourtant clair : « La souveraineté nationale appartient au peuple qui l'exerce par ses représentants et par la voie du référendum. Aucune section du peuple ni aucun individu ne peut s'en octroyer l'exercice. »

Deux exemples révélateurs : en 2005, les peuples français et néerlandais refusent par référendum le projet de traité constitutionnel européen. Au mépris de cette décision souveraine, le gouvernement fait adopter par le Parlement le texte, à peine modifié. Un véritable hold-up démocratique ! Lorsque le peuple élit des dirigeants sur un programme qui n'est ensuite pas appliqué et que le politique se discrédite par ses multiples reniements républicains, c'est la porte ouverte aux dérives extrémistes. La police et les forces de sécurité sont au bord de l'abîme. Et l'ambiance au sein de notre institution reflète parfaitement l'ambiance qui prévaut au sein de notre société.

Jean Bodin disait déjà, au XVIe siècle : « La souveraineté est la puissance absolue et perpétuelle d'une République[98]. » Aujourd'hui, entre un président français élu par défaut et les élites qui dirigent le monde, il n'y a plus de lien. Le peuple se sent floué, berné, escroqué. Alors, puisque les règles ne sont pas respectées par ceux qui sont censés montrer l'exemple, il n'y a plus lieu de respecter les règles !

98. *Les Six Livres de la République*, 1576. Jean Bodin, né en 1529 ou 1530 à Angers et mort en 1596 à Laon, était un jurisconsulte, économiste, philosophe et théoricien politique français, qui influença l'histoire intellectuelle de l'Europe.

Aujourd'hui, c'est la technocratie, cette dictature des « méthodes scientifiques rigoureuses », qui a pris le dessus. Et nous sommes très loin du positivisme d'Auguste Comte qui définit la technocratie comme étant « un gouvernement scientifique ayant pour objectif l'épanouissement de chaque citoyen ». Peut-on encore parler d'épanouissement ?

Tous les citoyens, policiers, pompiers, urgentistes, Gilets jaunes, habitants des quartiers délaissés et/ou défavorisés, sont toutes et tous dans la même galère. C'est donc ensemble et non divisés qu'il faut mener le combat.

CHAPITRE VI

AUX GRANDS MAUX LES GRANDS REMÈDES

Je suis reçu et auditionné le 14 juin 2018 au Sénat. Deux heures d'échanges avec une délégation de la commission parlementaire chargée de plancher sur le malaise dans la police, en présence notamment de son rapporteur, M. François Grosdidier. Au cours de ces échanges fructueux, plusieurs propositions sont avancées. Certaines d'entre elles font partie intégrante du rapport parlementaire.

Les rapports et les commissions parlementaires sur le malaise au sein de la profession

Le constat fait lors de cette commission est une autocritique, un aveu d'échec des politiques mises en œuvre jusqu'à présent. Il est édifiant : commissariats abandonnés par la puissance publique, parc immobilier toujours dans une situation critique, crédits d'équipement encore insuffisants, parc de véhicules vieillissant, agents insuffisamment protégés dans un contexte opérationnel intense et évolutif, gestion des ressources humaines engendrant la frustration, rythmes de travail atypiques, casse-tête des heures supplémentaires dans la Police nationale, réforme des cycles horaires qu'il est urgent de faire aboutir, etc.

Vincent s'investit aujourd'hui au sein de l'Association nationale d'action sociale de la Police nationale. Il a fait plusieurs services auparavant au sein de la préfecture de Police. Son tableau de la situation conforte le rapport sénatorial.

« Par exemple, malgré la dotation de véhicules dans le cadre du PRA[99], de nombreux services sont dotés de véhicules obsolètes avec un kilométrage avoisinant parfois les 230 000 kilomètres. Les collègues continuent malgré tout de rouler avec ces véhicules parfois dangereux. Si ceux-ci sont amenés au garage, ils seront immédiatement réformés et les collègues devront attendre six mois ou plus avant d'être dotés d'un nouveau véhicule.

Lorsque je travaille à la BAC du 16e arrondissement, nous avons un seul véhicule dont la fixation du siège conducteur est endommagée. Lorsque je "chasse[100]" avec un siège conducteur instable qui avance et recule, c'est difficile ! C'est un véhicule qui affiche plus de 130 000 kilomètres au compteur. Les collègues de la BAC du 2e arrondissement sont restés plus de six mois sans véhicule. Ils doivent tout de même ramener des

99. Plan de renouvellement automobile.
100. En jargon policier, il s'agit de la poursuite d'un véhicule suspect par exemple, ou d'une filature d'individus pour les surprendre en flagrant délit.

"crânes[101]" en faisant leur patrouille sur tout l'arrondissement, à pied ! Les mecs ramènent les interpellés en métro ou à pied dans les rues de Paris.

Dans le cadre du PRA, il faut savoir que l'administration a plus d'un an de retard. La livraison du PRA de 2018 est faite en 2019 et ainsi de suite... Et puis les véhicules sont souvent inadaptés pour les services spécialisés. Par exemple, la CSI 75[102] est dotée de véhicules aux coffres trop petits avec absence de racks de rangement pour y remiser les fusils d'assaut HK G36. Et nos jeunes collègues ne sont pas encore suffisamment formés à l'utilisation de ces armes, que ce soit les Beretta 12SD ou les fusils d'assaut HK G36. Le HK G36 est une arme de fabrication allemande, qui a longtemps été réservée aux forces d'intervention d'élite. Elle équipe aussi, depuis M. Cazeneuve – février 2016 –, les policiers des BAC. Capable de tirer 750 balles à la minute, elle est très efficace pour neutraliser des terroristes avant l'intervention des unités spécialisées, comme le RAID, la BRI[103] ou le GIGN. Encore faut-il savoir s'en servir ! Il y a eu beaucoup de tirs dits accidentels qui s'expliquent par un défaut de maîtrise de ces armes.

Sur les transmissions, nous sommes en retard d'un siècle. L'efficacité du réseau Acropol[104] à Paris laisse à désirer : pertes de réseau, difficultés de transmission entre effectifs sur le terrain et les stations directrices. Cela peut engendrer des conséquences dramatiques en cas de problème majeur rencontré sur la voie publique. Quand je

---

101. Les « crânes », dans le jargon policier, sont des individus qui sont interpellés et viennent de commettre un crime ou un délit.
102. Compagnie de sécurisation et d'intervention.
103. Brigade de recherche et d'intervention (antigang).
104. Système de communication radio de la Police nationale.

suis à la "circul", je suis souvent seul sur un point donné et sans transmission. En cas de pépin, je fais quoi ? Je me sers de mon téléphone portable, je n'ai pas le choix ! »

Jean-Jacques, lui, est sous-brigadier au sein d'une brigade cynophile en province.

« Nous sommes dotés depuis peu de véhicules totalement inadaptés. C'est comme si je voulais faire un déménagement avec une Clio ! Pas de cage de transport pour le chien, pas de réserve d'eau, pas de casier ou tiroir de rangement, pas de système de ventilation et d'extraction de l'air. Avant de nous donner du matos, on ferait mieux de nous demander notre avis ! Les gars qui décident et qui font les commandes au service des achats du ministère de l'Intérieur ne connaissent pas le boulot et ils nous commandent des trucs qui nous imposent de rester cantonnés au service puisque nous ne pouvons pas utiliser ce matos. »

Sur la problématique des fusils d'assaut évoqués par Vincent, il faut savoir que les stands de tir de la capitale ne sont pas étudiés pour de tels entraînements qui, lorsqu'ils se font, ont lieu à Bondoufle. Les effectifs de la police aux frontières vont s'entraîner à Orléans faute de disponibilité des stands de tir parisiens ! Pire encore, il est déjà envisagé de former les effectifs de façon virtuelle, sur ordinateur !

La mauvaise ventilation des stands de tir à Paris occasionne un problème plus grave : les dépôts de plomb provoqués par les résidus de tir, comme l'antimoine et le baryum. Cela met en danger l'intégrité physique des moniteurs de tir qui passent quotidiennement plusieurs heures dans les stands. Certains sont d'ailleurs fermés et inutilisés en attendant une rénovation des systèmes de ventilation et d'extraction. L'administration, toujours obsédée par l'outil statistique, exige que tous les agents puissent effectuer leurs trois tirs annuels ainsi que les autres tirs inhérents aux formations et habilitations. Elle a tenté de mettre en place dix tireurs en même temps sur le pas de tir alors que la norme est de six. Il a fallu là encore l'intervention des syndicats pour que cet ordre soit bloqué.

L'argument des syndicats est on ne peut plus réaliste et prudent : plus de tireurs implique un volume d'émanations supérieur, lequel serait encore plus nuisible à la santé des moniteurs. Cet exemple démontre, une nouvelle fois, que l'obsession et l'exigence de l'administration sont la productivité, encore la productivité et toujours la productivité, et ce au détriment des conditions de travail.

Les problèmes d'insalubrité existent également dans certains services, comme sur le commissariat du 19e arrondissement, celui du 12e ou encore celui de la brigade des réseaux franciliens. Des puces, des insectes microscopiques comme des punaises de lit n'occasionnent pas d'infections mais des démangeaisons. Les désinfections par les sociétés spécialisées n'empêchent pas la résurgence de ce problème. Des moyens d'éradication efficaces existent et ont été demandés par les syndicats de police, mais l'administration avance comme argument que ces moyens sont trop onéreux.

Quelques mois après l'établissement de ce rapport sénatorial, une commission parlementaire sur le malaise dans la profession se met en place au sein de la Police nationale. Cette commission reconnaît et décline l'ensemble des dispositifs déjà mis en œuvre : l'existence d'un plan de prévention des risques psychosociaux du ministère de l'Intérieur avec à sa tête un comité de suivi, la mise en place des instances de concertation, comme le comité d'hygiène de sécurité et des conditions de travail qui existait déjà auparavant, la mise en place des cellules de veille au plan local et des indicateurs de sensibilisation, d'information et de formation, etc. Mais la commission constate également que ces dispositifs sont insuffisants faute de moyens à hauteur des enjeux. Selon elle, ils semblent inefficaces pour répondre à la détresse sociale des agents et, surtout, ils occultent une autre réalité comme le harcèlement moral, les horaires décalés, la fatigue chronique, le stress ou le burn out.

Enfin, la commission insiste sur l'importance du contexte social, difficile, et insiste sur la nécessaire vigilance et mobilisation des forces de sécurité.

Il importe désormais d'agir concrètement. Des initiatives efficaces peuvent et doivent être prises.

Passer à l'acte

Réformer les cycles horaires est indispensable

Bernard Cazeneuve, dans son plan de lutte contre les risques psychosociaux, inclut, parmi d'autres mesures, l'amélioration de la conciliation entre la vie professionnelle et la vie familiale des policiers. À cet égard, il propose, enfin, la réforme des cycles de travail.

Les horaires dans la police sont atypiques et pléthoriques : pour n'en citer que deux, le cycle dit « 4/2 à bascule » (deux après-midi, deux matinées, deux jours de repos) n'offre qu'un week-end sur six en famille. Un autre cycle, qui a la faveur de la plupart des syndicats de police, dit « vacation forte » ou « vendredi fort », offre lui un week-end sur deux ! Sur de nombreux sites, ce cycle est refusé aux policiers par leur direction, alors que tous les acteurs locaux en ont validé le principe. Motif évoqué : le manque d'effectifs. Cette réforme horaire impose plus d'effectifs.

Si les directeurs n'ont pas les moyens de mettre en place ce cycle, que peuvent faire les préfets ? Les organisations syndicales montent au créneau contre les directeurs, qui sont coincés entre le marteau et l'enclume car on leur demande de mettre en place un système qui nécessite plus de moyens, moyens que le politique ne leur donne pas ! Résultat : lorsque les préfets exigent que la volonté du ministre soit appliquée coûte que coûte, la réforme est mise en place au forceps et, faute de moyens humains, est finalement un échec.

Dans l'Essonne, après ce tragique mois d'octobre 2016 où quatre de nos collègues furent brûlés vifs dans leur voiture de patrouille et des mois de révolte policière, s'esquisse – enfin – une prise de conscience de nos autorités, qui sentent qu'ils ne maîtrisent plus la colère des policiers et que la situation leur échappe. La préfète de l'Essonne décide de faire un tour dans les commissariats du département et de prendre attache avec tous les collègues de terrain afin de recueillir leur volonté, mais surtout d'écouter et de comprendre la raison d'un tel malaise. Parmi les revendications des policiers figure la mise en place de la vacation forte. Ils travailleront neuf heures et trente et une minutes par jour mais peu importe. Ils pourront passer un peu plus de temps, plus de mercredis et plus de week-ends en famille.

Sur instruction de la préfecture, en septembre 2017, le commissariat de Juvisy-sur-Orge est le premier à expérimenter cette vacation. Après plus de deux ans, les fonctionnaires de ce service revivent, sont moins fatigués et donc moins irrités. Il y a moins d'affrontements, moins de blessés. Les statistiques de l'administration le prouvent.

Les syndicats sur le même département souhaitent que cette expérimentation soit étendue au commissariat d'Arpajon. Très rapidement, le directeur départemental fait preuve de réticences. La préfecture insiste. Le bras de fer est une nouvelle fois engagé. Finalement, c'est le commissariat de Sainte-Geneviève-des-Bois qui est choisi mais il n'a pas suffisamment d'effectifs pour appliquer cette réforme avec efficacité. Bon nombre de solutions sont proposées par les organisations syndicales. Des fonctionnaires de tout le département, et plus particulièrement ceux d'Arpajon, veulent rejoindre Sainte-Geneviève-des-Bois afin de pouvoir profiter de cette vacation forte : plus d'une dizaine de volontaires sont recensés. L'arrivée d'un nouveau directeur donne lieu à une opposition catégorique, jusqu'à ce que la préfète tranche : le directeur, désavoué, met en place le système à Sainte-Geneviève-des-Bois le 1er janvier 2018, en pleines vacances scolaires de Noël, alors que bon nombre de collègues sont en congés.

Thierry, major dans ce commissariat, nous explique la situation, chaotique : « Les jours se suivent et se ressemblent. Des conflits perpétuels entre les fonctionnaires et la hiérarchie font partie du quotidien. La hiérarchie ne fait aucun effort, n'hésite pas à tout mettre en œuvre pour que cette vacation soit un échec ! Les collègues n'abdiquent pas et puisent dans leurs ressources, faisant preuve d'une volonté remarquable. On se remplace, certains viennent même bosser pour qu'elle marche, alors qu'ils sont initialement en congé maladie. Mais en face, la direction donne l'impression de ne rien faire pour que les choses s'arrangent. À croire que le combat des ego l'emporte sur la nécessité du service. »

Ce qui se passe dans l'Essonne n'est qu'un exemple de ce qui se passe ailleurs. Aujourd'hui encore, les syndicats, aux côtés des collègues, se battent pour une réforme des cycles horaires. La rengaine est toujours la même : le politique fait des annonces et donne des instructions *via* les préfets. Ceux-ci demandent l'application des directives ministérielles. La hiérarchie locale, faute de moyens, s'y oppose. Le préfet rend compte au politique. Le politique répond : « Débrouillez-vous, faites avec ce que vous avez, vous n'aurez rien de plus. »

Organiser un grand débat sur la sécurité intérieure

Ce dernier permettra de dresser un diagnostic précis de la situation : débat au parlement précédé d'une large concertation proposée aux forces de l'ordre, aux effectifs de la protection civile, aux personnels des douanes et de l'administration pénitentiaire, aux magistrats et avocats, aux communes et autres collectivités territoriales, etc. Le nouveau ministre souhaite élaborer avec le soutien quasi unanime des organisations syndicales un livre blanc sur la sécurité et le malaise au sein de la profession. Ce dernier, annoncé par le Premier ministre lors de sa déclaration de politique générale, succédera au précédent *Livre blanc de la sécurité publique*, datant, lui de 2011.

Quatre groupes de travail ont donc été mis en place : le premier s'intéresse à l'organisation des forces de sécurité intérieure et doit trouver les solutions pour permettre à la police, à la gendarmerie et aux sapeurs-pompiers de mieux travailler, au plus proche des Français et de leurs préoccupations. Le deuxième groupe de travail se penche sur la complémentarité de tous les partenaires. On évoque un « continuum de sécurité » pour les années à venir, au cours desquelles le ministre veut trouver « les moyens de bâtir une sécurité à 360 degrés ». Le troisième groupe de travail réfléchit aux questions de ressources humaines et matérielles. Enfin, un quatrième se concentre sur la question des nouvelles technologies : équipement, intelligence artificielle et nouvelles menaces. Et, comme le dit le ministre, « nous avons tout à construire et à anticiper ».

L'objectif était de présenter ce livre blanc en début d'année 2020. À l'heure où j'écris ces lignes, en mars 2020, ce travail n'a toujours pas été publié. Comment peut-on sérieusement lancer une concertation « la plus large possible », y associer « les forces de sécurité intérieure de tous grades, les élus, les syndicats et instances de concertation, les chercheurs, universitaires et experts, les entreprises et les citoyens », dresser un diagnostic et faire des propositions sérieuses, « bâtir une sécurité à 360 degrés » en seulement deux ou trois mois ? Au moment où sortira ce livre, nous saurons si ce livre blanc sera une nouvelle poudre de perlimpinpin technocratique ayant pour but d'éteindre l'incendie et d'enfariner les syndicats ou bien, et nous n'avons – presque – aucune raison d'en douter, l'esquisse d'un nouveau service public de sécurité digne de ce nom.

La vérité est sans doute dans la bouche du ministre : « Il sera une étape décisive pour la sécurité de demain, une étape forte pour la sécurité des Français. » Le livre blanc ne sera donc, encore une fois, qu'une étape.

S'il s'agit de conserver le même modèle ultralibéral, de poursuivre l'anéantissement progressif du service public de sécurité, nous servirons la soupe au « Grand Chaos » et aux extrêmes. Si, par contre, il y a une réelle volonté politique de changer de modèle et, dans notre domaine, de réinstaurer un véritable service public de sécurité… nous pouvons encore sortir de l'impasse C'est dans ce cadre que l'ensemble de notre réflexion commune doit se situer. Disons en tout cas que ce livre est une modeste contribution au débat…

Tous les partenaires sociaux, toutes les personnes ressources, tous les républicains « pratiquants » doivent d'ores et déjà apporter leur contribution à ce que pourrait être la reconstruction d'un édifice fiable et adapté aux nouvelles contraintes actuelles et à venir en matière de sécurité.

Il a fallu le drame du Covid-19 pour que l'État annonce enfin le 25 mars 2020 un « plan massif pour l'hôpital public ». C'est un plan massif pour l'ensemble du service public qui doit être exigé ! Attendons-nous une nouvelle catastrophe sécuritaire ou que les policiers jettent les armes au pied de César pour faire de même ?

Le grand débat sur la sécurité que j'appelle de mes vœux doit déboucher sur une nouvelle grande loi d'orientation et de programmation sur la sécurité intérieure. Une réforme indispensable en dehors de toutes considérations politiciennes qui doit être un signe fort d'abord pour les forces de l'ordre, mais aussi pour les citoyens.

L'exemple de la réforme des retraites me rend sceptique sur la suite de ce qui pourrait susciter une réflexion de fond sur le métier, son avenir et la sécurité au sein de notre nation. Le débat sur le régime dit universel est on ne peut plus révélateur du traitement imposé aux partenaires sociaux par leur ministère de tutelle. La position du collectif Police, République et Citoyenneté va dans ce sens, en publiant en décembre 2019 sur les réseaux sociaux une analyse intitulée « Le paradoxe du mouvement social policier et sa probable recomposition » :

« Alors que certaines organisations sortent de chez le ministre en criant un peu trop vite "Victoire !", elles assurent un peu naïvement ou par manque de courage que "tous" les policiers vont conserver leur "statut spécial". Et de préciser qu'un courrier du ministre à leur intention va confirmer cette décision…

Hélas, nous en avons connu beaucoup, de ces révolutionnaires de salon qui font mine dans leurs propos de faire la révolution en permanence, aboient des déclarations intempestives en tribune ou dans la presse, mettent en garde le ministère puis… ressortent d'une audience avec les idées… du ministre ! Ce type de comportement syndical est catastrophique pour le mouvement social policier. »

Les mêmes syndicats commirent une nouvelle erreur par la suite : celle de publier ce fameux courrier du ministre et de le faire parvenir à leurs militants, comme s'il s'agissait là d'un trophée. Un courrier totalement technocratique, appelant les syndicalistes par leurs prénoms (vieille ficelle usant d'une proximité suspecte et délibérée pour décrédibiliser les organisations et leurs représentants) et tendant à noyer le poisson. En fait, les « dérogations » au régime universel accordées aux policiers se feront dans le cadre limité de missions dont la liste sera établie… dans quelques mois.

La ficelle est un peu grosse. Nul n'est dupe ! Seuls quelques syndicalistes ont été manipulés, bernés ou, plus grave, se sont couchés. Un mécontentement justifié des cadres syndicaux et de la base oblige quelques jours plus tard les organisations concernées à faire machine arrière toute.

Cette attitude a également mis au jour une recomposition syndicale qui semble, à moyen terme, inéluctable. En effet, certaines organisations syndicales policières ont pris une nouvelle fois le contre-pied politique des confédérations auxquelles pourtant elles sont affiliées. Par ailleurs, plus le rouleau compresseur de l'ultralibéralisme imposera son diktat économique, et plus de nouvelles dissensions apparaîtront au sein de ces organisations puis, par voie de conséquence, au sein même des confédérations auxquelles elles sont affiliées.

Réoccuper le terrain et rapprocher la police de la population et de la jeunesse : opérations « Quartiers Sécurité Liberté » et comités consultatifs de citoyens

Le rôle du gardien de la paix, devenu aujourd'hui soldat de la paix, est d'occuper le terrain. Les zones d'un autre droit doivent être réinvesties.

Les conseils locaux de prévention initiés par les socialistes à Villepinte instituent un partenariat entre les collectivités territoriales et l'État. Il faut aller plus loin.

Si la gouvernance locale de la prévention de la délinquance a des limites, le maire peut être au centre de ce dispositif, mais il ne doit pas agir seul. La coopération établie au sein du conseil local de sécurité et de prévention de la délinquance ou du conseil local intercommunal de prévention de la délinquance n'est pas suffisante. L'instance clé de la prévention partenariale doit être au plus près de la réalité du terrain, des quartiers, des préoccupations des habitants. Il faut mettre en place des comités consultatifs de citoyens, lesquels, au-delà de la démocratie participative qu'ils susciteront, permettront une approche réelle et de proximité de la lutte contre l'insécurité.

Des plans d'action et de prévention seront ainsi déclinés mutuellement et soumis au préfet qui devra prendre toutes les dispositions pour les mettre en œuvre. Un suivi de ces plans d'action sera effectué régulièrement au sein des comités.

Dans la mesure où des voyous sont repérés, où des incivilités sont dénoncées, sans tapage médiatique, dans la plus grande discrétion possible, des investigations contre les personnes concernées sont menées. Une fois que les données et les preuves sont réunies, on procède alors à l'arrestation des individus concernés. Une fois le quartier sécurisé, et ce quel que soit le moyen pour y parvenir, on y instaure des services publics de proximité. On incite alors les policiers par des mesures financières (logements à très bas prix, voire gratuits, postes pour les concubins ou concubines sans travail de gardiens d'immeuble, etc.) à habiter dans ces quartiers. Et ces policiers sont membres de droit des comités consultatifs de citoyens.

Ainsi, c'est l'État qui se fait le bras armé du peuple et de sa volonté. Les quartiers sont épurés, apaisés et réinvestis ! La lutte contre l'insécurité est approuvée puisque partagée.

Rapprocher la police de la population et rapprocher la police de la jeunesse, c'est une nécessité, une obligation. Les jeunes d'aujourd'hui peuvent être les policiers de demain. Il faut envoyer des policiers dans des écoles s'entretenir avec les jeunes sur le civisme. Il faut mettre en avant le volet humaniste du métier dans les centres de loisirs, les opérations « Ville Vie Vacances ». En outre, il faut inciter les policiers à s'investir dans la citoyenneté et à créer, en dehors même de leurs heures de travail, des structures de proximité avec les jeunes du quartier dans lequel ils vivent et sont domiciliés. Les missions urbaines « Dialogue-prévention », proposées en 1992 par un syndicat de police, pourraient ainsi être initiées par le biais notamment des comités consultatifs de citoyens.

Richard Gerbaudi, ancien secrétaire général du Syndicat général de la police : « En 1990, je me bats pour la reconnaissance sociale du métier du policier et, surtout, contre les risques d'instrumentalisation de l'institution par les locataires de la place Beauvau. J'ai en tête les principes de mes prédécesseurs à ce poste : Gérard Monate, Jean Chaunac, et plus récemment Bernard Deleplace. Très vite, quelques jours après mon élection par la commission administrative de la FASP, je rencontre M. Joxe et évoque avec lui la manifestation de jeunes lycéens qui doit se dérouler à Paris dans le cadre d'un mouvement qui s'est levé. Pourquoi vouloir le rencontrer à ce sujet ? Tout d'abord, pour le connaître car je viens d'être élu. Mais aussi pour lui faire part de mon inquiétude : j'ai vécu comme élu du syndicat parisien SGP et responsable de Paris la mort de Malik Oussekine en 1986 et je me suis retrouvé avec la délégation de la FASP conduite par Deleplace dans le bureau de Robert Pandraud. Et cela juste avant que Bernard Deleplace ne se présente devant les médias pour une conférence de presse qui restera toujours gravée en ma mémoire. Son intervention commence par ces mots : “Un jeune homme est mort”... Bernard Deleplace se place au-dessus de l'institution, au-dessus des partis pris, il parle en policier républicain qui ne peut accepter qu'un jeune de 17 ans meure d'un coup de matraque sans que personne ne lui porte secours. Il n'a pas pointé du doigt le policier, il n'a pas accusé les manifestants, il a simplement dénoncé l'organisation du maintien de l'ordre et les méthodes. Il a condamné fermement les donneurs d'ordre et assené un "plus jamais ça".

Quatre ans plus tard donc, en novembre 1990, quelques semaines après l'avoir remplacé, j'insiste auprès du ministre Joxe pour qu'il accepte que 300 militants de la FASP se placent devant la manif lycéenne qui va se dérouler dans les rues de Paris pour exercer une sorte de tampon entre les manifestants et les forces de l'ordre, pour qu'aucun jeune ne perde la vie ou soit blessé ; c'est absolument essentiel. Les casseurs, eux, doivent être arrêtés comme il se doit.

De même, nous organisons le 22 mai 1991 la première manifestation de rue depuis des décennies, manifestation qui regroupe 22 000 policiers foulant les rues de la capitale. Cette manifestation du 22 mai réclame à cor et à cri une réforme de la police. Cette réforme, nous la voulons pour que cesse cette organisation de la police, où pour entrer dans l'institution, sur concours d'entrée et avant toute formation, on choisit déjà, sans avoir l'expérience du métier, l'étage où on l'exercera : au rez-de-chaussée pour les gradés et les gardiens, au premier étage pour les officiers, tout en haut pour les commissaires. Nous voulons que tous, sans exception, puissent entrer par la même porte, et qu'après le concours d'entrée, suite à une formation initiale commune, chacun continue à l'étage correspondant. En fait, ce que nous voulons, c'est que l'on entre dans la police comme policier, et non comme gardien de la paix, inspecteur ou commissaire. Car c'est une différence qui pèse sur les rapports entre fonctionnaires de police, dénature le commandement et fausse la compréhension des situations.

En novembre 2005, je me trouve au Venezuela quand, à l'hôtel où je suis descendu, des personnes qui savent que je suis français sont venues me chercher pour me montrer les images d'une France en feu, où l'on ne voit que véhicules incendiés, jeunes en furie, interventions de la police...

Depuis au moins vingt ans, aucune réflexion sérieuse n'est faite sur la police, sur ses moyens, sur ses interventions, sur la vie du policier... Les pouvoirs qui se succèdent ont tous le même objectif : diminuer le nombre de fonctionnaires dans tous les ministères, privatiser ce qui peut l'être et déléguer aux collectivités locales. On revient à une municipalisation des polices en France, sur le modèle de ce qui a existé avant 1941. L'État pourra toujours conserver quelques agences nationales : c'est ce que pensent ceux qui sont au pouvoir actuellement. Cette réflexion vaut pour la police, mais également pour les transports, la santé, l'éducation, les affaires étrangères...

La police républicaine n'est pas moins ou plus maltraitée ; elle est un service public comme un autre dans la tête des dirigeants de ce pays.

Un des piliers de la République remis en cause comme les autres...

Si nous ne voulons pas vivre ce que l'on vit dans un État américain, si nous ne voulons pas, au moment d'entrer à l'hôpital, que l'on nous demande non pas la carte Vitale mais la carte bleue, si nous ne voulons pas devoir acheter une arme pour assurer notre sécurité... la riposte doit être unitaire, large et forte. »

Ce témoignage à lui seul se passe de commentaires. Alors pourquoi ce qui a été fait hier par Joxe ou Pasqua n'est-il pas possible aujourd'hui ?

Impossible ? Non, rien n'est impossible ! Plus la bataille est difficile, plus la victoire est belle. Il suffirait encore une fois, de changer de modèle et d'imposer de façon partagée l'ordre républicain partout et en tous lieux. Après... il faudrait bien sûr que la justice puisse suivre et être sans pitié vis-à-vis de celles et ceux qui s'opposent à la volonté du peuple. Dire cela n'a rien de fascisant, mais revient à désigner les « béni-oui-oui » manquant de courage politique et se jouant du peuple par des effets de manches, après avoir perdu leur sens du devoir.

Redevenir des « gardiens de la paix »

En 1896, le préfet Lépine est le premier à user de la carte à la fois de la proximité et de la professionnalisation de la Police nationale. Il veut changer l'image des gardiens de la paix qui ont acquis sous les régimes antérieurs une réputation de brutes et de mouchards. Il sait que la réconciliation entre la police et la population n'est pas une fin en soi. Il est conscient que l'institution doit rassurer mais aussi inquiéter. Il dote ses « gardiens » du bâton blanc, conçu pour réguler la circulation mais aussi utile pour dissuader et maîtriser les voyous de l'époque. Après la Seconde Guerre mondiale, cet ustensile sera remplacé par la matraque en caoutchouc noir pour le maintien de l'ordre. C'est encore lui qui inventera le fameux sifflet du policier et comprendra avant tout le monde les travaux de M. Bertillon[105] pour le développement de la police scientifique.

105. Alphonse Bertillon est un criminologue français. Il est le fondateur, en 1882, du premier laboratoire de police d'identification criminelle et le créateur de l'anthropométrie judiciaire, appelée « système Bertillon », système d'identification rapidement adopté dans toute l'Europe, puis aux États-Unis, et utilisé en France jusqu'en 1970.

La police est confrontée à une société durablement en crise. Si elle ne peut résoudre les problèmes sociaux, elle doit empêcher que le pire arrive Et les policiers ne joueront pleinement ce rôle qu'en redevenant des gardiens de la paix.

Nous ne sommes pas des magistrats mais un arsenal répressif simplifié et adapté aux nouvelles formes de violences nous paraît plus que nécessaire. Le 14 octobre 2015, Mme Taubira voit des milliers de policiers manifester contre sa politique. Elle incarne toujours aux yeux des policiers la culture de l'excuse, l'impunité institutionnelle et le laxisme judiciaire. La suppression des peines planchers est la plus grande démonstration de ce qui a été considéré par nos collègues comme un coup de couteau dans le dos.

Créer une académie de police et mettre en place une nouvelle charte de la formation, obligatoire pour tous les fonctionnaires

Vous pouvez mettre en place toutes les structures que vous souhaitez pour prévenir le malaise dans la profession et les suicides, la meilleure structure de veille ne sera pas un numéro de téléphone. La meilleure façon pour les collègues de faire connaître leur ressenti, ce n'est pas de les inciter à organiser des barbecues, mais de s'adresser à leurs supérieurs dès lors que ces derniers ont leur confiance et ne sont pas perçus par eux comme un « ennemi de l'intérieur ». Pour que chacun travaille main dans la main et que la police soit managée par de véritables chefs, soucieux du moral des troupes, il faut que tous appréhendent le travail de l'autre. Ils doivent apprendre à s'écouter et à se respecter entre eux. Ils doivent apprendre à vivre ensemble, tout simplement. Le cloisonnement est contre-productif, pour employer un terme à la mode.

Dans cet objectif, un véritable tronc commun de formation doit être imposé à tous les policiers, quels que soient leurs grades. Les conservatismes et le corporatisme s'y opposent ? Passez outre et refusez les primes aux récalcitrants. Tout rentrera vite dans l'ordre !

De même, il faut que le passage aux corps supérieurs soit facilité en interne. On commande mieux lorsque l'on est issu du rang et que l'on a mangé son pain noir. On comprend mieux les préoccupations de la base. Dans la police, on a davantage besoin de meneurs d'hommes humanistes que de petits gestionnaires psychorigides, bureaucrates, qui ne connaissent en rien le métier.

Par exemple : un commandant, chef d'un service de la DOPC. Depuis qu'il est lieutenant, ce « petit chef » a toujours pratiqué en toute impunité un management autoritaire. Le genre de personne qui affirme avec zèle son autorité envers ses subalternes. Il arrive, il y a plus de dix ans, à la 11e compagnie d'intervention. Il y convoque en entretien individuel, dès sa reprise à l'issue d'un congé maladie, un gardien de la paix. Se substituant au médecin qui a arrêté le fonctionnaire, il mène ainsi des entretiens qui ressemblent à de longs monologues de pression et d'intimidation.

Le gardien de la paix en question me raconte brièvement son histoire. Une parmi tant d'autres : « Je sors d'un arrêt maladie pour une vilaine blessure aux ligaments croisés. L'officier me convoque et insiste pour me faire avouer que j'ai fait exprès de me blesser pour être éloigné du service, et que j'ai volontairement fait durer ma convalescence. Il veut me faire dire que j'ai bénéficié d'un certificat médical de complaisance. »

Il faudra une action syndicale forte afin de faire cesser les agissements intolérables de cet officier, à l'aide notamment de deux lettres de protestation des médecins concernés à l'intention du préfet de police. Il sera finalement muté à la compagnie de garde de l'Élysée et se fera oublier, avant d'accéder au grade supérieur et de repartir dans ses pérégrinations.

Profitant d'un public docile et craintif, constitué d'une majorité de jeunes policiers stagiaires en attente de leur titularisation, il continue à affirmer de façon pitoyable son autorité sous la forme de demandes de rapports et d'auditions administratives pour les motifs les plus futiles : collègue en salle de pause qui pose son gilet pare-balles sur la table le temps de s'équiper avant de repartir sur son point de bitume ; collègue qui retire une minute sa casquette dans sa guérite pour s'éponger le front, etc.

Bienvenue à la compagnie de garde de l'Élysée ! Le capitaine y est devenu commandant et officie désormais en tant que chef de service.

Sa dernière affaire en date : un gardien de la paix, de faction devant la base du service, omet de porter son gilet pare-balles au début de sa vacation. Il est convoqué et auditionné pendant plus de deux heures : « J'avais l'impression d'avoir commis un crime de lèse-majesté. »

La province a aussi son lot de prétendus flics incapables de communiquer avec leur équipe, manquant d'empathie et de compréhension, et incapables de les soutenir lorsqu'ils traversent une période difficile.

Il n'y a pas qu'à Paris qu'une certaine hiérarchie a tendance à s'élever à un tel niveau d'incompétence. C'est le fameux principe de Peter[106].

Ainsi, le 29 novembre 2018, un prêtre est mis en garde à vue à Nantes pour pédophilie. Le départemental d'Unité SGP Police fait parvenir un mail au directeur départemental :

Bonjour Monsieur le Directeur,

Ce week-end, un prêtre de la communauté de l'Emmanuel a été placé en garde à vue à l'HP[107] pour des soupçons d'agression sexuelle sur mineure de moins de 15 ans. Au cours de cette garde à vue, les collègues ont été surpris de voir le commissaire de police rentrer dans la cellule du père avec un bréviaire et y rester quelques instants. Il demande même s'il peut participer à la perquisition chez ce prêtre, qu'il aurait paraît-il connu dans sa jeunesse. Ce qui lui est refusé fort logiquement par l'officier de police judiciaire chargé du dossier.

Nous connaissons les convictions religieuses très poussées de ce dernier, mais je ne vous cache pas que nous sommes très surpris par ce comportement pouvant mettre en doute son impartialité. Nous pouvons nous interroger sur les intentions d'un chef de service qui va rendre visite à son ami alors qu'une enquête est en cours...

Le 16 juin, ledit commissaire se voit remettre la médaille de la Sécurité intérieure, destinée à « récompenser les services particulièrement honorables, notamment un engagement exceptionnel ».

---

106. Pour Laurence J. Peter et Raymond Hull, dans leur ouvrage *Le Principe de Peter* (1970), « plus le nombre d'échelons hiérarchiques est élevé, plus chacun voit une chance de parvenir à son niveau d'incompétence ».
107. Hôtel de police.

Quelques jours plus tard, c'est la Fête de la musique : Steve, 24 ans, animateur périscolaire, disparaît. Il est retrouvé mort un mois plus tard dans la Loire. Les circonstances de sa mort ne sont pas élucidées. Un rapport de l'Inspection générale de l'administration déclare que la mairie et la préfecture n'ont pas accordé « l'attention suffisante » à l'évènement. Le rapport signale qu'il est difficilement possible pour les autorités d'interdire la *free party* du quai Wilson. « Elles disposent cependant d'autres moyens d'action pour mieux assurer la protection des participants. » Elles savent que « cette zone présentait un risque important ». Le rapport fait ensuite état d'un « manque de discernement dans la conduite de l'intervention ». « L'opportunité d'intervenir de la sorte sur une emprise portuaire donnant un accès direct à la Loire, pendant une manifestation festive habituelle et à une heure où la lucidité de certains teufeurs est sans doute altérée, peut être mise en doute », argumente l'IGA. « La visibilité est faible et l'air difficilement respirable près du fleuve. »

Le chef de service de permanence ce jour-là n'est autre que « l'ami » du prêtre pédophile. Il est toujours chef du service d'intervention d'aide et d'assistance de proximité et a près de 300 policiers sous ses ordres.

Près de trois mois après la mort de Steve, M. Castaner annonce la mutation du commissaire divisionnaire en charge des opérations ce soir-là. Ce dernier ne pourra donc plus exercer ses fonctions et sera muté dans l'intérêt du service sur un emploi sans responsabilité de maintien de l'ordre, dans l'attente des conclusions de l'enquête.

Le commissaire a toujours son bureau au commissariat de Nantes, où il se rend de temps en temps. Pour l'heure, il serait en fonction à Bordeaux, où il ne se rend que très rarement. Apparemment, il travaillerait... à domicile !

Que se produirait-il si un gardien de la paix était mis en cause ? Dans la police aussi, il y a deux poids, deux mesures : selon que vous soyez commissaire, officier ou gardien...

Réformer la législation sur l'usage des stupéfiants

Nous avons plusieurs fois abordé le sujet au sein de cet ouvrage, la politique du chiffre est le moteur de l'activité au sein de la Police nationale. Pour bien comprendre le fonctionnement de la machine à faire du chiffre, il faut d'abord distinguer les infractions « constatées », comme les cambriolages, les homicides, etc., et les infractions « révélées », comme les infractions à la législation sur les étrangers, le port d'armes prohibé, les faux papiers ou encore les infractions à la législation sur les stupéfiants.

Si la première catégorie d'infractions fait l'objet d'enquêtes et a un taux d'élucidation incertain, la deuxième catégorie sert bien les intérêts de l'administration. Pourquoi ? Tout simplement parce qu'elle a l'avantage comptable de présenter un taux d'élucidation de 100 %. Dès que l'infraction est dûment constatée, elle est, dans le cadre de l'usage de stupéfiants, forcément élucidée. Idem pour les étrangers en situation irrégulière. Comme si la police pouvait résoudre à elle seule par le bâton les problèmes liés à l'immigration.

De même, plus il y a de fumeurs interpellés et trouvés porteurs d'un peu d'herbe ou d'un peu de résine de cannabis, mieux c'est. Ainsi, si vous enregistrez le même jour dans un service de police un cambriolage constaté avec des auteurs non interpellés et un usager de cannabis, vous avez un taux d'élucidation de 50 %. La récente proposition tendant à verbaliser les usagers de cannabis va inciter les forces de l'ordre à faire toujours plus d'interpellations et va donc, de fait, toujours plus accroître les tensions.

Pendant ce temps, les trafics continuent à fleurir et à se répandre, c'est le cas de le dire, comme une traînée de poudre en France. Il faut cesser cette hypocrisie qui consiste à demander aux forces de l'ordre de consacrer plus de la moitié de leur activité à interpeller et à mettre des usagers de drogues en garde à vue. Il faut au contraire leur confier de véritables missions de police, efficaces, plus motivantes. Et ce n'est pas en mobilisant les effectifs sur des chasses aux fumeurs de cannabis que nous réglerons les problèmes de sécurité en France.

Créer des postes d'officiers de dialogue

En amont des opérations de maintien de l'ordre, en Suède, des « officiers de dialogue » sont en contact continu avec les organisateurs de manifestations. Aux Pays-Bas, on les appelle les « *Peace Units* ». Il faut, tout en étant ferme contre ceux qui profitent des rassemblements pacifiques pour se livrer à des actes barbares, adopter une stratégie tendant à apaiser les tensions entre manifestants et forces de l'ordre. Le manifestant n'est pas un ennemi mais un citoyen momentanément en colère. Nuance de taille... Le maintien de l'ordre doit être basé sur une stratégie de désescalade et pratiqué par des services spécialisés, et non des unités insuffisamment aguerries et formées à cette mission.

Supprimer les tâches indues et la politique du paraître

Le recentrage des forces de l'ordre sur leur cœur de métier, notamment par la suppression progressive des tâches indues, est une nécessité. Ces dernières constituaient encore 4,1 % du total des missions de la Gendarmerie nationale et 9 % des missions de la Police nationale en 2016, soit respectivement 4,34 et 7,75 millions d'heures employées et 6 000 agents mobilisés.

L'exemple de Paris est on ne peut plus révélateur. Beaucoup de missions effectuées par les policiers à Paris ne relèvent pas de leur cœur de métier.

La DOPC est championne en la matière. Pour exemple : la SDPIGPAT, Sous-Direction de la protection et de la garde des institutions. Au sein de cette dernière, l'UGP, l'Unité des gardes permanentes, est un service qui est en charge de la protection des bâtiments consulaires, des ambassades et des personnalités, soit 44 sites au total. Une centaine de gardiens de la paix, tous les jours, effectuent des gardes statiques devant ces bâtiments. Ces policiers sont affublés du sobriquet « plantes vertes » dans le jargon de la profession. S'il est compréhensible que des gardes statiques soient effectuées devant des ambassades pouvant être quotidiennement la cible d'attentats, comme celles d'Israël ou des États-Unis, ces ambassades étrangères à Paris ont leurs propres services de sécurité et sont dotées de caméras de surveillance qui balaient le périmètre.

Plus ubuesque encore : des personnalités politiques qui ne sont plus en exercice font toujours pour certaines l'objet de gardes statiques devant leur domicile. Tout cela mobilise quotidiennement des agents.

Les policiers affectés à l'UGP sont, comme à la CGE[108], de jeunes stagiaires sortis directement de l'école qui restent au minimum deux ou trois ans à effectuer ces tâches et perdent ainsi tous leurs acquis et, par la force des choses, oublient les fondamentaux du métier de policier. Ces collègues, assimilés à des gardiens d'immeuble lorsqu'ils sont mutés quelques années après dans des services où l'on fait de la « vraie police », doivent tout réapprendre et regagner une motivation perdue durant ces années de galère.

La garde du tribunal de grande instance de Paris, autrefois attribuée à la gendarmerie, a ainsi été transférée à la police. Le flambant neuf TGI voit le jour il y a deux ans dans le 17e arrondissement, à côté du nouvel immeuble de la police judiciaire, appelé le « bastion ». 350 policiers sont affectés à cette mission.

La Garde républicaine participe au fonctionnement régulier des institutions et assure avec prestige la sécurité des hauts lieux gouvernementaux. Le 1er régiment d'infanterie se consacre à la sécurité de l'Élysée (contrôle des entrées, rondes périmétriques). Le 2e régiment d'infanterie assume les mêmes charges à Matignon, au Quai d'Orsay, à l'hôtel Beauvau, à l'hôtel de Brienne ainsi qu'au Palais-Bourbon, au palais du Luxembourg et au Conseil constitutionnel. Toutes ces missions mobilisent quotidiennement 900 gendarmes qui bénéficient d'une formation adaptée au tir et à la maîtrise des individus. Parmi eux, des tireurs d'élite, qualifiés annuellement par le GIGN, sont dotés de fusils de précision pour s'opposer à d'éventuels tireurs embusqués. Alors pourquoi conserver deux forces aux abords de l'Élysée par exemple ? Pourquoi ne pas recruter

108. Compagnie de garde de l'Élysée.

des gardes républicains, aguerris à ce type de mission, pour remplacer les policiers ?

La COTEP, la compagnie de transfert, d'escorte et de protection, dépend elle aussi de la Direction de l'ordre public et de la circulation. Ses missions essentielles sont d'assurer les escortes de détenus présentant un danger très élevé et de garantir la sécurité des transports de fonds pour le compte de la Banque de France. Nos collègues affectés à ce service effectuent ce type de missions au détriment de celles afférentes à la lutte contre la délinquance.

Par ailleurs, un audit des inspections judiciaires fait apparaître qu'un détenu sur quatre ne peut être sorti de prison faute de personnel nécessaire et qu'un tribunal sur six doit remettre un détenu en liberté à défaut de pouvoir respecter les délais de présentation devant les magistrats. Est-ce bien raisonnable ? Ne faut-il pas là aussi mettre les choses à leur place, recruter des personnels pénitentiaires qualifiés pour ce type de missions ? Ce qui libérerait bon nombre d'effectifs au sein de la Police nationale et permettrait un meilleur fonctionnement de la justice.

Enfin, à chaque élection nationale, les commissariats emploient des policiers qui sont mobilisés dans les démarches de procuration de vote. C'est l'équivalent de 1 000 équivalents temps plein au sein de la police et la gendarmerie. Nous sommes loin des missions correspondant au cœur de métier de notre institution Police nationale. Ces démarches ne pourraient-elles pas être assumées par des personnels administratifs ?

Pour une revalorisation sociale du policier : augmenter les salaires les plus bas

Récemment, plusieurs protocoles d'accord ont été conclu avec les partenaires sociaux au sein de la Police nationale.

Depuis le mois de janvier 2019, les gradés et gardiens de la paix perçoivent 120 à 150 euros d'augmentation de salaire mensuel. Est-ce suffisant alors que nous sommes une des polices les plus mal payées d'Europe ? En effet, les agents de la fonction publique, en Europe, sont généralement bien mieux payés que leurs homologues français. Certes, la durée hebdomadaire de travail est de quarante heures, et l'âge de départ à la retraite est de 66 ans. Mais quand même… Le revenu moyen d'un agent de l'Union européenne s'élève à 6 500 euros nets par mois. En France, le revenu net mensuel moyen dans l'ensemble de la fonction publique s'établit à 2 219 euros, soit 2 495 euros nets mensuels dans la fonction publique de l'État, 1 891 euros dans la territoriale, et 2 239 euros dans la fonction publique hospitalière[109].

Dans la Police nationale, les écarts de rémunération selon les grades sont excessifs et engendrent au sein de l'institution une forme de lutte des classes. « Diviser pour mieux régner » est un adage qui met en péril l'équilibre de l'institution.

Dans les faits, les grilles de salaire des fonctionnaires de police sont calculées selon des grades et des échelons qui augmentent en corrélation avec leur ancienneté. Une indemnité de sujétion spéciale, créée afin de compenser « les contraintes subies et les risques encourus », est aussi comprise dans le salaire de base.

Il existe également une légère différence de salaire selon l'affectation du policier, entre la région parisienne et la province, qui se calcule par la prime mensuelle de

---

109. Source : rapport annuel sur l'état de la fonction publique, Direction générale de l'administration et de la fonction publique.

résidence, définie selon la zone géographique où il exerce. Que les policiers travaillent pour la sécurité publique, le RAID, la BAC ou la DGSI, leurs salaires de base seront les mêmes. Ce sont les primes qui font la différence.

Quelques exemples de rémunération : les adjoints de sécurité, postes de contractuels pour trois ans et non de fonctionnaires, peuvent prétendre à un salaire mensuel avoisinant 1 310 euros en Île-de-France et un peu moins de 1 236 euros dans le reste de l'Hexagone. Un gardien de la paix titulaire commence à l'échelon 1. Il est alors payé environ 1 900 euros en province et 2 000 euros à Paris. Il peut gravir en trente ans 12 échelons pour arriver à un salaire de 2 700 euros.

Les brigadiers, grade juste au-dessus de celui des gardiens, gagnent pour les plus anciens 2 800 euros. Le salaire des brigadiers-chefs en fin de parcours est de 3 000 euros et pour les majors de 3 200 euros. Enfin, les majors dits responsables d'une unité locale de police (RULP), plus haut grade du corps d'encadrement et d'application, perçoivent 3 500 euros. Le dernier protocole d'accord entre les partenaires sociaux et leur ministère de tutelle prévoit une augmentation salariale de 51,15 euros par mois pour les gardiens de la paix et de 88,35 euros pour les RULP. Autrement dit, ce sont les plus hauts salaires qui sont le plus augmentés. À titre indicatif, la hausse de salaire mensuelle pour les lieutenants ou capitaines sera, elle, de 520,80 euros. Nouvelle aberration : les plus bas salaires seront le moins revalorisés !

Ils augmentent ensuite dans le corps de commandement. Un capitaine de police peut prétendre à un salaire entre 2 345 et 3 709 euros à Paris. Un commandant, de 3 270 à 3 887 euros. Enfin, un commissaire de police débutant est payé 3 150 euros. Il pourra atteindre les 7 700 euros[110].

À ces traitements s'ajoutent diverses primes ; il existe notamment une indemnisation pour les fonctionnaires qui ont l'habilitation d'officier de police judiciaire de 240 euros par trimestre, et une autre, appelée « prime de fidélisation en secteur difficile », ainsi qu'une prime de compensation de la hausse de la CSG.

Enfin, les CRS gagnent aussi, lorsqu'ils sont envoyés en mission pendant plus de douze heures hors de leur zone de résidence, une prime appelée « indemnité journalière d'absence temporaire ». Il faut savoir que ces CRS passent en moyenne cent cinquante jours par an hors de leur zone. Les policiers du RAID touchent, eux, une indemnité pour mission exclusive qui varie de 500 à 650 euros par mois selon leur niveau d'habilitation.

Les récentes mesures catégorielles proposées aux syndicats et annoncées sont considérées comme insuffisantes au regard du gel du point d'indice pendant neuf ans. Elles ne répondent pas aux problèmes de fond : le taux de suicide, le respect de la réglementation du travail, les cycles horaires, la gestion opaque des grades et des mutations, la politique du chiffre, le non-paiement des heures supplémentaires (275 millions d'euros dus par l'État à ses fonctionnaires).

Source de division supplémentaire : la prime au mérite ! Comme on l'a déjà vu, la prime de résultats exceptionnels est créée par Nicolas Sarkozy en 2004. Cette prime est devenue le meilleur symbole de la course aux chiffres. Sous le ministère de Manuel Valls, en 2013, seulement

110. Salaire d'un commissaire général de police.

10 % des effectifs ont pu percevoir cette prime à titre individuel. La distribution par service a été privilégiée. Une manière de répondre aux critiques légitimes sur l'arbitraire hiérarchique.

Pour la prime collective par service, l'administration fonctionne par strate et, à chaque niveau, est censée récompenser les plus méritants. Parmi les critères d'attribution, on trouve : le ratio affaires de stupéfiants, effectifs du service ou encore les étrangers en situation irrégulière. Ainsi, il est bon d'assurer une vacation à Calais pour toucher facilement la fameuse prime.

La deuxième grande catégorie est la prime par petites équipes, qui se substitue à la prime individuelle. Les très belles affaires sont récompensées. Et les policiers qui exercent leurs missions à proximité des autorités ont aussi et parfois le privilège de bénéficier de ce supplément : état-major, secrétariat de direction, cabinet, chauffeurs, etc. Aujourd'hui, les commissaires, qui bénéficient déjà d'un régime très favorable grâce à leur indemnité de responsabilité et de performance, sont servis. Pas moins d'un tiers d'entre eux la touchent. Les commissaires divisionnaires perçoivent une indemnité de responsabilité et de performance qui avoisine les 37 800 euros par an (contre 9 072 euros pour un officier) ! Cette même indemnité annuelle peut atteindre les 58 000 euros pour un directeur de service ou un inspecteur général.

Ce genre de prime crée des tensions au sein de la Police nationale. Qu'un gradé perçoive plus qu'un sous-brigadier, qu'un commissaire soit mieux rémunéré qu'un gardien de la paix ou qu'un officier, rien de plus normal. Mais un tel niveau de disparité financière entre les trois corps génère inévitablement des conflits.

En outre, ce que l'on appelle le « pyramidage », à savoir l'accès aux grades supérieurs au sein de chaque corps, est également inégalitaire. Et les moins bien lotis sont, évidemment, les gardiens de la paix.

Pour une refondation du syndicalisme policier républicain

De tout temps le syndicalisme policier républicain a été indispensable. Non seulement il a permis de nombreuses avancées sociales au sein de la profession, mais il a été le contre-pouvoir, le garant d'une police républicaine indispensable à toute démocratie.

Le SGP, Syndicat général de la police : premier syndicat de policiers !

Sous le second Empire, les sergents de ville mettent au grand jour leurs revendications. Leur préoccupation principale est d'obtenir du pouvoir en place une pension pour les veuves de policiers ainsi que la création d'une caisse de retraite. Ils s'exposent à de lourdes sanctions s'ils manifestent mais ont le courage d'exprimer les difficultés de leur métier.

Le 7 septembre 1870, le corps des sergents de ville est remplacé par celui des gardiens de la paix. Nos aînés n'ont pas droit à la parole. Sous l'impulsion de quelques militants, la Société amicale des personnels de la préfecture de Police voit le jour en 1884. D'autres amicales se créent dans la foulée et se regroupent au sein de la Fédération nationale des policiers de France et des colonies.

Paul Rigail, gardien de la paix, permet à cette fédération de se développer pour devenir en 1909 le Comité des réformistes. À l'époque, les deux revendications prioritaires sont la semaine de soixante heures ainsi que deux jours de repos mensuels. Paul Rigail fait alors l'objet de toutes sortes de pressions, d'intimidation, mais il poursuit son combat et l'amplifie. Il crée l'Association générale des personnels de la préfecture de Police[111] qui fait peur au pouvoir en place, raison pour laquelle Paul Deschanel, alors ministre de l'Intérieur, dissout l'association le 3 septembre 1920.

Les sanctions, les révocations accentuent la grogne policière. Le 11 décembre 1923, des milliers de gardiens de la paix répondent massivement, malgré les menaces de sanction, à l'appel de Paul Rigail et se réunissent à l'hôtel de ville de Paris. Ce rassemblement est interdit par le ministre de l'Intérieur. Suite à cette réunion, 60 policiers sont mis à pied, 200 sont rétrogradés et deux révoqués. Pour leur venir en aide, ce sont leurs collègues et les commerçants qui subviennent fraternellement à leurs besoins. Grâce à cette chaîne d'union, ils sont tous réintégrés un an plus tard.

En 1924, Paul Rigail, toujours à la tête du mouvement contestataire, crée le Syndicat général de la police. Son siège, payé par les militants au moyen d'une large souscription, est rue Tisserand, dans le 15e arrondissement de Paris. Ainsi prennent forme les racines républicaines du syndicalisme policier.

Quelques années plus tard, en juin 1940, l'armée allemande entre dans Paris, et le gouvernement de Vichy est mis en place. Le Syndicat général de la police est alors dissous et ses biens confisqués. Ses membres, pourchassés, arrêtés, torturés, déportés, entrent dans la

111. Les statuts de cette association sont déposés le 31 juillet 1920.

clandestinité. Le gardien de la paix Noël Riou, nouveau secrétaire général du SGP, fonde son propre réseau de résistance en Bretagne. Un réseau devenu célèbre du fait qu'il a notamment aidé Mme de Gaulle à rejoindre son mari en Angleterre. Sur dénonciation, Noël Riou est arrêté par la Gestapo et déporté en Allemagne dans un camp de concentration où il est torturé. En août 1944, les forces américaines et la 2e division blindée du général Leclerc sont encore loin de Paris quand l'insurrection générale est lancée par les policiers parisiens ayant intégré, aux côtés des militants du SGP, les divers groupes de la Résistance.

200 policiers tombent sous les balles allemandes des troupes du général Von Choltitz, chef de la garnison de Paris.

Noël Riou est libéré en 1945 par les Alliés. Le courage, les sacrifices humains et la loyauté envers la nation sont consacrés par le général de Gaulle qui lui remet la Légion d'honneur à la préfecture de police de Paris. C'est le symbole de la fourragère rouge encore portée aujourd'hui par la police parisienne.

En 1946, une loi reconnaît l'existence du syndicat dans la fonction publique mais, en 1948, le droit de grève est retiré aux policiers. C'est la naissance de notre « statut spécial ».

En 1951, une nouvelle organisation de droite, ayant pour but évident de diviser le mouvement social policier, voit le jour : le SIPN[112].

En 1961, avec la guerre d'Algérie, le secrétaire général du SGP, François Rouve, est révoqué par le ministre de l'Intérieur quand il déclare que « les gardiens de la paix

112. Syndicat indépendant de la Police nationale.

ont le droit d'avoir une conscience ». Il est réintégré en 1966 par décision du Conseil d'État.

Sous l'impulsion du SGP, la Fédération autonome des syndicats de police voit le jour. Le SGP, pierre angulaire du mouvement revendicatif, en prend la direction. Son leader Gérard Monate et les secrétaires généraux qui lui succèdent permettent au mouvement d'obtenir ses lettres de noblesse. C'est ainsi que sont obtenues les grandes avancées significatives de notre profession : nouvelle tenue, augmentations indiciaires, etc.

Après Jean Chaunac, le SGP, par l'intermédiaire de la FASP et de son secrétaire général Bernard Deleplace, obtient en 1982, après quatorze années de combat, l'intégration de l'indemnité de sujétion spéciale police dans le calcul de la retraite.

Le SGP et la FASP sont aussi à l'origine du premier plan de modernisation de la Police nationale, sous l'impulsion de Pierre Joxe, ministre de l'Intérieur, et du code de déontologie de la Police nationale que doivent respecter tous les fonctionnaires de l'institution.

De par son histoire et la création du SIPN, le SGP et la FASP sont eux classés à gauche. Dans les années 1980, la connivence entre les leaders de la FASP et le Parti socialiste est connue de tous. C'est même le pouvoir socialiste qui « encourage » la désignation des équipes dirigeantes de la fédération.

Malheureusement, lorsqu'un syndicat est inféodé à un parti, quel qu'il soit, et que ce parti prend des mesures populaires pour les policiers, alors tout va bien pour l'organisation concernée. Mais lorsque le syndicat se soumet et se borne à être le relais ou le porte-voix du pouvoir en place, alors que celui-ci adopte au contraire des mesures impopulaires pour la profession, la sentence électorale est implacable et le syndicat passe pour complice dudit pouvoir.

C'est là la dérive du syndicalisme en général, et du syndicalisme policier en particulier. Ce qu'a fait la FASP dans les années 1980 en étant inféodée au PS n'est que la réplique de ce qu'a fait le SIPN, son principal concurrent, avec la droite de l'échiquier politique après la Libération. Un syndicat n'a pas à être aux ordres d'un parti. Il doit être autonome.

Ainsi, lorsque ce que l'on nomme « les droits nouveaux » (subventions publiques, jours de détachement, etc.) sont accordés en 1982 aux partenaires sociaux, les syndicats, plutôt que d'utiliser ces droits pour la défense de l'intérêt général, s'embourgeoisent et se cloîtrent dans une bureaucratie de privilèges totalement coupée de la réalité du terrain. Leur politisation excessive les décrédibilise vis-à-vis de leurs mandants. Tous désormais ont un point commun : lorsque leur parti est au pouvoir, exception faite de quelques rares épisodes, ils font preuve d'un conservatisme contraire à leur raison d'être.

Dès lors, le pouvoir en profite pour porter les premiers coups fatals au service public de sécurité. Lorsque le rapport Longuet de 1987 prévoit de réduire les effectifs de la Police nationale de 500 000, le bloc syndical de « droite » courbe l'échine. Lorsque le 13 janvier 1993, Paul Quilès, ministre de l'Intérieur socialiste, présente en Conseil des ministres le projet de loi qui étend les qualifications et le champ de compétence des polices municipales, c'est le bloc syndical de gauche, cette fois, qui fait l'autruche.

Comprenons-nous bien : désormais, du fait du désengagement de l'État, les polices municipales existent, et elles doivent agir en complémentarité des autres forces de sécurité publique existantes. Mais la Police nationale a été créée en 1968 dans un souci d'unification de l'ensemble des services, dont la sûreté nationale et la police municipale de Paris. Municipaliser, c'est donc faire un retour en arrière. Rappelons ici l'article XII de la Déclaration des droits de l'homme et du citoyen de 1789 : « La garantie des droits de l'homme et du citoyen nécessite une force publique : cette force est donc instituée pour l'avantage de tous, et non pour l'utilité particulière de ceux auxquels elle est confiée. »

Voyez les prétendus progressistes prêcher aujourd'hui la création d'une police municipale parisienne et la fin de la spécificité de la préfecture de police de Paris ! Peut-être devraient-ils se remémorer le discours d'école que Jacques Chirac prononça en 1987 : « L'ordre public relève de l'État et doit être appliqué sur l'ensemble du territoire national, en vertu d'une même conception générale. » Jacques Chirac y dénonçait également la déviance de quelques polices municipales déjà instituées, leur reprochant d'avoir été créées pour constituer une garde prétorienne des maires.

Face à cette « syndicratie » et à cette politisation des syndicats, les policiers ne leur font plus confiance. Ils désertent les meetings et les réunions. Le syndicalisme policier dans son ensemble est alors en totale décrépitude.

Grâce à Richard Gerbaudi, successeur de Bernard Deleplace à la tête de la FASP, fédération engluée dans d'énormes problèmes financiers malgré l'aide du pouvoir en place, le SGP s'affirme dans l'indépendance politique. Lors de son congrès à Nanterre, en mars 1993, Richard Gerbaudi met en cause le projet de loi présenté par Paul Quilès, alors ministre de l'Intérieur, relatif aux polices municipales. En tribune, son discours lui sera fatal : « Ce n'est pas parce qu'un gouvernement de gauche n'a rien compris à la police que ses projets ne pourront être repris par ses successeurs de droite. » Pour le pouvoir en place, c'est la phrase de trop. Des militants socialistes au sein du SGP et de la FASP, qui mélangent combat politique et combat syndical, tentent de déstabiliser leur secrétaire général. Suite à ce « putsch » avorté, ils sont remis à disposition de l'administration par ce dernier et créent alors un nouveau syndicat, qu'ils nomment « Différence ». Cette scission entraîne l'effondrement de la FASP aux élections qui suivent[113] et provoquent le départ de Richard Gerbaudi.

Le pouvoir, bien qu'il s'en défende, accepte mal que les syndicats ne soient pas ses courroies de transmission. L'indépendance du syndicalisme à un prix. Poursuivre ce combat dans le sentier de la vertu comme le firent les fondateurs du SGP nécessite courage et persévérance.

Après le départ de Richard Gerbaudi, l'entente entre les différents partenaires au sein du syndicalisme policier républicain s'effrite, les objectifs diffèrent et les intérêts divergent. Certains prônent un alignement sur le Parti socialiste ou communiste. D'autres, et en particulier le SGP, optent pour un syndicalisme de terrain, indépendant, authentique, qui privilégie le collectif sur l'individuel, et proposent la création d'une Centrale unitaire de la police.

Pour mettre un terme à la « syndicratie », le SGP, lors du congrès de Villejuif de 1995, fait voter à ses militants une charte d'engagement. Cette dernière impose à ceux qui choisissent de devenir permanents de passer outre

113. La FASP passe de 50,80 % à 42,43 % de représentativité.

tout avancement de grade au détriment d'un collègue qui travaillerait sur le terrain.

Le SGP est alors exclu de la FASP, laquelle ne survit pas à son départ quelques mois après. Ce syndicat, historiquement implanté en région parisienne, séduit au-delà de son périmètre d'implantation habituel : des cadres de plusieurs autres syndicats, dont ceux du Syndicat des gradés de la Police nationale (SGPN), membre de l'USC, le rejoignent tandis que des militants de syndicats provinciaux membres de la FASP en font tout autant.

Nous assistons alors à l'extension des forces vives du syndicalisme républicain parisien à travers la France, symbolisé par un congrès à Narbonne qui rassemble près de 1 000 délégués de tout le territoire. Les élections professionnelles de 1998 sont sans appel : le SGP réalise un score sans précédent – 20 % au niveau national bien que n'étant implanté que depuis quelques mois en province et record historique de 52 % sur le SGAP de Paris.

23 janvier 1999 : à l'appel du SGP, une manifestation unitaire est organisée à Paris pour la défense du service public de sécurité, rassemblant près de 25 000 personnes, des élus de gauche et de droite, des citoyens et bien entendu des policiers. Cette manifestation fait obstacle à la fermeture programmée de plusieurs commissariats. Le SGP obtient bon nombre d'avancées sociales : déroulement de carrière accéléré dans les zones dites difficiles, fidélisation des fonctionnaires, fin de la compagnie d'instruction, réciprocité de la pension de réversion pour les veufs de collègues féminines, etc. C'est un plan établi par les administrateurs du SGP, baptisé « Plus tu restes, plus tu gagnes », qui est présenté au préfet de police de Paris. Des combats sont menés : occupations des mairies, des

locaux de la coupe du monde de football, manifestations sur la Seine à bord de péniches, pétitions signées par les citoyens, etc., et aboutissent à la prime de fidélisation en zones dites difficiles. Les administrateurs à l'origine de la fidélisation des fonctionnaires sont aujourd'hui disséminés dans toutes les organisations syndicales.

Le SGP fait également dissoudre le Front national-Police, mouvement syndical ouvertement inféodé à un parti politique, et obtient la mise en place d'une commission d'enquête sur le DPS (Département protection sécurité), service d'ordre du Front national.

Pour être en règle avec la loi Perben de 2002, le SGP doit intégrer une confédération. C'est Force ouvrière qui est choisie à l'unanimité, car c'est elle qui offre, avec sa mosaïque de fédérations de droite et de gauche, le plus de garanties sur le plan de la neutralité politique.

Quant à moi... je n'ai pas su partir ! En effet, quelque peu usé par le combat syndical, je suis tenté de rejoindre Charles Pasqua, lequel, avant son alliance avec Philippe de Villiers, souhaite monter une liste aux élections européennes sur une ligne politique dépassant les clivages droite et gauche. Tous ceux qui sont dans la mouvance de Jean-Pierre Chevènement et de son parti politique, le MRC[114], sont approchés à ces fins. Je ne peux continuer à piloter un syndicat et à m'engager en même temps sur le terrain politique. Je dois faire un choix eu égard à l'indépendance du SGP pour laquelle je me suis toujours battu. Je veux tenir mes promesses, terminer mon engagement syndical comme gardien de la paix et ne pas faire plus de deux mandats, tel que le prévoit aussi la charte

114. Mouvement républicain et citoyen parti politique fondé en 2003

d'engagement qui a été adoptée au congrès de Villejuif. J'ai pourtant préparé ma relève, depuis des années. Celui que j'ai envisagé pour prendre ma suite n'a pas souhaité assumer cette charge, à mon plus grand désarroi.

Quelques mois après ma démission, le SGP implose. Mon fidèle adjoint, celui que j'avais pressenti pour assurer la relève et toute une équipe de militants quittent le SGP. Certains sont aujourd'hui dans des postes de direction à Alliance, à l'UNSA ou dans d'autres organisations syndicales. Comme je l'ai toujours dit, nul ne me fera critiquer ces « combattants de la première heure » car, sans eux, nous n'aurions pas fait ce qui a été fait. Mais en ce qui me concerne, je reste fidèle à mon organisation de souche, le SGP, symbole du syndicalisme républicain, incarnée aujourd'hui par Unité SGP Police.

Cette dernière, après bien des tempêtes propres au syndicalisme policier, existe toujours. Son secrétaire général actuel et son équipe ont eu fort à faire pour la remettre sur orbite. Après avoir assumé dans des conditions difficiles la nouvelle période de transition du syndicalisme policier républicain et redressé la barre, Yves Lefebvre vient d'être réélu pour trois ans au dernier congrès de Biarritz[115]. C'est lui qui est l'initiateur de la vacation forte, cette proposition de cycle horaire permettant aux policiers de bénéficier d'un week-end et d'un mercredi sur deux. De nouveaux et jeunes éléments prometteurs et progressistes ont été intégrés au sein du bureau national. La relève se prépare, le SGP de 1923 vit encore. Il est encore majoritaire et il a de belles années devant lui.

115. Septembre 2019.

Un récent combat historique a d'ailleurs été mené par cette organisation. Il mérite d'être souligné. Il démontre, surtout, que lorsque le collectif prime sur l'individuel, lorsque les syndicats se battent non pas pour « l'épicerie fine » mais pour la « maison police », ils sont crédibles vis-à-vis non seulement des collègues, mais aussi de l'administration.

Pour nos collègues des compagnies républicaines de sécurité, au 1er janvier 2015, l'indemnité journalière d'absence temporaire (IJAT) était figée à 30 euros par mois, et ce depuis le 1er janvier 2002. Face à cette non-revalorisation de ce qui constitue une compensation pour ces policiers qui sont souvent en déplacement, Unité SGP Police décide d'un mouvement le 30 mars 2015 à Pont d'Orly[116], et sur d'autres endroits du territoire. Les CRS se réunissent devant les cantonnements avec des affiches pour dénoncer cette situation et exigent une revalorisation de l'IJAT. Des points presse sont organisés. Le conflit social est médiatisé. Sous pression, le ministre donne des instructions pour que le syndicat soit immédiatement reçu par le directeur général de la Police nationale et qu'une issue permette de sortir du conflit. Le lundi matin suivant, la délégation syndicale menée par Nicolas Comte, secrétaire général, est reçue au ministère. Le combat continue. Une réévaluation de l'IJAT est obtenue. Elle est sans précédent. Son montant passe de 30 à 39 euros par mois. L'administration a perdu son bras de fer. Mais l'IJAT sera fiscalisable. Le syndicat poursuit sur sa lancée et remobilise. Près de 800 CRS et 13 unités mèneront cette fois ensemble le combat. Le jour même de la mobilisation, le ministre écrit au secrétaire général

116. Thiais, dans l'Essonne, à proximité d'Orly et de Rungis.

pour lui préciser que des dispositions législatives seront prises pour que cette indemnité ne soit pas fiscalisée. Ce fut fait dès le 1er janvier 2017.

Désormais, l'IJAT existe légalement sur le plan fiscal et est totalement exonérée pour les agents qui en bénéficient. Le combat collectif mené par Grégory Joron, leader des CRS au sein d'Unité SGP Police, supplante l'individualisme et le syndicat fait alors une progression de près de 15 % aux élections professionnelles.

Sur la ligne politique, rien à dire : lorsque Mélenchon, leader de La France insoumise, a un comportement condamnable à l'endroit des policiers chargés de perquisitionner au siège de son mouvement, le 16 octobre 2018, le SGP manifeste devant son siège. Lorsqu'en 2019, il utilise le terme de « barbare » en désignant les policiers, Unité SGP Police dépose le 25 septembre une plainte contre ce dernier. Qui peut encore douter de l'indépendance de cette organisation ?

Militant un jour, militant toujours

Lorsqu'en 2017, à mon retour du Mali, à la demande de la responsable régionale d'Unité SGP Police sur l'Île-de-France, je replonge dans les méandres du syndicalisme policier en tant que consultant, je rencontre de nombreux militants et militantes qui n'ont rien à envier à ceux que nous étions mais qui se posent souvent en victimes d'une « machine à perdre », faisant ainsi allusion à la lourdeur de l'appareil syndical.

Quand Unité SGP Police redevient majoritaire aux élections professionnelles qui suivent, je fais une proposition à l'équipe dirigeante régionale sur l'Île-de-France. Il faut, après les élections, organiser un séminaire, continuer sur la dynamique électorale, engager une réflexion collective sur un projet de fond pour le métier. Comme nous l'avions fait au congrès de Villejuif lorsque j'étais secrétaire général, une réforme structurelle et politique de l'organisation me paraît indispensable : cesser cette logique de multiplication de permanents syndicaux ; donner plus de moyens à ceux qui sont dans les services. En clair, il faut privilégier les délégués de service et de brigade et limiter les postes de permanents. À mon époque, j'ai uniquement six permanents sur Paris où se situe le gros des troupes. Aujourd'hui, ils sont une vingtaine. Qu'on le veuille ou non, même si ces jeunes militants sont plus que méritants au début de leur mandat, le risque est grand de les voir venir grossir les rangs de la « syndicratie » que les collègues récusent !

Par ailleurs, lorsque l'on a des délégués dans les services et que l'on privilégie le syndicalisme de terrain, évidemment, les mobilisations ne s'en portent que mieux. C'est le délégué qui fait le syndicat. S'il est reconnu sur le terrain par ses collègues, ils adhèrent au syndicat qu'il représente. C'est simple et logique. Si le délégué n'existe pas ou que seul un permanent que l'on voit de temps en temps représente l'organisation, l'adhésion pleine et entière devient difficile. Et c'est légitime. Si les associations, comme les coordinations en 1995, ont fleuri ces dernières années, aidées par les réseaux sociaux, c'est que la place a été laissée vacante par les syndicats. Celle de la proximité.

Je me souviens d'une question qui m'a été posée : « Comment comptes-tu t'y prendre pour combattre le phénomène associatif qui nous porte un préjudice certain ? » Ma réponse a été sans appel : « Si les associations existent, si vous vivez cette défiance vis-à-vis des partenaires sociaux comme je l'ai connue dans les années 1990, vous ne pouvez vous en prendre qu'à vous-mêmes. Vous n'avez qu'à repenser votre modèle et réorganiser votre structure. » Je suis conscient que ce travail de refondation du syndicalisme policier prendra du temps. Mais il est indispensable et vital pour sa survie. Le syndicalisme authentique ne se construit pas dans les réunions et les bureaux mais sur le terrain, dans la vie professionnelle de tous les jours. Être militant, c'est d'abord s'engager dans le cadre du respect des lois et de la déontologie. Agir au quotidien sur le comportement des hommes contribue autant à changer le visage de la police qu'une modification statutaire. C'est cette marque de fabrique qui a fait les heures de gloire du syndicalisme policier. Si le syndicat ne sert qu'à se faire muter ou à se faire nommer à la multiplicité des grades proposés, ce n'est plus du syndicalisme, c'est de l'épicerie fine. Le policier adhère au syndicat pour un besoin individuel, non pour l'intérêt général. S'il n'a pas gain de cause, il va dans un autre magasin dès lors que rien ne distingue le second du premier. Le policier se vend alors au plus offrant et le politique se félicite de la division syndicale et du discrédit jeté sur le mouvement social policier en général.

Quant aux associations, leur existence est certes légitime mais elles ne doivent pas faire preuve d'ignorance et d'ingratitude. Critiquer systématiquement le syndicalisme, c'est contribuer à la destruction de l'édifice commun, non à sa construction.

Enfin, le syndicalisme doit être aussi une force de proposition, s'ouvrir à la citoyenneté, aux autres métiers, soutenir les causes justes, même si ces dernières ne sont pas inhérentes à notre profession. On est toujours plus fort lorsque l'on est soutenu par un peuple que l'on associe à son combat. Les policiers, à commencer par les syndicalistes, doivent sortir de leur véhicule de patrouille et se rappeler qu'avant d'être des policiers, ils sont avant tout des citoyens. Ils constitueront ainsi cette fameuse garantie citoyenne nécessaire au sein de toute démocratie, que le SGP a toujours incarnée tout au long de son histoire.

REMERCIEMENTS

À ma seconde famille et à mes frères.

Imprimé en France par CPI
en juin 2020

MIXTE
Papier issu de
sources responsables
FSC® C003309

Les papiers utilisés dans cet ouvrage
sont issus de forêts responsablement gérées.

N° d'impression : 3038978
M16480/01

Thomas Wagner

DIE ANGST MACHER

aufbau

Thomas Wagner

DIE ANGST MACHER

1968 und die Neuen Rechten

aufbau

MIX
Papier aus verantwortungsvollen Quellen
FSC® C083411

ISBN 978-3-351-03686-7

Aufbau ist eine Marke der Aufbau Verlag GmbH & Co. KG

2. Auflage 2017

Satz LVD GmbH, Berlin
Typografie Luisa Nowakowski, Leipzig
Druck und Binden CPI books GmbH, Leck, Germany
Printed in Germany

www.aufbau-verlag.de

Inhalt

Einleitung: Wer sind hier eigentlich die Nazis? 11

Was 1968 war 13

Kampf um Deutungshoheit 17

Das Pendel schlägt zurück 23

Konservatismus in der Defensive: Arnold Gehlen 29

Gegen die »Hypermoral« 32

Politische Resignation 34

Ein neuer Anfang: Die Rebellion der Nationalisten 37

Für die deutsche Einheit 38

Die schwarze Fahne empor 41

Wider den Status quo 47

Nationalrevolutionäre Zirkel 49

Nur bedingt praxistauglich 50

Die Faszination des Eurofaschismus 53

Krawall und Rock 'n' Roll 54

Französische Vorbilder: Mabire, Benoist, Venner 56

Das Situationistische Manifest 58

Eine andere Kulturrevolution 61

Vom Marxismus lernen: Gramsci und die Metapolitik 63

Flaneur des Pariser Mai 65

Der Sound der Linken 68
Abkehr von den Altnazis 71

Antiimperialismus von rechts 73
Befreiungsnationalismus 74
Kritik an der Entwicklungshilfe 75
Ein politischer Kampfbegriff 77
Lob der Differenz 79
Exkurs: Ein Gespräch über den Ethnopluralismus 80

Tipps in Basisdemokratie: Der Anarchist und die »Sache des Volkes« 84
Nationalrevolutionäre Umweltschützer 85
Eine ungewöhnliche Debatte 89
Mit Faschisten redet man nicht 92

Nationalkonservative Graswurzelbewegung: Die Junge Freiheit 95
Immer noch: die deutsche Frage 96
Moeller van den Bruck und die Moderne 98
Jungkonservative Ideen 100
Exkurs: Armin Mohler und der faschistische Stil 103

Die Neunundachtziger: Rechter Aufbruch im Wende-Deutschland 106
Mit Ernst Jünger auf der Loveparade 107
68 auf den Kopf gestellt 109
Ein Historiker wittert Morgenluft 112
Pop-Linke gründen Wohlfahrtsausschüsse 114
Neofolk: Sehnsucht nach dem anderen Europa 119

Der Vatikan im Achtundsechziger-Rausch 125
Der Reaktionär Martin Mosebach erhält den Georg-Büchner-Preis 125

Die Kunst der politischen Provokation 128
Ein konservativer Sponti 132
Münchner Untergrund 135
Theorie und Praxis 139
Revolutionäre Selbstveränderung 141
Spiel mit dem Feuer 144
Die Achtundsechziger als Lehrmeister 146
Antibürgerliche Gemeinsamkeit 149

Die Türöffner: Thilo Sarrazin und Peter Sloterdijk 154
Das Untergangsszenario 155
Die SPD wird neoliberal 156
Der Geist ist aus der Flasche 160
Die dunkle Seite des Liberalismus 162

Der bürgerliche Widerstand formiert sich 165
Kritik am Merkel-Kurs 166
Ein liberaler Strippenzieher 169

Die rechten Alternativen: AfD und Pegida 173
Demokratie von unten 174
Dresden und die Retter des Abendlandes 177
Böckelmanns langer Weg nach rechts 180
Der Skandal um *Tumult* 185
Halbdistanz zur Obrigkeit 189
Stagnationserscheinungen 193

Identitärer Kulturkampf: Die Pop-Rechte in Aktion 197
Aufstehen gegen das System: Mishima und die Linke 199
Kriegserklärung an die Achtundsechziger 201
Vorbilder in Italien und Frankreich 204
Humor als Waffe 207
Die Strategie der Gewaltfreiheit 210

Geistiger Bruch: vom Neonazi zum Identitären 212
Ein Gespräch über Mohler und den Begriff der Nation 214
Der eigene Weg 217
Der Ritt auf dem Tiger 221
Sorel und der politische Mythos 225
Der »große Austausch«: Die Konstruktion eines Feindbilds 228

Die Zornbatterie wird aufgeladen 232
Invasion der Habenichtse 233
Erhöhte Wehrbereitschaft 235
Sloterdijks Schüler 237

In vorderster Reihe: Die Frauen der Neuen Rechten 239
Die Silvesternacht 2015 241
Ein Gespräch über den alten und
den neuen Feminismus 243

Karl Marx und der »Faschismus des 21. Jahrhunderts« 250
Getrennte Wege: Kubitschek und Weißmann 252
Und wieder: Eurofaschismus 255
Linke Sozialwissenschaft 258
Exkurs: Ein Gespräch mit Kubitschek und
Kositza über die Gewalt 261

Dem Bösen keine Bühne: Das Theater schafft sich ab 267
Verordnungsliberalismus 272
»Einreisestopp« im Maxim Gorki 276
Falk Richter und die AfD 279
Alte und neue Identitäten 281

Schluss: Das uneingelöste Versprechen von 1968 287
Zu Besuch in Odense 288
Der Front National und die soziale Frage 291
Die Rückkehr der »höfischen Sprache« 293
Die alten Fragen sind die neuen Fragen 296
Danksagung 299

Anhang 301
Anmerkungen 303
Literatur 331
Personenregister 345

Einleitung:
Wer sind hier eigentlich die Nazis?

Herbst 2015. Eine Kundgebung in Berlin. Im Osten der Hauptstadt. Nicht weit vom Roten Rathaus. Die Straße Unter den Linden ist gesperrt. Demonstranten verteilen Blumen. Ergraute Langhaarige sind darunter, Rentner-Ehepaare, Männer in Motorradkluft, auch ein paar St.-Pauli-Fans. »Keine Gewalt«, tönt es von der Rednertribüne. Die Demokratie sei gefährdet, hört man hier und da. Die Frau werde im Islam unterdrückt. Und immer wieder: Merkel muss weg. Hinter der Polizeiabsperrung eine in Schwarz gekleidete Menge, junge Gesichter, manche vermummt. Drohgebärden in Richtung der Blumenkinder in fortgeschrittenem Alter. Die setzen sich zur Wehr, bilden Sprechchöre. »Nazis raus! Nazis raus!«, rufen sie den Gegendemonstranten zu. Aber wer sind hier eigentlich die Nazis? Wer die Guten, wer die Bösen? Die Touristen vor der Filiale der Coffee-to-go-Kette, in der ich gerade mein Frühstück verzehrt habe, sind irritiert. Man klärt sie auf: Die militanten Jungen sind von der Antifa, also Linke. Die Alten mit den Blumen von der AfD, also Rechte. Die Verwirrung hat einen Grund: Die politische Rechte greift auf Sprüche und Aktionsformen zurück, die man seit den Tagen der Achtundsechziger-Studentenrevolte vor allem mit der Linken in Verbindung bringt.

Besonders beliebt sind gezielte Provokationen. Sie gehörten zur Strategie der Antiautoritären. Das dahintersteckende Kalkül: Der verunsicherte Staat reagiert über und entlarvt sich dadurch selbst als ein repressives Regime. Je mehr Wirbel dabei entsteht, desto mehr potenzielle Anhänger werden über die Massenmedien erreicht. Die Selbstinszenierung als Bürgerschreck gehörte für Rudi

Dutschke und die Akteure der Außerparlamentarischen Opposition (APO) dazu.

Heute sind es rechte Gruppierungen, wie die Identitäre Bewegung, die sich in ihren Fußstapfen bewegen. Ob sie den Zugang zur CDU-Bundeszentrale vorübergehend mit einer Sitzblockade versperren, das Brandenburger Tor erklimmen oder Veranstaltungen in renommierten Theatern stören: Die Aktionen der Identitären schockieren viele Zeitgenossen. Und wieder kommt es zu den erwünschten Überreaktionen der etablierten Institutionen. Es ist wie ein Déjà-vu. Nur mit umgekehrtem Vorzeichen. Heute sind es nicht mehr elitäre Kulturkonservative, sondern egalitär gesinnte Linksliberale, die auf den alten Sponti-Trick hereinfallen. Nehmen wir das Maxim Gorki Theater in Berlin. Nach einer Störaktion durch eine Gruppe Identitärer, bei der es weder zu Sach- noch zu Personenschäden kam, eröffnete die Intendanz im Herbst 2016 seinen potentiellen Besuchern aus »der rechtsextremen Szene« mittels einer Banneraufschrift, man behalte sich vor, sie auf der Grundlage des »Hausrechts« hinauszukomplimentieren. Ein wenig klingt das wie: »Rasen betreten verboten.«

Das Theater, kritisierte Michael Wolf auf dem Kulturportal *Nachtkritik*, agiere wie ein »Stammtisch bürgerlicher Selbstvergewisserung«, von dem die »Schmuddelkinder« ausgeschlossen bleiben.[1] Letztere dürften sich ins Fäustchen gelacht haben. »Den 68ern schmeckt ihre eigene Medizin offenbar überhaupt nicht«, wurde in einem Video der Identitären Bewegung Österreich die öffentliche Empörung über eine andere ihrer »ästhetischen Interventionen«[2] kommentiert. Je mehr sich die dem eigenen Anspruch nach plurale Öffentlichkeit nach rechts hin schließt, desto effektiver scheinen die von den Achtundsechzigern und ihren Adepten erprobten Methoden der Spaßguerilla und der Provokation zu greifen. »Überraschend viele Techniken der politischen Auseinandersetzung entstammen dem Repertoire der Achtundsechziger-Bewegung: der Tabu- und Konventionsbruch, die Aggressivität in der Auseinandersetzung, die Unbedingtheit in der Position, die eigene Publizistik mit eigenen Verbreitungswegen«,[3] schreibt Matthias Drobinski in der *Süddeutschen Zeitung*: »Nur dass der *Pflasterstrand* jetzt *Compact* heißt und seine Leser nicht in der Szenekneipe findet, sondern im Internet – und nicht mehr Fritz Teufel vor dem Richter erst mal sitzen bleibt, sondern Björn Höcke in der Talkrunde seine Deutschlandfahne über die Sessellehne hängt. Und aus dem Kampfbegriff ›faschistisch‹ ist der Kampfbegriff ›links-rot-grün-versifft‹ geworden, den der AfD-Vize Jörg Meuthen im baden-württembergischen Wahlkampf mit großem Erfolg verwendet hat.« Gestandene rechtskonservative Politiker und Professoren rennen gegen das Establishment an. 50 Jahre zuvor waren es noch linke Studenten.

Was 1968 war

Am Sonntag, dem 18. Februar 1968, machten sich etwa 12 000 Gegner des Vietnamkriegs auf den Weg zur Deutschen Oper in Berlin. Sie hakten sich in Ketten unter. Rhythmische Sprechchöre skandierten »Hồ-Hồ-Hồ Chí Minh«. Einzelne Blocks stürmten im Laufschritt voran.[4] Tags zuvor hatte im Audimax der Technischen Universität der Internationale Vietnam-Kongress getagt. Den circa 4000 Teilnehmerinnen und Teilnehmern ging es dabei nicht um die Erörterung theoretischer Fragen, sondern um die Demonstration einer aktiven politischen Solidarität mit dem Kampf der Nationalen Front für die Befreiung Südvietnams – dem Vietcong – gegen die Truppen der USA. Am Ende verabschiedeten sie ein Aktionsprogramm, in dem zur Zerschlagung der NATO, zur materiellen Unterstützung der Befreiungsbewegung, zur Desertion US-amerikanischer Armeeangehöriger sowie zu Sabotageaktionen gegen den militärischen Nachschub aufgerufen wurde. Zu den Rednern des Kongresses zählen der britische Autor und Filmemacher Tariq Ali, der italienische Verleger Giangiacomo Feltrinelli, der trotzkistische Wirtschaftswissenschaftler Ernest Mandel, die Schriftsteller Bahman Nirumand, Gaston Salvatore sowie Erich Fried und Peter Weiss.

Prominente europäische Intellektuelle von Michelangelo Antonioni über Herbert Marcuse, Pier Paolo Pasolini, Ernst Bloch, Hans Magnus Enzensberger, Bertrand Russell, Jean-Paul Sartre bis zu Luchino Visconti erklärten sich mit den Zielen der Veranstalter solidarisch.[5] Es ging gegen den Imperialismus, dessen aggressive Natur in den Studien von Wladimir Iljitsch Lenin, Rosa Luxemburg und Nikolai Iwanowitsch Bucharin offengelegt worden war. Die angepasste und karriereorientierte Jugend der Nachkriegszeit[6] war durch eine Generation abgelöst worden, die sich dem politischen Protest verschrieben zu haben schien. Was aber bewegte die studentische Jugend von 1968?

An erster Stelle stand die Solidarität mit den Befreiungsbewegungen ehemaliger westlicher Kolonien. Was in Kuba, Vietnam, Algerien, im Trikont geschah, erschien vielen als Auftakt der erhofften Weltrevolution. Schüler, Lehrlinge und Studenten begehrten auf gegen Autoritäten in Betrieb, Schule und Behörden, gegen eine rigide Sexualmoral und Erziehungsmethoden, die damals vielerorts noch mit körperlicher Züchtigung verbunden waren. Die Gleichberechtigung der Geschlechter wurde gefordert. Frauen, Schwule und Lesben begannen für ihre Interessen zu kämpfen. Studenten setzten sich ein für Hochschulreformen, die eine größere Beteiligung des akademischen Nachwuchses an der Selbstverwaltung der Universitäten und der Gestaltung der Lehrinhalte ermöglichen sollten. Der Leitspruch hieß: »Unter den Talaren – Muff von 1000 Jahren«. Hinzu kam die Auseinandersetzung mit den Verbrechen, die vom Naziregime begangen wurden. Die Angehörigen der Elterngeneration, die sich zumeist über ihre eigene Rolle im Faschismus ausschwiegen, wurden mit ihrer Vergangenheit konfrontiert. Die Studenten machten Schluss mit der Sprachlosigkeit, die unter den Angehörigen der Kriegsgeneration hinsichtlich des Dritten Reichs herrschte. Da jeder von dem Dreck wusste, den der andere am Stecken hatte, hatte man sich über die Naziherrschaft ausgeschwiegen. »Die Verdrängungen der Vergangenheit wurden öffentlich gemacht, die Leichen der NS-Zeit aus dem Keller der neuen Republik geholt. Erst mit den 68ern brach ein gesellschaftlicher Graben auf, der bis heute nicht zugeschüttet wurde«,[7] meint der Politikwissenschaftler Albrecht von Lucke. Ein wichtiger Faktor für die Mobilisierung von Unterstützern war die weitverbreitete Ablehnung der Großen Koalition aus CDU/CSU und SPD unter der Kanzlerschaft des ehemaligen NSDAP-Mitglieds Kurt Georg Kiesinger. Es ging gegen die Einschränkung des Brief-, Post- und Fernmeldegeheimnisses durch die Notstandsgesetze, den geplanten Einsatz der Bundeswehr im Inneren und einen Kapitalismus, der die globale Ungleichheit verschärfte und immer mehr Lebensbereiche dem Diktat der Kommerzialisierung auszusetzen drohte.

Die Linken antworteten darauf mit der Forderung, die Wirtschaft zu demokratisieren. Privates Eigentum sollte öffentlich werden, die ökonomische Planung sich nicht mehr am Eigennutz, sondern am Gemeinwohl orientieren. Eine wirkliche Partizipation breiter gesellschaftlicher Schichten, so glaubte man, ließe sich nur in einer sozialistischen Gesellschaft verwirklichen. Die allerdings sollte anders aussehen als in der DDR: basisdemokratisch, ohne Gängelung durch eine Partei, die im Zweifel immer recht hatte. Die Saat hierfür glaubte man schon im Hier und Jetzt pflanzen zu können. Kinderläden und Kommunen entstanden. Eine beachtliche Gegenkultur bildete sich heraus. Ein Netzwerk linker Verlage, Buchhandlungen, Kneipen, Bands, Kinos usw.

Man gab sich nonkonform. Die sogenannten guten Manieren, Pünktlichkeit und fraglose Arbeitsdisziplin gerieten in Misskredit. Das Unkonventionelle in Kleidung und Lebensgewohnheiten, die Suche nach dem Echten und Ursprünglichen sowie die Überwindung künstlicher Grenzen wurde betont. Was nach bürgerlichen Maßstäben verurteilt wurde, galt als chic.[8] Mit dem sprunghaften Anstieg der Studentenzahl, die auf das Bedürfnis der zunehmend technisierten Wirtschaft nach wissenschaftlich ausgebildeten Arbeitskräften zurückzuführen ist, hatte der Nonkonformismus die Chance, in breitere Schichten hinein zu wirken.[9] Lebensmodelle, die zuvor in den Nischen der bürgerlichen Gesellschaft von kleinen Avantgarde-Bewegungen erprobt worden waren, wurden auf diese Weise populär. Das Leben in einer Wohngemeinschaft – heute als praktischer Behelf und als Lebensmodell weithin akzeptiert – war anfangs ein Skandal.

Von den Achtundsechzigern war zu dieser Zeit allerdings noch nicht die Rede. Das Wort existierte weder als Eigen- noch als Fremdbezeichnung. Die Akteure sahen sich nicht als Generationsgemeinschaft. Sie wollten ihren politischen Aufbruch nicht als Jugendrevolte gegen die ältere Generation, sondern als ersten Schritt in Richtung einer wirklichen Revolution verstanden wissen. Die Bezeichnung Achtundsechziger geht auf einen *Kursbuch*-Artikel von Klaus Hartung vom Dezember 1978 zurück[10] und wurde alsbald von Freund und Feind aufgegriffen. Seit dieser Zeit war jeder Kampf um die politisch-kulturelle Hegemonie in Deutschland aufs engste mit 1968 verknüpft.[11] Der Kölner Schriftsteller Erasmus Schöfer hat in seinem rund 2000 Seiten starken Roman-Vierteiler »Die Kinder des Sisyfos« die Kämpfe und die Entwicklung dieser Generation von 1968 bis 1990 auf eine beeindruckende Weise nachgezeichnet. Er begleitet seine Hauptfiguren – einen Reporter, einen Historiker, eine Gewandmeisterin und einen Werkzeugmacher – auf den wichtigsten Stationen dieses Kampfes für mehr Demokratie und eine solidarische Gesellschaft: vom Protest gegen den Vietnamkrieg über die Anti-AKW-Bewegung, die Massenproteste der Friedensbewegung gegen die atomare Aufrüstung, den Kampf der Gewerkschaften für die 35-Stunden-Woche bis hin zu Widerstand der Stahlarbeiter gegen die Schließung der Stahlhütte in Rheinhausen.[12] Der Mordanschlag auf Rudi Dutschke am 11.4.1968 wurde zum zündenden Funken der Revolte der aufgebrachten städtischen Jugend. Eine Schlüsselszene des ersten Bandes – »Ein Frühling irrer Hoffnung« – schildert eine unangemeldete Protestdemonstration vor dem Druckhaus des Verlags Axel Springer in München, die Ostern 1968 stattfand. Die Studenten skandierten »Heute Rudi, morgen wir«. Sie gaben der Berichterstattung von Zeitungen aus diesem Hause eine Mitschuld am Hass gegen die Linke, der sich in der brutalen Gewalttat entlud.

Kampf um Deutungshoheit

Es war auf dem Höhepunkt der »Enteignet Springer!«-Kampagne, als sich einige Angehörige des Rings Christlich Demokratischer Studenten (RCDS) in die Mensa der Münchner Ludwig-Maximilians-Universität setzten und dort demonstrativ die *Bild*-Zeitung lasen. Einer von ihnen war Peter Gauweiler. Der spätere bayerische Minister und stellvertretende CSU-Vize war damals Jurastudent und Vorsitzender des RCDS. »Gauweiler, das geht entschieden zu weit!«, schimpften seine Gegner vom Sozialistischen Deutschen Studentenbund (SDS) damals. »So was freut einen natürlich«,[13] erinnert sich der Politikveteran, der sich selbstironisch schon mal als »alten reaktionären Knochen« bezeichnet.[14] Seinen politischen Kontrahenten von damals will er im Nachhinein jedoch einen gewissen Respekt nicht verwehren. »Ihre Unverschämtheiten waren immer auch Transportmittel der Wahrheit«,[15] bekannte er im Rückblick.

Manch demonstrativer Verstoß gegen die Tanzstunden-Etikette von damals habe auch etwas Erfrischendes gehabt. Man sei ab und zu gemeinsam im Mutti-Bräu in Schwabing ein Bier oder im Hahnhof einen billigen Rotwein trinken gegangen. Mit Fritz Teufel habe ihn eine lustige Gegen-Kameradschaft verbunden, ohne dass es in politischer Hinsicht einen Kuschelkurs gab. Gauweilers altersmilder Rückblick ist nicht unbedingt typisch für die Sicht des rechtskonservativen Lagers auf die Studentenbewegung. Man warf den Achtundsechzigern von Anfang an vor, für alles verantwortlich zu sein, was in der gegenwärtigen Gesellschaft schiefläuft. Sie hätten den Nachgeborenen eine »wertelose Gesellschaft« hinterlassen.[16] Hierher rührten Kriminalität, Schwangerschaftsabbrüche, Ehescheidungen, Kriegsdienstverweigerungen, Kirchenaustritte, das Aufkommen von Psycho-Sekten, Drogenmissbrauch, Linksterrorismus, Leistungsverweigerung und die Bildungsmisere.[17]

Der »von nahezu religiösen Hoffnungen getragene emanzipatorische Aufbruch der Studentenbewegung und weiter Teile der Jugend« sei gescheitert, bilanzierte der katholische Philosoph Günter Rohrmoser[18] gut 15 Jahre nach der Revolte. Linke Intellektuelle, schrieb der konservative Soziologe Helmut Schelsky schon Mitte der siebziger Jahre, zerstörten durch das ständige und schrankenlose In-Frage-Stellen von allem und jedem altbewährte Institutionen, ohne neue Bindungen zu schaffen, die über die Einrichtung einer Dauerreflexion hinausreichten. Er warf den kritischen Intellektuellen im Gefolge der Frankfurter Schule vor, als Meinungsbildner in den Medien eine neue Form der Priesterherrschaft auszuüben. Die eigentlichen Machthaber seien nicht mehr Kapitalisten aus dem Hause Krupp, Thyssen oder Flick, sondern Schriftsteller wie Heinrich Böll und Günter Grass oder Wissenschaftler wie Herbert Marcuse, Alexander und Margarete Mitscherlich.[19] Das war zwar hanebüchener Unsinn, bestätigte jedoch das Unbehagen, das viele

Konservative verspürten, wenn sie zu dieser Zeit vermehrt gesellschaftskritische Töne aus Funkhäusern und Redaktionen vernahmen. Als die Protestbewegung der Studenten, Schüler und Lehrlinge an den Grundfesten der bundesrepublikanischen Gesellschaft zu rütteln begann, waren Schelsky und viele seiner Kollegen in hohem Grade alarmiert. In der studentischen Presse, den Diskussionen und auch in der Begegnung von Professoren und Studenten breitete sich ein Ton aus, »den man kaum anders als aggressiv, rüde, erbittert bis zur Bosheit, herrisch, in extremen Fällen als vulgär und bedrohlich bezeichnen muss«,[20] klagte der Soziologe Wilhelm Hennis, Jahrgang 1923. »Erschüttert über das blindwütig Emotionale jener Radikalen«[21] zeigte sich der 1908 geborene protestantische Theologe Helmut Thielicke in seiner 1969 veröffentlichten »Kulturkritik der studentischen Rebellion«. Er »habe sie nur im Kollektiv, gleichsam in Sprechchören, erlebt, kaum als einzelne«.[22] Eine »Vergewaltigung des Mitmenschen aus Gesinnung« warf Erwin K. Scheuch den Studenten vor. Er charakterisierte den Protest 1968 als eine von den Massenmedien unterstützte Erweckungsbewegung.[23] Der Religionshistoriker Hans-Joachim Schoeps sprach gar von »bürgerkriegsähnlichen Verhältnissen an den Universitäten«.[24] 1933 hatte er national gesinnte Juden mit Hilfe des von ihm gegründeten Vereins Der deutsche Vortrupp in das Naziregime integrieren wollen,[25] nun mobilisierte er zum Kampf gegen »die rote Spielart des Faschismus«.[26] Wenn die Bundesrepublik vor einer Politik der Härte gegenüber der jungen studentischen Generation zurückscheue, werde »in Deutschland noch viel Blut fließen«.[27] Um das Hereinbrechen des Chaos zu verhindern, wollte er »die Reste bestehender Ordnung mit *allen* Mitteln« verteidigen.[28]

Deutlich weniger militant gab sich der Soziologe Helmut Schelsky, der in jungen Jahren – ebenso wie Schoeps und Arnold Gehlen – mit der faschistischen Ordnung sympathisiert hatte. Er gehörte zu jenen

Professoren, die zur Zielscheibe eines studentischen Protests wurden. Er und seine Familie hätten mehrere Jahre lang unter anonymen Telefonanrufen und Beschimpfungen übelster Art gelitten, erinnert sich der Hochschullehrer.[29]

Auch unter den ehemaligen Protagonisten der »deutschen« Kulturrevolution gab es – mit größerem Abstand zum historischen Geschehen – einige, die im Rückblick kaum noch ein gutes Haar am Aufbruch der linken Jugend lassen wollten. Die Revolte sei der Beginn eines »roten Jahrzehnts« gewesen,[30] so Gerd Koenen. Dieses, so glaubte manch ein Beobachter, mündete mit beinahe unausweichlichen Konsequenzen in den RAF-Terror des Jahres 1977.[31] Dabei war es die Staatsgewalt, die dem Bedürfnis der studentischen Bewegung nach gesellschaftlichem Engagement und demokratischer Partizipation zunächst mit massiver Gewalt begegnete. Ein Schlüsselereignis war die Erschießung des Studenten Benno Ohnesorg während einer Demonstration gegen den Besuch des Schahs von Persien am 2. Juni 1967 durch den Polizisten Karl-Heinz Kurras.

Der Historiker Götz Aly bewertete die Studentenrevolte in einem insgesamt wenig überzeugenden, allerdings erfrischend polemisch verfassten Essay als »Spätausläufer des Totalitarismus«[32] mit einer ganzen Reihe brauner Flecken. Hierzu zählte er den Bewegungscharakter, die Ablehnung von Pluralismus und Parlamentarismus sowie den Antiamerikanismus. Hinter der damals weitverbreiteten Hoffnung auf mehr Partizipation durch eine Rätedemokratie witterte er das »Bedürfnis nach zukunftsängstlicher Regression« in die »Kuhwärme« überschaubarer Gemeinschaften.[33] Koenen und Aly, beide selbst ehemals Protagonisten der linksradikalen Kulturrevolution, setzten ihre Lesart von 1968 gegen ein Narrativ, das sich nach 1988, dem zweiten großen Jubiläum, durchgesetzt hatte.

Viele Achtundsechziger waren zu diesem Zeitpunkt bereits in der bürgerlichen Gesellschaft angekommen. Sie hatten gut bezahlte

Jobs, bekleideten leitende Positionen in Wirtschaft, Wissenschaft, Politik und Kultur. Von der Idee einer sozialistischen Revolution hatten sich die meisten längst verabschiedet. Sie betrachteten sich aber nicht als gescheitert, sondern verbuchten die nicht zu bestreitende »Fundamentalliberalisierung« der bundesrepublikanischen Gesellschaft auf ihr Konto. 1968 stand nun für den Beginn eines breiten gesellschaftlichen Demokratisierungsprozesses, aus der Frauen-, Friedens- und Umweltbewegungen hervorgegangen waren. »Im bürgerlichen Feuilleton, das immer mehr durch Angehörige der 68er-Generation besetzt wurde, war ›68‹ zum Synonym für die kulturelle Verwestlichung geworden, für die Übernahme demokratischer Spielregeln und deren Ausübung. Erst die Revolte schien aus dem vormals autoritär-hierarchischen Obrigkeitsstaat eine moderne, zivilisierte Demokratie gemacht zu haben.«[34] Die Achtundsechziger, meint Albrecht von Lucke, machten sich die Bundesrepublik in einem Akt der politischen Selbstermächtigung zu eigen. Insofern könne man ihr Tun tatsächlich als zivilgesellschaftliche Um- oder Neugründung der Bundesrepublik bezeichnen.

Im Hinblick auf den Kapitalismus, den sie ja überwinden wollten, erreichten sie jedoch das genaue Gegenteil. Sie trugen zu seiner Modernisierung bei. Ein Unvermögen, die bestehenden Machtverhältnisse tatsächlich grundlegend verändern zu können, wurde der aufmüpfigen studentischen Jugend bereits 1968 von Caspar von Schrenck-Notzing attestiert. Ausstaffiert mit dem reichen symbolischen und ideologischen Fundus vergangener Klassenkämpfe, erschöpfe sich der Schulterschluss mit dem Proletariat im revolutionären Rollenspiel. »Wer die rote Fahne schwingt, wird dadurch so wenig zum Proletarier wie zum Sadhu wird, wer ein Krishna-Poster an die Wand hängt«,[35] urteilte der Schriftsteller, der in den sechziger Jahren für *Nation Europa*, die *National-Zeitung*, aber auch für den *Bayernkurier*, also die Parteizeitung der CSU, schrieb. Die Träger der studentischen Revolte begriff er als eine nach Macht strebende Schickeria, als »schicke Linke«,[36] deren ökonomische Grundlage und ideologische Hauptbetätigung im kulturellen Dienstleistungssektor, in Funk und Fernsehen, zu suchen sei. Die von ihr gemeinte Revolution sei »eine Art Lockerungsübung«,[37] die Solidarität mit der »Dritten Welt« allenfalls dazu geeignet, die Bartmoden umzuwälzen.[38]

Ganz ähnlich sah es der griechische Philosoph Panajotis Kondylis. Wer 1968 nach unmittelbarer Selbstverwirklichung strebte, so lautet sein Argument, mag sozialistische Ideen im Kopf gehabt haben. In Wirklichkeit hätten die rebellierenden Studenten gerade dadurch die Durchsetzung einer restlos kommerzialisierten Gesellschaft unterstützt. Deren erstes Gebot lautet, dass »hier und jetzt konsumiert werden kann und soll«.[39]

Der Wunsch, jederzeit alle Bedürfnisse verwirklichen zu können, korrespondiert mit einer Ausweitung der Ladenöffnungszeiten. Die ist bequem für die Konsumenten, verlangt aber von den abhängig Beschäftigten eine zunehmende Flexibilität, die oft alles andere als selbstbestimmt ist. Der Kommunismus der Freien, wie er der Protestbewegung 1968 vorgeschwebt haben mag, verwandelte sich in eine Freiheit ohne Kommunismus. Der Absatz von Stereoanlagen, Motorrädern und Fernreisen wuchs dabei stetig, der Niedriglohnsektor auch. Selbst die Verweigerung gegenüber dem Leistungsprinzip fand ihren Niederschlag in der Verwertungsmaschinerie, indem die Arbeitsprozesse »humaner« und »kreativer« gestaltet wurden. »Das Team duzt den Chef und verteilt die Aufgaben autonom, aber die Arbeitszeit wächst unaufhaltsam«,[40] schloss sich der Achtundsechziger Frank Böckelmann der Deutung von Kondylis an. Insofern die Veteranen von 1968 und ihre Adepten diesen Prozess beschleunigten, »können sie heute von sich sagen, auf ihrer Laufbahn durch die Institutionen die gesellschaftliche Hegemonie errungen zu haben. Aber eben nicht als Revolutionäre und nicht als Linke.«[41]

Klar ist, dass Forderungen, die mit der Überwindung oder auch nur mit der wirksamen Einhegung des Kapitalismus in Verbindung standen, auf der Strecke blieben. Weder ist die im Zuge der Bildungsexpansion der siebziger und achtziger Jahre erhoffte offene Gesellschaft mit Aufstiegschancen für alle entstanden,[42] noch haben sich die Einkommensverhältnisse angeglichen. Und während die Achtundsechziger in jungen Jahren gegen imperialistische Kriege demonstrierten, ließen sie als Politiker der SPD-Grünen-Regierung im Jahre 1999 die jugoslawische Hauptstadt Belgrad bombardieren und schickten die Bundeswehr nach den Anschlägen vom 11. September 2001 nach Afghanistan. Das ständig neue Ungleichheit produzierende System kapitalistischer Herrschaft sitzt fest im Sattel. Von einem demokratischen Sozialismus scheint die Bundesrepublik 50 Jahre danach weiter entfernt als je zuvor.

Das Pendel schlägt zurück

Das ist der Hintergrund, vor dem sich derzeit erneut eine Kulturrevolution abzeichnet. Wieder geht es gegen das liberale Establishment. Diesmal kommt der Impuls jedoch nicht von links, sondern von rechts. »Das Anti-1968 ist da«, verkündete Wolfram Weimer, der Verleger des Magazins *The European*, in einem Artikel über die gegenwärtige konservative Revolte. »Das große Pendel der Geistesgeschichte schlägt schlichtweg zurück – eine Bruchlinie wie 1968, nur eben nicht von links, sondern von rechts tut sich auf. Die Tiefe dieser Bruchlinie erkennt man daran, dass sie alle westlichen Staaten gleichermaßen erfasst, dass sie zum Achsbruch herkömmlicher Volksparteien führt, dass sie alle kulturellen Bereiche erfasst – bis hin zum Retro-Trend unserer Konsumwelten.«[43] Die heutigen Rechten, schreibt Matthias Drobinski, seien »kompatibel mit dem Internetzeitalter«[44] und könnten »den Vorwurf schnell widerlegen, sie wollten Adolf Hitler zurück«. Auch haben sie die Ideen von 1968 nicht unberührt gelassen. Wer heute nach mehr direkter Demokratie ruft, auf die Meinungsmacht von Presse, Funk und Fernsehen schimpft, die Kriege des Westens verurteilt, das politische Establishment verdammt, sich religionskritisch äußert (gegenüber dem Islam) oder die Durchsetzung von Frauenrechten fordert, gibt sich nicht selten als Anhänger von Pegida oder AfD zu erkennen. Auch die Gestalt des engagierten Schriftstellers, die vom Feuilleton – zu Unrecht – für gänzlich tot erklärt worden war,[45] wurde von rechts vereinnahmt. Seine Kollegen sollten künftig gegen die Political Correctness kämpfen und für die Freiheit eintreten, »die Dinge *anders* zu sehen«,[46] forderte der Schriftsteller Thor Kunkel bereits 2009.

Wer sich politisch rechts verortete, stilisierte sich zum Nonkonformisten. Was für die radikalen Studenten die »Springer-Presse« war, dass seien die »Mainstream-Medien« für die Wutbürger von Dresden und anderswo, kommentierte Alan Posener am 17.1.2015 in der *Welt*. Ein halbes Jahrhundert später wird deutlich, dass 1968 auch für das konservative Lager einen Bruch bedeutete, der bis heute nachwirkt. Ein rechter Historiker wertet die Kulturrevolution sogar als »Hauptaktivator« für sein Milieu. In der Zeit vor 1968 habe dieses sich kaum entfalten können, »weil der konservativ-autoritäre Regierungsstil Konrad Adenauers einen politischen und gesellschaftlichen Rahmen schuf, der derartigen Bestrebungen den Wind aus den Segeln nahm«, schreibt Sebastian Maaß. »Es ist deshalb nicht falsch, die Studentenrevolte als Geburtsstunde einer nun öffentlich wahrnehmbaren Neuen Rechten zu interpretieren.«[47]

Als die Neue Linke ihren Marsch durch die Institutionen begann, wollte man ihr etwas Vergleichbares entgegensetzen.[48] Dass von Seiten der AfD Bezüge auf die Achtundsechziger stärker sind, als es die demonstrative Abwehr durch die Parteiführung zunächst Glauben macht, meint der Historiker Michael Wildt.[49] Er macht darauf aufmerksam, dass die vom APO-Theoretiker Johannes Agnoli in seiner 1967 gemeinsam mit Peter Brückner publizierten Schrift »Die Transformation der Demokratie« formulierte Kritik am Repräsentationsprinzip des Parlamentarismus viel mit dem in der Rechten breit rezipierten Schrift »Die geistesgeschichtliche Lage des heutigen Parlamentarismus« (Carl Schmitt) aus dem Jahr 1923 gemeinsam hat. Zum Erstaunen vieler Linker, so Wildt, lautet die Antwort der AfD auf die Krise der Repräsentation: mehr direkte Demokratie. Dass die Parallelen der linken Bewegung von 1968 und die heutige Revolte von rechts mit ähnlichen Strukturen der politischen Landschaft zusammenhängen könnten, macht der Politikwissenschaftler David Bebnowski plausibel. Jeweils formierte sich die oppositionelle Bewegung gegen eine Große Koalition in der Bundesregierung. In den sechziger Jahren war es die SPD, die sich von einer Arbeiterpartei in eine Volkspartei verwandelt und in diesem Zuge linkes Terrain freigegeben hatte. Heute ist es die CDU, die spätestens mit der Kanzlerschaft Angela Merkels vielen Konservativen keine Heimat mehr bietet und Raum für die Entstehung einer Partei rechts von ihr gelassen hat.[50] Auch der linke Historiker Volker Weiß sieht Parallelen, die eine Interpretation der Neuen Rechten als ein »68 von rechts« nahelegen. Der linke Zeitgeist habe sich besonders in der nationalrevolutionären Strömung niedergeschlagen, die von den gleichen Geburtsjahrgängen getragen wurde.

Allerdings betont er, dass es »immer auch inhaltliche und personelle Brücken zur alten Rechten und insbesondere zum Kanon der Zwischenkriegszeit«[51] gab. Das stimmt. Fehl geht er jedoch, wenn er behauptet, die These von der Neuen Rechten als einem »68 von rechts« könne bestenfalls »den jugendlichen Elan und einige Veränderungen im Auftreten erklären«, sonst aber »keine tiefere Erkenntnis«[52] liefern. Das Gegenteil ist der Fall. Auf das veränderte Auftreten kommt es gerade an. Denn das sorgt dafür, dass bewährte

Kampfmittel »gegen rechts« zunehmend ins Leere laufen. Leute, die sich als Nazi-Gegner darzustellen wissen und nach mehr Bürgerbeteiligung rufen, lassen sich schwerlich als Anhänger einer faschistischen Diktatur stigmatisieren. Wer das versucht, beschädigt die eigene Glaubwürdigkeit. Umgekehrt verfügen die Rechten mittlerweile über eine Reihe von intelligenten, taktisch versierten und strategisch klugen Köpfen, die das politische Instrumentarium der Linken zu bedienen verstehen, um ihre eigenen Ziele durchzusetzen. Selbst ein bieder auftretender AfD-Politiker wie der Berliner Landesvorsitzende Georg Pazderski scheut nicht davor zurück, seiner Partei Provokationen und Tabubrüche als probate Wahlkampfmittel zu empfehlen. Die anderen Parteien sollten dadurch zu nervösen und unfairen Reaktionen verleitet werden. »Die AfD muss – selbstverständlich im Rahmen und unter Betonung der freiheitlich demokratischen Grundordnung unseres Landes – ganz bewusst und ganz gezielt immer wieder politisch inkorrekt sein, zu klaren Worten greifen und auch vor sorgfältig geplanten Provokationen nicht zurückschrecken«, zitierte die *Frankfurter Allgemeine Zeitung* am 24.1.2017 aus dem 33-seitigen »AfD Manifest 2017«, das unter Pazderkis Federführung entstand.

Im Verlaufe meiner Recherche zu diesem Buch habe ich exklusive Gespräche mit Vertretern verschiedener Generationen der Neuen Rechten geführt. Darunter sind der am 22. April 2017 verstorbene Kultursoziologe Henning Eichberg, der Verleger Götz Kubitschek, die Publizistin Ellen Kositza, der Wiener Identitären-Sprecher Martin Sellner sowie der französische Vordenker Alain de Benoist. Ich unterhielt mich mit dem Schriftsteller und früheren APO-Aktivisten Frank Böckelmann über seinen Weg von links nach rechts. Darüber hinaus sprach ich mit Künstlern und Wissenschaftlern über ihre Erfahrungen und Strategien im Umgang mit der Neuen Rechten. Deren Aktivisten bedienen sich theatralischer Mittel, um

Aufmerksamkeit für sich und ihre Anliegen zu erzeugen. Sie sehen sich als Protagonisten einer Kulturrevolution von rechts. Aufschlussreich sind daher Überlegungen, die Theaterleute wie der Dramaturg Bernd Stegemann und der Dramatiker Falk Richter im Gespräch mit mir entfalteten. Dabei stellte ich mir die Frage, ob es tatsächlich eine gute Idee sei, rechte Intellektuelle vom politischen Diskurs auszuschließen, wie es immer wieder geschieht. Ist der offen geführte Streit nicht der viel bessere Weg, mit ihnen umzugehen? Diejenigen, die eine solche Auseinandersetzung in der Vergangenheit suchten, wurden dafür von links meist scharf kritisiert. So erging es dem Anarchisten und Umweltaktivisten Horst Blume, als er in den achtziger Jahren einen Gedankenaustausch mit Vertretern des nationalrevolutionären Zweigs der Neuen Rechten begann.

Im Zuge meiner Arbeit kristallisierte sich immer mehr heraus, wie wichtig 1968 für das sich aus vielen ideologischen Strömungen zusammensetzende rechte Lager tatsächlich war. Das historische Datum markiert den Beginn eines in sich widersprüchlichen Erneuerungsprozesses, der bis heute anhält. Die Revolte der linken Studenten löste eine tiefe Erschütterung aus, auf die das rechte Milieu auf zweifache Weise reagierte. Zum einen liegen hier die Wurzeln des heute in der AfD gepflegten Feindbilds des »links-grün-versifften Gutmenschen« oder des »Achtundsechzigers«. Zum anderen begannen junge Rechtsintellektuelle von den Aktionsformen und Themen der Neuen Linken zu lernen. Auch in ihren Reihen gab es nun antiautoritäre Positionen, begann man sich – in unterschiedlicher Intensität und Ernsthaftigkeit – für marxistische Analysen und antiimperialistische Strategien zu interessieren und sich ihrer zu bedienen. Einige ihrer Vertreter verstehen es heute, eine im neoliberalen Geist gefangene Sozialdemokratie mit linken Argumenten zu kritisieren.

Ohne Kenntnis dieses widersprüchlichen Verhältnisses der Rechten zur Studentenbewegung und ihren gesellschaftlichen Folgen lässt sich das Denken und das Handeln der heute in der Identitären Bewegung oder im Umfeld der AfD wirkenden Vertreter der Neuen Rechten nicht adäquat verstehen. Nur wer begreift, wie die Akteure wirklich denken, ist in der Lage, angemessen auf ihre Provokationen zu reagieren. Fest steht: 1968 ist nicht nur die Geburtsstunde einer neuen Linken jenseits der Sozialdemokratie, sondern auch die einer Neuen Rechten. Dieses Buch erzählt, wie es dazu gekommen ist.

Konservatismus in der Defensive: Arnold Gehlen

In der Kaiserstadt Aachen kam der Studentenprotest erst spät an. Es war schon 1969, als sich fünf junge Leute, drei Männer und zwei Frauen, in das Seminar des Soziologen Arnold Gehlen begaben. Die Räumlichkeiten befanden sich gegenüber dem Hauptgebäude der Rheinisch-Westfälischen Technischen Hochschule (RWTH), im fünften Stock. Sie setzten sich auf die freien Plätze der vorderen Tischreihe. In dem Moment, als der Professor ansetzte, mit seinen Ausführungen zu beginnen, meldeten sie sich zu Wort. Sie kämen aus Frankfurt am Main und wollten über Gehlens Buch »Der Mensch« sprechen. Genauer: über die erste Auflage der Schrift, die als Standardwerk der Philosophischen Anthropologie in der Wissenschaft noch heute hoch gehandelt wird.

Das Buch war 1940 bei Junker und Dünnhaupt erschienen, einem Verlag, der 1945 aufgrund seiner Nähe zum Naziregime von den Alliierten verboten wurde. Sein Autor war NSDAP-Mitglied seit dem 1. Mai 1933. Begeistert vom nationalistischen Aufbruch – aber auch aus Karrieregründen – betätigte er sich in Parteigliederungen und beabsichtigte sogar eine Philosophie des Nationalsozialismus zu schreiben. In einem Bericht des NS-Sicherheitsdienstes wurde Gehlen, wie auch sein Freund und Schüler Helmut Schelsky, als einer der wenigen überzeugten Nationalsozialisten geführt. Die Loyalität zum Regime hielt bei ihm bis zum Kriegsende an. Das werden die angereisten jungen Leute im Detail nicht gewusst haben. Dennoch waren sie gut vorbereitet. Sie referierten jene Passagen, in denen Gehlen der Diktion des rassenideologischen Nazi-Vordenkers Alfred Rosenberg (1893 bis 1946) folgte. Es fielen Begriffe wie »Zuchtbild«, von der »Durchsetzung germanischer Charakterwerte«[53] war die Rede, von »obersten Führungssystemen«. Gehlen hörte sich den Vortrag dem Augenschein nach ungerührt an.

Als er sein Buch überarbeitete, er tat es mehrfach, entfernte er solche Stellen stillschweigend. »Die Grundformel von Gehlens Ordnungstheorie war ganz eindeutig an das damals herrschende System adressiert gewesen«, erläutert mir Karl-Siegbert Rehberg.[54] Ich sitze mit dem Herausgeber der Gehlen-Gesamtausgabe an einem mit Büchern und Schreibmaterialien beladenen Tisch in seinem Büro an der Technischen Universität Dresden. Damals gehörte der heutige Seniorprofessor für Soziologie zu den Aachener Studenten, die atemlos lauschten, als ihre engagierten Kommilitonen den konservativen Hochschullehrer mit seiner faschistischen Vergangenheit konfrontierten.

Rehberg, der sich zu dieser Zeit vor allem für die Schriften von Karl Marx und Theodor W. Adorno begeisterte, war zugleich von der geistigen Substanz Gehlens fasziniert. »So hatte ich mir einen Professor vorgestellt, so scharfsinnig, vor einem solchen Bildungshintergrund. Politisch war ich aber von Anfang an ganz entsetzt von dem Mann«, erläutert er. Er habe gedacht: »Wie kann der solche Meinungen haben, wenn er doch so scharfsinnig ist.«

In »Der Mensch« stellt Gehlen die grundlegende Frage nach der Stellung des Menschen in der Welt. Die Kurzfassung lautet: Arm an Instinkten, ist der Mensch von Geburt an auf Institutionen angewiesen, die ihm dabei helfen, die chaotisch auf ihn einströmende Flut von Eindrücken und Anforderungen zu ordnen. Sie entlasten ihn von der Aufgabe, immer wieder neue, reflektierte Entscheidungen treffen zu müssen. Der in der DDR ansässige Philosoph Wolfgang Harich war begeistert. Er hoffte, Gehlens Theorie in den Marxismus integrieren zu können. Ihn verband über die ideologischen Grenzen hinweg viele Jahre lang eine Art Brieffreundschaft mit Gehlen.[55]

Der *Spiegel*-Herausgeber Rudolf Augstein hielt den Konservativen »für den interessantesten Demokratieverächter in Deutschland.« (*Der Spiegel* 16/2016, S. 118) Sein Versuch, mit Gehlen ein Gespräch für sein Magazin zu führen, schlug aber fehl. Auch einen Essay wollte der Hochschullehrer nicht beisteuern. »Mein Einwand gegen die *Spiegel*-Linie überhaupt lässt sich in die Worte fassen: Ferment der Dekomposition«,[56] brachte er seine Ablehnung gegen das zu dieser Zeit außerordentlich einflussreiche Blatt zum Ausdruck. Legendär sind die Streitgespräche, die Gehlen mit Adorno führte. Dieser ging immer wieder auf Gehlen zu, der nicht viel, und wenn, dann eher abschätzig von Adorno geredet habe. In seinen Seminaren kam er nicht vor. Er habe seinen linken Opponenten privat gelesen und das auch nicht besonders gründlich, erinnert sich Rehberg. Im Grunde habe er dessen Theorie nur oberflächlich gekannt. »Was er über Adorno sagte, war ohne Verständnis für dessen Werk. Gehlen kannte die wichtigen Arbeiten Adornos gar nicht richtig. Umgekehrt war es genauso. Die Sensibilität und Ängstlichkeit von Adorno, auch seine Hinterhältigkeit und Intriganz – dieser hatte die Berufung des rechten Hochschullehrers auf eine Professur in Heidelberg hintertrieben – sind Gehlen vollständig verschlossen geblieben.« Verbunden habe die beiden »ihr Hochmut gegenüber den Massen, den Angepassten in einer vom Sinnverlust geprägten, nur noch funktionalen Gesichtspunkten folgenden, verwalteten Welt«, so Rehberg. Dass er zuletzt auf Distanz zu seinem linken Kontrahenten ging, habe sicher mit der Studentenbewegung zu tun gehabt, von der Gehlen abgestoßen war. Er führte sie auf das Wirken Adornos und seinen Kollegen von der Frankfurter Schule zurück.

Nun erreichte der Aufruhr also auch die Aachener Provinz. Rehberg fand die Ausführungen seiner Frankfurter Kommilitonen über die nachträglichen Eingriffe seines Professors in sein Hauptwerk hochspannend. Er sei sich zuvor gar nicht darüber im Klaren gewesen, dass wissenschaftliche Bücher mehrere, inhaltlich voneinander abweichende Auflagen haben können, erinnert er sich. Als die Studenten zum Ende ihrer Ausführungen gekommen waren, stand eine Frage im Raum: Was würde Gehlen nun tun? Weggehen? Die Gruppe hinausschmeißen? Die Polizei rufen? Oder mit ihnen einen moralischen Diskurs führen? All das wäre denkbar gewesen, meint Rehberg. Gehlen aber tat etwas anderes. »Er schaute aus dem Fenster in Richtung des Lousberges und hüstelte. In einem kurzen, scharfen, militärischen Ton, der typisch für ihn war. Dann richtete er sich an die Vortragenden: ›Meine Herren. Das würde ich heute nicht mehr erfinden.‹ Daraufhin waren sie so platt, dass sie nichts mehr erwiderten. Das hatten sie offenbar nicht erwartet. Sie schlugen ihre Bücher zu und gingen. Gehlen setzte das Seminar fort, ohne mit einem einzigen Wort auf das gerade Geschehene einzugehen. Und alle machten mit.« Ihm selbst sei damals auch nicht mehr dazu eingefallen.

Gegen die »Hypermoral«

Die Achtundsechziger und Arnold Gehlen: Da stießen zwei Welten aufeinander. Befreiungseuphorie traf auf ein Pathos des Dienens, das noch aus einer vordemokratischen Zeit stammte. Der konservative Philosoph antwortete der Studentenbewegung 1969 mit einem Buch. »Moral und Hypermoral«. Menschliches Handeln, so lautet die Hauptthese, lasse sich nicht auf ein einziges moralisches Prinzip zurückführen. Vielmehr gründe es in vier verschiedenen Ethosformen: dem Prinzip der Gegenseitigkeit, instinktiven Regulationen (etwa das Kindchenschema), einer familienbezogenen Moral, die auf größere Gruppen erweitert werden könne, sowie einem Ethos der Institutionen. Verbunden ist die systematische Betrachtung moralischer Handlungsimpulse und -gründe mit einer ressentimentgeladenen Polemik gegen die Erscheinungen der sich vor Gehlens

Augen abspielenden Kulturrevolution. Da durch sie alle traditionellen Institutionen in Frage gestellt würden, verlören die nun auf ihre ungerichteten Triebimpulse zurückgeworfenen Menschen die Orientierung und ihren Halt in einer unübersichtlichen Welt. Zugleich überdehnten sie moralische Grundsätze und Verhaltensregeln, die aus dem privaten Nahbereich stammten, indem sie sie auf die Sphäre des staatlichen Handelns projizierten. Was meint Gehlen damit? Vereinfacht gesagt: Es kann geboten erscheinen, sein Stück Brot mit dem Nächsten zu teilen. Wer nun aber sein Handeln von dem Glauben leiten lässt, eine ganze hungernde Stadt ließe sich auf diese Weise ernähren, kann das Problem trotz guten Willens nicht lösen. Er riskiert, dass alle Beteiligten zugrunde gehen. Gehlen verurteilte die Ausrichtung staatlichen Handelns an Maßstäben, die im Rahmen von Familien und Kleingemeinschaften gültig blieben, als »Hypermoral«.

Grundsätzlich sah er die Normalsterblichen von den ethischen Forderungen, die die moderne Welt an sie stellte, gänzlich überfordert. Seine Antwort auf das Dilemma lautete: Dienst, Pflichterfüllung und fragloser Gehorsam. Solange »Hierarchien als selbstverständlich bejaht wurden und leistungsfähig arbeiteten«, war Gehlen überzeugt, hätten sie »zweifellos zur inneren Befriedigung« beigetragen.[57] Der »jedermann zugängliche Weg zur Würde sei, sich von den Institutionen konsumieren zu lassen«.[58] Das war das genaue Gegenteil von dem, was die gegen bürgerliche Konventionen revoltierenden Jungakademiker im Sinn hatten. Der Satz »begegnete, vor Studenten geäußert, der blanken Verständnislosigkeit«, hielt der offensichtlich enttäuschte Gehlen seine Erfahrung im Lehrbetrieb fest. Während die Studenten damals bei jeder Gelegenheit die Notwendigkeit der Herrschaftskritik betonten, polemisierte der elitäre Professor, schon die Herausbildung privater Meinungen sei ein »Laster«, das den gesellschaftlichen Zerfall nach sich ziehe. Mit ihrer

Hilfe würden »angebbare Kreise die Auflösung der Institutionen legitimieren, um die Gesellschaft in eine Masse von Particüliers zu verwandeln«[59]. Kritik bezeichnete er als »die unterste Eskalationsstufe der Aggression«.[60]

Dabei hatte er gegen Gewalt nichts einzuwenden, sofern sie dem Erhalt der gesellschaftlichen Ordnung zu dienen schien. Als sowjetische Truppen im August 1968 den Prager Frühling niederschlugen, wurde der Antikommunist zum Zyniker. Er begrüßte den Einmarsch als Maßnahme einer Regierung, die hier womöglich als die »letzte Ordnungsmacht« gegen den Nihilismus auftrete. »Moral und Hypermoral«, so Rehberg, war getragen von einem Hass auf die Studentenrevolte und die sozialliberale Koalition. Er fand das Buch von Anfang an misslungen. »Es hat einen sehr interessanten anthropologischen Kern, nämlich die These von der Pluralität der Ethiken. Der wird aber von seinen politischen Intentionen verschluckt«, so der Soziologe. Die Gewaltsamkeit des Staates komme zu kurz. Als er diese Kritik im Rahmen eines Oberseminars von Horst Jürgen Helle vortrug, an dem Gehlen als Gast teilnahm, erwiderte der mittlerweile emeritierte Professor: Herr Rehberg habe nicht unrecht. Da das aber heute jeder mache, müsse er es nicht auch noch tun. Er wolle auf ganz andere Gefahren hinweisen. Gehlen meinte die Auflösung der Halt gebenden Institutionen.

Politische Resignation

Mit seiner Rolle als Wissenschaftler im Rahmen der Nazi-Herrschaft setzte sich Gehlen nicht auseinander. Über seine Parteimitgliedschaft habe er nie gesprochen oder geschrieben, sagt Rehberg. Auch ihm gegenüber nicht. Mit einer Ausnahme. Einmal seien sie zusammen im Auto gefahren. Plötzlich habe Gehlen zu erzählen angefangen: »Mir hat heute jemand geschrieben aus Frankreich. Was ich im Dritten Reich gemacht hätte. Der Mann ist wohl verrückt geworden.« Rehberg widersprach: »Das finde ich nicht. Jemand wie Sie, mit Ihrer intellektuellen Schärfe, sollte sich zumindest selbst erklären, was das Faszinosum für ihn war.« Gehlen ging darauf nicht ein. Er schwieg einen Augenblick und sagte stattdessen: »Ach, die Partei. Die haben mir einen Spitzel ins Institut gesetzt. Den habe ich gemeldet. Der wurde eingezogen.« Nach einer weiteren Pause sagte er ganz befriedigt: »Und er ist dann auch gefallen.« Rehberg war schockiert. Die »Todesstrafe« für so eine Spitzeltätigkeit: Das sei ihm dann doch ein wenig hart vorgekommen.

Gehlen gehörte zu jener Sorte Rechtsintellektueller, die den verlorenen Krieg nicht als eine gewöhnliche Niederlage empfanden, sondern als eine, die Deutschland in seiner Substanz beschädigt hätte. Was die unter den »exotischen Flaggen von Mao oder Guevara« revoltierenden Studenten »für einen übermächtigen Staat (...) oder für eine Gesellschaft von Unterdrückern« hielten – die Bundesrepublik –, war in seinen Augen eine Gesellschaft »von Eingeschüchterten«.[61] Gehlen hat das Deutschland der Nachkriegszeit als »Nichtstaat« oder »Nachstaat« verabscheut, erläutert Rehberg. Diesen Zustand habe er mit Würde ertragen wollen. Dazu gehörte, sich nicht mit der eigenen Biographie, dem eigenen Scheitern in Beziehung zu setzen und sich schon gar nicht neu zu positionieren. Das hätte er als Anbiederung an die verhassten Verhältnisse empfunden. Er gehörte mit Carl Schmitt und Hans Freyer zu jenen Gestalten des intellektuellen Konservatismus, die in den zwanziger und dreißiger Jahren um politischen Einfluss bemüht waren, nach der Niederlage des Faschismus aber darauf verzichteten, weiterhin in dieser Richtung wirksam zu sein. Er glaubte nicht mehr an die Möglichkeit einer konservativen Doktrin. Ein gewisser Halt, so dachten er und Schelsky, sei allenfalls von der Stabilisierung der wissenschaftlich-technischen Struktur der industriellen Gesellschaft zu erwarten, die den Menschen in technische Sachzwänge einbinde.

Andere Konservative stemmten sich gegen den Zeitgeist. Die von von Schrenck-Notzing 1970 gegründete Zeitschrift *Criticon*, war der Versuch, eine konservative Gegenstimme zur Kulturrevolution der Achtundsechziger zu etablieren. Das Publikationsorgan wurde zum wichtigsten Forum der intellektuellen Rechten. Einige Jahre später entstand in Baden-Württemberg, ebenfalls als Reaktion auf die Studentenrevolte, eine konservative Denkfabrik. »Das Studienzentrum Weikersheim (SZW) wurde 1979 gegründet, um die geistige Auseinandersetzung mit der Kulturrevolution von ›1968‹ zu führen und zu bündeln und im Sinne eines freiheitlichen, christlich fundierten Konservatismus auf die Grundlagen des freiheitlichen Rechtsstaates zu verweisen«, so beginnt die Selbstbeschreibung auf der Homepage der Bildungseinrichtung.[62] Gehlen hingegen war in seinen späten Jahren so resigniert, dass er auf den Konservatismus als politische Kraft nicht mehr setzte. »Es gibt nur eine konservative Haltung mit konkreten Ausdrucksformen, z. B. nicht im *Spiegel* zu schreiben, Distanzierung von den Massenmedien usw. – und das ohne Schielen nach Erfolg«,[63] schrieb er am 9. 2. 1974 an den Autor Armin Mohler. Als ihn die Redaktion der rechten Zeitschrift *Student* darum bat, sich anlässlich der 100. Wiederkehr der Gründung des Deutschen Reiches zu äußern, antwortete er am 7. 12. 1970: »Ihr Brief hat mich sehr bewegt, ich (…) kann aber nur wiederholen, dass ich unfähig bin, jungen Menschen etwas Wegweisendes zu sagen. (…) Der 18. Januar weckt in mir nur bitterste und hoffnungslose Gedanken.«[64] Er sah sich nicht als Impulsgeber, sondern eher als einen »Kommentator des Ruins«, wie er dem Soziologen Hanjo Kesting 1971 in einem Brief mitteilte.[65] Das hielt Armin Mohler nicht davon ab, Gehlen in seinem in der Tageszeitung *Die Welt* (2. 2. 1976) erschienenen Nachruf den »Denkmeister der Konservativen« zu nennen. Der Aufbruch fand jedoch woanders statt.

Ein neuer Anfang: Die Rebellion der Nationalisten

Flugblätter wirbelten in der Luft, laute Sprechchöre und verzerrtes Megaphon-Geschrei gaben die Geräuschkulisse. Die Stimmung war explosiv, als sich der kugelsichere Mercedes 600, begleitet von einer Polizei-Eskorte aus sieben Motorradfahrern, am Vormittag des 21. Mai 1970, einem Donnerstag, seinen Weg durch das Spalier dicht gedrängter Menschen auf der Wilhelmshöher Allee in Kassel bahnte.[66] Auf der linken Straßenseite versammelten sich Anhänger der 1964 gegründeten National-demokratischen Partei Deutschlands (NPD), DDR-Flüchtlinge, die Mitglieder von Verbänden der Heimatvertriebenen. Sie skandierten: »Volksverräter Hand in Hand – Willi Stoph und Willy Brandt« und »Gebt dem Willi Stoph den Rest, denkt an Prag und Budapest«.

Es herrschte der Ausnahmezustand in der Documenta-Stadt. Fahnen waren zu sehen: viele rote, auch einige schwarze. Dazu mit Trauerflor versehene Bundesflaggen. Auf einem mitgebrachten Plakat hieß es: »Mauer weg – ein Deutschland«. Auf der rechten Straßenseite hielten linke Demonstranten von der APO und der 1968 gegründeten Deutschen Kommunisten Partei (DKP) ihre Transparente hoch. »Nazis raus«, war darauf zu lesen, und: »Mit und ohne Willy Brandt: die DDR wird anerkannt«. Dazu riefen sie: »Nazischweine an die Leine« und »Fortschritt heißt in unserm Land: die DDR wird anerkannt«.

Die meisten Polizisten, die den Straßenrand säumten, hatten den Demonstranten den Rücken zugewandt. Ein junger Mann nutzte die Gelegenheit, überwand die Absperrungen, warf sich auf die Kühlerhaube der Regierungslimousine, wurde aber bereits Augenblicke später von der Polizei weggezerrt. Während des kurzen Halts explodierten Knallkörper. Dann fuhr die Fahrzeugkolonne mit erhöhter Geschwindigkeit davon. Hinter ihr schlug die Woge der Protestierenden zusammen. Zu einem ernsten Zwischenfall kam es nicht.

Die hochgestellten Insassen werden trotzdem froh gewesen sein, als ihre Wagenkolonne endlich den Sperrbezirk erreichte, den die Sicherheitskräfte rund um das Schlosshotel der kurhessischen Residenzstadt eingerichtet hatten. Hier wartete eine Meute von Journalisten aus aller Herren Länder bereits auf ihre Ankunft.

Gegen 9:30 Uhr war die Delegation aus der DDR auf dem Bahnhof Wilhelmshöhe eingetroffen. Die Lautsprecher der Bundesbahn verkündeten die Ankunft des »Diplomatensonderzugs aus Berlin«. Bundeskanzler Willy Brandt begrüßte DDR-Ministerpräsident Willi Stoph an Gleis 3. Fast wortlos schritten die Politiker über den roten Kokosläufer. Sie trafen sich nach kurzer Zeit bereits zum zweiten Mal. Es gab Wichtiges zu besprechen: die Normalisierung der deutsch-deutschen Beziehungen. Die nach dem Bau der Berliner Mauer verhärtete Stimmung sollte gelockert, der Weg für einen regulären diplomatischen Verkehr geebnet werden. Stoph hoffte, dass Bonn die DDR am Ende der Verhandlungen als souveränen Staat anerkennen würde.

Für die deutsche Einheit

Genau dies war den nationalistischen Demonstranten ein Ärgernis, die auf dem Ziel der Wiedervereinigung der beiden deutschen Staaten beharrten. Willy Brandt war in ihren Augen ein »Vaterlandsverräter«. Vor allem deshalb, weil die von ihm seit einem halben Jahr als Kanzler geführte sozialliberale Koalition aus SPD und FDP eine neue Ostpolitik eingeleitet hatte, die den harten Konfrontationskurs des Kalten Krieges ablöste. »Wandel durch Annäherung« hieß die neue Devise.

Sie steht in einem unmittelbaren Zusammenhang mit den Veränderungen in den Beziehungen zwischen den USA und der UdSSR. Nach der Kubakrise, die 1962 beinahe in einen Dritten Weltkrieg und damit in die nukleare Katastrophe geführt hätte, setzte man in Washington und Moskau auf einen diplomatischeren Politikstil. Die Nichtanerkennung der Oder-Neiße-Grenze durch die Regierung der Bundesrepublik sowie das in Reden immer wieder betonte Wiedervereinigungsgebot drohten ein Störfaktor im sich anbahnenden Tauwetter zwischen Ost und West zu werden. Schon die von Bundeskanzler Kurt Georg Kiesinger (CDU) geführte Große Koalition war 1966 daher bestrebt, »Anschluss an die internationale Entspannungspolitik zu finden und eine drohende Isolation der Bundesrepublik zu vermeiden«.[67]

Dem stand jedoch der Alleinvertretungsanspruch der Bundesregierung für die entlang der innerdeutschen Grenze geteilte Nation entgegen. Kanzler Konrad Adenauer (CDU) hatte diesen anlässlich des Inkrafttretens der Verfassung der DDR am 21. Oktober 1949 vor dem Deutschen Bundestag zur Richtlinie seiner Politik erklärt. Als die Bundesrepublik 1954 in die NATO aufgenommen wurde, machten sich die Verbündeten diese Auffassung zu eigen. Im selben Jahr proklamierte die Sowjetunion, die DDR sei ein souveräner Staat. Bonn hingegen verfuhr außenpolitisch nach der »Hallstein-Doktrin«,[68] der zufolge die Aufnahme diplomatischer Beziehungen von Drittstaaten zur DDR als »unfreundlicher Akt« gegenüber der Bundesrepublik zu werten sei und mit nicht genau festgelegten Sanktionen beantwortet werden konnte. Man wollte den sozialistisch regierten Nachbarn außenpolitisch isolieren. Bis Mitte der sechziger Jahre kam es vor, dass DDR-Sportlern die Einreise zu internationalen Wettkämpfen in NATO-Mitgliedsstaaten verweigert wurde. Die deutsch-deutschen Beziehungen waren also mehr als angespannt.

Als Kiesinger und der Ministerratsvorsitzende Willi Stoph einen offiziellen Briefwechsel begannen, wurde das von der NPD als erster Schritt zur staatlichen Anerkennung der DDR scharf verurteilt. Nachdem Willy Brandt im Jahr 1969 zum Regierungschef gewählt wurde, verschärfte sich die Tonlage der rechten Agitation. Der Kanzler hatte in seiner Regierungserklärung die Bereitschaft signalisiert, den bis dahin von allen Bundesregierungen vertretenen Alleinvertretungsanspruch aufzugeben. Die von der NPD als »Verzichtspolitik« gegeißelte Gesprächsbereitschaft überzeugte die Staats- und Parteiführung des sozialistischen Nachbarstaates, einem ersten Gipfeltreffen zwischen dem Bundeskanzler und dem Ministerpräsidenten der DDR zuzustimmen. Zwei Monate, nachdem dieses am 19. März 1970 in Erfurt stattgefunden hatte, sollten die schwierigen Verhandlungen in Kassel fortgeführt werden. Eine ruhige und entspannte Gesprächsatmosphäre kam dabei nicht auf.

Brandt hatte mit seinem Eröffnungsvortrag kaum begonnen, als er von seinem Gegenüber Stoph unterbrochen wurde. Die Bürger der DDR dürften nicht länger von den Gesetzen und Urteilen der BRD-Gerichtsbarkeit behelligt werden. Er beklagte sich über »neonazistische Mordhetze«. Was die *National-Zeitung* schreibe, sei unerträglich. Dann wurde ihm von seinem Außenminister Otto Winzer ein Zettel zugesteckt. Demnach hätten drei als Journalisten getarnte Rechtsextremisten aus Schleswig-Holstein in den Sperrbereich vor dem Schlosshotel eindringen und die DDR-Flagge vom Mast holen können. Ein Mitglied des Nationaldemokratischen Hochschulbundes namens Dietrich Murswiek – heute ein angesehener Staatsrechtsprofessor[69] – hatte sie dann öffentlich zerrissen.[70] Der Bundeskanzler bat seinen Gast um Entschuldigung. Aber damit waren die Störmanöver nicht beendet.

Nach der Mittagspause gab es einen Zwischenfall, der beinahe zum frühzeitigen Abbruch des Treffens geführt hätte. Der Polizeipräsident von Kassel vermeldete, dass es an verschiedenen Orten in der Stadt, vor allem aber vor dem Mahnmal für die Opfer des Faschismus im Fürstengarten am Weinberg, heftige Schlägereien zwischen rechten und linken Demonstranten gebe. Dort wollte Stoph einen Kranz niederlegen. Lange Zeit schien es, als ob die Polizei den Aufruhr nicht in den Griff bekommen würde. Es kam beinahe zum Eklat. Die DDR-Delegation sagte die geplante offizielle Ehrung ab. Ihre Begründung: Die Behörden der BRD seien nicht in der Lage, die Sicherheit des Ministerpräsidenten zu gewährleisten.

Am Abend, als sich die Lage wieder beruhigt hatte, konnte der Kranz schließlich doch noch niedergelegt werden. Die DDR-Delegation verließ Kassel gegen 22:00 Uhr. Am nächsten Morgen stellte sich heraus, dass die Schleifen ihres Kranzes in der Nacht entwendet worden waren. Weder in Erfurt noch in Kassel brachten die Verhandlungen handfeste Ergebnisse. Doch die Gespräche wirkten als vertrauensbildende Maßnahme. Sie waren das Fundament, auf dem 1972 ein Grundlagenvertrag geschlossen und Ständige Vertretungen der beiden Staaten eingerichtet werden konnten.

Die schwarze Fahne empor

Wäre es nach der NPD-Führung gegangen, hätte es die geschilderten Störungen nicht gegeben. Die sechs Jahre zuvor gegründete Partei schickte sich an, eine relevante Größe in der deutschen Politik zu werden. Zwischen 1966 und 1968 war die NPD in sieben von damals elf Landesparlamenten vertreten. »Sie stellte 61 Abgeordnete, 22 Delegierte für die Bundesversammlung und etwa 600 Vertreter in Kreis- und Gemeindevertretungen.«[71] Bei der Bundestagswahl 1969 waren die Neofaschisten knapp an der Fünfprozenthürde gescheitert. Ihre aus dem gesamten Bundesgebiet angereisten Anhänger hätten Kassel unmittelbar nach der für Mittwoch anberaumten Protestkundgebung wieder verlassen und auf eine weitere Demonstration verzichten sollen. Man wollte gewaltsame Ausschreitungen, die das Image der unter dem Vorsitz von Adolf von Thadden um einen biederen Anstrich bemühten Partei in den Monaten zuvor ernsthaft beschädigt hatten, um jeden Preis vermeiden.[72] Doch der Plan ging nicht auf. Viele der NPD nahestehende junge Rechte hielten sich nicht an die Anweisungen der Parteioberen und protestierten auch am Donnerstag. Federführend war die Gesamtdeutsche Aktion. Dabei handelte es sich um ein Zweckbündnis verschiedener rechter Jugendgruppen, das von Alfred E. Manke und dem Herausgeber der damals NPD-nahen Zeitschrift *Mut*, Bernhard C. Wintzek, initiiert worden war. Aus ihren Reihen kamen die etwa 2000 bis 2500 teils militanten Demonstranten, die Willi Stoph stundenlang daran hinderten, einen Kranz am Ehrenmal der Opfer des Faschismus niederzulegen. Die Aktionen richteten sich gegen Brandt, gegen die DDR, aber auch gegen eine NPD, der man vorwarf, zu harmlos zu agieren. Das war der Gründungsmoment einer rechten APO.

Zum ersten Mal trat dabei eine politische Strömung ans Licht der Öffentlichkeit, deren Aktivisten sich als Neue Rechte, junge Nationalisten oder Nationalrevolutionäre bezeichneten und sich jenseits der Strukturen einer Partei in autonomen, aber miteinander vernetzten Gruppen organisierten. »Für die Rechte bedeutet Kassel das, was für die Linke einmal die Ostermärsche oder die Antinotstandskampagne waren: der lange gesuchte Anlass sich zu formieren«,[73] befand der nationalistische *Deutsche Studenten-Anzeiger* (Nr. 48, Juli 1970, S. 1) im Rückblick.

Die Bochumer Basisgruppe Neuer Nationalismus hatte eine schwarze Fahne mitgebracht.[74] Hinter dieser Idee steckte Henning Eichberg, der bedeutendste theoretische Kopf dieser Szene,[75] der seine politischen Texte – wie viele seiner Mitstreiter – damals fast ausschließlich unter Pseudonym veröffentlichte. Der 1942 im niederschlesischen Schweidnitz geborene Student hatte die Gruppe mitgegründet.[76] Bei der schwarzen Fahne handelt es sich um ein politisch mehrfach codiertes Symbol, das im Verlauf der Geschichte von Gruppen ganz unterschiedlicher ideologischer Orientierung für sich in Anspruch genommen wurde. Sie stand für die Anarchisten, für die Bauernkriege des späten Mittelalters. Schwarz waren aber auch die Uniformen faschistischer Gruppierungen einschließlich jener der SS.[77]

Die jungen Nationalrevolutionäre verknüpften das Symbol, das während der fünfziger und sechziger Jahre auch bei Zechenstilllegungen eine wichtige Rolle spielte, mit dem Protest gegen die deutsche Teilung. »Einige Leute um mich herum«, erinnert sich Eichberg, »bevorzugten Schwarz-Rot-Gold. Dagegen hatte ich nichts, aber das hatte keinen Kick. Eine rote Fahne zu benutzen, so weit war ich damals noch nicht. Die schwarze Fahne war ein Symbol für das Dagegensein.«[78]

Ich spreche mit dem Historiker im Aufenthaltsraum eines Hotels in der dänischen Stadt Odense. Es ist Freitagabend. Anfang November 2016. Der Regen nieselt seit Stunden vor sich hin. Trotzdem huschen immer wieder feierlaunige Passanten am Fenster vorbei. Eichberg lebt und arbeitet seit über 30 Jahren in dem kleinen skandinavischen Land.

Zum ersten Mal begegnet war mir sein Name, als ich in den neunziger Jahren gemeinsam mit dem Kulturwissenschaftler Rüdiger Haude an einem Buch über »Herrschaftsfreie Institutionen« (1999) arbeitete. Ich stieß damals in der im anarchistischen Karin Kramer Verlag erscheinenden Publikationsreihe »Unter dem Pflaster liegt der Strand« sowie in sportsoziologischen Untersuchungen auf Texte, in denen Eichberg mit deutlich erkennbarer Sympathie von der zwanglosen und egalitären sozialen Ordnung der indigenen Bevölkerungsgruppe der Mentawai in Indonesien berichtete. Sie kannten keine Häuptlinge, und wenn sie Sport trieben, gab es dabei keine

Sieger. Die Lektüre irritierte mich. In der einschlägigen Forschungsliteratur wurde Eichberg als einer der wichtigsten Ideologen des Rechtsextremismus gehandelt. Versuchte hier ein raffinierter Rechter, die linke Szene auf besonders perfide Weise zu unterwandern?

Ich erzählte damals meinem späteren Doktorvater Christian Sigrist von den anarchistischen Interessen des – wie ich damals meinte – doch offenkundig autoritären Neofaschisten. Wie passte das zusammen? Zu meiner Überraschung erzählte mir der linke Soziologieprofessor, dass er Eichberg bei einer Veranstaltung kennengelernt und sich politisch ausgesprochen gut mit ihm verstanden habe. Leider sei Eichberg im Umfeld der neofaschistischen Wiking-Jugend sozialisiert worden. Sonst, so Sigrist, hätte er »einer von uns« werden können.

Diese Episode fällt mir wieder ein, als ich gut 20 Jahre später den Kontakt zu Eichberg suche, um mit ihm über das Jahr 1968 und seine Folgen für die Rechte zu sprechen. Er erklärt sich sofort bereit, sich mit mir zu treffen. Christian Sigrists Buch »Regulierte Anarchie« (1967) über staatslose Gesellschaften in Afrika habe ihm einiges bedeutet, schreibt er in seiner ersten E-Mail. Und weiter: 1968 hätten ihn seine damaligen nationalistischen Freunde in Straßburg mit dem dortigen anarchistischen und situationistischen Milieu in Verbindung gebracht. Ich bin neugierig, was er mir darüber erzählen kann. Nun sitzen wir also in seinem Wohnort zusammen. Welche Bedeutung hatte die Schwarze Fahne damals für ihn? Eine große, antwortet er mir. Er habe damals ein Lied über sie verfasst, erklärt der Mittsiebziger mit den überraschend jungen, hellwachen Augen. Er hebt die Stimme und singt: »Sie schlossen ihnen die Zechen zu, / sie hatten keine Wahl. / Im Jahr 68 erhoben sie sich / gegen Bonn und das Kapital. / Empor Leute, empor, / die Schwarze Fahne empor. / Denn überall, wo das Unrecht herrscht, / geht die Schwarze Fahne empor.«[79] Eichbergs Lieder, die er unter dem Pseudonym

Thorsten Sievers verfasste, wurden nur unter der Hand verbreitet. In den weiteren Strophen der »Schwarzen Fahne« geht es um den Aufstand der von Claus Heim angeführten schleswig-holsteinischen Landvolkbewegung in der Weimarer Republik und die revolutionäre Überwindung der deutschen Teilung. In die Organisation der Protestveranstaltung in Kassel sei er damals nicht eingebunden gewesen. »Ich bin da mit meiner Gruppe, einer Handvoll Leute, hingegangen und war überrascht zu sehen, wie wir die Straße beherrschten.«

Heute begreift sich Eichberg als antiautoritären Sozialisten. Er ist Mitglied der Socialistik Folkepartei (SF), die von 2011 bis 2014 als Koalitionspartner der Sozialdemokratie an der dänischen Regierung beteiligt war. 1970 hieß sein Credo noch: »Die Nation geht vor.«[80] Im Konfliktfall müsse das Individuum hinter ihre Selbstbehauptung zurücktreten. Allerdings gab es erste Risse in seinem bis dahin geschlossenen rechten Weltbild. Ein wichtiger Impuls für den sich über Jahre erstreckenden Gesinnungswandel ging von der auch für ihn attraktiven Protestkultur aus, meint Eichberg. Aber es gab auch Schlüsselmomente, die ihn zum Nachdenken brachten.

Das pauschale Feindbild von den »Roten« bröckelte, als er 1968 ein Zeitungsbild sah, auf dem der SDS Solidarität mit sowjetischen Dissidenten demonstrierte. »Da steht der SDS mit roten Fahnen an der Mauer und macht die Demonstration, die ich nie zuwege gebracht hätte.« Er dachte: »Diese Leute kriegen das hin und ich schreibe nur Artikel im *Deutschen Studenten-Anzeiger*.« Das ehemalige Organ des bereits seit 1961 verbotenen Bundes Nationaler Studenten erschien im National Verlag und wurde mit einer Auflage von mehr als 40 000 Exemplaren kostenlos an den Universitäten verteilt. Der Verleger Waldemar Schütz war Mitglied der für ihre ideologische Härte und zahlreiche Kriegsverbrechen berüchtigten Leibstandarte SS Adolf Hitler gewesen. Es gab Lokalausgaben. Zunächst war Eichberg beim Hamburger, dann beim Bochumer Ableger als Autor aktiv. Die Zeitschrift sei in der alten Rechten verwurzelt gewesen, es habe aber auch frischere Töne gegeben. Eine Spaltung in alte und neue Rechte habe sich abgezeichnet. Er agitierte zwar immer noch gegen die Linken, aber nun vor allem gegen die Funktionäre und nicht mehr gegen den jugendlichen Aufruhr als solchen. Damals polemisierte man von der Linken viel gegen das Ordinariat an den Hochschulen. Er erfand das Wort »Funktionariat«. Zum Nachdenken brachten Eichberg aber nicht nur die Aktivitäten der Linken, sondern auch die Widersprüche innerhalb des eigenen Lagers. Schon in Kassel bekam er erste Zweifel, ob der Protest gegen Stoph und Brandt aus nationalistischer Sicht überhaupt gerechtfertigt war. Als sie nach der Demo auf der Straße gingen, sagte ihm plötzlich jemand: »Du, auf der anderen Straßenseite, das ist doch der August Haußleitner.« Der spätere Landtagsabgeordnete der bayerischen Grünen (1986–1987) war bis 1965 der Chef der Deutschen Gemeinschaft gewesen. Neben der Deutschen Reichspartei und der Strasser-Partei[81] war das eine der drei Rechtsaußen-Parteien in den fünfziger und sechziger Jahren. »Wir gingen zu ihm rüber und begrüßten ihn.« Im Verlauf des Gesprächs stellte sich heraus, dass der von ihnen verehrte Politiker von der Demo gar nichts hielt. »Sagt mal, seid ihr eigentlich völlig bescheuert, gegen das Treffen von Brandt und Stoph zu protestieren? Das sind doch zwei Deutsche, die sich miteinander unterhalten wollen.« Das saß. Sein Rechtfertigungsversuch scheiterte, erinnert sich Eichberg. Denn insgeheim habe er gedacht: »Stimmt, irgendwie ist das Ganze blöd.«

Wider den Status quo

Eichberg war vielleicht derjenige unter den jungen Nationalisten in Deutschland, der vom kulturrevolutionären Aufbruch der Achtundsechziger am meisten beeindruckt war. Jedenfalls war er es, der diese Faszination am besten zu artikulieren verstand. Während sich viele ältere Konservative von den politischen Zielen und dem Erscheinungsbild des linken Protests abgestoßen fühlten, konnte er dem Aufruhr etwas Positives abgewinnen. »Ich nahm ernst, dass der SDS eine Revolte gegen den Status quo unternahm und dass das dem entsprach, was auch wir wollten«, erläutert mir Eichberg. Diese Einschätzung brachte er in dem Aufsatz »Droht eine politische Explosion?« zum Ausdruck, der bereits 1967 im *Studenten-Anzeiger* erschien. Im selben Jahr begrüßte er in der Zeitschrift *Junges Forum*, dass die »Unruhe unter der intellektuellen Jugend den Schleier vorgeblicher Harmonie zerrissen« habe.[82] »Das Establishment erscheint plötzlich als basislos, ohne Attraktivität. Polizei, Justiz und Verwaltungsmaßnahmen haben keine Überzeugungskraft.« Die Bewegung der studentischen Jugend sei ein Aufbegehren – z. T. noch unreflektiert – gegen die Stagnation. Eher als bei den unpolitischen »Nur-Studenten und Karrieristen«, die »zum Futtertrog des Establishments streben«, ließe sich bei »der im Zeichen von Ho, Che und Mao revoltierenden Jugend« ein Anknüpfungspunkt für die nationalistische Agitation finden. Denn nicht zwischen der »Rechten (NPD) und der Linken (APO)« bestehe die »tiefste Kluft«, sondern »zwischen den Bejahern und den Gegnern des Status quo«. Sie sei unüberbrückbar. Mit Äußerungen wie diesen erregte Eichberg in der Szene viel Aufsehen. Wahrscheinlich deshalb, vermutet er, habe die Zeitschrift *Nation Europa* damals ein Jugendpreisausschreiben zu der Frage gemacht: ›Wie sehe ich den SDS?‹ Seine Antwort, die im Januarheft 1969 gedruckt wurde, ging dahin, den SDS als Seismographen einer unter den Studenten verbreiteten Stimmung zu verstehen. Als progressiver Nationalist, als der er sich damals verstand, hat er diese begrüßt – im Unterschied zur »alten Rechten«.[83] Sein Ansatz lautete: »Mobilisierung der zu repolitisierenden Basis, revolutionäre Demokratie von unten, ein neues sozialistisches und nationalistisches Bewusstsein, Systemopposition, Angriff.«[84]

Mit dieser Position stieß er im eigenen Lager auf Widerspruch. Die Meinungen waren geteilt. Die einen wollten das utopische Denken »Bloch und Marcuse überlassen«[85] und bekannten sich »zum Gemüt, zum Gefühl, zum Glauben, zur Liebe, zum individuellen und kollektiven Unbewussten, kurz: zum Irrationalen«.[86] Die anderen wollten sich nicht grundsätzlich gegen jede Form der modernen Kunst und Musik abgrenzen, lehnten nicht alle sozialen Neuerungen ab[87] und begrüßten den von rechts meist beklagten Autoritätszerfall auch als Chance für die eigene Sache: »Die neuen Kritik-Möglichkeiten sollten wir freudig aufgreifen.«[88] Als auf Seiten der Rechten Verbotsforderungen gegen den SDS laut wurden, wies Eichberg diese in der vom ostpolitischen Studentenverband der Schlesier herausgegebenen Zeitschrift *actio* (3–4/1969) zurück.[89]

Er fühlte sich den jungen Linken als Generationsgenosse verbunden. »Lasst doch die politisch Verkalkten, lasst die Alten brummen. Was haben sie noch über diese Welt zu sagen, wo die Studenten unverständlicherweise auf die Straße gehen?«,[90] schleuderte Eichberg den Konservativen entgegen. Eine neue politische Generation interessiere sich für den »Widerspruch zwischen der Profitorientiertheit der Konzerne und dem objektiven Interesse der Gesamtgesellschaft«.[91] Sie stehe im Gegensatz sowohl zu »spätbürgerlichen Ideologien« als auch zum »Kommunismus« der Marxisten[92] und verlange nach einer neuen Weltanschauung. Ganz gleich ob ihre Angehörigen sich als Volkssozialisten, europäische Sozialisten, Linksnationalisten, Nationalrevolutionäre oder als Neue Rechte begriffen.

Nationalrevolutionäre Zirkel

Die neurechte Bewegung war klein. Genaue Zahlen gibt es nicht. Bestenfalls 40 bis 50 Personen bildeten als Wortführer, als Autoren und Funktionäre den inneren Kreis.[93] Im Rückblick wurde er als ein »Dutschke von rechts«[94] bezeichnet, jedoch »ohne die Züge des Volkstribuns«. Er selbst hält heute Sven Thomas Frank (alias Alexander Epstein) für den eigentlichen Vordenker. »Das war ein ganz kluger Mensch, auf den ich sehr gesetzt habe.« Ihm selbst hätten strategische Überlegungen gar nicht so gelegen. »Wir waren ziemlich dezentral organisiert. Da waren die Berliner um Sven Thomas Frank, dann gab es in Bochum den Zirkel um mich herum. Es gab die Hamburger um Lothar Penz, die als Erste die Umweltfrage entdeckt haben, sich als Solidaristen selbstständig machten und etwas sektiererische Züge annahmen. Wir haben uns unspektakulär vor allem in Privatwohnungen getroffen.«

Ihre Wurzeln hatte diese Neue Rechte in nationalistischen Gruppierungen wie der im Oktober 1964 von Sven Thomas Frank, Bodo Blum und Fred Mohlau gegründeten Initiative der Jugend und im Hochschularbeitskreis Unteilbares Deutschland (HUD) in Berlin. In Hamburg erschien im selben Jahr die erste Ausgabe des *Jungen Forum*, das aus einem Diskussionszirkel um den Ingenieurstudenten Lothar Penz hervorgegangen war und im August 1965 noch gemeinsam mit dem Wahlmanifest der NPD verschickt wurde.[95]

Ihren Widerspruch zur Studentenbewegung drückte die am 24. Juni 1968 von Schülern des Neuköllner Albert-Einstein-Gymnasiums gegründete Außerparlamentarische Mitarbeit (APM)[96] schon im Namen aus.[97] 1970 bildete man »gemeinsam mit dem Ostpolitischen Deutschen Studentenverband (ODS) und dem Bund Heimattreuer Jugend (BHJ)«[98] vorübergehend eine »nationalrevolutionäre Plattform« in Berlin. Seit dem 1. Juli 1970 fanden Mitgliederversammlungen und öffentliche Vorträge im Nationalen Zentrum 1871 statt. Der Name sollte an die Gründung des deutschen Nationalstaats erinnern. Man organisierte Vortragsreisen zur Schulung von Kadern und gab die von mehreren Gruppen in der Bundesrepublik vertriebene Publikation *Rebell – Flugschrift für Schüler und andere Jugendliche* heraus. Die auf Schulhöfen und in Kneipen verteilte Zeitung im Format DIN-A3 hatte Auflagen zwischen 2000 und 17000 Exemplaren.[99] Seit 1972 kam in einer Auflage von 1000 Exemplaren die vierteljährlich erscheinende Publikation *Ideologie & Strategie* hinzu: ein doppelseitig eng bedrucktes DIN-A3-Blatt, mit jeweils nur zwei, drei Artikeln.[100] Ende 1971 entschied man sich, den Stützpunkt umzubenennen. Der neue Name atmete den Geruch der Revolution: »barricade«.[101] Eine weitere Keimzelle der Neuen Rechten gab es in Nordrhein-Westfalen. An der Ruhruniversität Bochum versammelten sich zu Beginn des Jahres 1968 mehrere Hochschüler um die Zeitung *Ruhr-Studenten-Anzeiger* und organisierten den Republikanischen Studentenbund (RSB) – Aktionszentrum Ruhr. Man wollte ein Gegengewicht zum damals vom SDS und dem Sozialdemokratischen Hochschulbund (SHB)[102] dominierten Allgemeinen Studentenausschuss (ASTA) schaffen.

Nur bedingt praxistauglich

Wenn die Nationalrevolutionäre gegen die Ostpolitik der Bundesregierung und den Bau der Mauer protestierten oder sich mit der Opposition in der Sowjetunion solidarisierten, saßen sie mit der NPD, Vertriebenenverbänden und Konservativen in einem Boot. Im Unterschied zu diesen versuchten sie sich jedoch auch durch Aktionen gegen Mietwucher, Bodenspekulation oder die Erhöhung von Straßenbahntarifen zu profilieren. Das Hamburger Junge Forum beteiligte sich an der Gründung einer Bürgerinitiative gegen den

Bau einer Stadtautobahn und stellte unter dem Stichwort »Biotop« ein eigenes Umweltschutz-Programm für die Region auf. Andere Gruppen sammelten Unterschriften gegen den Bau von Flugplätzen und gegen die Beschlagnahme von Truppenübungsplätzen in Erholungsgebieten.[103]

Ungeschickter stellte sich der Republikanische Studentenbund (RSB) in Bochum an, als er im Mai 1968 einen vom Allgemeinen Studenten Ausschuss (ASTA) und dem SDS gemeinsam organisierten Hochschulstreik gegen die bevorstehende Verabschiedung der Notstandsgesetze durch den Bundestag zu sabotieren versuchte. Die Nationalrevolutionäre sahen sich als Vertreter jener Kommilitoninnen und Kommilitonen, die ihren gewohnten Studienalltag nicht unterbrechen wollten, und feilten die Kette durch, mit denen Streikposten den Zugang zu einem der Hochschulgebäude versperrt hatten.[104] Doch der Schuss ging nach hinten los. Denn bei der überwiegenden Mehrheit ihrer Kommilitonen konnten sie mit dieser Aktion nicht punkten. Der RSB und *Ruhr-Studenten-Anzeiger* gingen daraufhin bald ein. Die jungen Rechten sammelten sich vorübergehend um die bald als zu bieder betrachtete Burschenschafter-Zeitung *student*, unterstützten kurzzeitig den Nationaldemokratischen Hochschulbund und gründeten schließlich Anfang 1970 die Nationalrevolutionären Basisgruppen als informellen Zusammenschluss von »Studenten mehrerer Fachrichtungen, die neue Formen der Zusammenarbeit erproben wollten – ohne Vorstand, formale Mitgliedschaft, Beiträge und Abstimmungen.«[105] Aber auch diese Gruppe war – vorsichtig ausgedrückt – nur bedingt praxistauglich. »Wir hatten einen in der Gruppe, der darauf drängte, nicht immer nur Theorie zu diskutieren, wie das so unsere Art war, sondern etwas Praktisches zu machen«, erinnert sich Eichberg. »Also beschlossen wir wenige Monate nach der Demonstration in Kassel, nachts in Stuttgart, wo ich damals an der Uni arbeitete, Parolen zu malen: ›Willi

Stoph und Willy Brandt, Volksverräter Hand in Hand‹. Er besorgte die Farbe. Als wir ans Werk gingen, stellte sich heraus, dass wir rosa Farbe auf gelben Kachelgrund auftrugen. Das war überhaupt nicht zu lesen.« Für Eichberg ist dieser Vorgang symptomatisch für die Politikunfähigkeit vieler nationalrevolutionärer Studenten. Im Vergleich zum SDS war das Niveau ihrer Aktionen erbärmlich. »Wir sind in der Praxis völlig gescheitert.«

Die Faszination des Eurofaschismus

Trotz ihrer offenkundigen Gegnerschaft zu den politischen Zielen der linken Achtundsechziger, attestierte ein sympathisierender Beobachter der damaligen Neuen Rechten einen »anti-autoritären Geist«. Durch die Kontroverse mit der Neuen Linken in den Universitäten der Bundesrepublik und West-Berlins seien sie gezwungen worden, »aus den Gewohnheiten des altrechten Denkens herauszutreten und mit ihrer traditionellen Herkunft zu brechen«.[106] Henning Eichberg soll in seinem Wohnort »sogar für einen Anarchisten«[107] gehalten worden sein, meint der Publizist Günter Bartsch. Sein bereits 1975 erschienenes Buch »Revolution von rechts? Ideologie und Organisation der Neuen Rechten« sieht die beiden gegeneinander gerichteten politischen Strömungen schon in der Einleitung auf eine dialektische Weise miteinander verknüpft. »Die Neue Linke kam mit einem Paukenschlag, der alle aufhorchen ließ. Durch jene Tür, die sie aufbrach, trat jedoch noch eine zweite Erscheinung – lautlos wie auf Katzenpfoten. Dies war die Neue Rechte. Mit ihr hob sich sozusagen ein Ungleichgewicht auf, das die Studentenbewegung charakterisierte. Freilich wurde die Neue Rechte von ihr schon mitbewegt, aber beinahe wie im Unsichtbaren. Wer sie überhaupt wahrnahm, hatte den Eindruck, als glitte ein Schatten an der Neuen Linken vorbei. So blieb die zweite Erscheinung verborgen, an einen Hintergrund gelehnt, von dem sie sich kaum abhob.«[108] Das ist zweifellos eine idealisierte Darstellung. Denn bei aller Sympathie, die Eichberg damals für den rebellischen Geist der Antiautoritären aufbrachte: in inhaltlichen Fragen unterschied er sich damals sehr deutlich von ihnen.

Krawall und Rock'n'Roll

Das zeigte sich auch in seiner äußeren Erscheinung. »Vor ein paar Jahren«, erzählt Eichberg, »hat die *Junge Freiheit* einen Artikel über mich gebracht. Das zugehörige Bild, eine Zeichnung, zeigt mich mit meinem jungen Gesicht von 1968 und den schulterlangen Haaren, die ich in den achtziger Jahren getragen habe. 1968 trug ich keine langen Haare. Das kam erst Ende der siebziger Jahre. Ein paar Leute um mich herum taten das aber schon.« Nicht wenige junge Rechte gingen bereits Anfang der siebziger Jahre mit der Mode, hörten die gleiche Rockmusik wie ihre linksorientierten Altersgenossen und fanden es wie diese schick, langes Haar zu tragen. »Sie tauchten selbst bei Lagern des bündischen Bundes Heimattreuer Jugend (BHJ) auf«,[109] erinnert sich Dieter Stein, der Herausgeber der *Jungen Freiheit.* Er glaubt, an dem Eichberg dieser Zeit eine »totalitäre Sehnsucht und Militanz« festmachen zu können, »die über die 68er-Revolte seine ganze Generation besoffen gemacht« habe – eine »Mischung aus Rock 'n' Roll, Sex, Drogen, langen Haaren und Krawall«.[110] Aber stimmen diese Zuschreibungen?

»Drogen waren nie meine Sache«, erklärt Eichberg heute. Ihm sei auch nicht aufgefallen, dass in seinem Kreis mit illegalen Drogen experimentiert wurde. Vom Rock 'n' Roll sei er mehr beeindruckt gewesen. »Ich hatte schon 1956, als 14-Jähriger, mein Rockerlebnis. Ich war damals bei Bekannten meiner Eltern in Bayern. Die Erwachsenen unterhielten sich miteinander, während ich im Nebenzimmer wartete und dachte: ›Was mache ich jetzt eigentlich?‹ Ich fand eine Schallplatte: Bill Haleys ›Rock around the Clock‹. Ich hörte sie, hörte sie erneut und hörte sie wieder – stundenlang.« Als er später einem jungen Mann, der Anhänger des preußischen Generals und völkischen Politikers Erich Ludendorff (1865–1937) war, von seiner Vorliebe erzählte, sei dieser entsetzt gewesen. »Ich war verdutzt, habe darüber nachgedacht, aber kam zu dem Ergebnis: Das ist meine Musik.« In den siebziger Jahren habe er auch Rockfestivals besucht – zum Beispiel in Stuttgart auf dem Killesberg. Er begeisterte sich für die deutsche Band Ougenweide und die irische Folklore der Dubliners. Unmittelbare Bedeutung für die Musikkultur der kleinen nationalrevolutionären Szene hätten schließlich die Rebellenlieder aus Irland bekommen, die er 1971 von einer privaten Urlaubsreise mitbrachte, die er mit seiner ersten Frau auf die grüne Insel unternahm. »Wir haben auch Leute von der IRA besucht. Ich habe in den Kneipen gehört, wie sie diese Lieder im Suff gesungen haben. Daraufhin habe ich mir die Schallplatten besorgt. Die Lieder, die ich in den siebziger Jahren geschrieben habe, gehen auf Melodien dieser irischen Rebellenmusik zurück.«

Auch das Ereignis in Kassel habe er zu einem solchen Song verarbeitet. »In Kassel war's im Monat Mai, / als Brandt und Stoph sich trafen«, beginnt er zu singen: » Ganz Kassel war voll Polizei, / es jubelten die Braven. / Da ging die Schwarze Fahne hoch, / Der Protest das waren wir. / Die junge Garde der Nation, / die Freiheit wollen wir.«

Für einen Augenblick glaube ich unter den grauen Locken den glühenden Aktivisten von damals vor mir zu sehen. Er war militant, keine Frage. Aber hat Dieter Stein recht, wenn er dessen Affinität zur Gewalt auf den Einfluss der Achtundsechziger zurückführt? Es gibt eine plausiblere Quelle: die von Eichberg damals bewunderten radikalen französischen Rechten. »Ich würde sie heute Jungfaschisten nennen«, sagt er. Er habe damals eine Phase durchlaufen, in der er eher faschistisch orientiert war und das auch in seinem äußeren Erscheinungsbild zeigte. »Ich übernahm diesen Stil von französischen Nationalisten, die ich kennenlernte, als ich 1966 im Auftrag von Arthur Erhardt für die Zeitschrift *Nation Europa* ihr Zeltlager in der Provence besuchte.«

Der ehemalige SS-Offizier Erhardt stellte jungen Autoren wie ihm »ein bereits in der extremen Rechten etabliertes Blatt mit europäischer Ausrichtung zur Verfügung. Die Zeitschrift war 1951 mit französischen Geldern gegründet worden«.[111] Die jungen Franzosen seien damals in einer Art Pfadfinderuniform in Khaki herumgelaufen. »Ich trug danach auch ein Khaki-Hemd«, erinnert sich Eichberg. »Das war nicht der Stil der Achtundsechziger, aber ein Teil meiner antibürgerlichen Inszenierung.«

Französische Vorbilder: Mabire, Benoist, Venner

Antibürgerlich seien die französischen Nationalisten wie die Achtundsechziger gewesen. Aber sie traten nicht für die internationale Solidarität, sondern für ein »Europa der weißen Rasse« ein. Das war eine Ideologie, die Eichberg zu dieser Zeit teilte. Drei Figuren beeindruckten ihn bei seinem Besuch im Studentenlager ganz besonders. »Der eine war Alain de Benoist. Der zweite Jean Mabire. Das ist ein normannischer Autor, der, inspiriert von dem Schriftsteller Drieu La Rochelle, von einem ›europäischem Sozialismus‹ träumte. Der ästhetische Zugang, verbunden mit dem Gedanken der Revolution, sprach mich damals sehr an. Das war antikonservativ, führte weg von der alten Rechten, aber hatte faschistische Untertöne. Drieu La Rochelle schwärmte von diesem großen, roten, europäischen Faschismus. Er spielte für mein Denken damals eine große Rolle. Dann gab es Dominique Venner, der am 21. Mai 2013 in der Kathedrale von Notre-Dame de Paris Suizid beging, indem er sich in den Mund schoss.« Der 1935 geborene Historiker stammte aus einer Architektenfamilie, die während des Zweiten Weltkriegs einer Partei nahestand, die mit den deutschen Besatzern kollaborierte: der Parti Populaire Français (PPF, Französische Volkspartei). Er hatte sich 1954 freiwillig zur französischen Armee gemeldet, um die algerische

Unabhängigkeitsbewegung niederzuschlagen. »Venner war für mich der Inbegriff eines revolutionären Faschisten«, erläutert Eichberg. »Er gehörte zu den Leuten von der Organisation de l'armée secrète (OAS) Organisation der geheimen Armee), die Anschläge auf Charles de Gaulle vorbereiteten, als sich abzeichnete, dass Frankreichs Kolonie in die Unabhängigkeit entlassen werden würde. Das war rechtsradikaler Terrorismus. Für seine Mitarbeit in der Gruppierung musste er eine Gefängnisstrafe verbüßen.« Nach seiner Entlassung aus der Haft gründete Venner die Zeitschrift *Europe-Action*, in deren Umfeld sich junge Gleichgesinnte versammelten. Gemeinsam mit Alain de Benoist, den er aus der nach einem Bombenanschlag auf die Französische Nationalversammlung im Jahr 1958 verbotenen Gruppierung Jeune Nation kannte, wirkte er in der 1960 gegründeten Studentenorganisation Fédération des étudiants nationalistes (FEN) mit. Sie waren damals sehr rassistisch, erinnert sich Benoist.[112]

Sie lasen Georges Sorels »Über die Gewalt« und Lenins »Was tun« und waren darum bemüht, »mehr und bessere Aktionen auf die Beine zu stellen als die Kommunistische Partei«.[113] Eichberg erinnert Venner als einen auch physisch eindrucksvollen jungen Mann. Seine Worte im Zeltlager waren: »Ich habe im Gefängnis dazugelernt. Mit der Rechten geht das nicht. Das ist schiefgegangen mit dem Terrorismus und es geht schief, wenn wir zu den Wahlen antreten. Wir wollen etwas ganz anderes. Wir sind revolutionäre Nationalisten.« Noch im Gefängnis hatte Venner eine Streitschrift verfasst, in der er seine neu gewonnene Überzeugung darlegte. »Für eine positive Kritik« (»Pour une critique positive«) wurde 1962 veröffentlicht und zu einem Schlüsseltext für junge Radikale, die sich von der alten Rechten abzugrenzen versuchten. Darin erklärte er den Terrorismus als ungeeignetes Mittel, um die Unterstützung der Bevölkerung zu erreichen, und polemisierte gegen opportunistische Militärs und konservative Parlamentsabgeordnete, die sich nicht mehr als Kämpfer verstanden. Den Kommunisten warf er vor, dass sie sich »angepasst«, ihre revolutionären Ziele aufgegeben hätten. Die Rechte müsse sich von der Orientierung an Führungsfiguren verabschieden, brauche eine gemeinsame Lehre und müsse den nationalen Chauvinismus zugunsten einer gemeinsamen Konzeption von Europa überwinden. »Der erste Schritt der Einheit wird ein politischer sein: Er wird einen sich stetig fortentwickelnden Bundesstaat schaffen. Die anderen Schritte – militärische und ökonomische – werden folgen.«[114] Die europäische Jugend, fordert er pathetisch, »hat neue Kathedralen zu bauen und ein neues Reich zu schaffen!«. In der Januarausgabe 1967 der Zeitschrift *Nation Europa* berichtete Eichberg unter seinem Pseudonym Hartwig Singer begeistert von seinem Besuch in der Provence. Positiv hob er hervor, dass sich die jungen Franzosen »um eine an die Wurzel gehende Kritik des Nationalsozialismus« bemühten.[115] Das Gezanke der Deutschen sei demgegenüber verstaubt und kleinbürgerlich.

Das Situationistische Manifest

Die französischen Rechten waren es, die Eichberg zwei Jahre später mit dem Gedankengut der antiautoritären Situationisten in Verbindung bringen sollten, als er sich 1968 im Rahmen eines Studentenaustauschs in Bordeaux aufhielt. »Auf der Rückfahrt nach Deutschland entschloss ich mich, die Kameraden in Straßburg zu besuchen. Das waren Nationalisten von der Fédération des étudiants nationalistes (FEN), die ich damals im Zeltlager kennengelernt hatte. In Frankreich war inzwischen der Mai 1968 geschehen, der alles Mögliche durcheinandergebracht hatte. Das begegnete mir auf eine produktiv verwirrende Weise. Die Nationalisten führten mich durch die Stadt und zeigten mir, wo die großen Demos stattgefunden hatten. Sie stellten mich ein paar Leuten vor. Darunter waren ein junger Mann von der europäischen föderalistischen Bewegung mit eher bürgerlichem Habitus und ein Anarchist.« Der habe ihm André Bretons »Manifeste des Surrealismus« geschenkt. Als er sich bedanken wollte, habe dieser nur gesagt: »Das musst du nicht. Ich habe das Buch geklaut.« Eichberg war beeindruckt.

Seine Freunde waren sichtlich stolz auf die Aktivitäten der Antiautoritären in ihrer Stadt. »Weißt du was?«, sagte einer: »Bei uns in Straßburg ist das mit dem Mai 68 losgegangen. Bei uns ist das ›Situationistische Manifest‹ herausgekommen.« Dabei handelte es sich um ein 1967 erschienenes Pamphlet zum Elend der Studenten, das in der französischen Protestbewegung eine große Verbreitung fand. Eichberg sog das alles auf. Er war zu dieser Zeit sehr empfänglich für neue kulturelle Impulse. Die gab es bei den deutschen Rechten nicht. Keine neuen Lieder, keine Gedichte, kaum irgendetwas Populäres. Es gab zwar Traditionen der alten Jugendbewegung, an die man hätte anknüpfen können. Aber das sei nie richtig geschehen. Die Linken hingegen, die seien damals eine Kulturbewegung gewesen. Er wusste das aus eigener Anschauung. Als er in Hamburg studierte, unternahm er selbst literarische Gehversuche. »Ich schrieb damals in einem kafkaesken Stil. Die Leute um mich herum veröffentlichten in der linken Zeitschrift *konkret.* Ich habe Hubert Fichte im Star Club erlebt, wo er aus seinem Schwulenroman ›Die Palette‹ vorlas. Ich saß als einziger Rechter in dieser Szene. Inhaltlich war ich dagegen. Aber auf der anderen Seite hat das etwas mit mir gemacht, wie sich später herausstellen sollte.«

Auch in ideologischer und konzeptioneller Hinsicht war die Linke damals haushoch überlegen. Sich mit einem Taschenbuch von Adorno, Marcuse oder Habermas zu zeigen, galt als schick. Es gab »unglaubliche intellektuelle Anstrengungen und Ambitionen, eine phantastische Wiedergewinnung eines Kontinents vergessener theoretischer Literatur«,[116] erinnert sich ein Zeitzeuge. Da es noch keine Fotokopierer gab, wurden dickleibige Klassiker mühselig auf Matritze abgeschrieben. Damals begannen »die wilden Jahre des Lesens«.[117] Das Geschäft mit den Raubdrucken sozialistischer Klassiker florierte. Linke Buchhandlungen und Verlage schossen aus dem Boden. Etablierte Verlage wie Suhrkamp führten bald ein breites Spektrum der stark nachgefragten sozialwissenschaftlichen und philosophischen Literatur. Man war angetreten, die Welt zu verändern. Die Lektüre sollte helfen, die Machtverhältnisse besser zu verstehen, um dafür den geeigneten Hebel zu finden.[118] Viele Konservative gefielen sich hingegen darin, ihre Theorie- und Intellektuellenfeindschaft herauszustellen. Damit, so war sich Eichberg sicher, ließ sich ganz gewiss kein Geländegewinn erzielen. Er und seine Kameraden begriffen, wie viel geistige Substanz ihnen fehlte. Sie hatten Ende der sechziger Jahre keine Konzeption anzubieten, welche sie in die Lage versetzt hätte, größere Teile ihrer politisierten Kommilitonen zu erreichen. Wenn die Neue Rechte an den Hochschulen Terrain gewinnen wollte, musste sie mit ihnen auf Augenhöhe diskutieren können und eigene theoretische Grundlagen entwickeln. Die wichtigsten Anregungen dazu kamen einmal mehr aus Frankreich. Im Zeltlager hatte Eichberg einen Menschen kennengelernt, der einen geradezu enzyklopädischen Zugang zur theoretischen Literatur hatte: Alain de Benoist. »Er saß ständig nur in der Ruine, die das Hauptgebäude war, las, unterstrich und schrieb.«

Eine andere Kulturrevolution

Der argentinische Guerillaführer Che Guevara ist eine Ikone des antikolonialen Befreiungskampfes und der sozialistischen Revolution. Ein von Alberto Korda 1960 in Havanna geschossenes Foto, das den jungen Arzt zum rebellischen Helden stilisierte, wurde in einer 1968 vom irischen Künstler Jim Fitzpatrick bearbeiteten Version die Vorlage für Abbildungen auf Buttons, T-Shirt-Drucken, Postern und Fahnen. Auf diese Weise fand das Konterfei des Kampfgefährten Fidel Castros eine millionenfache Verbreitung. Am 9. Oktober 1967 wurde er als Gefangener der bolivianischen Armee auf Anweisung des Präsidenten René Barrientos Ortuño ermordet. Che Guevaras Aufforderung, der imperialistischen Expansion durch die Schaffung von »zwei, drei, vielen Vietnams« zu begegnen und den Widerstand auf die Metropolen der kapitalistischen »Ersten Welt« zu erweitern, wurde von Rudi Dutschke und seinem Freund Gaston Salvatore in die Studentenbewegung hineingetragen. Bis heute wird Guevara von den nachwachsenden Generationen radikaler Linker als Märtyrer gefeiert. Zugleich trug die massenhafte Verbreitung seines Porträts dazu bei, dass der asketische Revolutionär – neben Hollywood-Stars und Rockikonen wie Marilyn Monroe, Jim Morrison, James Dean – heute zum Pantheon früh verstorbener Popidole gehört.

Eine Reproduktion dieses Bildes, das von der BBC als berühmtestes fotografisches Abbild eines Menschen bezeichnet wurde, liegt vor mir. Genauer gesagt, eine stark veränderte, aber noch deutlich erkennbare Variante des Porträts, das sich in roter Farbe von einem weißen Hintergrund abhebt. Was ist anders? Zum einen wird seine Kopfbedeckung, ein Barett, nicht durch einen sozialistischen Stern, sondern durch einen Kreis, verziert, den zwei Kreuze durchschneiden. Zum anderen ist die linke Gesichtshälfte – vom Betrachter aus gesehen – ausgetauscht worden. Anstelle des Revolutionärs trägt es die Züge Platons. Eine schwarz-weiße Abbildung der marmornen Büste oder Maske des griechischen Philosophen wurde in das Porträt Che Guevaras hineinmontiert. Die Collage nimmt die unteren zwei Drittel eines Buchcovers ein. Der Titel der 1985 im kleinen Krefelder Sinus Verlag erschienenen Publikation lautet: »Kulturrevolution von rechts«. Der Verfasser der Schrift heißt Alain de Benoist.

Das Buch befindet sich seit Jahrzehnten in meiner Bibliothek. Ich kann mich nicht mehr erinnern, wie es in meine Hände gelangt ist. Womöglich hat mich die auffällige Titelgestaltung angesprochen. Der Band enthält eine Reihe von Texten, die in den Jahren zuvor im Rahmen der Denkfabrik GRECE (Groupement de recherche et d'études pour la civilisaton européene) entstanden waren. Bei dem erwähnten Abzeichen auf dem Barett handelt es sich um das Logo dieser Institution, die am 4. und 5. Mai 1968 von Venner, Benoist und einigen weiteren jungen Rechtsintellektuellen in Lyon gegründet worden war. Die offizielle Anmeldung als Verein bei den zuständigen Behörden erfolgte im Januar 1969.[119] Benoist schwebte eine Art Synthese aus Frankfurter Schule, der nationalistischen Action française[120] und Nationalem Forschungszentrum für Wissenschaft und Technik vor. Das war natürlich unrealistisch, meint er heute. Doch mit Hilfe dieses Kulturvereins und den mit ihm verbundenen Zeitschriften *Nouvelle École* und *Éléments* bemühte er sich seitdem um eine Modernisierung rechten Denkens.

Vom Marxismus lernen: Gramsci und die Metapolitik

Als besonders fruchtbar erwies sich dabei das Studium der Schriften von Antonio Gramsci. Der von den Faschisten inhaftierte Mitbegründer der Kommunistischen Partei Italiens entwickelte während seiner Kerkerzeit eine Theorie, die der Linken dabei helfen sollte, unter den Bedingungen einer gefestigten bürgerlichen Herrschaft jenes Maß an Zustimmung der breiten Massen zu gewinnen, die es ihr schließlich ermöglichen würde, die Führung der Geschicke des Staates zu übernehmen. Eine Schlüsselrolle dabei maß er den sogenannten organischen Intellektuellen zu. Die sollten lernen, an die Erfahrungen und Gefühle der Arbeiterklasse anzuschließen, um auf diese Weise eine Kulturrevolution in Gang zu setzen, die die ideologische Vorherrschaft des Bürgertums zu brechen in der Lage war.

Von Gramsci lernte Benoist, dass, wer im modernen Staat die politische Führung übernehmen will, der Herrschaft der bürgerlichen Ideologie zunächst eine kulturelle Gegenmacht entgegenstellen muss. In der russischen Oktoberrevolution hatten für die revolutionären Bolschewiki noch ganz andere Bedingungen vorgelegen, da ein starkes Bürgertum noch gar nicht herausgebildet war. »Wenn Lenin in der Tat die Macht hatte an sich bringen können, so (unter anderem) deshalb, weil die bürgerliche Gesellschaft in Russland praktisch nicht existent war. In den Gesellschaften hingegen, in denen jeder mehr oder weniger direkt an jener impliziten Ideologie teilhat, die die spontane Weltanschauung ausmacht, in den Gesellschaften, in denen eine spezifisch kulturelle Atmosphäre herrscht, ist keine Übernahme der politischen Macht möglich ohne eine vorhergehende Übernahme der kulturellen Macht«, schreibt Benoist.[121] Solche strategischen Überlegungen bildeten die Grundlage für die Arbeit des GRECE. Den Schwerpunkt seiner Arbeit sah Benoist nun folgerichtig nicht mehr in der direkten politischen Praxis, sondern in theoretischer Grundlagenarbeit einerseits und publizistischen Interventionen andererseits. Bei der Nouvelle Droite (Neuen Rechten), so Benoist, habe es sich von Anfang an um eine rein intellektuelle und kulturelle Denkströmung gehandelt, »die nie den Ehrgeiz hatte, auf der politischen Bühne zu agieren«.[122] Linke Kritiker weisen gern darauf hin, dass die rechten Adepten das Konzept von Gramsci nicht richtig verstanden, umgesetzt oder nur einzelne Bausteine oder Schlagworte übernommen hätten. Das ist sicher richtig. Es ging ihnen ja auch nicht darum, einer sozialistischen Machtübernahme den Weg zu bereiten, sondern der eigenen. Beim rechten »Rückgriff auf Gramsci« handelte es sich nicht um »Mimikry«.[123] Es ging nicht darum, den politischen Gegner über die eigene Natur zu täuschen, sondern darum, von den Marxisten zu lernen, um selbst politisch erfolgreich zu sein. Das rechte Lager sollte durch eine grundlegende Reflexion und Durcharbeitung seiner geistigen Grundlagen zunächst dazu befähigt werden, jene stabile Weltsicht zu entwickeln, die es ihm schließlich ermögliche, selbst die Hegemonie zu erlangen. Ein deutlicher Politikwechsel, schloss Benoist aus seiner Lektüre der Gefängnisschriften, festigt eine Veränderung, die auf dem Gebiet der gesellschaftlichen Grundüberzeugungen bereits stattgefunden hat. Die Arbeit der Rechtsintellektuellen bestehe nun darin, Werte, Bilder und Themen zu popularisieren, die mit der bestehenden Ordnung brechen. »Von dieser Warte aus gesehen ist die Besetzung einer Redaktionsstelle oder gar die Ausstrahlung einer Fernsehserie von größerer Bedeutung als die Wahlparolen einer Partei«,[124] so Benoist. Dieser Ansatz wird »Metapolitik« genannt. Er bedeute, »die Dinge aus einem engagierten theoretischen Blickwinkel zu betrachten, ohne dabei ein spezifisches politisches Ziel vor Augen zu haben«.[125]

Flaneur des Pariser Mai

Mit der Gründung des GRECE antworten junge Rechte auf die Herausforderung durch eine Neue Linke. Diese grenzte sich von der reformerischen Sozialdemokratie und zugleich von den an Moskau orientierten kommunistischen Parteien ab. Benoist bestreitet allerdings, dass die Denkfabrik eine Abwehrreaktion »auf die kulturrevolutionären Impulse des Pariser Mai 1968«[126] war. Man habe sich selbst nicht als Gegenmodell verstanden, ließ Benoist sich im Rückblick vernehmen, und »manchmal eine gewisse Sympathie«[127] verspürt. Darüber möchte ich mehr erfahren. Ich trete Ende 2016 per E-Mail in Kontakt mit Benoist,[128] der sich bereit erklärt, meine Fragen zu beantworten. Im Unterschied zu den »alten Rechten« habe er dem »Mai 68« nicht feindselig gegenübergestanden. »Mein Hauptgegner war immer der Kapitalismus in ökonomischer Hinsicht, der Liberalismus in philosophischer und das Bürgertum in soziologischer Hinsicht.«[129] Im Mai 68 habe in Frankreich der letzte große Generalstreik stattgefunden. Benoist ist ein Anhänger dieser Idee, die von Georges Sorel in den Mittelpunkt einer Revolutionstheorie gestellt wurde, die später in faschistischen, aber auch in anarchistischen Gewerkschaftskreisen Anklang fand. »In einem weiteren Sinne schreibe ich mich von Sorel und Pierre-Joseph Proudhon her«, erläutert Benoist, »aber auch von Pierre Leroux und Benoît Malon aus der großen Pariser Kommune und, wenn man noch weiter zurückwill, von allen großen Aufständen unter dem Ancien Régime.« Das Ausmaß, in dem er linke Theorien studierte, ist überraschend. »Etwa seit 1965–66 habe ich begeistert Autoren wie Herbert Marcuse gelesen, Rosa Luxemburg, Anton Pannekoek etc. Mein politisch-philosophisches Denken heute schuldet sich Autoren wie: George Orwell, Christopher Lasch, Jean Baudrillard, Guy Debord und den Situationisten, Alain Caillé, dem Theoretiker des Anti-

Utilitarismus, Serge Latouche, dem Vordenker der Schrumpfungsidee, Jean-Claude Michéa,[130] der sich von der heutigen Linken lossagt und zu den Ursprüngen in der Arbeiterbewegung zurückwill, Ernesto Laclau und Chantal Mouffe. Theoretiker eines linken Populismus. In jüngster Zeit habe ich sehr viel gelernt aus den Schriften der neomarxistischen Schule und ihrer Wertkritik: der zu früh gestorbene Robert Kurz, Anselm Jappe, Moishe Postone und andere.« Wenn er sich selbst politisch einordnen soll, bezeichnet sich Benoist heute am liebsten als »linken Rechten« oder »rechten Linken«. Ist das eine bloße Masche, eine ausgeklügelte Strategie, mit der er Einfluss auf den linken Diskurs zu nehmen versucht? Oder Ausdruck einer Gesinnung, die sich tatsächlich aus »linken« und »rechten« Bestandteilen zusammensetzt? Vermutlich trifft beides zu. Ganz sicher hat er schon früh begonnen, darüber nachzudenken, wie die Rechte Einfluss und Bündnispartner unter den Linken finden könne. Er vermochte dies aber nur, weil er dabei an eigene Überzeugungen anknüpfen konnte, die sich für solche Brückenschläge eignen. Und die haben sich bei ihm früh herausgebildet. Die Großeltern mütterlicherseits waren Eisenbahner. Einfache Leute, durch die er schon als Kind »die Realität der Klassenbeziehungen«[131] begriffen habe, erläutert Benoist in seiner Autobiographie. Seine Großmutter väterlicherseits, die aus dem Bildungsbürgertum kam, habe sich dem »einfachen Volk« überlegen gefühlt. Die Arroganz, mit der Untergebene und Bedienstete vom französischen Bürgertum als minderwertige Menschen oder gar als reine Objekte behandelt wurden, lösten Abscheu und Zorn in ihm aus. Seine Offenheit gegenüber linken Zeitdiagnosen und Theorien hat sicher auch damit zu tun, dass Benoist früh gelernt hatte, die gesellschaftlichen Konflikte auch aus der Perspektive der Arbeiterklasse wahrzunehmen. Diese Sicht von unten macht sich in seiner überraschend differenzierten Beurteilung des Pariser Mai 68 und seiner Folgen bemerkbar. Er beobachtete das Geschehen aus nächster Nähe. Für eine Sondernummer der Zeitschrift *L'Écho de la presse et de la publicité* recherchierte er zu linksradikalen Kleinpublikationen, die damals im Quartier Latin aus dem Boden zu schießen schienen.[132] Die Unruhen beobachtete er als eine Art bezahlter Flaneur. Er war dabei, als in der Rue Gay-Lussac die ersten Barrikaden gebaut wurden. Zu der unmittelbar revolutionären Strömung, die von der Pariser Kommune, von der Oktoberrevolution oder, im Falle der Maoisten, von der chinesischen Kulturrevolution inspiriert war, habe er keinerlei Feindseligkeiten verspürt, erinnert sich Benoist.[133] Größte Sympathie hegte er für die zweite Strömung, die eine Kritik an der Konsum- und Massengesellschaft, an der »Gesellschaft des Spektakels« vorbrachte, wie sie auch Guy Debord und Jean Baudrillard formulierten. Hierhin gehörten die Kritik an der Produktionsgesellschaft, der Marktwirtschaft und dem Mythos des ewigen Wachstums. In diesem Zusammenhang sieht er die alternativen Lebensformen, seien sie ökologisch oder lokalistisch. Es folgt ein überraschendes Bekenntnis: »Ich gehöre ganz und gar dieser Strömung an.« Eine scharfe Kritik formuliert er hingegen gegenüber der dritten Richtung, die nach seiner Einteilung aus der Revolte hervorging. Diese habe auf hedonistische Impulse und kleinbürgerliche Bedürfnisse geantwortet, sich für die Legalisierung von Drogen eingesetzt und eine sexuelle Revolution gefordert. »Die Symbolfiguren dieser Bewegung haben sich sehr schnell an das herrschende System angepasst, weil sie sehr bald verstanden, dass sie in der Marktwirtschaft, im Kapitalismus, ihre Vorstellungen besser verwirklichen konnten.« Benoist wirft dieser dritten Strömung vor, sich mit den globalen Eliten verbündet und die Arbeiterklasse sich selbst überlassen zu haben. »Ihre Überzeugungen sind jene der herrschenden Oligarchie in ihrer schlimmsten Form. Es sind ja auch genau diese Liberallibertären, die den westlichen Imperialismus unterstützt haben, vor allem den amerikanischen, und zwar in seinen schlimmsten Ausprägungen: die pseudohumanitären Militäreinsätze im Nahen Osten, das Desaster in Afghanistan, in Libyen und im Irak.«

Der Sound der Linken

Als Henning Eichberg 1967 verkündete, es dürfe keinen Begriff geben »den es nicht zu diskutieren und rational abzugrenzen, den es nicht *radikal in Frage* zu stellen gilt, sei es Nation oder Volk, Europa oder Reich, Vaterland oder Menschheit, Nationalgefühl, Nationalbewusstsein oder Nationalismus«,[134] stand er auf der einen Seite zweifellos unter dem Eindruck der Überlegungen von Benoist und dessen französischen Kameraden, die den Nationalchauvinismus der alten Rechten mit links- und eurofaschistischen Ideen zu überwinden versuchten. Auf der anderen Seite ging es darum, mit der theoretischen Arbeit der linken Kommilitonen überhaupt noch mithalten zu können. Nur »durch rationales Durchdenken und durch Ausrichtung auf progressive Ziele«,[135] meinte Eichberg, würde sich das Defizit auf der rechten Seite überwinden lassen.

Das kulturelle Interesse, das Eichberg hegte, sein Sprachgefühl, seine theoretische Neugier und seine für Leute aus seinem politischen Lager ungewöhnliche Offenheit gegenüber linken Positionen, halfen ihm, eine politische Rhetorik zu entwickeln, die den Sound der Linken nutzte, um die Sache der Rechten voranzubringen. »Die Spaltung Deutschlands ist die Spaltung des deutschen Proletariats«, lautete die Überschrift eines Flugblatts, das die Basisgruppe Neuer Nationalismus aus Bochum in Kassel verteilte.[136] »Die Neue Linke war ziemlich verblüfft. Singer bewarf sie auch mit glossierten Marx-Lenin-Mao-Zitaten.«[137]

Sein Ansatz, Slogans zu verwenden, die das eigene nationale Anliegen mit Kapitalismuskritik verbanden, wurde von einigen seiner

Mitstreiter geteilt: »Zerschlagt die Plutokraten-Fesseln, stürzt die Bonzen von den Sesseln«, »Weg mit Ulbricht und mit Brandt – Alle Macht in Arbeiterhand« und »Solidarisieren – mitmarschieren! Höchste Zeit: Aktionseinheit«. Slogans wie diese wären auf der Demonstration gegen Stoph und Brandt besser geeignet gewesen als Parolen wie »Deutsches Land wird nicht verschenkt, eher wird der Brandt gehängt« oder »Brandt an die Wand« schrieb Eichbergs Kamerad Gert Waldmann.[138] Bei solchen Sprüchen handele es sich um »die Sprache Krimineller, die Politik mit Terror verwechseln, die zum Verbrechen auffordern, vielleicht schon Verbrechen planen«, fuhr er fort. Offenbar war die Distanzierung von der Gewaltrhetorik in diesem Fall nicht bloß taktischer Natur.

Schon bald sollte die von dem Kreis um Eichberg ersonnene Kommunikationsstrategie aber auch das Interesse von Altnazis wecken, die im südamerikanischen Exil lebten. Eines ihrer Organe war die von 1967 bis 1977 in Argentinien erscheinende Zeitschrift *La Plata Ruf*. Chefredakteur Wilfred von Oven (1912–2008) war als ranghoher Mitarbeiter von Propagandaminister Joseph Goebbels eine wichtige Stütze des Regimes gewesen. Im September 1973 publizierte er unter der Überschrift »Die besseren Argumente« den Leserbrief einer gewissen Thora Ruth, der die Handschrift von Henning Eichberg trug.[139] Ist er der Autor, der sich hinter dem Pseudonym verbirgt?

»Nein. Ich habe niemals mit dem *La Plata Ruf* zu tun gehabt. Der Hintergrund der Legende ist, dass ich für die nur kurzlebige Zeitschrift *Neue Zeit* der Aktion Neue Rechte einen Aufsatz geschrieben hatte mit dem Titel ›Warum sind wir Sozialisten‹. Ich habe mir darin zurechtgelegt, dass es einen Unterschied zwischen Sozialismus und Kommunismus gebe und warum der Sozialismus etwas für uns wäre. Der Text wurde vom *La Plata Ruf* nachgedruckt, offenbar ohne Quellenangabe. Ich kannte die Leute nicht, habe nie ein

Exemplar der Zeitschrift in die Hand bekommen und bin erst über die Antifa-Literatur darüber informiert worden, dass es diesen Nachdruck gab.«

Ich habe den Text dabei, darf ich Ihnen daraus vorlesen?

Eichberg: Ja bitte, tun Sie das.

Ich beginne: »Die besseren Argumente. Während bei CDU und FDP die enge Verbindung zur Großindustrie allgemein bekannt ist, erhofften sich viele Arbeiter von der SPD eine bessere Politik – und müssen allmählich feststellen, dass auch diese ›Arbeiterpartei?‹ mit den scheinbar bekämpften Bossen versippt ist. Hierin liegt die Chance einer nationalen Opposition. Wir haben einfach die besseren Argumente.«

Das klingt nach Ihnen, oder?

Eichberg: Ja. Das hätte ich schreiben können. Damals.

Ich lese weiter: »(...) nicht nur auf dem Gebiet der Wirtschafts- und Sozialpolitik. Die Idee des Befreiungsnationalismus ist in ganz Europa – von Irland und der Bretagne bis zu den unterdrückten Völkern Osteuropas – auf dem Vormarsch. (...) Wir wenden uns sowohl gegen den sowjetischen Panzerkolonialismus als auch gegen den US-Dollarimperialismus.«

Eichberg: Das sind meine Worte.

Ich fahre fort: »Wir müssen unsere Aussagen so gestalten, dass sie nicht mehr ins Klischee der ›Ewig-Gestrigen‹ passen. Eine Werbeagentur muss sich auch nach dem Geschmack des Publikums richten und nicht nach dem eigenen.«

Eichberg: Da wird es strategisch, das ist nicht so meine Art.

»Und wenn kariert Mode ist, darf man sein Produkt nicht mit Pünktchen anpreisen. Der Sinn unserer Aussage muss freilich der gleiche bleiben. Hier sind Zugeständnisse an die Mode zwecklos. In der

Fremdarbeiter-Frage etwa erntet man mit der Argumentation ›Die sollen doch heimgehen‹ nur verständnisloses Grinsen. Aber welcher Linke würde nicht zustimmen, wenn man fordert: ›Dem Großkapital muss verboten werden, nur um des Profits willen ganze Völkerscharen in Europa zu verschieben. Der Mensch soll nicht zur Arbeit, sondern die Arbeit zum Menschen gebracht werden.«

Ich habe vermutet, dass Sie selbst hinter diesen Formulierungen stecken.

Eichberg: Ja. Das könnte man ohne weiteres vermuten. Nur dieser strategische Zwischenteil entsprach nicht mir. So habe ich nicht geschrieben und auch nie gedacht. Ich vermute, dass der übrige Text bei mir abgeschrieben worden ist. Denn das sind Formulierungen und Beispiele, die ich verwendet habe. Ich habe aber keine Ahnung, wer das gemacht hat.

Abkehr von den Altnazis

Tatsächlich grenzten sich die Nationalrevolutionäre um Eichberg in dieser Zeit in internen Diskussionen zunehmend deutlich vom Naziregime ab. Sie verdammten den »Chauvinismus alter Zeiten«[140] und forderten, gegenüber dem Nationalsozialismus dürfe es »keine Indifferenz geben. Ein tiefes Bedauern ist die gebotene Haltung, gewiss auch Scham«.[141] Entschieden wandte sich Eichberg gegen »die wertende Über- und Untermenschentheorie, die mit dem Antisemitismus verbunden wurde« und die dazu führte, »dass eine Jahrhunderte alte deutsch-jüdische Symbiose zerstört« wurde.[142] Viele Akteure der Neuen Rechten hatten kein Interesse mehr an Diskussionen über die Kriegsschuld von 1939, konnten mit Blut und Bodenideologie nichts anfangen und hegten auch keine Weltmachtträume mehr.[143] Stattdessen begann man, sich vorbehaltlos auf die Seite des konservativen Hitler-Attentäters Oberst Claus Schenk Graf von Stauffenberg zu stellen, was selbst in gemäßigt konservativen Kreisen zu dieser Zeit nicht selbstverständlich war. »Über diese Frage gab es in der Szene, mit der ich zu tun hatte, keinerlei Dissens«, erinnert sich Henning Eichberg: »Der 20. Juli war ein ganz wichtiger Bezugspunkt für uns. Dafür hat Sven Thomas Frank viel getan.«[144] Er selbst habe sich damals aber mehr für A. Paul Weber interessiert. »Das war ein nationalrevolutionärer Künstler aus der Szene der Zwischenkriegszeit, der für seine Anti-Hitler-Karikaturen bekannt wurde. Das lag mir aus ästhetischen Gründen näher als der Offizier Stauffenberg.«

Für die von Eichberg am 31. August 1974 mitgegründete Sache des Volkes/Nationalrevolutionäre Aufbauorganisation (SdV/NRAO), die ein Spaltprodukt der Aktion Neue Rechte war, kam »eine Zusammenarbeit mit Nazis nicht in Frage«.[145] Allerdings pflegte man nach wie vor Kontakte zu Mitgliedern der Jungen Nationaldemokraten (JN) und hegte Sympathien für eurofaschistische Strömungen und die internationalen Freiwilligen-Bataillone der Waffen-SS,[146] die als »Europäer der ersten Stunde«[147] nicht für eine Weltanschauung oder für Adolf Hitler, sondern für eine Föderation ihrer Nationen gekämpft hätten. Positiv besetzt waren Namen wie Drieu la Rochelle oder der des britischen Faschistenführers Oswald Mosley,[148] der in den Nachkriegsjahren für die Idee eines europäischen Einheitsstaates eintrat.

Antiimperialismus von rechts

Im Winter 1968 gingen einige Angehörige des Berliner SDS – darunter Rudi Dutschke sowie die Kommune-I-Mitgründer Dieter Kunzelmann, Dorothea Ridder und Ulrich Enzensberger – nach einem Vortrag des Philosophen Ernst Bloch im Audimax der Freien Universität Berlin noch gemeinsam in den Zoo-Palast, wo Louis Malles Film »Viva Maria« mit Brigitte Bardot und Jeanne Moreau seit zwei Tagen lief. Darin geht es um eine europäische Schauspieltruppe, die um die Wende vom 19. zum 20. Jahrhundert in Mittelamerika die Revolution unterstützt. Am Ende setzten sie ihren Kampf in Europa fort. Für die Berliner Aktivisten brachte der Filmbesuch eine Erleuchtung. »Wir hatten gute Kontakte zu Dritte-Welt-Gruppen«, erinnert sich Kunzelmann. »Rudi kannte Haitianer, die später versucht haben, den bewaffneten Kampf gegen Duvalier erfolgreich durchzuführen. Sie sind alle ermordet worden. Wir kannten Leute aus Peru, aus Bolivien und anderen Ländern der Dritten Welt, und es stand für uns in der Viva-Maria-Phase, auch schon vor dem Film und insbesondere nach dem Film, immer im Raum: Sollen wir nicht in die Dritte Welt gehen? Der Film war für uns eine Bestätigung, dass wir in jeder Weise die Guerilla-Bewegung in den Ländern der Dritten Welt unterstützen müssen mit unseren Möglichkeiten und Mitteln von den Metropolen aus.«[149] Die Dritte Welt, so glaubte die Gruppe, könne sich nicht befreien »von Kolonialismus, Ausbeutung und allem Drum und Dran, besonders dem Kulturimperialismus, wenn nicht die Situation in den Metropolen sich verändert«.[150]

Befreiungsnationalismus

Die wichtigste Projektionsfläche für den Kampf in den Metropolen wurde der Widerstand des Vietcong gegen die Aggression der USA in Vietnam. Der Konflikt spitzte sich zu dieser Zeit immer weiter zu. Nun ging es darum, eindeutig Partei zu ergreifen. Die studentische Linke und der Vietcong führten ein und denselben Krieg gegen den Imperialismus, so die Auffassung von Dutschke. Es hänge primär vom Willen der Linken in den Metropolen ab, »wie diese Periode der Geschichte enden wird«.[151] Man suchte den Schulterschluss mit den revolutionären Massen in den Ländern des Südens. Anknüpfungspunkte für diese Idee boten, neben dem Vietcong, die linken Guerillabewegungen in Lateinamerika, insbesondere der von Fidel Castro, Che Guevara und ihren Mitstreitern zum Erfolg geführte Aufstand gegen die Batista-Diktatur auf Kuba. Die bedeutendsten Schriften der Revolutionäre erschienen im 1967 gegründeten Trikont-Verlag. Zugleich entstanden Arbeitskreise und Trikont-Gruppen innerhalb des SDS, die Solidaritätsaktionen für die nationalen Befreiungsbewegungen organisierten.[152]

Eindruck machte der antikoloniale Widerstand jedoch nicht nur auf die Linke. Auch Henning Eichberg war, mit einigen Jahren Verzögerung, fasziniert von dem, was sich in den Ländern des Trikont vor den Augen der Weltöffentlichkeit abspielte. Zwar hatte er es seit langem abgelehnt, »Rassen in bessere und schlechtere im moralischen oder sonst einem Sinne einzuteilen«.[153] Doch war er von der »faktischen Überlegenheit der weißen Rasse«[154] überzeugt, wies die grundsätzliche Kritik an biologischen Rassentheorien als wissenschaftsfeindlich zurück[155] und zeigte sich zudem als ein glühender Bewunderer des Apartheid-Regimes in Südafrika. Er sah in ihm auch ein Modell zur Lösung der Konflikte in den USA, wo die Bürgerrechtsbewegung damals für die Gleichstellung von Schwarzen und

Weißen kämpfte, und gab für seinen Heimatkontinent die unzweideutige Parole aus: »Europa den Europäern!«[156] Doch im Zuge seiner Beschäftigung mit dem Befreiungsnationalismus bekam seine Überzeugung Risse. Mit den Indianern fing es an. Vine Delorias Buch »We talk, you listen« sei ein wichtiges Buch für ihn gewesen.[157] »Hinzu kamen Fidel Castro, Che Guevara. All das hatte mit der nationalen Frage zu tun. Mit der antikolonialen Solidarität ist meine eurofaschistische Grundhaltung, die Europasolidarität der weißen Rasse, die ich mit den französischen Nationalisten geteilt hatte, schließlich zerbrochen.«[158]

Kritik an der Entwicklungshilfe

Parallel zu seinen politischen Aktivitäten betrieb Eichberg eine wissenschaftliche Karriere, die ihn nach seiner 1970 in Bochum erfolgten Promotion im Fach Geschichte im Jahr darauf nach Stuttgart führen sollte. Als wissenschaftlicher Assistent am Institut für Sozialforschung der dortigen Universität befasste er sich in Vorbereitung auf einen Forschungsaufenthalt in Sumatra, wo er gemeinsam mit deutschen und indonesischen Kollegen einen Entwicklungsplan schreiben sollte, in einer Studie kritisch mit den damaligen Konzepten der Entwicklungshilfe. Unter dem Titel »›Entwicklungshilfe‹ – Verhaltensformung nach europäischem Modell?« erschien dieser Aufsatz 1973 in der vom renommierten Duncker & Humblot Verlag verlegten *Zeitschrift für Wirtschafts- und Sozialwissenschaften.* Nach den »Unruhen von 1967/68«,[159] heißt es darin, habe die kapitalistische Industrie- und Leistungsgesellschaft in Westeuropa und Nordamerika ihren »selbstverständlichen Normencharakter für die zu gestaltenden Gesellschaften anderer Kulturen«[160] verloren. Eichberg kritisiert, dass die in Theorie und Praxis der Entwicklungshilfe zur Geltung gebrachten Maßstäbe jenen Normen entsprechen, die in Europa entwickelt worden seien. Fehlten diese in einer außereuropäischen Kultur, so erscheine diese als arm, unterentwickelt, unproduktiv und lethargisch, werde ihr das Fehlen von zivilisatorischen Werten bescheinigt. Die Entwicklungshilfe laufe Gefahr, die Geschichte des nicht selten »zerstörerischen kolonialen Zivilisations- und Verhaltensexports«[161] fortzuschreiben. Um den bis dato vorherrschenden Ethnozentrismus zu überwinden, schlägt Eichberg vor, »die Verhaltensmuster der anderen Kulturen zu erforschen und die Ergebnisse den daran interessierten Gruppen der fremden Kulturen anzubieten, damit diese nach eigenen Zielen entscheiden und handeln«[162] könnten. Nicht die missionarische Propagierung oder Oktroyierung von Werten wäre das Ziel solchen Kulturvergleichs, sondern die Mitwirkung an »einer ethnopluralistischen Neudefinition«[163] von »Entwicklung«, die »es der europäischen Zivilisation mehr als bisher erlauben« würde, »in der Auseinandersetzung mit außereuropäischen Verhaltensformen und Wahrnehmungsweisen«[164] von den in ihrer Eigenart respektierten fremden Kulturen zu lernen. Zum ersten Mal verwendet Eichberg in diesem Zusammenhang den Begriff »Ethnopluralismus«. Wahrscheinlich ist er auch sein Urheber. Er will nicht ausschließen, dass er den Ausdruck in seinen Kontakten zu den Franzosen als Wort mal irgendwo aufgefangen habe. Er sei jedoch mit Sicherheit der Erste gewesen, der darüber geschrieben habe.[165] In der heutigen Rechtsextremismusforschung gilt »Ethnopluralismus« als Kernbegriff eines erneuerten Rassismus. Jedem Volk wird darin der gleiche Anspruch auf seine kulturelle Identität zugestanden, seine Angehörigen sollen aber auf dem ihnen angestammten Territorium verbleiben. Vermischung ist nicht erwünscht. Der Begriff sollte eine zweifelhafte politische Karriere machen. Sie begann damit, dass Eichberg den im wissenschaftlichen Kontext verwendeten Ausdruck selbst in die nationalrevolutionäre Debatte einbrachte.[166]

Ein politischer Kampfbegriff

Für die unter Eichbergs ideologischem Einfluss stehende Gruppierung Sache des Volkes/Nationalrevolutionäre Aufbauorganisation (SdV/NRAO) war der Ethnopluralismus Bestandteil eines globalen Befreiungskampfes gegen die Herrschaft der beiden Weltmächte USA und Sowjetunion. Man gab sich national, zugleich jedoch strikt antinazistisch, gewaltfrei und demokratisch. »Rassismus, Blut- und Bodenideologie, Antisemitismus haben in dieser Grundhaltung keinen Platz«, heißt es in einer Presseerklärung der nationalrevolutionären Gruppierung aus dem Juni 1975.[167] Altnazis wird das abgeschreckt haben. Nicht jedoch die Jungen Nationaldemokraten (JN), also die Mitglieder der Jugendorganisation der NPD. Funktionäre wie Günter Deckert und Peter Dehoust standen im Rahmen der sogenannten Sababurg-Runde seit Mitte der sechziger Jahre im Austausch mit Vertretern der Neuen Rechten. Deckert brachte deren Pamphlete in der NPD in Umlauf und formulierte seine Anträge nach ihrem Vorbild. »Wir Jungen Nationaldemokraten erkennen im Nationalismus die politische Idee, die jedem Imperialismus, gleich welcher Herkunft, konsequent den Kampf ansagt«,[168] heißt es in einer Broschüre aus dem Jahr 1975. Im Jahr darauf beschloss der NPD-Nachwuchs, an der Seite »aller unterdrückten, gespaltenen, ausgebeuteten und geknechteten Völker« kämpfen zu wollen. »Nationalismus heißt nicht, andere Völker in ihren Rechten zu beschneiden, sondern gerade das Gegenteil: die Solidarität der Völker gegen den gemeinsamen Feind voranzutreiben.« Das hätte so oder so ähnlich auch aus der Feder Henning Eichbergs stammen können. Als Eichberg vor einigen Jahren von einem Journalisten damit konfrontiert wurde, dass sich viele seiner Ideen mittlerweile im Parteiprogramm der NPD wiederfanden, soll er zunächst ungläubig geguckt, kurz geschwiegen, dann mit der flachen Hand auf den Tisch gehauen und »Scheiße« gesagt haben.[169]

Mir sagt er, er sei gründlich missverstanden worden – und zwar sowohl von seinen rechten Adepten als auch von seinen linken Kritikern. »Ethnopluralismus bedeutet Anerkennung von Verschiedenheit.« Bei der heutigen Rechten sei das anders. Die erkenne zwar die Verschiedenheit von Nationalstaaten an, nicht jedoch die ethnische Vielfalt innerhalb nationalstaatlicher Grenzen. Es handele sich insofern um einen »staatlich halbierten Ethnopluralismus«, der neue Ausgrenzungen hervorbringe. Ihm hingegen, versichert Eichberg, »geht es nicht um eine Art Apartheid mit klaren Grenzen und Reinheit im Inneren.« Das habe er weder gemeint noch irgendwo geschrieben.

Doch ist der Vorwurf wirklich so unberechtigt? Schließlich kennzeichnet Eichbergs Aufsatz eine ausgesprochen pessimistische Einschätzung, was die Möglichkeit interkultureller Verständigung betrifft. Mit der »indoeuropäischen Sprachstruktur«, heißt es da unter Verweis auf verschiedene linguistische und kulturanthropologische Studien, könne eine fremde Sprache und Kultur prinzipiell nicht angemessen beschrieben werden.[170] Wer diese »strukturelle Kluft zwischen den Kulturen« zu überspringen versuche, habe »bereits einen Schritt zu Missachtung und Unterwerfung des Fremden getan«.[171] Eichberg räumt heute selbst ein, dass sich sein befreiungsnationalistisches Engagement zunächst auf die europäischen, dann auf die asiatischen und nur sehr zögerlich schließlich auch auf die afrikanischen Bewegungen erstreckte.[172] Zunächst ging es um die Agitation gegen den US-Imperialismus[173] und die als »Völkergefängnis« geschmähte Sowjetunion. Im Kontext der Forderung nach einer Beendigung der alliierten Besatzung floss ihm die Formel »Deutschland den Deutschen«[174] damals noch wie selbstverständlich aus der Feder.[175]

Lob der Differenz

Eines verbindet die rechten Verfechter des Ethnopluralismus mit den linken Anhängern der multikulturellen Gesellschaft. Beiden Gruppen geht es nicht um das kulturell Gemeinsame, sondern um die Betonung des je Spezifischen, des Anderen. Auch die Anhänger des Multikulturalismus »lieben Unterscheidungen«, meinte der Migrationsforscher Mark Terkessidis schon 1995.[176] Die Kulturen werden von ihrem jeweiligen »Besonderen« her definiert. Dem Lebensstil der »Anderen« werde dabei eine unhintergehbare ethnische Identität zugeschrieben, die letztlich der Selbstbesinnung auf das »Eigene« diene. Die Betonung der eigenen Andersartigkeit, der Differenz, spielte eine wichtige Rolle im antikolonialen Befreiungsdiskurs. Mit dem Konzept der »Négritude« versuchten afrikanische Intellektuelle wie Aimé Césaire und der spätere senegalesische Präsident Léopold Sédar Senghor, rassistische Zuschreibungen ins Positive zu verkehren und zur Mobilisierung eines »schwarzen« Widerstands zu nutzen.[177] Insofern lag Eichberg so falsch nicht, als er Ende der siebziger Jahre bemerkte, dass »unter der neuen gesellschaftskritisch geschärften Sicht, die unsere Errungenschaft der Jahre um 1968 ist«,[178] nicht mehr nur die Rechte von ethnischer Identität und nationaler Befreiung spreche. Die Frontstellung gegen einen zumindest partiell als repressiv empfundenen humanistischen Universalismus verbindet einen Ethnopluralismus, der die Andersheit des Anderen betont, zudem mit dem Begriff der Differenz, wie er in den siebziger Jahren im Rahmen von Poststrukturalismus, Postmoderne und Feminismus auf Seiten der Linken üblich wurde. Die Behauptung eines unhintergehbaren Anderen sollte helfen, vor der Unterdrückung durch »ein normiertes Bild des weißen, heterosexuellen Subjekts«[179] zu schützen.

Exkurs: Ein Gespräch über den Ethnopluralismus

Der Verleger Götz Kubitschek und die Journalistin Ellen Kositza gehören seit einigen Jahren zu den wichtigsten Repräsentanten der neurechten Szene. Kubitschek gilt als enger Vertrauter des AfD-Politikers Björn Höcke. Im Dezember 2016 besuchte ich das Ehepaar in dem kleinen Dorf Schnellroda in Sachsen-Anhalt. Kubitschek holte mich mit dem Auto am nahegelegenen Bahnhof ab und hatte mir ein Bett im wenige Schritte entfernten Gasthof Schäfchen reservieren lassen. Ich verstaue dort mein Gepäck und Kubitschek bringt die Kinder zu Bett. Dann können wir reden. Ob ich noch etwas vom Abendessen möchte? Nein, danke. Eine Schale mit Kartoffelchips genügt. Wir sitzen an dem langen Holztisch im Bibliothekszimmer des Hauses und trinken dazu ein Glas Rotwein. Ich am Kopfende des Tisches. Er zu meiner Linken, sie zu meiner Rechten. Viele Journalisten hatten die beiden hier, auf dem von ihnen selbst renovierten Rittergut Schnellroda, schon zu Besuch. Erst gestern waren zwei Kollegen vom *Spiegel* da. Die Räumlichkeiten, die auch Kubitscheks Verlag Antaios beherbergen, werden manchem Leser aus verschiedenen Fernsehbeiträgen oder den Fotoillustrationen diverser Artikel bekannt sein. Zu den Themen, über die wir an dem langen Abend sprechen, gehört auch das Konzept des Ethnopluralismus.[180]

Wie stehen Sie heute zu diesem Begriff?

Ellen Kositza: Er ist rundgelutscht und missbraucht worden. Die Linken sagen, wir würden von Ethnopluralismus nur reden, aber eine versteckte Form von Rassismus meinen. Ich finde den Terminus aber immer noch sehr gültig und wahr. Er steht für eine identitäre Politik.

Götz Kubitschek: Wir verwenden ihn nicht als Tarnbegriff, sondern ehrlich. Für mich handelt es sich um einen defensiven Begriff.

Was meinen Sie damit?

Götz Kubitschek: Völker, die einen Überschuss an jungen Leuten haben, verwenden den Begriff Ethnopluralismus nicht. Sie fragen eher danach, wo es Ausdehnungsmöglichkeiten gibt. Die türkische Community in Deutschland wird von der Türkei aus durchaus als Siedlungsprojekt im Ausland gesehen. Ethnopluralismus hingegen ist erstens ein intellektuelles und zweitens ein defensives Projekt, das die Lebensruhe der anderen würdigt.

Ellen Kositza: Er beinhaltet kein ausgreifendes Moment.

Götz Kubitschek: Genau. Ethnopluralismus bedeutet, dass wir den ethnokulturellen Ausdruck der anderen würdigen, und nicht vorhaben, in irgendeiner Weise missionarisch, prägend, formend oder vereinnahmend zu wirken. Diese Haltung impliziert, dass man hofft, dass die anderen auch ethnopluralistisch sind und uns in Ruhe lassen.

Wie stehen Sie zur Frage der Vermischung?

Götz Kubitschek: Die hat an den Rändern immer stattgefunden. Deutschland ist ein gutes Beispiel dafür, dass es immer Ergänzungen, Abgaben und auch einen blutsmäßigen Austausch gab. Meine Familie ist ein gutes Beispiel dafür, väterlicherseits geschah das Mitte des 19. Jahrhunderts, mütterlicherseits war es nicht notwendig. Klar ist, dass jedes Volk auch eine ethnische Größe ist und dass der Verlust dieser relativen Homogenität große Probleme nach sich zieht.

Welche Konsequenzen ziehen Sie daraus?

Götz Kubitschek: Ich glaube, dass bestimmte politische Konzeptionen nur funktionieren, wenn es eine gewisse Homogenität im Volk gibt. Demokratie ist nur möglich, wenn Sie akzeptieren können, dass Sie überstimmt werden. Wenn das, was Sie überstimmt, zu fremd ist, dann können Sie das nicht. Das betrifft beispielsweise die Frage nach unseren Rechtsnormen auf der einen und Scharia-Ansätzen auf der anderen Seite.

Ellen Kositza: Das greift schon früher als bei den Rechtsnormen. Wir halten etwas von der Verschiedenheit der Kulturen. In Ihrem Fachbereich, der Soziologie, ist das Essentialistische ja ein Schmähwort. Also, dass es eine Kultur wert ist, erhalten zu werden. Wir hingegen halten davon viel, auch wenn wir damit auf verlorenem Posten sitzen. Das Gefühl des Verlusts an Kultur war für uns überhaupt ein Grund, uns als rechts zu empfinden. Mich macht es traurig, wenn Vertrautes, Sprache, Sitte, Feste, ihren Charakter verlieren und von so einer Hyperidentität verdrängt werden.

Götz Kubitschek: Das ist nur schwer erklärbar. Ich glaube auch nicht, dass es für alles Argumente gibt. Das ist eine Zuneigung zu bestimmten Dingen, die einen zu einem Freund des Unterschieds macht.

Ellen Kositza: Und zwar nicht nur in Bezug auf unsere eigene Kultur. Mein Mann und ich sind viel gereist, auf unterschiedliche Weise. Mein Mann hielt sich mehrmals in Kamerun auf. Kulturen zu sehen, das Andere als Anderes wahrzunehmen und als Reichtum zu empfinden, ohne Herablassung oder Geringschätzung, das ist für uns ein hoher Wert.

Götz Kubitschek: Oft wird den Leuten dort, wo sie Urlaub machen, nur eine konsumierbare Folklore vorgesetzt.

Ellen Kositza: Das beste Beispiel ist wahrscheinlich diese Streetfood-Kultur in den deutschen Großstädten. In Berlin gibt es doch diesen großen Markt, wo man von thailändischer Kost über spanische Tapas bis hin zu verschiedensten afrikanischen Speisen alles gereicht bekommt. Man wähnt sich dadurch irgendwie befruchtet. Dabei handelt es sich bei diesen gastronomischen Angeboten allein um die Speckschicht einer urbanisierten globalen Kultur.

Götz Kubitschek: Echte Kultur und echtes So-und-nicht-anders-Sein ist nicht verfügbar, nicht konsumierbar in dem Sinne, dass es austauschbar wäre. Wichtig ist, dass Leute Dinge machen ...

Ellen Kositza: ... die nicht merkantil ausschlachtbar sind ...

Götz Kubitschek: ... ohne dass man ihnen dabei zuguckt oder weil sie damit Geld verdienen wollen, sondern einfach nur, weil sie so sind. Ich finde es seltsam, dass der Impuls, eine Kultur erhalten zu wollen, bei vielen Leuten immer erst dann anspringt, wenn diese schon kaputt gemacht worden ist wie die Kultur der Indianer oder der Tibetaner. Das ist eine Scheißart, auf die Vielfalt zu schauen.

Was ist denn Ihre Sicht?

Götz Kubitschek: Der Mensch wird manipulierbar, wenn er sich nicht unterscheidet. Für die globale Wirtschaft ist es schwierig, einheitlich zu produzieren, wenn die Konsumgewohnheiten nicht einheitlich sind, weil die Leute anders leben wollen und den Einheitsbrei nicht gewohnt sind, der ihnen angeboten wird. Echte Ökologie ist immer identitär. Fair gehandelte Kiwi-Paste aus Bolivien zu konsumieren, ist nicht ökologisch. Ökologisch ist, wenn wir in unserer Region im Winter Kraut und Schlachteplatte essen, also Nahrungsmittel, die wir für diese Zeit vorbereitet haben.

Tipps in Basisdemokratie: Der Anarchist und die »Sache des Volkes«

Aus der Ferne betrachtet erinnert der sich gegen den grauen Himmel streckende Turm an eine Maya-Pyramide. Wobei die zahlreichen Kleinskulpturen fernöstlich gewandter Göttinnen und Götter in Tier- oder Menschengestalt zugleich den Eindruck eines der bei Kindern so beliebten Wimmelbilder erwecken. Wir stehen vor dem Gopuram, dem 17 Meter hohen Turmtor zum Sri-Kamadchi-Ampal-Tempel, einer bedeutenden Kultstätte tamilischer Hindus. Sie befindet sich aber nicht, wie man meinen könnte, in Südindien oder in einer anderen exotischen Region, sondern mitten im Gewerbegebiet von Uentrop, einem circa 28 000 Einwohner zählenden Stadtteil der westfälischen Provinzmetropole Hamm. Gegründet wurde die im Juli 2002 fertiggestellte Heimstatt der Göttin mit den liebevollen Augen – so die deutsche Übersetzung von Kamadchi – von einem tamilischen Priester, der 1985 vor dem Bürgerkrieg aus seiner Heimat Sri Lanka geflüchtet war. Das buntschillernde Gebäude liegt, ebenso wie das Wohnhaus des Priesters, in unmittelbarer Nachbarschaft zum Großschlachthof des Unternehmens Westfleisch. Viele Hindus bevorzugen vegetarische Kost, Rinder gelten als heilige Tiere, die nicht getötet werden dürfen. Der blutige Betrieb direkt vor der Tür scheint hier aber niemanden zu stören. Wenige Schritte vor dem Haupteingang des Tempels richtet sich ein weiterer, neun Meter hoher Turm auf. Dahinter verbirgt sich die Garage für den Festwagen, mit dem die Göttin einmal im Jahr ausfährt. Den Anlass dazu bietet das 14-tägige Tempelfest. Bis zu 30 000 Gläubige und Schaulustige reisen dazu nach Hamm. Ob sie sich dafür interessieren, dass sich nur wenige hundert Meter von hier ein Atomkraftwerk befindet, dessen Betrieb die Gemüter der Anwohner seit vier Jahrzehnten erhitzt? Mein Begleiter bezweifelt das.

Sein Name ist Horst Blume. 1976 hatte er gemeinsam mit einigen wenigen Mitstreitern eine Bürgerinitiative gegründet, um die Inbetriebnahme des Thorium-Hochtemperatur-Reaktors (THTR) in Uentrop zu verhindern. Damals betraten sie Neuland. Die Anti-Atomkraftbewegung hatte fünf Jahre zuvor im ländlichen Wyhl am Kaiserstuhl ihren Anfang genommen. Aber dass Menschen sich jenseits der etablierten Parteien oder Gewerkschaften selbst organisierten, um ein politisches Anliegen durchzusetzen, war auch Mitte der siebziger Jahre noch nicht selbstverständlich. Zumindest galt das für die Provinz. Damals gab es kaum Info-Material über die gefährlichen Aspekte des Atomstroms. Blume hatte mich mit dem PKW vom Bahnhof abgeholt. Ich will mir von ihm berichten lassen, wie er, der Anarchist, in den Siebzigern mit den Nationalrevolutionären Bekanntschaft schloss.

Nationalrevolutionäre Umweltschützer

Als wir, nur wenige Minuten nach unserem Ausflug zum Hindu-Tempel, gemeinsam in seinem Wohnzimmer sitzen, erzählt mir Blume, wie er 1979, er war damals Mitte zwanzig, während einer Anti-Atom-Demo in Bonn zum ersten Mal auf die Nationalrevolutionäre stieß. »Es war eine Gruppe von zwei oder drei jungen Leuten in meinem Alter. Einer von ihnen hieß Armin Krebs. Vom Äußeren her gab es eine gewisse Distanz: Sie waren bieder angezogen und trugen kurze, ich lange Haare. Sie führten eine grüne Bundschuhfahne mit sich, also die Fahne der aufständischen Bauern aus dem 15. und 16. Jahrhundert. Ich machte damals ein Praktikum in biologischem Landbau und interessierte mich für Themen, die mit der Landwirtschaft zu tun haben. Daher erkannte ich die Fahne. Wir kamen ins

Gespräch. Sie polemisierten gegen einen Autobahnbau im Sauerland und hatten entsprechende Flugis dabei. Sie wandten sich gegen den »Autowahn« und die Naturzerstörung. Sie stellten sich als Nationalrevolutionäre vor, die aus Menden kamen, hatten aber weitere Stützpunkte in Düsseldorf und einigen weiteren Orten. Sie signalisierten Interesse, mit Leuten aus anderen politischen Zusammenhängen in Kontakt zu treten.« Man tauschte Adressen aus, telefonierte. Für den 24. und 25. November 1979 war ein Zentralkongress in Hessen anberaumt worden. »Falls Du Interesse hast, mit uns dorthin zu fahren, so bieten wir Dir eine Mitfahrgelegenheit an. Leute von *laser* und der *Neuen Zeit* sind dort auch dabei«, heißt es in einem Brief, den Blume von den Sauerländern erhielt.[181] *Laser* und *Neue Zeit*, das waren Zeitschriften, die im Umfeld von Henning Eichberg entstanden waren.

Man verstand sich als nationalrevolutionär. Diese Leute hatten zwischen 1972 und 1974 versucht, die von dem ehemaligen stellvertretenden NPD-Vorsitzenden Siegfried Pöhlmann als Auffangbecken für enttäuschte Parteimitglieder und politisch heimatlose Nationalisten gegründete Aktion Neue Rechte (ANR) in ihre Richtung zu steuern. Das Gründungsmanifest stammte von Eichberg, allerdings hatte er es anonym verfasst.[182] Doch diese Organisation zerbrach schon bald an den Konflikten zwischen Nationalrevolutionären, Hitler-Anhängern und Nationalkonservativen. Schließlich fanden sich ca. 1000 Nationalrevolutionäre am 31. August 1974 im hessischen Frankenberg unter der Bezeichnung Sache des Volkes/Nationalrevolutionäre Aufbauorganisation (SdV/NRAO) zu einer eigenen Gruppierung zusammen.

Einen anderen Weg ging zur gleichen Zeit eine aus dem Hamburger Kreis um Lothar Penz hervorgegangene Gruppierung, der nur etwa 100 Personen angehörten. Mit Gründung der Solidaristischen Volksbewegung (SVB) am 24. August suchten sie den Anschluss an das bürgerlich-konservative Spektrum des sich zu dieser Zeit herausbildenden grün-alternativen Milieus.[183]

Während sich die Hamburger bereits seit 1968 mit der von ihnen gegründeten Bürgerinitiative Bio-humanistische Aktion für die Erhaltung des Landschaftsschutzgebietes Krabbenkamp, gegen Straßenbauprojekte und für ein regionales Umweltschutzprogramm engagierten,[184] erhielt das Ökologiethema in der SdV/NRAO erst 1977 einen hohen Stellenwert im neu beschlossenen nationalrevolutionären Programm. Von nun an engagierten sich ihre Aktivisten mittels ihrer Basisgruppen in einer Vielzahl von Umweltschutzgruppen und Bürgerinitiativen für eine Einschränkung des Individualverkehrs, den Ausbau und die Subventionierung des öffentlichen Schienennetzes, die Nutzung von erneuerbaren Energiequellen sowie gegen die Atomenergie als zu gefährliche und zu teure Form der Energiegewinnung.[185] Außerdem warnten sie, dass die technologischen Sicherheitsrisiken den Staat dazu veranlassen könnten, im Einvernehmen mit der Atomindustrie einen mit allen technischen Möglichkeiten der Datenspeicherung versehenen Überwachungsstaat aufzubauen. Mit diesen Forderungen waren sie Teil der Ökobewegung, aus der später die Partei Die Grünen hervorgehen sollte. Die Bewegung befand sich in Opposition zu der von der sozialdemokratisch geführten Regierung forcierten Energie- und Technologiepolitik. Die SPD war zum Auffangbecken für einen Teil der von 1968 politisierten Jugend geworden. Doch hatte der seit 1974 amtierende Bundeskanzler Helmut Schmidt, ein ehemaliger Oberleutnant der Wehrmacht, mit der radikalen Gesellschaftskritik, wie sie von den Achtundsechzigern vertreten wurde, nichts im Sinn. Stattdessen war er treibende Kraft einer parteiinternen Strömung, die den im Godesberger Programm von 1959 eingeschlagenen Kurs unbedingt fortsetzen wollte. Und der bedeutete: Abschied von Marxismus. Die ideologische Marschrichtung wurde von liberalen Pragmatikern vorgegeben. Das von Georg Lührs, Frithjof Spreer, Manfred Tietzel und einem gewissen Thilo Sarrazin herausgegebene Buch »Kritischer Rationalismus und Sozialdemokratie« (1975) rechtfertige »eine Politik, die angesichts schrumpfenden wirtschaftlichen Wachstums versucht, das ›Anspruchsniveau‹ für Reformen zu senken und staatliche Tätigkeit auf bloßes Reagieren gegenüber den Entscheidungen der privaten Unternehmen, auf Orientierung am ›Machbaren‹ zu reduzieren«, urteilte die Rezensentin der *Zeit*,[186] um fortzufahren: »Wer sich die im vorliegenden Band ausgebreiteten Glaubenssätze zu eigen macht, wird kaum noch geneigt sein, sozialdemokratisch zu wählen oder gar der Sozialdemokratischen Partei als Mitglied anzugehören – es sei denn, er will aus ihr eine ganz normale konservative Partei machen.«

Die jungen Nationalrevolutionäre wiederum näherten sich in dieser Zeit immer mehr den in der linksradikalen Szene vertretenen Positionen an. Das betraf keineswegs nur das Thema Ökologie. Sie kritisierten die ungleiche Verteilung von Macht, die aus dem Privateigentum an den Produktionsmitteln resultiert. Sie riefen nach Streikmaßnahmen, um die gewerkschaftliche Forderung nach Einführung einer 35-Stundenwoche durchzusetzen.[187] Sie forderten, die Produktionsmittel in die Hand der Produzenten zu überführen, die innerbetriebliche Entscheidungsfindung basisdemokratisch zu organisieren, Banken und Versicherungen zu verstaatlichen sowie die multinationalen Konzerne zu zerschlagen. Zwar wurde das realsozialistische Modell der osteuropäischen Staaten nach wie vor abgelehnt, doch begann man vorsichtig, die massiv vorhandenen Berührungsängste zum Marxismus abzubauen.[188] Als neue Bündnispartner wurden moskaukritische linksradikale Gruppierungen und die Ökobewegung in Betracht gezogen. »Auf zur friedlichen Bohrstellenbesetzung am 3./4.5. nach Gorleben«, hieß es 1980 in der Aprilausgabe des *laser*. Wer den Etablierten etwas Sand ins Getriebe streuen möchte, »ist mit der Wahl der Grünen gut beraten«,[189] empfiehlt die Redaktion ihren Lesern im Vorfeld der Landtagswahlen in Nordrhein-Westfalen am 11. Mai desselben Jahres.

Eine ungewöhnliche Debatte

Vor dem Hintergrund der gesuchten Nähe zum linksalternativen Milieu ist zu erklären, dass die Nationalrevolutionäre aus dem Sauerland Horst Blume nicht nur wiederholt einluden, ihren Veranstaltungen beizuwohnen, sondern in dem Anarchisten einen kompetenten Ansprechpartner in Fragen der Basisdemokratie vermuteten. Als einer von ihnen plante, für die Düsseldorfer SdV/NRAO-Konferenz am 26. Januar 1980 ein Referat zum Thema zu halten, wandte er sich an Blume. Er denke daran, »auch interessante und echt basisdemokratische, anarcho-syndikalistische Aspekte einfließen zu lassen«,[190] heißt es in dem Brief vom 4. Januar, von der »Anarcho-Bewegung in Deutschland in der Weimarer Republik« bis zu den »Vorstellungen der ›Grünen‹ in der BRD«. Er bat Blume, ihm »in Kürze einiges Material über diesen Themenkomplex zuzusenden; eventuell auch leihweise und gegen Postgebührenrückerstattung«.

Schließlich war die Redaktion des *laser* sogar bereit, sich in Ausgabe Nr. 16 mit der Forderung nach Freilassung des arrestierten Bundeswehrdeserteurs und Kriegsdienstverweigerers Siegbert Künzel zu solidarisieren. Der war von Feldjägern festgenommen worden, als »er in einem T-Shirt mit der Aufschrift ›totaler Kriegsdienstverweigerer‹ auf den Rasen des Hammer Jahnstadions stürmte, auf dem vor mehreren tausend Zuschauern gerade das 7. Sanitäts-Bataillon zur Entgegennahme der Patenschaftsurkunde der Stadt Hamm angetreten war«. (*Der Spiegel*, 3/1981) Blume selbst trat damals in einen zweiwöchigen Hungerstreik, um Aufmerksamkeit für den Fall zu erreichen.

Es gingen noch einige Briefe hin und her, man sah sich gelegentlich auf Demos,[191] aber zu einem Treffen mit ausführlichem Gedankenaustausch kam es trotz verschiedener Einladungen der Nationalrevolutionäre nicht mehr.[192] Zu sehr nahm Blume damals die Arbeit in der Bürgerinitiative gefangen. »Ich war zwar daran interessiert, mehr über sie zu erfahren, war zu dieser Zeit aber sehr stringent darum bemüht, das Atomkraftwerk in unmittelbarer Nachbarschaft unserer Stadt zu verhindern«, erinnert sich Blume. Allerdings las er ihre Zeitschriften: *Wir selbst*, die *Neue Zeit*, aber vor allem den *laser*, in dem damals eine Diskussion über den Regionalismus geführt wurde, die ihn sehr interessierte. »Auch bei den Spontis, im *Pflasterstrand*, wurde darüber diskutiert«, erinnert sich Blume. »Im linken Trikont-Verlag erschien damals eine Serie über den Regionalismus: Südfrankreich, Katalonien, die Bretagne oder das Elsass. Das hat mich sehr geprägt.« Auch Henning Eichberg bezog sich zu dieser Zeit positiv auf die linke Regionalismus-Diskussion, die beispielsweise auch in der vom Trikont-Verlag herausgegebenen Publikationsreihe »Autonomie – Materialien gegen die Fabrikgesellschaft« geführt wurde.

Nationalrevolutionäre und antiautoritär-sozialistische Bestrebungen verband der gemeinsame Kampf »für Selbstbestimmung und für das Recht der Völker auf Unterschied« sowie der Kampf gegen den Kapitalismus, der diese Selbstbestimmung bedrohe.[193] So sah es jedenfalls Eichberg.

Blume schrieb einen Leserbrief an den *laser*, der unter dem Titel »Einige Überlegungen zum Verhältnis der Nationalrevolutionäre in der BRD zum Regionalismus« in der Ausgabe (Nr. 21) von Februar/März 1980 auf vier Seiten erschien. Darin stellte er die Tragfähigkeit des Begriffs der Nation in diesem Kontext in Frage und wollte wissen, ob die Losung »Für ein vereintes, sozialistisches Deutschland« in einem föderalistischen Europa der Regionen noch Sinn machte. Ihm sei es damals so vorgekommen, erläutert er mir, als ob die Nationalrevolutionäre am Ende immer den Nationalismus hervorkehren wollten. Blumes Kritik blieb in deren Reihen nicht unbeachtet. Die von ihm angenommenen Widersprüche zwischen »nationaler Identität« einerseits und »regionalistischem« Verständnis andererseits basierten überwiegend auf ungeklärten oder nicht übereinstimmenden Begriffsdefinitionen,[194] heißt es in einem der Leserbriefe, die auf seinen Artikel antworteten. Schaut man sich die Texte genauer an, wird deutlich, dass die politischen Vorstellungen der Nationalrevolutionäre sich auch untereinander deutlich unterschieden. Der eine sah die Bewegung »als Teil der westdeutschen Linken«,[195] ein anderer bestritt das energisch. Man habe die alten Denkschablonen von »rechts« und »links« längst hinter sich gelassen.[196] Blume vermutet, dass sie sich »riesig darüber freuten, dass sich jemand aus dem linken und wirklich alternativen Spektrum sachlich mit ihnen auseinandersetzte. Das waren sie damals nicht gewöhnt. Sie hatten die Erfahrung gemacht, immer gleich in die ganz rechte Ecke gestellt zu werden, und dass kein Mensch von der linken Seite irgendetwas mit ihnen zu tun haben wollte. Ich war der Auffassung, dass man diesen Leuten nicht mit Schaum vor dem Mund begegnen, sondern sich sachlich mit ihnen unterhalten sollte, um auf diese Weise möglicherweise auch ihre Ansichten zu verändern.«

1980 war er neben seiner Arbeit in der Bürgerinitiative vor allem damit beschäftigt, den *Schwarzen Faden* zu gründen. Das war eine anarchistische Vierteljahresschrift, deren Nullnummer noch im Mai desselben Jahres erschien.[197] »Ich fuhr dann viermal im Jahr für jeweils eine Woche nach Reutlingen, um diese Zeitschrift zu machen. Unser Grundgedanke war, dass der alte Anarchismus nicht mehr zukunftstauglich sei und sich modernisieren müsse, um politische Wirkung zu zeigen.« Tatsächlich sollte die Zeitschrift, für die der an obskuren Kleinpublikationen interessierte Blume die Austauschanzeigen organisierte, schon knapp zwei Jahre später einen Sturm der Entrüstung in der linken Szene auslösen. Der Grund: Nachdem Blume unter dem Titel »Nationalrevolutionäre aus anarchistischer Sicht« (*Schwarzer Faden*, Nr. 9, 4/1982) einen Artikel über diese politische Strömung veröffentlicht hatte, druckte die Redaktion auch die von dieser Seite eingehenden Leserbriefe ab. Für viele Linke schien nun eines festzustehen: Die Anarchisten machen gemeinsame Sache mit den Faschisten.

Mit Faschisten redet man nicht

Dabei hatte sich Blume sehr kritisch mit den Positionen der Nationalrevolutionäre befasst. Deren Auseinandersetzung mit sozialistischen Gesellschaftsmodellen stecke noch in den Kinderschuhen und die ersten Gehversuche stimmten nicht sehr zuversichtlich. Er bemängelte den in seiner Perspektive zu oberflächlichen und unkritischen Umgang mit nationalen Befreiungsbewegungen und warf ihnen vor, sich vor allem publizistisch ins Gerede bringen zu wollen. Statt linksradikale Phrasen zu dreschen und ständig die Frage der »nationalen Identität« in andere Organisationen hineinzutragen, sollten sie lieber die notwendige politische Basisarbeit machen.[198]

Für ihn sei nicht die nationale oder völkische Eigenart wichtig gewesen, erklärt mir Blume, sondern das, was die Aktivisten der regionalen Bewegungen vor Ort konkret taten: Wie sie Selbstverwaltung praktizierten, wie die Genossenschaften jeweils aussahen, wie sie sich in emanzipatorischer Hinsicht versuchten weiterzuentwickeln. Das habe er den Nationalrevolutionären sagen wollen. Die wiederum konzedierten, dass der anarchistische Autor mit seinen Hinweisen auf innerhalb ihrer Szene gepflegten »Verbalradikalismus, unkritische Übernahmen (aus fernen Befreiungsbewegungen) und mangelnden Praxisbezug« einige ihrer Schwachstellen getroffen habe.[199] Sie betonten Gemeinsamkeiten zu den Anarchisten, was die genossenschaftliche Sozialismuskonzeption sowie basisdemokratische Vorstellungen betrifft, wandten sich jedoch gegen den Pazifismus und die anarchistische Vorstellung, der Staat könne jemals völlig abgeschafft werden. Das sei eine nicht realisierbare Utopie. Im Unterschied zu den Linken gehe es ihnen zudem »um die Bewahrung der regionalen und nationalen Kulturen und nicht um ihre Verschmelzung oder Vereinigung«.[200] Tatsächlich kristallisierte sich die Frage, wie mit Begriffen wie Volk oder Nation umgegangen werden müsse, als wichtigster Streitpunkt der Debatte heraus.

In nahezu allen Thesen der Nationalrevolutionäre steckten richtige Beobachtungen und falsche Schlussfolgerungen, hielt der *Schwarzer-Faden*-Redakteur Wolfgang Haug den Leserbriefschreibern entgegen. Der beklagte Identitätsverlust sei tatsächlich vorhanden, doch könne eine »Romantisierung des Verlorenen« nichts an dem durch die Industriegesellschaft hervorgerufenen Entfremdungsprozess ändern.[201] Eine »Vielfalt, die vom Volksbegriff ausgeht und von ihm aus die Menschen aufteilt«, befürchtete er, liefe in der Bundesrepublik auf »dieselbe Endkonsequenz« hinaus, »wie sie auch von CDU/CSU und rechtsradikalen Kreisen (...) vertreten wird: Ausländer raus! – In ihre ethnischen Gebiete, zwar nicht aus Ausländerhass, aber aufgrund der ›Entmischung‹, die für eine jeweils selbstständige Kultur nötig ist«.[202]

Wer angesichts der hochgerüsteten Konfrontation zwischen westlichem und sozialistischem Staatenblock die deutsche Wiedervereinigung fordere, leiste damit keinen positiven Beitrag zur Friedensbewegung. Angesichts des Risikos einer totalen Zerstörung könne eine fortschrittliche Veränderung »nur durch eine internationale Friedensbewegung gelingen!«.[203] Trotz der redaktionell herausgestellten Distanz zu den nationalrevolutionären Positionen hagelte es Kritik aus dem eigenen Lager. Unterstützer, die den *Schwarzen Faden* im Wiederkauf anboten, wurden teils heftig angegangen. Manchmal hieß es: »Anarchisten arbeiten mit Nationalrevolutionären zusammen«, suggeriert wurde: »Anarchisten sind verkappte Faschisten.« Der *Klüngelskerl*, eine alternative Stadtzeitung aus Dortmund, erhob den Vorwurf, wer sich »mit dieser neuen Rechten auf Diskussionen einlässt, macht diese Gruppen gesellschaftsfähig und unterstützt sie«. Mit deren Funktionären, so endet der Beitrag, »ist kein Gespräch erlaubt«.[204] Den Vorwurf, mit Faschisten gemeinsame Sache zu machen, empfand Blume als ziemlich üble Verleumdung. »Ich hatte die Nationalrevolutionäre doch kritisiert – zwar höflich, aber bestimmt«, erklärt er mir. Natürlich hätten sie als Redakteure im *Schwarzen Faden* gewusst, dass sie verimintes Gelände betraten. Sie hatten bereits die Erfahrung gemacht, »dass es sich einige Leute sehr einfach machten, politische Gegner pauschal als Nazis anzugehen, ohne sich tiefer gehend mit ihnen auseinanderzusetzen. Wir hingegen vertrauten auf die Macht der Argumente.« Zwar fanden sie auch, dass »Leute, die sich positiv auf die Nation oder gar den Nationalismus bezogen, kritikwürdig waren, doch wollte man die Nationalrevolutionäre nicht in eine faschistische Ecke stellen, wo sie einfach nicht hingehörten.«

Nationalkonservative Graswurzelbewegung: Die Junge Freiheit

Der erste Oktober 1982 war für die Konservativen in der Bundesrepublik ein Tag des Aufbruchs. Mit der Wahl des Oppositionsführers Helmut Kohl (CDU) zum Bundeskanzler schien der gesellschaftliche Liberalisierungskurs gestoppt. Die Rehabilitierung der nach 1968 in Misskredit geratenen Institutionen Familie, Staat, Kirche und Bundeswehr war in greifbare Nähe gerückt. Mit seiner bereits im Wahlkampf von 1980 ausgegebenen Losung einer »geistig-moralischen Wende« wurde der Pfälzer Politiker zu einer Projektionsfläche konservativer Hoffnungen. Allerdings enttäuschte er diese bald. Die Republik schien weiter auf jenem Liberalisierungskurs zu bleiben, den seine Vorgänger Willy Brandt und Helmut Schmidt gemeinsam mit ihrem Koalitionspartner FDP eingeschlagen hatten. In Sachen deutscher Einheit schien zudem kaum ein Unionspolitiker etwas bewegen zu wollen. Ein konservatives Milieu aus Angehörigen von Vertriebenenverbänden, antikommunistisch eingestellten Familien, die nach 1953 oder nach 1961 aus der DDR in die Bundesrepublik gekommen waren, und christlichen Traditionalisten fand sich nicht mehr repräsentiert. Als der bayerische Ministerpräsident Franz Josef Strauß (CSU) im Jahr 1983 dann auch noch einen Kredit an die DDR vermittelte, schien das Fass überzulaufen. Viele zogen den Schluss, dass eine Partei rechts von der regierenden Koalition aus CDU/CSU und FDP hermüsse, um diese politisch unter Druck zu setzen.

Noch im selben Jahr kam es zur Gründung der Republikaner durch den charismatischen ehemaligen Chefredakteur des Bayerischen Fernsehens und Waffen-SS-Angehörigen Franz Schönhuber. Ebenfalls in diesem Jahr engagierte sich ein gewisser Dieter Stein bei der Gründung der Schülerzeitung *Lindwurm* an dem damals von ihm besuchten katholischen Gymnasium in der Gemeinde Stegen bei Freiburg.

Immer noch: die deutsche Frage

Das damalige Mitglied der Jungen Union konnte sich schon als Schüler am Kolleg St. Sebastian nicht mit der Teilung Deutschlands abfinden. »Nominell gab es das Wiedervereinigungsgebot des Grundgesetzes, gab es auf dem Papier die Souveränität des westdeutschen Teilstaates, andererseits gab es eine faktische Politik, die sich mit der Teilung arrangiert hatte, die es sich in dem Status als mehr oder weniger politisch, militärisch und geistig besetztem Land bequem eingerichtet hatte.«[205]

Geprägt wurde er in dieser Frage nicht zuletzt von Diskussionen mit seinem Vater Hans-Peter Stein, einem Oberstleutnant der Bundeswehr, Mitarbeiter des Bundesnachrichtendienstes (BND) und Historiker beim Militärgeschichtlichen Forschungsamt (MGFA).

Dieser habe sich seit seiner Schulzeit leidenschaftlich mit der Frage auseinandergesetzt, wie die deutsche Teilung zu überwinden sei, erläuterte Dieter Stein im Gespräch mit Götz Kubitschek. Sein Vater sei »1967 in die SPD eingetreten, weil er mit Willy Brandt die Hoffnung verbunden hatte, dass sich in der deutschen Frage etwas bewegen würde. 1972 trat er enttäuscht wieder aus der SPD aus und blieb parteilos«.[206] Sensibilisiert habe ihn sein Vater aber auch in einer anderen Hinsicht: »Er warnte eindringlich vor Tendenzen der Beschönigung von verbrecherischen Taten, die beispielsweise im Zweiten Weltkrieg seitens der Deutschen begangen wurden.«[207] Mit seiner Haltung zur deutschen Frage fand sich Steinjunior während seiner Schulzeit in Baden-Württemberg allein auf weiter Flur. Das betraf die Mitschüler – aber auch die Lehrer.

Diese Erfahrung schlug sich nieder in einem Artikel, den er 1988 für die Abiturzeitung seines Jahrgangs verfasste: »Ich hatte in den sieben Jahren am Kolleg«, heißt es darin, »keinen Geschichtslehrer, der nicht bestens die Interessen der die Teilung aufrechterhaltenden Mächte gerechtfertigt hätte. Schüchtern vorgetragene Fragen, wieso Deutschland geteilt ist, und was man für die Einheit tun könne, Fragen also, wie sie sich die Väter des Grundgesetzes wünschten, werden hohnlächelnd vom Tisch gewischt, die Fragestellenden bisweilen als naiv, blauäugig etc. lächerlich gemacht.«[208] Er habe als Schüler das Grundgesetz »gegen die Attacken verbal marodierender Lehrkräfte verteidigen« müssen.

Seine politische Konsequenz war, dass er 1984 zunächst den Republikanern beitrat. Dann folgte er einer Gruppierung um den REP-Parteivorsitzenden und ehemaligen CSU-Bundestagsabgeordneten Franz Handlos, die sich 1985 als Freiheitliche Volkspartei (FVP) von den Republikanern abspaltete. Um die Jugendarbeit der FVP zu intellektualisieren, rief er die Zeitung *Junge Freiheit* als politische Jugendzeitung ins Leben. Schon im darauffolgenden Jahr kam es erneut zum Bruch und die Publikation versteht sich seitdem als parteiunabhängig. Die erste Ausgabe erschien im Juni 1986. Schon bald sah ein junger Historiker namens Karlheinz Weißmann in ihrem Erscheinen einen Ansatzpunkt für die ersehnte Eroberung des vorpolitischen Raums nach dem Vorbild der Achtundsechziger. Sie sollte im Zuge einer kulturellen »Graswurzelrevolution« eine »konservative Basisbewegung« stützen, um auf diese Weise das »Terrain für den weiteren Weg bis zur Neugründung einer Partei«[209] zu bereiten. Die Rechte habe »von Hause aus Probleme mit dem Spontanen und dem Improvisierten. Und nicht zuletzt deshalb gibt es eben kein rechtes Straßentheater, keine konservativen Liedermacher, kaum nationale Buchläden und auch nicht jenen Wald von Blättern und Blättchen, der der linken und alternativen Szene zur Verfügung steht.«[210] Die *Junge Freiheit*, so hoffte er, könnte für das rechte politische Milieu jene Funktion erfüllen, die die von 1968 geprägte Subkultur für die Linke hatte: »Informationen und Lebensgefühl durch ein ganzes Kapillarsystem sickern zu lassen.«[211]

In den Anfangsjahren seien zwei Zusammenhänge für die Entwicklung der Zeitung wichtig gewesen, erklärt Helmut Kellershohn vom Duisburger Institut für Sprach- und Sozialforschung (DISS): »Zum einen die Verbindung zu den Vertriebenenverbänden, insbesondere zu Gesinnungsgemeinschaften wie dem Witiko-Bund in der Sudetendeutschen Landsmannschaft. Zum anderen waren neben der Deutschen Gildenschaft vor allem die Burschenschaften ein wichtiger Bezugspunkt. Über sie hatte man einen Verteiler in die Universitäten hinein.«[212] Dieter Stein, Götz Kubitschek und Karlheinz Weißmann kommen aus der Deutschen Gildenschaft, einer in der Tradition der deutschen Jugendbewegung, der in den zwanziger Jahren entstandenen Bündischen Jugend und der Lebensreformbewegung stehenden Studentenverbindung. Am Ende der Weimarer Republik, erläutert mir Kellershohn, hätten sich zwei Flügel herausgebildet. Einer bestand aus Nazis, der andere aus sogenannten Jungkonservativen. Dabei handelt es sich um eine rechte Denkschule, die ihren Ursprung im wilhelminischen Kaiserreich hat.

Moeller van den Bruck und die Moderne

Damals suchte der 1876 in einem bürgerlichen Elternhaus geborene Literat Arthur Moeller van den Bruck nach Antworten auf die rapiden Veränderungen, die der Wandel von der agrarisch geprägten Stände- zur kapitalistischen Industriegesellschaft in Gang setzte. Er und seinesgleichen verstanden sich selbst als Jungkonservative, die den alten Adelskonservatismus überwinden wollten, um ein zeitgemäßes, eher auf Prinzipien denn auf vererbte Standesprivilegien begründetes Regime der Ungleichheit zu errichten.

Moeller van den Bruck gehörte zu den ersten deutschen Publizisten, die sich für die italienische Kunstströmung des Futurismus begeisterten. Er wollte Elemente der ästhetischen und der technischen Moderne in die Erneuerung der Nationalkultur einbringen. Als die Novemberrevolution nach dem verlorenen Ersten Weltkrieg die Monarchie in Deutschland beendete und sich die Republik konstituierte, wandelte sich das Selbstverständnis des Protagonisten »einer alternativen Moderne von rechts«.[213] Es ging ihm und seinen Gesinnungsfreunden nun nicht mehr darum, dem unbeweglichen traditionellen Establishment eine Frischzellenkur zu verpassen, sondern um den Sturz des neuen politischen Systems. Dabei entwickelte Moeller van den Bruck eine Meisterschaft in der Übung, den damals fortschrittlichen Kräften ihre zentralen Begriffe zu entwenden. Als die mit der Oktoberrevolution in Russland verbundene Vision einer Überwindung von Klassenstaat und Not die Massen auch in Deutschland zu begeistern begann, antwortete er darauf mit der Idee eines spezifisch »deutschen« oder »preußischen Sozialismus«, worunter er und seine Mitstreiter allerdings keine Gesellschaft der Freien und Gleichen, sondern eine Verbindung »aus autoritärem Staat und militärisch formierter Volksgemeinschaft«[214] verstanden. Die Eigentumsverhältnisse, die Macht der großen Unternehmen, wollten sie dabei nicht antasten. Die von der großen Mehrheit der deutschen Bevölkerung abgelehnten Bestimmungen des Versailler Vertrags nutzte Moeller van den Bruck als Steilvorlage, um die soziale Frage mittels eines eigentümlichen Kunstgriffs in eine nationale Frage zu verwandeln. Die ausgebeuteten Klassen seien durch die unterdrückten Völker abgelöst worden. Der Sozialismus müsse sich »von einem Klassensozialismus« zu einem »Völkersozialismus« verwandeln. Die Rede vom Sozialismus war in seinen Kreisen nichts weiter als eine rhetorische Waffe im Kampf um die gesellschaftliche Hegemonie.[215]

Die Jungkonservativen bildeten den Kern eines Eliten-Netzwerks, das mit finanzieller Unterstützung der deutschen Industrie in Think Tanks wie dem Juni-Klub und seinem Nachfolger, dem Deutschen Herrenklub, systematisch auf den Sturz der Weimarer Republik mit ihrem Parteiensystem hinarbeitete. Den Ausgangspunkt ihrer Überlegungen bildete die Frage, wie sich der monarchische Gedanke in ein modernes Konzept übertragen ließ, das den Anforderungen einer industriellen Massengesellschaft auf kapitalistischer Grundlage gerecht werden würde. Dabei rechneten sie zum einen mit der Gewöhnung eines Großteils der männlichen Bevölkerung an das in den Schützengräben des Ersten Weltkriegs eingeübte Prinzip von Führung und Gefolgschaft und appellierten an die vermeintlich alle Klassenunterschiede überwindende »Kameradschaft der Schützengräben«.

Zum anderen entwickelten sie Ideen für verfassungsrechtliche Reformen, mit denen sie Einfluss auf die politischen Entscheidungsträger zu nehmen versuchten. Durch die Stärkung der Autorität des Reichspräsidenten, die Beschneidung der Kompetenzen des Reichstags, die Errichtung eines Oberhauses sowie durch Wahlrechtsreformen sollte der Einfluss sozialistischer oder auch nur sozial orientierter Parteien eingeschränkt, die Wirtschaft vor staatlichen Eingriffen geschützt und ein vermeintlich natürliches Konzept politischer Führung etabliert werden.

Jungkonservative Ideen

Die nach dem Zweiten Weltkrieg geborenen Jungkonservativen stehen dem Parteienstaat ebenso ablehnend gegenüber wie ihre Vorgänger und wie diese halten sie die Reform der Verfassung für den aussichtsreichsten Weg für die gewünschten politischen Veränderungen. Mit einem Unterschied: Nachdem die Idee der Demokratie spätestens nach 1968 in der Bevölkerungsmehrheit fest verankert war, kämpften sie nun nicht mehr gegen die Demokratie, sondern »um deren beste Form«.[216] Die publizistische Strategie des Chefredakteurs Dieter Stein, der heute auch Geschäftsführer der *Jungen Freiheit* ist, bestand von Anfang an darin, die Bandbreite dessen, was publizistisch als zulässige Meinungsäußerung gilt, nach rechts zu erweitern. National, konservativ und liberal – diese drei Elemente sollten dabei die Blattlinie konstituieren. »Liberal« bedeutet in diesem Kontext zweierlei. Zum einen die wirtschaftspolitische Orientierung am Marktkapitalismus. Zum anderen die Ausrichtung an einem die deutsche Geschichte prägenden Kampf um die nationale Befreiung. Von den antinapoleonischen Kriegen über die gescheiterte 1848er-Revolution bis zu Stauffenbergs Attentat auf Adolf Hitler. Die von ihm angeführte Erhebung konservativer Offiziere gegen das Naziregime wurde bald zum wichtigen Bezugspunkt der Zeitung, die sich dadurch von diesbezüglich indifferenten oder revisionistischen Teilen der – insofern alten – Rechten deutlich abgrenzte. Das brachte ihr Pluspunkte auch bei entschiedenen Gegnern ein. Der SPD-Politiker Egon Bahr lobte die Zeitung in diesem Punkt beinahe überschwänglich. »Der Widerstand des 20. Juli – der von sehr konservativen Menschen getragen wurde, die durch den Nazismus verführt, dann davon bekehrt worden sind und die daraus die Konsequenz gezogen haben, inklusive der Bereitschaft, ihr Leben dafür einzusetzen, ist in der Tat eine Tradition, auf die wir stolz sein dürfen. Und ich kenne übrigens keine deutsche Zeitung, die die Erinnerung an den 20. Juli so leidenschaftlich engagiert, so ernst und ausführlich behandelt hat wie die *Junge Freiheit*«, sagte der enge Mitarbeiter des Bundeskanzlers Willy Brandt am 5. November 2004 im Gespräch mit eben dieser Zeitung.

Von jener Rechten, die den Widerstand des 20. Juli als Eidbruch und Vaterlandsverrat verurteilt oder das Naziregime vom millionenfachen Judenmord reinzuwaschen versuchte, grenzte sich Stein scharf ab. Die bereits von der nationalrevolutionären Neuen Rechten um Henning Eichberg in den sechziger Jahren geübte Distanzierung von Hitleristen und Neonazis wurde von der *Jungen Freiheit* fortgesetzt. »Unter dem Regime Hitlers sind Millionen Unschuldiger verfolgt und ermordet, Angehörige ethnischer Minderheiten – darunter insbesondere europäische Juden – vernichtet worden. Eine deutsche Rechte, die ihren nationalen Anspruch ernst nimmt, muss eine klare Trennung zu denjenigen vollziehen, die diese Einsicht nicht leisten«,[217] schrieb Stein im Februar 1995. Zuvor hatte es Streit in der Redaktion gegeben. Nicht alle wollten sich nach ganz rechts außen so scharf abgrenzen, wie es Stein vorschwebte.

»Man hatte getestet, wie weit man gehen konnte«, meint Helmut Kellershohn: »Damals gab es einen sehr starken öffentlichen Gegenwind. Die Druckerei der Zeitung wurde angezündet. Sie hatte kaum eine Chance, in der bürgerlichen Öffentlichkeit akzeptiert zu werden. Daher trennte man sich vom radikalen Flügel. Dieter Stein, der Chefredakteur, übernahm die Geschäftsführung und die Regie im Verlag. Anfangs gab es mehrere ideologische Schwergewichte: zum Beispiel Andreas Molau, der von den Jungen Nationaldemokraten kam oder Hans-Ulrich Kopp vom Witiko-Bund. Von der 1994 vorhandenen Redaktion ist heute nur noch Stein übrig.«[218] Doch war Dieter Stein tatsächlich ausschließlich von strategischen Überlegungen geleitet? Oder kam in seiner Redaktionspolitik auch eine grundsätzliche Überzeugung zum Ausdruck? Ich hätte ihn für dieses Buch gern selbst dazu befragt. Leider war er für ein Gespräch ebenso wenig zu gewinnen wie Karlheinz Weißmann.[219] Ich vermute jedoch, dass Götz Kubitschek mit seiner rückblickenden Bewertung richtigliegt: »Einige Mitarbeiter haben nie begriffen, dass Dieter Stein im Grundsätzlichen nicht taktiert, sondern allenfalls neugierig einmal das ein oder andere Gedankenexperiment zulässt.«[220] Die Auseinandersetzung mündete darin, dass sich das Blatt 1994 auch von seinem Kolumnisten Armin Mohler (1920 bis 2003) trennte.

Exkurs: Armin Mohler und der faschistische Stil

Der Schweizer Publizist Armin Mohler war eine schillernde intellektuelle Figur, die bei mehreren Generationen der Neuen Rechten hoch im Kurs stand. In der zweiten Hälfte der sechziger Jahre hatte Henning Eichberg Kontakt zu ihm gesucht, »mit der Absicht, von ihm Hinweise für einen konservativ-revolutionären Neuansatz zu bekommen«.[221] Mohler stand zudem in regem geistigem Austausch mit Alain de Benoist.[222] An den jungen Franzosen imponierte ihm sein erklärter »Widerwillen gegen überlebte Traditionen«.[223] Mohler verstand sich »als einen der Väter der Neuen Rechten in Deutschland«[224] und wird von ihren heutigen Vertretern als »Vordenker und Mentor«[225] verehrt. Götz Kubitschek war es, der 2003 bei Mohlers Beerdigung die Grabrede hielt.

In der Nacht vom 8. auf den 9. Februar 1942 hatte der Schweizer Student die Grenze nach Deutschland überquert, um sich freiwillig zur Waffen-SS zu melden. Er wurde nicht genommen, studierte ein paar Monate in Berlin Kunstgeschichte und kehrte schließlich in die Schweiz zurück, wo er wegen »illegalen Grenzübertritts, der versuchten Schwächung der Wehrkraft und des Dienstversäumnis'« zu einem Jahr Haft in militärischem Strafvollzug verurteilt wurde. Anschließend studierte er in Basel Kunstgeschichte und Philosophie. In dieser Zeit befreundete er sich mit dem jüdischen Philosophen Jacob Taubes. 1949 publizierte er seine Promotion »Die Konservative Revolution in Deutschland 1918–1932«. Dabei handelte es sich um eine wissenschaftliche Bestandsaufnahme der rechten Denkströmungen, erläutert Helmut Kellershohn, mit der Mohler der Nachkriegsrechten zugleich eine Orientierungshilfe geben wollte. »Er versuchte«, so Kellershohn weiter, »eine intellektuelle Rechte zu rekonstruieren, die in seinen Augen nicht durch die Nazis kontaminiert war. Er unterteilte sie in fünf Gruppen: die Völkischen, die Jungkonservativen, die Nationalrevolutionäre, die Bündische Jugend und das Landvolk. Ideologisch bedeutsam sind vor allem die ersten drei Gruppen. Am Beispiel der Völkischen ist schnell ersichtlich, dass die von Mohler beabsichtigte saubere Trennung vom ›Nationalsozialismus‹ gar nicht möglich ist.«[226]

Nach seiner Promotion arbeitete Mohler bis 1953 als Privatsekretär des Schriftstellers Ernst Jünger. Als zeitweiliger Redenschreiber von Franz Josef Strauß versuchte der frankophile Intellektuelle den bayerischen Politiker für eine gaullistische Politik zu begeistern. »Doch weil Strauß in Mohlers Augen immer den Schwanz einzog, wenn es ernst wurde, zog er sich enttäuscht zurück«, so Kellershohn. Als Journalist verfasste Mohler Artikel für zahlreiche Zeitungen.[227] Außerdem wirkte er bis 1985 als Geschäftsführender Direktor der Carl Friedrich von Siemens-Stiftung und trat in den Vorstand der Carl-Schurz-Stiftung ein, »der zuletzt an juristischen Problemen gescheiterten Parteistiftung der Republikaner«.[228] In seinem zwischen 1973 und 1990 mehrfach veröffentlichten und überarbeiteten Aufsatz »Der faschistische Stil« bemühte sich Mohler, den Begriff des »Faschismus« von dem des »Nationalsozialismus« abzugrenzen. Intern sei »faschistisch« im Dritten Reich eine Vokabel gewesen, »mit der orthodoxe Nationalsozialisten die Abweichler stigmatisierten«.[229] Beim Faschismus, so Mohler, handele es sich um einen »menschlichen Verhaltensstil, der vielleicht gar nicht auf die Zwischenkriegszeit beschränkt bleibt. Möglicherweise tritt er in anderen Situationen neu auf, möglicherweise hat er dann andere Auswirkungen.«[230] Faschismus, das ist für Mohler weniger ein Weltentwurf oder eine Art rechter »Utopie« als vielmehr eine Haltung, die jemand zur Welt entwickeln kann. »Er orientiert sich darin sehr stark an einem existenzialistischen Modell«, sagt Kellershohn: »Faschist ist diesem Verständnis nach derjenige, der sich auch dann opfert, wenn es vergebens ist. Das ist ein heroischer Stil, der nicht das politische Ziel, sondern den Kampf in den Mittelpunkt stellt.«[231] Im November 1995 bekannte sich Mohler in einem Interview mit der *Leipziger Volkszeitung* offen dazu, ein Faschist im Sinne des spanischen Falangistenführers José Antonio Primo de Rivera zu sein.[232] In seinem Nachruf auf Armin Mohler schreibt Kubitschek: »Was er uns gelehrt hat – und dieses Uns meint seine Schüler, für seine Freunde kann ich nicht sprechen, dazu reichen Alter und Kenntnisse nicht aus; was Armin Mohler uns also gelehrt hat, lässt sich in einigen Begriffen ausdrücken: die Unbekümmertheit des raschen Vorstoßes, die Befreiung der Gestalt, die Bewaffnung der Sprache, die Hochschätzung der Form, die Taktik der Nonkonformität.«[233]

Die Neunundachtziger: Rechter Aufbruch im Wende-Deutschland

Lange Samstage in Westberlin unterscheiden sich im Sommer 1989 kaum von denen in anderen Großstädten der Republik. Mit Plastiktüten ausgestattete Passanten eilen an den verkaufsoffenen Tagen von Geschäft zu Geschäft. Kinder quengeln. Zwischendurch gibt es eine Boulette, eine Brat- oder Currywurst, vielleicht auch ein Eis am Stiel. Am 1. Juli sollte es anders sein. Zumindest auf dem Kurfürstendamm und seinen Seitenstraßen. Wummernde Bässe und elektronische Beats unterbrachen den gewohnten Einkaufsbetrieb an diesem heißen Nachmittag. Das Blaulicht der Polizeifahrzeuge sorgte für Disco-Atmosphäre. Menschen blieben stehen, die Einkaufstaschen in der Hand – mit offenem Mund. Was gab es zu schauen? Exaltierte Tänzer, exhibitionistisch, kostümiert. Eine Frau trug Hüte, die nur aus Krawatten bestanden. Ein Samtrock war zu sehen, mit großen Papierrosen darauf. Manche stellten eine Art Rüstung zur Schau, andere nur ihren bewegten Körper.

Im Mittelpunkt des Geschehens drei Fahrzeuge: ein VW-Bus, ein Bully mit Schiebetür. »Und vorneweg eine Kartoffelpritsche mit Doppelkabine«,[234] erinnert sich Dr. Motte, einer der Initiatoren dieser ersten Loveparade. Die Wagen hatten sich an der Nordseite des Wittenbergplatzes gegen 16 Uhr startbereit gemacht. Aus einem wurde Bier verkauft. Ob es tatsächlich 150 Personen waren, die sich danach in Bewegung setzten, lässt sich im Nachhinein nicht mehr klären. Die Zahl hatte Mottes DJ-Kollege WestBam in die Welt gesetzt, nachgezählt hatte er jedoch nicht. Der Klang der Anlage war scheußlich. Für sie hatte Motte 770 Mark berappen müssen.[235] Als den Teilnehmern das Tempo zu schnell wurde, brachten sie den

Umzug zum Stoppen. Für 20 Minuten besetzten sie die Kreuzung Ku'damm Ecke Johannisthaler Straße. Beendet wurde das Spektakel durch einen Regenguss vor dem KaDeWe. »Da ist die ganze aufgestaute Energie dieses schwülen Tages in Regen verwandelt worden. Der perfekte Schluss«, erzählt ein Teilnehmer.[236] Und der erste öffentliche Auftritt einer Bewegung, die die Popkultur des kommenden Jahrzehnts prägen sollte.

Mit Ernst Jünger auf der Loveparade

Als »Musik absoluter Unmittelbarkeit und reiner Physik«[237] gelangte Techno »mit Brachialgewalt über Lautstärke direkt in die Nervenschaltstelle« und sandte »von dort Signale an den Körper«. Indem die ravende Gemeinschaft das Jetzt und Hier feierte und ohne »Transzendenz, ohne den Entwurf einer Utopie Einheit« demonstrierte, kam sie auch dem Bedürfnis junger Rechter nach außeralltäglichen Erfahrungen entgegen. Einer von ihnen, der Publizist Frank Lisson, schwärmt im Rückblick von der Zeit: »Techno war nicht bloß Tanz, nicht bloß Trend, nicht bloß Ausdruck des Lebensgefühls einer neuen losgelösten Generation, nicht Freiheit, Spaß, Narzissmus oder akustischer Sex, Techno war auch nicht nur Ekstase, Techno war individueller Archaismus im Kollektiven, Zwang, Gewalt, Höhenrausch natürlich, freilich auch Droge, aber Techno war mehr: Techno war Krieg. Für uns. Und Liturgie, Messe. Schützengrabenatmosphäre, Trommelfeuer- und Stahlgewitter-Ersatz. Techno war der hämmernde Schlag des abenteuerlichen Herzens, den man nur noch in schwarzen, blitzdurchzuckten Kellern zu hören bekam.«[238] Die Raver, urteilte ein weiterer Autor aus diesem Milieu, gehörten zu einer illusionslosen Generation, die »nicht mehr an die hohlen Utopien der Väter glauben kann. Die zelebrierte Sinnverneinung, welche sich auf den ›Raves‹ (Großveranstaltungen) mit bis zu 50 000 Teilnehmern austobt, gleicht einem Totentanz auf die pseudo-ethische Maskerade einer erkalteten Welt. Wohl ist dieser Weg nötig, um etwas Neues aufzubauen; er wirft die alten Formeln und Fragen hinweg.«[239] Das identitätsstiftende Moment bei der Loveparade sei nicht allein die Musik, sondern »das gemeinsame Gefühl der Macht und Stärke« gewesen, schreibt Ulf Poschardt in seinem Buch »DJ-Culture«.[240] Und der Schriftsteller Rainald Goetz überhöhte die Techno-Musik zur »Stimme des Lebens der Menschen in dieser Welt«.[241] Mehr Vitalismus geht nicht.

Die Teilnehmerzahl stieg von Jahr zu Jahr rapide an. Am Ende wurden bei der »Mischung aus Demonstration, Party und Kirchentag, die seit 1989 alljährlich Anfang Juli in Berlin gefeiert«[242] wurde, eine Million Besucher geschätzt. Ein Mega-Event, würde es im heutigen Werbejargon heißen. 1991, bei der dritten Loveparade, handelte es sich noch um »eine Tanz-Demonstration im Maßstab eines kleinen Karnevalsumzugs«, wie sich Claus-Martin Wolfschlag erinnert. Der mit einem Tross aus drei Bussen aus Frankfurt am Main angereiste Raver war mittendrin, kletterte mal auf diesen, mal auf jenen Wagen, kaufte sich zwischendurch Wasser, um die brütende Hitze zu ertragen, und lief ansonsten mit der 5000 Köpfe zählenden Menge mit.[243] Vier Jahre später trat er als Mitautor eines Sammelbandes hervor, der den Stimmen einer jungen Generation von Rechten Geltung verschaffen wollte. »Wir '89er. Wer wir sind und was wir wollen« sollte »Einblicke in das Leben, Fühlen, Denken von jungen Menschen zwischen 19 und 29« geben, »die nicht in das Bild passten, das sich die Allgemeinheit vom ›Rechten‹« mache, so der Herausgeber Roland Bubik. Hierhin gehört ganz sicher die gesuchte Nähe zum antibürgerlichen Gebaren der frühen Raver. Sie zeigten, so der damals für das Ressort »Zeitgeist und Lebensart« verantwortliche Redakteur der *Jungen Freiheit*, dass Jugendkultur nicht mehr a priori »linksorientiert« sein müsse. »Mit dem Techno hat das rituelle Gemeinschaftserlebnis wieder einen Tempel gefunden – atavistisch, barbarisch, gefährlich. Gefährlich schön.«[244] Der vorliegende Band, so Bubik, stelle »die erste Manifestation einer Generation dar, mit der man in Zukunft zu rechnen haben wird«.[245] Sie seien« – ebensowenig wie die ›68er‹ von einst es waren – nicht ›die neue Generation‹ schlechthin, wohl aber etwas Neuartiges innerhalb der Jugend«.[246]

68 auf den Kopf gestellt

Die Autoren des Sammelbandes grenzten sich von den Achtundsechzigern ab, die Werte allein deshalb ablehnten, »weil auch Hitler sie propagiert hatte«[247] und durch die sich die Burschenschaften an den Universitäten einer unfairen Kritik ausgesetzt sähen.[248] Gemeinsam sei den Neunundachtzigern der Wunsch, verkrustete Strukturen zu lockern, »Denkverbote der 68er zu durchbrechen, die von ihnen geschaffene Wirklichkeit in Deutschland umzudrehen, auf den Kopf zu stellen«,[249] bringt Frank Hauke das Anliegen der jungen Autorinnen und Autoren auf den Punkt. Dreht man die Zahl 68 auf den Kopf, erscheine die 89. Aber was ist damit konkret gemeint? Es gehe darum, die von der CDU 1982 versprochene, aber nicht eingelöste »geistig-moralische Wende« einzuleiten. Begriffe wie Familie, Nation und Sicherheit sowie Berufe wie Polizist und Soldat müssten wieder positiv besetzt werden.[250] Der Schulterschluss mit den Neonazis, »die den nationalsozialistischen Massenmord an den Juden leugnen«,[251] komme dabei aber nicht in Frage. Die Verantwortlichen für die Pogrome gegen Flüchtlingsunterkünfte in Mölln und Solingen, betont Frank Hauke, »verdienen die volle Härte des Gesetzes«[252].

Claus-Martin Wolfschlag stört sich an der miefigen Provinzialität einer Rechten, die sich von allen modernen Erscheinungen abkapsele, intellektuell in den Kräftekonstellationen der dreißiger Jahre verharre und darüber hinaus eine latente Aggressivität zum Ausdruck bringe.[253] Nur weil er lange Haare trug, an Jamiroquais' Musik mehr Gefallen fand als an den Klängen des NPD-nahen Barden Frank Rennicke, nichts mit dem Geschichtsrevisionismus eines Fred Leuchter anfangen könne und außerdem »keine Möglichkeit zur Wiedererlangung Hinterpommerns erkenne«, sei er von einigen Leuten aus seinem Lager als »linksgerichtet« abgelehnt worden.[254] Die Autorinnen und Autoren grenzen sich gegen jene »staubtrockenen (Liberal-)Konservativen« ab, »die in schlechten grauen Anzügen in schlechten grauen Hinterzimmern ob ihrer vollkommenen gesellschaftlichen Irrelevanz jammerten«[255] oder als »bleichgesichtige Hinterzimmerideologen« graue Theorien wälzten, ohne dadurch etwas Neues schaffen oder eine ideologisch gleichgesinnte Frau für sich begeistern zu können. »In wirklich keiner Hinsicht sind das Männer der Tat«,[256] macht Ellen Kositza ihrem Unmut über die alleinstehenden Jungrechten Luft, denen sie in den rechten Diskussionszirkeln dieser Zeit begegnete. Man wolle nicht einen vergangenen Zustand herbeiführen, sondern suche »nach realistischen Formen des künftigen Zusammenlebens, des Wirtschaftens, der Organisation«,[257] ergänzt Simone Satzger, auch Autorin des Bandes.

Die Bezeichnung »'89er« stammte ursprünglich gar nicht aus dem rechten Lager. In die Welt gesetzt hatte sie der damalige Feuilletonchef der *Zeit* Ulrich Greiner, der im Jahr zuvor in dem Artikel »Die Neunundachtziger« spekulierte, die Kritik, die Autoren wie Hans Magnus Enzensberger, Martin Walser, Peter Schneider, Wolf Biermann oder Botho Strauß in dieser Zeit erfuhren, habe weniger mit politischen Differenzen zwischen links und rechts als mit dem »Konflikt zwischen den Generationen, zwischen den Achtundsechzigern und einer neuen, ehrgeizig aufs Podium drängenden Generation von Autoren und Kritikern« zu tun, »die jetzt etwa in dem Alter sind, in dem die Achtundsechziger damals waren«.[258]

Zum Kristallisationspunkt der Feuilletondebatten war der am 8. Februar 1993 im *Spiegel* erschienene Essay »Anschwellender Bocksgesang« von Botho Strauß geworden. Darin hielt der 1944 geborene Schriftsteller und Dramatiker der deutschen Nachkriegsintelligenz – sprich: den Achtundsechzigern – vor, von einem »verklemmten deutschen Selbsthass« getrieben, immer nur die »Schlechtigkeit der herrschenden Verhältnisse« angeprangert zu haben. Angesichts von »Heerscharen von Hungerleidern und heimatlos Gewordenen«, klagte der Autor, seien die Deutschen »per Gesetz« dazu verpflichtet, sich »mitleidvoll und hilfsbereit zu verhalten«. Er selbst bekannte sich nun dazu, rechts zu sein, »nicht aus billiger Überzeugung, aus gemeinen Absichten, sondern von ganzem Wesen«. Notwendig sei ein »Mut zur Sezession, zur Abkehr vom Mainstream«.[259] Damit rief Strauß scharfen Widerspruch hervor. Für SPD-Vordenker Peter Glotz war der Text beispielsweise Ausdruck einer Rechtsentwicklung in der Bundesrepublik. Ulrich Greiners Interpretation, es habe sich weniger um einen politischen als vielmehr um einen Generationenkonflikt gehandelt, ist nicht überzeugend. Das wird auch die politische Rechte damals so gesehen haben. Anschlussfähig für sie war allerdings die These, dass das »intellektuelle Deutungsmonopol der Achtundsechziger«, denen sich Greiner selbst zugehörig fühlte, »nach dem Ende der alten Bundesrepublik und dem Zusammenbruch des Sozialismus brüchig geworden war«.[260] Die Herausgeber des Sammelbandes »Die selbstbewusste Nation«, Heimo Schwilk und der Schriftsteller Ulrich Schacht, griffen daher die Bezeichnung, die »gleichsam über Nacht zu einem Kristallisationspunkt des öffentlichen Diskurses geworden«[261] sei, auf und bezogen sie auf ihr eigenes politisches Milieu.

Die beiden Redakteure der Tageszeitung *Die Welt* verstanden sich als Neunundachtziger, die angetreten waren, die durch den Fall der Berliner Mauer am 9. November 1989 entstandene Notwendigkeit der Neujustierung der politischen Verhältnisse zu nutzen, um den Einfluss des rechtskonservativen Lagers zu stärken. Sie sahen sich als Teil einer Bewegung, die den durch eine kosmopolitische, vermeintlich die Deutschen hassende linke Intelligenzija sowie hypermoralische Medien[262] seit 1968 beförderten »Zusammenbruch unseres Gemeinwesens«[263] abzuwenden bemüht war. Schacht kandidierte 1997 bei den Bürgerschaftswahlen in Hamburg für Manfred Brunners Bund Freier Bürger – eine Art Vorläuferpartei der heutigen AfD. Bei einer Lesung in Rostock soll er die Achtundsechziger als »Menschen vom gleichen Typus wie die bei der Stasi« bezeichnet haben.[264] Der Historiker und Beiträger Rainer Zitelmann hingegen betonte, eine demokratische Rechte werde »nur Erfolg haben, wenn sie von der Linken lernt«. Das bezog er aber »weniger auf die Inhalte als auf die Strategie und Taktik der politischen Durchsetzung. Die Linke war vor allem deshalb so erfolgreich, weil sie offensiv und solidarisch handelt. Bei allen Differenzen wusste man immer, wann man zusammenstehen musste, während Konservative eher einen Individualismus pflegen und der Begriff ›Solidarität‹ ihnen fremd ist.«[265]

Ein Historiker wittert Morgenluft

Der Historiker Zitelmann – in seiner Schulzeit bekennender Maoist – war zu dieser Zeit die Schlüsselfigur einer sich neu formierenden Rechten, die nach der Wiedervereinigung Morgenluft geschnuppert hatte. Als Cheflektor der Publikumsverlage Ullstein und Propyläen war er 1992 und 1993 darum bemüht, Publikationen auf dem Buchmarkt zu etablieren, die dabei helfen sollten, aus Deutschland das zu machen, was die Rechte unter einer selbstbewussten Nation verstand. In der von ihm initiierten Reihe Ullstein Report erschienen Titel von Alfred Mechtersheimer, Hans-Helmuth

Knütter, Heinrich Lummer, die tatsächlich oder vermeintlich tabuisierte Themen anpackten, darunter auch der von Roland Bubik herausgegebene Band »Wir '89er«. Im Jahr 1993 wurde Zitelmann leitender Redakteur der Tageszeitung *Die Welt* und versuchte, das Blatt gemeinsam mit seinen damaligen Kollegen Heimo Schwilk und Ulrich Schacht in eine konservativere Richtung zu lenken. In seinem 1994 veröffentlichten Buch »Wohin treibt unsere Republik?« forderte er die Rechte auf, von den Achtundsechzigern zu lernen, wie die für die angestrebte kulturelle Hegemonie entscheidenden Machtpositionen in Medien, Universitäten und kulturellen Einrichtungen erobert werden könnten. Die »Rebellion der 89er gegen die 68er« habe daher »auch ein antiautoritäres Element, weil sie auf die Brechung von Machtstrukturen und geistig-politischen Herrschaftsverhältnissen zielt«.[266]

Zitelmanns Projekt war das einer »demokratischen Rechten«, die sich rechts von der liberalkonservativen CDU positionierte, ohne sich mit der NPD gemein zu machen. Es sei darum gegangen, »endlich so etwas wie eine politische Alternative von rechts zu formulieren und zu organisieren und den Einfluss der ›Ideen von 68‹ durch den der ›Ideen von 89‹ zu verdrängen«,[267] schreibt Kubitschek im Rückblick.

Zitelmann trat in die FDP ein und unternahm gemeinsam mit Alexander von Stahl den Versuch, den Berliner Landesverband der liberalen Partei zu übernehmen. Das Vorhaben scheiterte jedoch »am Misstrauen der Mitglieder und an der Intervention der Parteiführung«.[268] Obwohl die nationalistisch eingefärbte Stimmung in der Nachwendezeit eine rechtskonservative Tendenzwende zu begünstigen schien, war Zitelmanns Bemühungen, gemeinsam mit dem Historiker-Kollegen und Publizisten Karlheinz Weißmann eine rechtskonservativ ausgerichtete Kulturrevolution in die Wege zu leiten, am Ende kein Erfolg beschieden.

Zum 50. Jahrestag des Kriegsendes startete er gemeinsam mit Karlheinz Weißmann eine Kampagne, die sich dagegen wandte, den 8. Mai 1945 als Tag der Befreiung zu interpretieren. »Ein entsprechender Appell wurde von zahlreichen Prominenten unterstützt. Zu der Hauptveranstaltung, zu der bereits dreitausend Teilnehmer fest zugesagt hatten, sollte es jedoch nicht mehr kommen. Als der CDU-Politiker und Hauptredner Alfred Dregger aufgrund der Intervention Helmut Kohls und Wolfgang Schäubles auf seinen Auftritt verzichtete, platzte die Tagung.«[269] Sie hatten geglaubt, resümierte Weißmann einige Jahre später, das Bürgertum würde die Gunst der Stunde nutzen, um sich aus der babylonischen Gefangenschaft der Linken zu befreien, in der es seit 68 steckte. »Wir haben die Feigheit des Bürgertums unterschätzt«, so Weißmann im Gespräch mit der *Jungen Freiheit* am 28. August 1998. Er wandte sich nun verstärkt publizistischen Aktivitäten zu. Zitelmann wiederum zog sich ganz aus der politischen Öffentlichkeit zurück.

Pop-Linke gründen Wohlfahrtsausschüsse

Zurück zur Loveparade. Es waren Stimmen aus der Linken, die auf den politisch ambivalenten Charakter des 1996 ins Gigantische angewachsenen Trosses der Loveparade aufmerksam machten, die sich unter dem Motto »We are one family« zum siebten Mal über die Straßen der deutschen Hauptstadt wälzte. »Man muss keinen faschistoiden Fackelaufzug in diesem Friede-Freude-Eierkuchen-Umzug sehen – einen Gang der revolutionären Jugend, die sich das System so nicht mehr gefallen lässt, aber auch nicht.«[270] Aus der nun 700 000 Teilnehmer umfassenden Loveparade war unter der Hand »eine Leistungsschau der Wiedervereinigung, ein Triumphmarsch für Helmut Kohl«[271] geworden, lautete eine Kritik von linker Seite. Die Veranstaltung fand bei der radikalen Rechten ebenso Anklang wie bei den Vertretern der Volksparteien, befand der Pop-Journalist Büsser: »Die Bilder der fröhlichen Raver vermittelten ein neues, selbstbewusstes und scheinbar ungefährlich apolitisches Bild von Großdeutschland mit Zentrum Berlin und von dessen Jugend, das wie kein anderes von brandmordenden Neonazis hat ablenken können.«[272] Die »Euphorie der ravenden Gesellschaft«, bestätigte WestBam im Rückblick diese Sicht, sei in die »Selbsterfindung der Deutschen« inklusive »Spaßgesellschaft« und »Fanmeilen« gemündet.[273] Der Raver verkörpere den »Fitness«-Kult einer Leistungsgesellschaft, die das Einsatzgebiet der Bundeswehr Schritt für Schritt erweiterte. Und tatsächlich beschwerten sich in Kroatien stationierte deutsche IFOR-Soldaten kurz vor der Loveparade des Jahres 1996 im Techno-Magazin *Frontpage*[274] darüber, »dass sie keine Raves im Unterhaltungsprogramm vorfinden würden, wo doch von 600 Bundeswehrsoldaten 600 Techno-Familienangehörige seien«.[275] Rainald Goetz hingegen »fand alles super, alles«, erinnert sich Tanith, ein Raver der ersten Stunde.[276] Jedenfalls was die Raver-Generation betraf. Die linke Kritik an ihr hielt Goetz hingegen für abwegig. Am 11. Juli 1997 holte er im *Zeit Magazin* zum polemischen Gegenschlag aus. Techno, so suggerierte er, sei nicht Ausdruck des nach 1989 einsetzenden Rechtstrends, sondern die gutgelaunte, gemeinschaftliche Antwort auf die Gewalt der Hools, Prolls und Glatzen. Der Schriftsteller setzte auf das, was er die »Wirwirklichkeit für alle« nannte: »Wie oft hat man es den Politfreunden vorgebetet: isoliert, dissident, allein und unglücklich bin ich eh, wie jeder andere auch, selber, ununterbrochen, jeden Tag.«[277] Eine Pop-Linke, die in Magazinen wie *Texte zur Kunst* die Differenz betone und in sogenannten Wohlfahrtsausschüssen Verbote ausspreche, habe die Zeichen der Zeit nicht erkannt. Statt »neu zu denken«, fährt Goetz fort, »wollte die alte Politik lieber in den hochinteressanten Scheiße-Ausschau-Wettbewerb mit ein paar komischen Rechtsradikalen eintreten, um gemeinsam mit denen im Sumpf der Marginalität zu versinken. Viel Spaß, da unten, im Dreck.«

Bei den von Goetz hart angegangenen »Wohlfahrtsausschüssen« handelte es sich um einen Zusammenschluss von Hamburger Bands, politischen Aktivisten, Intellektuellen und Autoren der Musikzeitschrift *Spex*, die in Reaktion auf die rassistischen Pogrome in Hoyerswerda (1991) und Rostock-Lichtenhagen (1992) sowie einen bereits zuvor – ebenfalls in Hoyerswerda – erfolgten Angriff auf den Tourbus der Goldenen Zitronen »eine antifaschistische Aufklärungs-Tournee in den Osten«[278] unternahmen. Es gab Gruppen in Hamburg, Köln, Frankfurt am Main, Düsseldorf und in München. Man lud am 17. Dezember 1992 zu einer Veranstaltung mit dem Titel »Etwas besseres als die Nation« und diskutierte vom 25. bis 27. Juni 1993 in Köln über die »Perspektiven linker Theorie« und »Waffen gegen rechtes Denken«. Mit dem Namen »Wohlfahrtsausschüsse« knüpften die Aktivisten an eine Einrichtung der Französischen Revolution an. »Die Freiheit muss mit Gewalt eingeführt werden, und der Augenblick ist gekommen, vorübergehend den Despotismus der Freiheit zu errichten, um den Despotismus der Könige zu zerschlagen«,[279] hatte der Jakobiner Jean Paul Marat anlässlich ihrer Gründung am 6. April 1793 verkündet. Der Sänger und Schriftsteller Rocko Schamoni fand den Ausdruck »Wohlfahrtsausschüsse« daneben. Er stieß sich an der darin zum Ausdruck kommenden Haltung, die er kennengelernt hatte, als er Anfang der achtziger Jahre nach Hamburg gekommen war: »Man musste die richtigen Sachen in Diskussionen sagen. Wenn man das Falsche sagte, wurde man zusammengefaltet.«[280]

War die Selbstbezeichnung ironisch gemeint? Bestimmt. Allerdings stießen sich manche Beteiligte an der Humorlosigkeit der durchgeführten Aktionen. »Die Tour der Wohlfahrtsausschüsse durch den Osten war zu wenig punkig, zu wenig witzig«, erinnert sich der Musikproduzent Tobias Levin.[281] Mit zweihundert Leuten fuhr man im Juni 1993 in vier Bussen nach Rostock, Dresden und Leipzig. Man wollte Präsenz zeigen, diese Räume nicht aufgeben. Die Absicht war, »dem Osten gegen die Rechten zu helfen, aber auch zu belehren, wenn nicht gar zu bekehren«.[282] Das kam nicht so gut an, wie es gemeint war. Was in Rostock fehlte, war das dort ansässige Publikum. »Ich sah kein Gesicht, das ich nicht kannte«,[283] erinnert sich der Pop-Theoretiker Diedrich Diederichsen. »Das war ein Klüngel von linksintellektuellen Wessis, die sich auf den Aufklärungsfeldzug in den Osten begeben hatten«, blickt Dirk Jurkschat, ein Mitarbeiter des Live-Musik-Clubs M. A. U. in der Hansestadt, auf den Auftritt zurück: »Erst als sie da im Saal diskutierten, kam mir die Erkenntnis, dass sie gar nicht gekommen waren, um Drogen, Schnaps und Geld zu verteilen oder freie Liebe mit uns zu praktizieren. Nein, da war eine vorwurfsvolle Haltung da: ›Ihr lasst hier Nazis rein! Gerade neulich beim Konzert von XYZ hat hier ein bekannter Nazi in die Ecke gepinkelt!‹ Tatsächlich war jemand auf dem Billardtisch eingeschlafen, voll mit Jägermeister bis unters Dach, und den hatte er dann unten wieder rauslaufen lassen, ohne es zu merken.«[284]

Konnten diese Aktionen den ihnen zugedachten Zweck erfüllen? Rainald Götz bestritt das rundweg. »Nicht die Wohlfahrtsausschüssler, die ihre Welle durchs Feuilleton gemacht haben und im lustigeren Fall mal einen rechten Funktionär nachts am Hafen in Hamburg haben zusammenfalten lassen. Nein, die Lichterketten haben die Republik verändert, so Leute wie Thomas Gottschalk, Giovanni di Lorenzo und irgendein anderer Hippie mit Schal«, sagte er in dem seinem *Zeit*-Artikel folgenden Streitgespräch mit den Texte-zur-Kunst-Redakteurinnen Isabelle Graw und Astrid Wege: »Und von da aus ausgehend hätte die neue Diskurs-Linke viel realistischere Befunderhebungen in der Wirklichkeit versuchen müssen. Da hätte

Techno in den politischen Blick kommen müssen.«[285] Als in den Wohlfahrtsausschüssen über den Verlust linker Diskursmacht gejammert wurde, sei gleichzeitig Techno explodiert. Er wandte sich gegen einen politischen Ansatz, der die Welt als Erziehungsanstalt begreife. »Das geht bis in den Ton hinein, Isabelle, in dem du etwa mit mir am Telefon redest«,[286] sprach er seine Opponentin direkt an.

Die so Gescholtenen warfen ihrem Kontrahenten im Gegenzug vor, Techno in einem an Gottfried Benn erinnernden Gestus zu einer vitalistischen Ersatzreligion zu stilisieren und einen Anti-Intellektualismus zu reproduzieren, der »gerade von konservativer Seite immer wieder beschworen wird«.[287] Er nähere sich dem klassisch konservativen bis rechtspopulistischen Lager, indem er »dessen Argumentation einen neuen Schauplatz« eröffne.[288] In Wirklichkeit hatte Goetz nicht viel übrig für die intellektuellen Heroen des konservativen Lagers. Er hielt nichts davon, sich als Linker »mit rechtem Theoriedreck wie Carl Schmitt«[289] zu beschäftigen. Wer dies tue, laufe Gefahr, am Ende »selber geistig so eine politische Korrekturbehörde«[290] zu werden. Offenbar waren Goetz die Berührungspunkte, die seine Weltsicht zu der von Rechtsintellektuellen aufwies, überhaupt nicht aufgefallen. Dazu gehörte der von seinen Kritikerinnen angesprochene Vitalismus ebenso wie das von ihm selbst hochgehaltene Interesse für »die Andershaftigkeit von anderen, für das Nicht-Verstehen, das Chaotische«.[291] Ob es klug ist, diejenigen, die so gestimmt sind und entsprechende Auffassungen öffentlich vertreten, dafür von oben herab zu maßregeln, steht allerdings auf einem ganz anderen Blatt. Und hatte Goetz nicht recht, wenn er gegen die häufig verschraubten linken Diskurse eine »Höflichkeit von Texten« einforderte, »die in der Bemühung liegt, sich möglichst gut verständlich zu machen; die Zutrittshürden für Diskursbeteiligung möglichst niedrig zu halten«?[292]

Neofolk: Sehnsucht nach dem anderen Europa

Als Ernst Jünger, der Autor des Buchs »In Stahlgewittern«, 1998 im Alter von fast 103 Jahren verstarb, wurde er in der *Jungen Freiheit* zum »ersten deutschen Raver« erklärt, zur Antithese des »heutigen konservativen Breitcord- und Jankerträgers«.[293] Zu diesem Zeitpunkt hatte in diesem Milieu die Begeisterung für die Gemeinschaft der Raver allerdings schon stark nachgelassen. Nicht zuletzt deshalb, weil deutlich geworden war, dass sich aus dieser kaum Mitstreiter für das eigene Lager rekrutieren ließen. Die Szene war von rechts nur schwer zu vereinnahmen. Die Philosophie des Selbermachens, die den Charme des frühen Punks ausmachte, feierte eine Renaissance unter veränderten Produktionsbedingungen. Dabei half der Computer. »Und im Techno gab es auch wieder selbst gemachte Plakate, Flyer, Fanzines, Modeaccessoires, selbst organisierte Partys, Platten und Labels.«[294] Hinzu kam die an Hippie-Träume der sechziger Jahre erinnernde Beschwörung des friedlichen Miteinanders. »Der Besuch der Love Parade prägt die Besucher wahrscheinlich ähnlich wie der Besuch von Woodstock die Hippies Ende der sechziger Jahre.«[295]

Er habe Techno missverstanden, meinte Bubik, nachdem seine erste Begeisterung verflogen war: »Er erscheint mir heute nicht mehr als vitalistisch, sondern als in radikaler Weise entleerend.«[296] Die »formale Leere« der Techno-Kultur lasse »Platz für beliebige Botschaften«, bewertete Martin Lichtmesz diesen Sachverhalt.[297] Große inhaltliche Übereinstimmungen weise hingegen die Neofolk-Szene auf, die auch Apocalyptic Folk genannt wird. Dabei handelt es sich um einen Zweig der schwarzen, der »Gothic«- und Darkwave-Szene, für deren generelle »Sehnsucht nach dem Mystischen«[298] schon Bubik eine Menge übrighatte. Die Wurzeln des Neofolk reichen in den Punk und die experimentelle Schockästhetik von Industrial-

Bands wie Throbbing Gristle, Cabaret Voltaire, Psychic TV oder Laibach zurück. Was die musikalische Seite betrifft, dominiert eine durch die meist dominanten Mollakkorde erzeugte melancholische Grundstimmung. Häufig werden Akustikgitarre, Flöte, einfache Streicher und Rhythmusinstrumente gebraucht. Klavier, Elektronik, aber auch Sampletechniken treten nicht selten hinzu. Die Musiker der sich seit Mitte der achtziger Jahre um Bands wie Death in June, Sol Invictus, Blood Axis, Current 93, Darkwood, Der Blutharsch, Allerseelen, Von Thronstahl, Forseti oder Orplid formierenden Szene kreisen in ihren Texten um für die Darkwave- und Gothic-Szene typischen Themen wie Tod, Liebe, Treue, Zerstörung und befassen sich dabei mit »verstörender Symbolik« und »umstrittenen Persönlichkeiten«,[299] wie Andreas Diesel und Dieter Gerten, zwei der Szene nahestehende Autoren, in ihrer kenntnisreichen Studie »Looking for Europe« schreiben. Der Titel ist gut gewählt, denn er ist charakteristisch für die von den Bands zum Ausdruck gebrachte Sehnsucht nach den heidnischen, von der Jahrhunderte dauernden Herrschaft des Christentums überlagerten Wurzeln einer in ihren Augen eigenständigen europäischen Zivilisation.[300] In mittlerweile eingestellten Musikmagazinen wie *Sigill*, das den Untertitel »Magazin für die konservative Kulturavantgarde Europas« trug, sowie *Zinnober*, die nacheinander beide in Dresden erschienen, wurden solche Inhalte vertieft.

Death in June-Frontmann Douglas Pearce hält für das, was er und seine Bandkollegen machten, den Begriff »eurozentrisch« für angemessen.[301]

Death in June gehört zu jenen Bands, die das Genre mitbegründet haben. Hervorgegangen war die 1981 von Douglas Pearce und Tony Wakeford gegründete Formation aus der linken Punk-Band Crisis, in der beide zuvor gespielt hatten. Der Name der Gruppe spielt auf Ernst Röhm an, den SA-Führer, der in der Nacht vom 29. auf den 30. Juni 1934 gemeinsam mit dem gesamten Führungspersonal der faschistischen Truppe im Auftrag Hitlers »in der Nacht der langen Messer« von der SS ermordet worden war. Auf diese Gestalt waren die von der linksradikalen Politik bald enttäuschten Geschichtsstudenten gestoßen, als sie sich für den Nationalbolschewismus zu interessieren begannen.[302] Ihre ersten Veröffentlichungen spielten auf den »Röhmputsch« an. »Die Maxi Heaven Street und die Single State Laughter erhielten die Katalognummern SA 290634 beziehungsweise SA 300634 auf dem eigens für Death in June gegründeten Label New European Recordings (NER). Die Daten stehen für die Nacht vom 29. auf den 30. Juni 1934, die als ›Röhmputsch‹ in die Geschichte einging.«[303]

Ob die Einkleidung der meist maskiert auftretenden Band in Tarnuniformen und die Verwendung eines modifizierten SS-Totenkopfs als Bandlogo mehr als sexueller Fetisch des offen schwul lebenden Bandleaders Pearce[304] oder mehr als Ausdruck seiner politischen Gesinnung gelesen werden müssen, ist schwer zu entscheiden. Fest steht: »Das Spannungsfeld zwischen Schwulsein und Nationalsozialismus ist ein Thema, das im Konzept von Death in June eine nicht unerhebliche Rolle spielt.«[305] Besonders heftig kritisiert wurde die Band für ihr Stück »Runes and Men«, in dem Pearce von »greater times« singt und dabei »German wine« trinkt. Im Hintergrund hört man, wie Münchens Gauleiter Adolf Wagner das Massaker an der SA rechtfertigt. Die Passage stammt aus Leni Riefenstahls Nürnberger Reichsparteitagsfilm »Triumph des Willens« (1935).

Der japanische Schriftsteller Yukio Mishima, der sich 1970 gemeinsam mit seinem Lebensgefährten auf rituelle Weise (Seppuku) mit Dolch und Schwert umbrachte, nachdem er einen von vornherein aussichtslosen Putschversuch zur Rettung des traditionellen Japan inszeniert hatte, ist einer der Lieblingsautoren von Douglas Pearce. Motive aus Mishimas umfangreichem Werk, in dem die Zerstörung des alten, kaiserlichen Japan durch die westliche Zivilisation, der Zusammenhang von Lust und Zerstörung, Schönheit und Tod sowie die Homosexualität des Autors eine zentrale Rolle spielen, ziehen sich durch die Plattenveröffentlichungen von Death in June. Auf dem 1986 veröffentlichten Doppelalbum »The World that Summer« befindet sich beispielsweise die viertelstündige Klangcollage »Death of a Man«. Darin zu hören ist unter anderem die Hymne von Mishimas Privatarmee, der Schildgesellschaft. Der Titel des Stücks spielt auf Kishiro Shinoyamas 1970 veröffentlichten Fotoband »Otoko No Shi« mit Aufnahmen Mishimas an.[306] Die Faszination für Mishima wird von vielen Neofolkern geteilt. Die englische Band Lady Morphia huldigt dem Schriftsteller auf ihrem im Jahr 2000 veröffentlichten Album »Recitals to Renewal«. Das darauf enthaltene Stück »Beauty's Decay« enthält Ausschnitte aus Paul Schraders 1985 veröffentlichter Filmbiografie »Mishima – ein Leben in vier Kapiteln«.[307] Die ungarische Band Scivias um Alexander Rády beschäftigte sich in ihrem ebenfalls im Jahr 2000 erschienenen Debütalbum »... And You Will Fear Death Not« mit dem verehrten Autor. Der Titel ist ein Zitat aus der Samurai-Ethik von Tsunetomo Yamamoto: »Sterbt jeden Morgen in Gedanken, und ihr werdet den Tod nicht mehr fürchten.« Dieser Verhaltenskodex war Mishima so wichtig, dass er sich von ihm zu einem Essay inspirieren ließ. Rády begründete sein Interesse an dem Schriftsteller wie folgt: »Ich liebe Japan, und ich verstehe das kaiserliche Japan vor 1945. Ich habe tiefen Respekt gegenüber Mishimas künstlerischem und politischem Schaffen. Seppuku (die rituelle Selbsttötung, d. Verf.) ist ein schöner, stolzer Tod, der einen unter Umständen zum Sieger machen kann.«[308]

Weitere Bezugsautoren für die Neofolkszene sind nationalrevolutionäre und rechtskonservative Autoren wie Oswald Spengler, Ernst Jünger oder Julius Evola. Der Herausgeber der Musik-Zeitschrift *Zinnober*, Dominik Tischleder, räumte in einem Interview diesbezüglich ein, sich »mit einer gewissen Empathie«[309] intensiv mit rechten Schriftstellern wie Drieu La Rochelle, Ezra Pound, L. F. Céline und Henry de Montherlant beschäftigt zu haben, die »eine Zeitlang in ihren Heimatländern auf der ›falschen Seite‹ standen«. Seine eigene politische Position wollte er im »langweiligen Rechts-Links-Schema« nicht einordnen, äußerte aber »eine gewisse, eher ästhetisch motivierte Skepsis gegenüber der völlig einseitigen Westbindung Deutschlands nach dem II. Weltkrieg«.[310] Die in der Szene verbreitete Aversion gegen den »Kultur- und Kapitalimperialismus der USA«[311] wird von Tony Wakeford wie folgt begründet: »Wir sind Zeuge einer Homogenisierung der Kultur und deren Förderung und werden zu einer einzigen weltweiten Konsumentenmasse. Eine One-size-fits-all-Kultur, die weltweit verkauft und konsumiert werden kann. Falls es irgendeine Schönheit auf dieser Welt gibt, dann liegt sie in ihrer Vielfalt! Die Welt scheint immer mehr das Gleiche zu essen, das Gleiche anzuziehen, die gleiche Musik zu hören und zu schaffen, die gleiche Architektur zu besitzen und gesagt zu bekommen, dass sie die gleichen Gedanken haben müsste.«[312]

Hinzu kommt eine Ästhetisierung von Kampf, Krieg, Heldentat und Opfertod, die dem nahekommt, was Armin Mohler den »faschistischen Stil« genannt hat. Dieser stehe vor der Gesinnung, die Form vor der Idee. Die Moral sei der Haltung untergeordnet.[313] Man kann von einer Wahlverwandtschaft vieler Protagonisten des Neofolk mit denen der Neuen Rechten sprechen, ohne dass diese weltanschauliche Nähe in einer eindeutigen politischen Parteinahme oder gar Betätigung der Angehörigen der europaweit vernetzten, aber sehr überschaubaren musikalischen Subkultur enden muss. Denjenigen Rechten wiederum, die auf den Spuren von Alain de Benoist den verloren geglaubten Wurzeln einer europäischen Zivilisation nachspüren, macht der Neofolk ein attraktives kulturelles Angebot. Die Angehörigen der beiden Szenen sitzen zudem insofern in einem Boot, als sie sich dem Vorwurf ausgesetzt sehen, auf eine mehr oder weniger verdeckte Art und Weise der Verbreitung nationalsozialistischer Ideologie Vorschub zu leisten. Tatsächlich hat es in den vergangenen Jahren eine in Teilen positive Rezeption des Neofolk in Neonazikreisen gegeben, weshalb auch Sympathisanten den Protagonisten vorwerfen, »den politischen Vereinnahmungsbemühungen nicht energisch genug entgegengetreten zu sein bzw. sie durch ungeschickte äußere Präsentation selbst gefördert zu haben«.[314] Die Vereinigung Grufties gegen Rechts aus Kassel kritisierte die Neigung zur »Provokation um der Provokation Willen«.[315] Im Neofolk habe sich die in der experimentellen Industrialszene der siebziger Jahre sowie bei vielen Punk- und New-Wave-Bands ebenfalls vorhandene Schockästhetik »zur handfesten rechten Ideologie hin vereindeutigt«,[316] urteilte der 2010 verstorbene Pop-Journalist Martin Büsser. Der Umgang, den Death in June mit der Nazi-Ästhetik pflege, sei keineswegs ambivalent, sondern »ziemlich ungetrübt, nämlich nostalgisch verklärt, wenn auch in einen eigenartig dandyesken Unterton eingebettet«.[317] 1992 kam es beim Dark-X-Mas-Festival in Deutschland zum ersten größeren Eklat. Die Bands Goethes Erben und Das Ich initiierten angesichts brennender Asylbewerberheime und Flüchtlingsunterkünfte einen Appell gegen die gesellschaftliche Zunahme rechter Ideologie, den Douglas Pearce als »allzu simple Propaganda« zu unterzeichnen ablehnte. »Uns braucht keiner das Offensichtliche erzählen: dass jeder sinnlose, gewalttätige Angriff aus rassistischen, sexuellen oder politischen Gründen ein beklagenswertes Verbrechen ist«,[318] begründete er seine Verweigerung. Da Konzerte auf Druck antifaschistischer Gruppen in den vergangenen Jahren häufig abgesagt werden mussten, haben sich die Sicherheitsvorkehrungen der Veranstalter erhöht.[319] Während der Neofolk daher heute für die breite Öffentlichkeit beinahe unsichtbar ist, erfreut er sich unter den Aktivisten der Identitären Bewegung großer Beliebtheit.

Der Vatikan im Achtundsechziger-Rausch

Der Reaktionär Martin Mosebach erhält den Georg-Büchner-Preis

Der Dramatiker Georg Büchner (1813–1837) war ein Sozialrevolutionär, ein Aufklärer, ein radikaler Demokrat. Jedes Jahr lobt die Deutsche Akademie für Sprache und Dichtung einen nach ihm benannten, hoch dotierten und sehr renommierten Literaturpreis aus. So auch 2007. Doch diesmal gab es scharfe Kritik. Büchner sei alles das gewesen, was der diesjährige Preisträger »ablehnt und verachtet und womit er nichts anfangen kann«, sagte Sigrid Löffler am 5. Oktober 2007 gegenüber Deutschlandradio Kultur. Sie halte es nicht für richtig, dass ausgerechnet Martin Mosebach den Büchnerpreis bekomme. Die prominente Literaturwissenschaftlerin und Journalistin sorgte mit dieser Äußerung für einen kleinen Skandal. Es sei gänzlich abwegig, Mosebach »für einen Reaktionär zu halten«,[320] verteidigte Laudator Navid Kermani seinen Kollegen. Das war gut gemeint, doch irrte der Schriftsteller gleich in mehrfacher Hinsicht. Zum einen lässt sich eine distanziert-ironische Sicht auf das im Niedergang begriffene Bürgertum, wie sie Kermani bei Mosebach lobt, durchaus aus einer reaktionären Position heraus formulieren. Zum anderen versteht sich Mosebach selbst als einen Reaktionär – ausdrücklich und aus gutem Grund. Das zeigt sich an seiner Kritik an der katholischen Kirche. Die ist ihm nämlich nicht etwa zu konservativ, sondern zu fortschrittlich. Die von Papst Johannes XXIII. eingeleiteten und von seinem Nachfolger Paul VI. beendeten Reformen des Zweiten Vatikanischen Konzils (1962–1965) verwirft er in seiner

2002 vom rechten Karolinger Verlag veröffentlichten Streitschrift »Häresie der Formlosigkeit. Die römische Liturgie und ihr Feind« als einen »Achtundsechziger-Rausch«[321] des Klerus. Die Studentenunruhen in Deutschland, Frankreich, in den USA, der Beginn der chinesischen Kulturrevolution und die Liturgiereform, so meint er, »gehören zusammen, auch wenn sie nicht zusammenzugehören scheinen«.[322] Sie zeugten von einem fatalen Einbruch der Moderne in eine von Gott gestiftete und bis dahin fraglos gültige Tradition. Der Kern des katholischen Ritus liege in einer »Unterwerfung unter die Form, die jede Spur des Subjektiven auslöscht«.[323] Das Modell der neuen Liturgie hingegen entspreche einer »Vereinssitzung mit demokratischer Geschäftsordnung«.[324] Offenbar hält er den Katholizismus und die Demokratie für zwei Dinge, die nicht zusammenpassen. Nur wer vor dem Herrn auf dem Boden rutscht, ist in seinen Augen wirklich gläubig: »Wir glauben mit den Knien, oder wir glauben überhaupt nicht.«[325] Der Einfluss der Achtundsechziger und ihrer emanzipatorischen Ideen habe, so behauptet er, diese Tradition zerstört und darüber hinaus die von Adolf Hitler begonnene »Einschmelzung und Gleichförmigmachung des Volkskörpers« vollendet.[326] Von der nach 1968 erfolgten Politisierung der Schule hätten »die Parteipädagogen der Nazidiktatur« nur träumen können.[327] Der von Mosebach verehrte Dichter Nicolás Gómez Dávila (1913 bis 1994)[328] preist den Katholizismus in einem seiner Aphorismen als »Unterschlupf der Reaktion«.[329] Dass das heute nicht mehr in vollem Umfang zutrifft, wird von Mosebach bedauert, denn er sieht sich im Anschluss an den Kolumbianer, dem in seinen späten Jahren »selbst der rechte Flügel irgendeiner Rechten« noch immer als »zu links« erschien, nicht als Konservativen, sondern als einen Reaktionär. Dieser Begriff sei »weiter weg von konkreten politischen Programmen«,[330] begründet er seine Haltung, die sich vom Fortschritt rein gar nichts verspricht. Die wichtigste reaktionäre Einsicht besage: »Die Welt ist unreformierbar, es gibt keine Rezepte, die Welt zu heilen.«[331] Die eingangs erwähnte Sigrid Löffler führte Mosebachs Erfolg auf einen im Feuilleton grassierenden Konservatismus zurück. Tatsächlich gab es einflussreiche Journalisten, die ganz ähnlich argumentierten wie der Schriftsteller. Da ist zum einen der langjährige leitende *Focus*-Redakteur, Aphorismen-Schreiber und spätere AfD-Berater Michael Klonovsky, der am 13. Mai 2008 im Interview mit der *Jungen Freiheit* spekulierte: »Die größte geistige Freiheit hat vermutlich im Kaiserreich bestanden.« Bekannter ist Matthias Matussek. 1969, klagte der ehemalige Kulturredakteur des *Spiegel*, sei das Jahr gewesen, in dem die Riten der Kirche auf eine Weise geändert wurden, die das Herz des Abendlandes getroffen hätten. Während die Gebete über 1500 Jahre lang in lateinischer Kultsprache in Richtung Gottes gesprochen worden waren, wandte sich der Priester auf der Grundlage des nach Maßgabe des Zweiten Vatikanischen Konzils erneuerten Messbuchs seit diesem Jahr direkt ans Volk. In die Gotteshäuser sei nun eine »grauenhafte Avantgarde« eingezogen, »die von steriler und schnell gestriger Modernität war«.[332] Der Katholizismus, zu dem sich der ehemalige Marxist nun bekannte, ist nicht demokratisch, sondern »auf dunkle Art monarchistisch«.[333] Der Vatikan sei »eine grandiose, feudale Zuspitzung auf den obersten Kirchenfürsten«.[334]

Die Kunst der politischen Provokation

Der alte Mann im braunen Anzug tritt ans Pult. Es ist Sonntagabend gegen halb neun, der 31. August 2008. Ort des Geschehens: das Hamburger Thalia-Theater. Das Haus ist voll. Lokale Prominenz, hanseatisches Bildungsbürgertum, im Zweifel linksliberal. Die Presse ist auch da – und das Fernsehen. Man ist gekommen, um einen Literaturnobelpreisträger zu hören. Günter Grass will sein neues Buch vorstellen: »Die Box«, eine autobiographische Erzählung. Als der Schriftsteller nach dem Mikrofon greift, geschieht es. »Vatti. Wir haben dir etwas mitgebracht«, tönt es vom ersten Rang zur Bühne herunter. Nun wird es turbulent. »Nebelkerzenprosa«, »Wir haben Ihnen 50 Jahre zugehört!« und »Das ist die dritte konservative-subversive Aktion« schallt es aus anderen Winkeln des Zuschauerraumes herüber. Ein rasch entrolltes Plakat zeigt das Konterfei des Schriftstellers. Der buschige Schnurrbart und die Tabakpfeife gehören seit langem dazu. Ein ungewohnter Anblick ist der Stahlhelm. Deutlich sichtbar der Schriftzug: »www.ungebeten.de grüßt die moralische Instanz Günter Grass.«[335]

Zuvor hatten Leute, die so wirkten, als ob sie zum Theater gehörten, 200 Mappen verteilt. Darin enthalten waren ein sechsseitiger Aufsatz über Grass, der von dem Literaturwissenschaftler Günter Scholdt stammte, sowie ein extra für diesen Anlass gezeichneter achtseitiger Comic: »Günter Grass an der Ostfront«. Das sei ein irres Bild gewesen, erinnert sich einer der Beteiligten an die Aktion. »Die Leute saßen mit dieser Mappe im Foyer, haben den Aufsatz gelesen und sich zum Teil totgelacht über den Comic. Sie dachten wahrscheinlich, das sei offiziell, so ein kritischer Impuls gehöre zur modernen Kunst dazu. Grass habe wahrscheinlich den Comic schon gesehen und sich gut getroffen gefunden. Der Comic endet nämlich damit, dass er beim Häuten einer Zwiebel gezeigt wird. Wir haben dann noch die Lesung gestört, mit Zwischenrufen und so weiter, aber recht bescheiden und anständig. Dennoch schlug das bis in die überregionalen Medien durch.«[336]

Offenbar sollte die Integrität des Literaturnobelpreisträgers in Frage gestellt werden. Der Zeitpunkt dafür war günstig. Zwei Jahre zuvor hatte der Autor mitgeteilt, als junger Mann in den letzten Kriegsmonaten im Dienst der Waffen-SS gestanden zu haben. »Das hat mich bedrückt«, bekannte er am 11. August 2006 in einem Gespräch,[337] das die Veröffentlichung seines Buchs »Beim Häuten der Zwiebel« begleitete.[338]

Jahrzehntelang hatte Grass seine SS-Mitgliedschaft verschwiegen. Warum kam das Geständnis erst jetzt? Hatte sich der 17-Jährige als Freiwilliger gemeldet oder war er eingezogen worden? Fragen wie diese wurden Gegenstand einer heftig geführten Debatte.[339] Manch einer fühlte sich hintergangen. Schließlich war der Autor des Romans »Die Blechtrommel« in der Nachkriegszeit einer der wichtigsten Stichwortgeber für die Auseinandersetzung mit dem Faschismus und seinem Erbe in der Adenauergesellschaft. Immer wieder hatte der Schriftsteller politischen Gegnern vorgehalten, sich nicht genügend mit ihrer Rolle in der jüngeren deutschen Geschichte auseinandergesetzt zu haben. Am 9. Mai 1968 warf er Kurt Georg Kiesinger, dem ersten Bundeskanzler einer Großen Koalition aus Christ- und Sozialdemokraten in der Bundesrepublik, auf einer Veranstaltung in der Technischen Universität Berlin vor, die NPD durch sein schlechtes Vorbild erst gesellschaftsfähig gemacht zu haben. Der CDU-Politiker war von 1933 bis zum Ende des Hitlerregimes Mitglied in der NSDAP gewesen und arbeitete während des Zweiten Weltkriegs als stellvertretender Leiter der Rundfunkpolitischen Abteilung im Reichsaußenministerium, an deren Spitze der später im Nürnberger Prozess des Internationalen Militärgerichtshofs gegen die Hauptkriegsverbrecher zum Tode verurteilte Joachim von Ribbentrop stand. Als solcher war er damit befasst, den ausländischen Rundfunk zu beobachten und im Sinne der Interessen Nazi-Deutschlands zu manipulieren. Kiesinger war der Verbindungsmann von Ribbentrops zum Reichspropagandaministerium, das von Joseph Goebbels geleitet wurde.

Wenn es einem Mann mit seiner Vergangenheit möglich sei, Kanzler zu werden, polemisierte Grass gegen den Juristen, der seine Verstrickung mit dem Naziregime in der Nachkriegszeit immer herunterzuspielen versuchte, »dann könne man es auch keinem Dreiundzwanzigjährigen verdenken, dass er NPD wähle«.[340]

Der erhobene Zeigefinger, mit dem sich Grass als politischer Mahner inszenierte, war manchem seiner Kritiker auf den Wecker gegangen. Nun wurde ihm Doppelmoral vorgeworfen. Das späte, einige meinten: zu späte, Geständnis hatte die Glaubwürdigkeit des Achtzigjährigen angekratzt. Manche sahen darin nichts anderes als eine PR-Maßnahme, die dazu dienen sollte, seine Autobiographie ins Gespräch zu bringen.

In dieselbe Kerbe schlugen die Störer seiner Buchvorstellung. Grass habe die Enthüllung seiner Zugehörigkeit zur Waffen-SS als »verkaufsfördernde Maßnahme« missbraucht, hieß es in ihrer Pressemeldung. Sie forderten die Öffentlichkeit auf, lieber Autoren zu lesen, denen es »um die Versöhnung der Generationen und die Vielschichtigkeit deutscher Biografien« gehe.[341] »Unsere konservative Sicht war: Dieser Mann hätte es in der Hand gehabt, maßvoll und versöhnend in unserem Land zu wirken, das im Umgang mit seiner Geschichte in hohem Maße krank ist«, erläutert einer der Organisatoren der Aktion: »Ohne etwas an den Verbrechen schmälern zu wollen, die damals verübt wurden, muss man die Alltagswirklichkeit, die Gestimmtheit und das große Verhaltensdilemma schon verstehen wollen. Aus meiner Sicht ist es schäbig, dem Bauern, der in die Wehrmacht gezogen wurde und sich schließlich vor Moskau wiederfand, vorzuwerfen, keinen Widerstand geleistet zu haben. Im Vergleich zu dem, was heute jedem an Informationsmöglichkeiten gegeben ist, hatte er beinahe nichts: wenn es hochkam die *Schwäbische Zeitung* oder den *Saarländer Landboten*, irgendein Regionalblättchen eben. Zudem sah er sich vor die Frage gestellt: Gehe ich mit oder lasse ich mich ins KZ stecken? Widerständler sind Ausnahmegestalten. Grass hätte all dies klarstellen können, aber er tat es nicht.«[342]

Unklar war zunächst, wer hinter der Attacke stand. »Seid ihr von der NPD oder was?«, rief ein älterer Herr den lautstark Protestierenden entgegen.[343] Im *heute journal* war später lediglich von einer »Störung« der Lesung die Rede. Wer die ein Dutzend jungen Männer und zwei Frauen waren,[344] die bereits vor der Veranstaltung den Comic »Günter – ein Alptraum« verteilt hatten, erfuhren die Fernsehzuschauer nicht.[345] Auch das *Deutschlandradio* konnte »diese Gruppe nicht so recht einschätzen«.[346] Günter Grass selbst wird es ähnlich gegangen sein. Doch ließ er sich davon nicht aus der Ruhe bringen. Politischen Gegenwind war er gewohnt, schon aus der Zeit, als er zu den Wortführern der Gruppe 47 gehörte. Scheinbar ungerührt forderte er die Störer auf, still zu sein. Schließlich wurden sie von Ordnern aus dem Saal entfernt. Nach wenigen Minuten war der Spuk vorbei. Die Lesung, unterbrochen von Gesprächen mit dem Publizisten Hanjo Kesting, konnte regulär fortgesetzt werden. Der Protest hat den Verlauf des Premierenabends nicht weiter beeinflusst. Sein Hauptziel war ohnehin ein anderes: das Interesse der Medien auf die Gruppe zu lenken. Die Aktion war erfolgreich. Presse,[347] Rundfunk und Fernsehen berichteten.

Ein konservativer Sponti

Eine gute Viertelstunde nach dem Ende der Lesung stellte Ludwig von Otting, der Kaufmännische Geschäftsführer des Thalia Theaters, den in Schwarz gekleideten Wortführer der Störer vor den Toren des Hauses zur Rede. »Sind Sie ein Nazi?«, fragte er geradeheraus. Die Antwort: »Nein, ich bin kein Nazi. Ich bin konservativ. Rechts.«[348] Der Name des Mannes: Götz Kubitschek.

Der damals 38-jährige Verleger hatte die »Konservativ-Subversive Aktion« initiiert. Die Selbstbezeichnung war Programm. Sie spielt auf eine Gruppierung an, die in den sechziger Jahren den »Ursprung der antiautoritären Bewegung«[349] in Deutschland bildete: die »Subversive Aktion«. Sie war die »Keimzelle für Phänomene wie Kommunen, Massenprotest, neue politische Aktionsformen«.[350] Ihre Mitglieder ließen kaum eine Gelegenheit aus, den Repräsentanten des Establishments »kräftig auf den Schwanz zu treten«.[351] Unter ihnen waren Namen wie Dieter Kunzelmann, Frank Böckelmann, Herbert Nagel, Günter Maschke, Bernd Rabehl und Rudi Dutschke. Einige wurden zu führenden Köpfen der Studentenbewegung. Nun bedienten sich rechte Aktivisten ihrer Methoden. »Konservative Spontis attackieren Günter Grass«, schrieb die Presse.[352]

Zwischen den Zielen der revoltierenden Jugend damals und denen der jungen Rechten um Kubitschek gab es allerdings kaum Übereinstimmungen. Geradezu verhasst war Letzteren der »Geist von 68«, den sie für die Erosion der Institutionen und den Verlust nationaler Identität verantwortlich machten. Die von den Achtundsechzigern forcierte Auseinandersetzung mit dem Nazifaschismus habe das Kind mit dem Bade ausgeschüttet. Dabei seien in einem großen Umfang auch solche Werte in Misskredit geraten, ohne die ein Gemeinwesen – ein »Volk« – nicht auskommen könne: Ehrgefühl, Patriotismus, Disziplin, Gemeinschaftsgefühl, Heimat, Nationalstolz etc.

Günter Grass erschien den Provokateuren der »Konservativ-Subversiven Aktion« auch deshalb als ein geeignetes Angriffsziel, weil er für diesen in ihren Augen grundsätzlich falschen Umgang mit der jüngeren deutschen Vergangenheit stand. Der Schriftsteller habe all das dementiert und als grundsätzlich falsches Bewusstsein geächtet, »was an damaligen Überzeugungen und Werten teilweise auch jenseits der spezifischen NS-Ideologie existierte (Nation, ›Volksgemeinschaft‹, Mut, Kameradschaft, Gemeinsinn, Opferbereitschaft)«, kritisierte der Literaturwissenschaftler Günter Scholdt ein Jahr vor der Störaktion.[353]

Dabei hätte dem Konservativen der verständnisvolle Ton, mit dem Grass die NS-Verstrickung seines jüngeren Ichs in »Vom Häuten der Zwiebel« schilderte, eigentlich gefallen müssen: »Die doppelte Rune am Uniformkragen war mir nicht anstößig. Dem Jungen, der sich als Mann sah, wird vor allem die Waffengattung wichtig gewesen sein: wenn nicht zu den U-Booten, von denen Sondermeldungen kaum noch Bericht gaben, dann als Panzerschütze in einer Division, die, wie man in der Leitstelle Weißer Hirsch wusste, neu aufgestellt werden sollte, und zwar unter dem Namen ›Jörg von Frundsberg‹. Der war mir als Anführer des Schwäbischen Bundes aus der Zeit der Bauernkriege und als ›Vater der Landsknechte‹ bekannt. Jemand, der für Freiheit, Befreiung stand.«[354] Von der Waffen-SS, so Grass, sei etwas Europäisches ausgegangen. Hier kämpften Franzosen, Wallonen, Flamen, Holländer, Norweger, Dänen und Schweden gemeinsam an der Ostfront. Es habe geheißen, das Abendland müsse vor der »bolschewistischen Flut« gerettet werden.

In der Biographie des Schriftstellers bündele sich die »Erfahrung einer ganzen Generation«,[355] schrieb der rechte Publizist Thorsten Hinz beinahe anerkennend. Einen behutsamen und verständnisvollen Umgang mit den NS-Verstrickungen der Kriegsgeneration hatten Leute seines Schlages immer wieder gefordert. Mitgefühl für Grass konnte er dennoch nicht entwickeln. Es dominierte die Schadenfreude. Grass habe nun von Früchten kosten dürfen, »deren Saat er selbst gelegt hatte. Als Schriftsteller und engagierter linker Intellektueller hatte er mitgeholfen, die Atmosphäre zu schaffen, in der das, was er in jungen Jahren erlebt hatte, einen Skandal darstellte. Der Mief aus Kleingeist und Unwissenheit, den er in den angeblich restaurativen Adenauer-Jahren verortete – er wehte ihm aus der vermeintlich aufgeklärten Gegenwart entgegen, die er so kraftvoll mitgeprägt hatte«[356], so die Deutung des konservativen Autors Günter Scholdt.

Für die Rechte war Grass die Symbolfigur einer gesellschaftlichen Liberalisierung, die sie als »Geist von 68« verabscheute. In den Augen der damals rebellierenden linken Studenten war er nicht radikal genug. Sie konnten mit der von ihm verkörperten Tradition des literarischen Engagements nicht mehr viel anfangen. »Die Gruppe 47 ist ein Papiertiger« skandierten studentische Sprechchöre vor dem Gasthof Pulvermühle, als die Schriftsteller vom 5. bis zum 8. Oktober 1967 in der Fränkischen Schweiz ihre alljährlichen Werkstattgespräche führten. Grass und seine Kollegen wurden als Feigenblatt des Establishments betrachtet. Die Gruppe 47 erfülle »alle Voraussetzungen einer Pseudoopposition und ist deshalb notwendige Institution westdeutscher Kultur«,[357] schrieb der Philosophiestudent Frank Böckelmann schon im September 1964 in der literarischen Studentenzeitschrift *Texturen*, als deren Chefredakteur er damals fungierte. Zur selben Zeit war er Mitglied der im Jahr zuvor gegründeten »Subversiven Aktion«.

Münchner Untergrund

Deren Wurzeln liegen buchstäblich im Untergrund. Genauer gesagt in einem Münchner Keller, den Dieter Kunzelmann bewohnte, seit er 1960 von einem länger währenden Aufenthalt in Paris zurückgekehrt war.[358] Beim neuen Heim des jungen Mannes, der in der Hauptstadt des Existenzialismus das Leben eines »Gammlers« geführt und unter Seine-Brücken geschlafen hatte, handelte es sich um ein dreißig Quadratmeter großes Kellergewölbe in der Bauerstraße 24, das vorher einem Maler als Atelier gedient hatte. »Für eine Monatsmiete von dreißig Mark wurde ein Waschbecken, ein Kohleofen und ein einziges Kellerfenster geboten«,[359] erinnert sich Kunzelmann: »Das Klo befand sich in den Kellerräumen des Seitenflügels, die von Studenten bewohnt waren, und man gelangte dorthin nur über den Innenhof, in kalten Winternächten ein weiter Weg.«

Am 5. November 1963 sollte er ein Rundschreiben an Freunde und ihm bekannte Künstler verschicken, in dem er vorschlug, sich zwecks Gründung eines aktionistischen Netzwerks am Sonntag, dem 10. November, bei ihm zu Hause zu treffen. »Dieser Abend im Keller der Schwabinger Bauerstraße gilt als Gründungsmoment der ›Subversiven Aktion‹, die Kunzelmann in Eigenregie ins Leben rief.«[360] Die Gruppe existierte bis zum Frühjahr 1966 und nahm über ihre Protagonisten – hier ist an erster Stelle Rudi Dutschke zu nennen – maßgeblichen Einfluss auf den antiautoritären Teil der Studentenbewegung.

Wie war es zur Bildung dieser Gruppe gekommen? Zur unmittelbaren Vorgeschichte der »Subversiven Aktion« gehören die Aktivitäten der 1958 gegründeten Künstlergruppe »Spur«, mit denen Kunzelmann in Kontakt kam, nachdem er sich in der bayerischen Landeshauptstadt eingelebt hatte. Dort tat er zunächst das, was schon in Paris sein Lebensinhalt war, er trieb sich in Cafés herum und übte sich in den einschlägigen Schwabinger Lokalen in der Kunst der Kneipendiskussion. Existenzsorgen musste er sich damals nicht machen, denn sein Vater, der als »Sparkassendirektor der städtischen Elite in Bamberg«[361] angehörte, erklärte sich einverstanden, ihm »ohne jegliche Auflage ein monatliches Salär von 250 Mark zu überweisen, was 1960 relativ viel Geld war«.[362]

In einer schwülen Sommernacht desselben Jahres lernte Kunzelmann drei Maler kennen: Heimrad Prem, Helmut Sturm und Hans-Peter Zimmer. Sie gehörten alle der Künstlergruppe »Spur« an und zogen in besagter Nacht durch die Schwabinger Lokale, um ihre gleichnamige Zeitschrift zu verkaufen. Mit dem etablierten Kulturbetrieb wollten die drei nichts zu schaffen haben. Nach ihrer Überzeugung »hatte die Kunst alle Formen und politischen Frontstellungen durchlebt und war jetzt von der kapitalistischen Marktkalkulation absorbiert worden. Eine formlose Kunst war längst Medium des Marketings und Projektion der erfüllbaren Sehnsüchte der Konsumenten. Sie besaß keinen Sprengsatz mehr, war jeglicher Subversion und Provokation entblößt. Sie war frei von Phantasie und Hoffnung und diente primär dem Ambiente der Kaufpaläste und ihrer Kataloge. Sie war Dekoration und Mittel, die Umsätze bestimmter Waren zu steigern.«[363]

Viele Vertreter der zeitgenössischen Avantgarde teilten diese Wahrnehmung. Sie taten sich zu immer neuen Künstlergruppen zusammen und machten ihrem Zorn in Essays, Pamphleten und Aktionen Luft. Der einflussreichste dieser Zusammenschlüsse, die das Erbe der Dada-Bewegung und der Surrealisten angetreten hatten, war die »Situationistische Internationale«, die von dem französischen Experimentalfilmer Guy Debord und dem dänischen Künstler Asger Jorn angeführt wurde. Letzterer hatte im Zweiten Weltkrieg in Jütland zur Leitung des Widerstands gegen die Nazi-Besatzung gehört. Die geheimnisvolle, fast im Untergrund agierende »Organisation von Künstlern in mehreren europäischen Ländern«[364] hatte ihr organisatorisches Zentrum in Paris, verfügte aber auch über Sektionen in Italien, den Niederlanden, Belgien und den skandinavischen Ländern. Mit der Revue *Internationale Situationniste* führte sie seit 1958 ein eigenes Theorieorgan.

Die Situationisten wollten die sie umgebende Realität nicht nur spiegeln, sondern die Gesellschaft verändern, indem sie »revolutionierende Situationen«[365] herstellten. Als das geeignete Mittel dazu erschien ihnen die Provokation etablierter Institutionen. Die Vertreter des Establishments sollten aus der Reserve gelockt werden. Deren »Reaktionen sollten entlarven, entblößen oder auch nur für Augenblicke Zustände, Vorurteile, Hass und Emotionen aufleuchten lassen«.[366] Kunst sollte der Vermarktung entzogen, der gesellschaftliche Gewalt- und Verblendungszusammenhang kenntlich gemacht und Kreativität freigesetzt werden, »so dass das handelnde Individuum sich spielerisch neu definieren konnte«.[367]

Es ging darum, den Widerspruch zwischen dem, was ist, und dem, was sein könnte, zu verdeutlichen und im Hier und Jetzt bereits Elemente der angestrebten anderen Ordnung vorwegzunehmen: »Der neue Lebensstil konnte und sollte nicht dekretiert werden, lediglich experimentell ausprobiert durch eine kulturelle Avantgarde, die den neuen Stil antizipierte und durch ihre Aktionen auf sich aufmerksam machte.«[368]

Als die Situationisten im April 1959 in Schwabing ihre dritte Konferenz abhielten, waren die »Spur«-Mitglieder dabei und erklärten sich flugs zu ihrer deutschen Sektion. Wie es sich für richtige Situationisten gehörte, legte es die Münchner Gruppe, in der sich Kunzelmann rasch zu einer Art Cheftheoretiker entwickelte, geradezu darauf an, Anstoß zu erregen. Daran, so hoffte man, ließen sich politische Aktionen anschließen, die zu einem Bewusstseinswandel führen könnten. Insofern war es in den Augen der Künstler ein

Erfolg, als die sechste Nummer ihrer Zeitschrift *Spur* einer jungen Frau im Jahr 1961 so sehr missfiel, dass sie Anzeige erstattete. Die Ausgabe trug den Titel »Spur im Exil« und wurde – ebenso wie die übrigen fünf Nummern – am 9. November 1961 bei einer Hausdurchsuchung vom Sittendezernat konfisziert. Die Wellen der Erregung schlugen hoch. »Nachdem der Münchner Weihbischof Neuhäusler erfahren hatte, dass die Staatsanwaltschaft ein Ermittlungsverfahren gegen die Gruppe Spur eingeleitet hatte, erbat er sich im Dezember 61 vom bayerischen Justizministerium die Übersendung der inkriminierten Druckerzeugnisse. Nach der Lektüre stellte auch er Strafantrag – wegen Gotteslästerung. Insbesondere bezog er sich auf Kunzelmanns Texte ›Der Kardinal, der Film und die Orgie‹ und den Hymnus ›Die Abtreibung der Jungfrau Maria begeistert mich …‹.«[369]

Die öffentliche Aufmerksamkeit, die die Anklage mit sich brachte, kam den »Spur«-Aktivisten gelegen. Sie nutzten diese für weitere publizistische Attacken gegen die als autoritär empfundene Gesellschaft.[370] Guy Debord und Asger Jorn ermutigten ihre deutschen Mitstreiter in einem Brief dazu, den Konflikt mit den Behörden zu eskalieren: »Ihr müsst verstehen, dass es notwendig ist, die deutschen Autoritäten dazu zu drängen, öffentlich die Verantwortung zu übernehmen. Und dann werden wir auf internationaler Ebene einen immensen Skandal entfachen. Das ist die Weihe der revolutionären Aktivitäten der Gruppe Spur.«[371] Am 4. Mai 1962 begann die gerichtliche Auseinandersetzung, die erst 1975 endete und zum bis dahin längsten Prozess der bayerischen Justizgeschichte werden sollte.

Die Gruppe »Spur« wurde von der Pariser Zentrale der Situationisten bereits im Februar 1962 wegen Fraktionsbildung wieder ausgeschlossen.[372] »Es war bei diesen aus zehn Mitgliedern bestehenden Gruppen üblich, im Laufe eines Jahres mindestens fünf auszuschließen, mit heftigsten Debatten darüber, ob jemand die Reinheit der Radikalität verletzt hatte oder einer ideologischen Abweichung bezichtigt werden konnte.«[373] Die Reflexion über die eigene revolutionäre Perspektive und noch unverbrauchte Aktionsformen ging währenddessen unverdrossen weiter[374] und mündete am 10. November 1963 im Gründungstreffen der »Subversiven Aktion« in Kunzelmanns Keller.

Man wurde sich in München schnell einig, die kulturrevolutionären Aktivitäten mit Hilfe von »Mikrozellen« auf weitere Großstädte auszudehnen. Die Subversiven verstanden sich als revolutionäre Elite.[375] Sie trafen sich mehrmals im Jahr an wechselnden Orten in Deutschland, um »miteinander über Psychoanalyse und Marxismus, Kritische Theorie und Surrealismus«[376] zu diskutieren und Ideen für öffentlichkeitswirksame politische Interventionen zu entwickeln. »In ironischer Anspielung auf die dogmenstarke katholische Kirche nannten sie ihre Zusammenkünfte Konzile.«[377]

Die einflussreiche und in vielerlei Hinsicht reaktionäre christliche Institution schien als Ziel für skandalträchtige Aktionen bestens geeignet. Ihre Vertreter ließen sich leicht provozieren, wie zuletzt der Prozess gegen die Gruppe »Spur« gezeigt hatte. Und so kam es, dass Angehörige der Subversiven Aktion in der Nacht vom 3. zum 4. September 1964 in Stuttgart Plakate klebten. Die Stadt beherbergte zu dieser Zeit die Besucher des 80. Deutschen Katholikentags. Die Botschaft der Subversiven: Die Kirche kollaboriere mit dem kapitalistischen System, habe die Inquisition hervorgebracht und mit dem Faschismus paktiert. Vier junge Leute wurden »wegen des Verdachts der Gotteslästerung im Anschluss an die Aktion bis zum 7. September in Untersuchungshaft genommen.«[378]

Unterdessen kreisten die Diskussionen der »Subversiven Aktion« immer wieder um die Frage, welche politischen Schlüsse aus den im Grundsatz für richtig erachteten Herrschaftsanalysen der verschiedenen marxistischen Theorien, der Psychoanalyse sowie der Kulturkritik Theodor W. Adornos und anderer Autoren der Frankfurter Schule gezogen werden sollten. Einig war man sich in der Forderung, dass Theorie praktisch werden, die erkannte Wahrheit in der Wirklichkeit auch Folgen haben müsse. Die »Subversive Aktion« setzte auf die Tat. »Kritik muss in Aktion umschlagen. Aktion entlarvt die Herrschaft der Unterdrückung«,[379] lautet der für die Arbeitsweise der Gruppe entscheidende Satz. Sie wollten »konstruktiv über die theoretische Basis der Frankfurter Schule hinausgehen«, schrieb Frank Böckelmann am 17.8.1964.[380]

Ein paar Monate zuvor war man mit deren bekanntestem Vertreter zusammengestoßen. Im Mai 1964 klebten Angehörige der »Subversiven Aktion« das Plakat »Suchanfrage« in München, Stuttgart, Tübingen und Berlin an Wände und Zäune, die sich in der Nähe der jeweiligen Universität befanden. Der »Kulturindustrie«, stand darauf zu lesen, sei es gelungen, dass die Subjekte, ihre »eigene Entmenschlichung als menschliches, als Glück der Wärme genießen«. Und: »Alle sind unfrei unter dem Schein, frei zu sein.«[381] Die Aktivisten zitierten die Gesellschaftskritik Adornos, wollten jedoch einen Schritt weitergehen. Sie suchten Mitstreiter für den Weg von der Theorie in die politische Praxis. »Wir glauben, dass Wissen nicht Bewältigung ist. Wenn auch Ihnen das Missverhältnis von Analyse und Aktion unerträglich ist, schreiben Sie unter Kennwort ›Antithese‹ an 8 München 23, postlagernd.« Interessenten, die sich daraufhin schriftlich meldeten, wurden in Kunzelmanns Wohnung in die Münchner Bauerstraße 24 eingeladen und dort auf ihre Eignung als potentielle Mitstreiter geprüft. Gezeichnet war der Text mit »Th. W. Adorno, 6 Frankfurt/Main, Kettenhofweg 123«.[382]

Der Philosoph verstand in dieser Angelegenheit keinen Spaß und erstattete Anzeige.[383] Dieter Kunzelmann und Frank Böckelmann, die sich vergeblich bemühten, mit Adorno ins Gespräch zu kommen, wurden wegen Verstoßes gegen das Pressegesetz zu Geldstrafen verurteilt.[384]

Revolutionäre Selbstveränderung

Das Theorieblatt der »Subversiven Aktion« hieß *Anschlag*, was zugleich auf eine Veröffentlichungsform (Aushang, Plakat), das Antippen oder Zupfen von Musikinstrumenten und auf eine Aktionsform verwies: das Zuschlagen oder Putschen. »Das Experiment und der Prozess der Kunst sollten auf die Politik übertragen werden.«[385] Seit dem Herbst 1964 agierte der Berliner Zweig der »Subversiven Aktion« auch unter dem Namen »Anschlag«. Federführend waren Rudi Dutschke und Bernd Rabehl, zwei Flüchtlinge aus der DDR, die Anfang des Jahres zu der Gruppe gestoßen waren. Fragen der marxistischen Methode und der revolutionären Strategie gewannen nun immer mehr an Gewicht. Sie setzten darauf, von den jeweiligen Mikrozellen aus die lokalen Gruppen des SDS zu unterwandern. »Die Grundidee dabei war, die studentische Organisation von ihren Rändern her zu radikalisieren. Diese verschwindend kleine Minderheit der subversiven Anti-Autoritären verbrachte die kommenden zweieinhalb Jahre damit, über die gezielte Mitarbeit in verschiedenen Arbeitskreisen unter den Studierenden eine aktionistische Wende innerhalb des studentischen Protests zu propagieren.«[386] Das gelang vor allem in der Mauerstadt.

Im Januar 1965 trat die Berliner Mikrozelle dem SDS bei und bildete seine antiautoritäre Fraktion. Auf diese Weise verwandelte sich der altbackene linke Studentenbund »zu einer revolutionär auftretenden Jugendavantgarde«,[387] aus der 1967 die Kommune 1 hervorgehen sollte. Dieses Projekt einer politischen Wohngemeinschaft resultierte aus der Überlegung, dass die revolutionäre Veränderung der Gesellschaft und die Selbstveränderung der Aktivisten unauflöslich miteinander verbunden seien und daher Hand in Hand gehen müssten. »Die Kommune ist nur dann fähig, systemsprengende Praxis nach außen zu initiieren, wenn innerhalb der Kommune effektiv die Individuen sich verändert haben, und diese können sich nur verändern, wenn sie jene machen«,[388] hatte Kunzelmann, der seinen Wohnsitz von München nach Berlin verlegte, Ende November 1966 in seinen »Notizen zur Gründung revolutionärer Kommunen in den Metropolen« formuliert, die heute als Gründungsmanifest der Kommune I gelten.

Günter Grass konnte mit all dem nicht viel anfangen. Vorübergehend war er direkter Nachbar der Kommunarden. Aber schon das erste Zusammentreffen stand unter keinem guten Stern. Als Grass seinen Roman »Hundejahre« fertiggestellt hatte, das war im Jahr 1963, zog er mit seiner Familie in eine Villa in den Berliner Stadtteil Friedenau. Die Anschrift lautete Niedstraße 13. Hier ging es bürgerlich zu. Sonntags lud der Schriftsteller gern Kollegen mit ihren Frauen und Kindern zum Frühstück ein. Schmalzbrote und Schweinskopfsülze wurden aufgetischt. Am Tischende saß Grass wie ein Patriarch. Mit Uwe Johnson und seiner Frau Elisabeth war er befreundet. Johnson hatte das Haus vermittelt. Er nutzte gleich nebenan in der Nummer 14 eine Atelierwohnung.

Im Frühjahr 1966 reisten Uwe und Elisabeth Johnson für längere Zeit nach New York. Ihre Hauptwohnung in der Stierstraße 3 und das Atelier vermieteten sie unter, und zwar an Dagrun Enzensberger, die von ihrem Ehemann getrennt lebende Gattin des Schriftstellers Hans Magnus Enzensberger, die zum Kreis um Kunzelmann und Fritz Teufel gehörte. Sie verschaffte ihren Freunden Zugang zu den Wohnungen. In den Monaten Februar und März des Jahres 1967 zogen sie nach und nach ein.[389]

In dieselbe Zeit fiel die Vorbereitung für die erste große Aktion der Kommune I. Ein Staatsbesuch stand bevor. Am 6. April wollte US-Vizepräsident Hubert H. Humphrey die Mauerstadt besuchen. Der Befürworter des Vietnamkrieges erschien der Kommune-Gruppe als eine besonders geeignete Zielperson für eine subversive Provokation. Verschiedene Szenarien wurden durchgespielt. Man sprach davon, die Wagenkolonne des Politikers mit Krähenfüßen zum Halten zu bringen und einen Feuerlöscher einzusetzen. Die Fahrtroute wurde ausgespäht, eine Anleitung für den Bau von Rauchbomben besorgt. Schließlich verständigte man sich darauf, den Konvoi des Vizepräsidenten an der Ecke Kurfürstendamm/Uhlandstraße mit Rauchbomben zu stoppen. Dort sollte Humphrey mit Eiern, Mehl oder Pudding beworfen werden. Am Vormittag des 5. April kaufte Kunzelmann die Chemikalien für die Rauchbomben ein, danach wurde in der Niedstraße gebastelt. Am Nachmittag sollten sie im nahe gelegenen Grunewald im Rahmen von Wurfübungen ausprobiert werden. Doch der Plan flog auf. Der US-Geheimdienst hatte die Telefongespräche der Kommune mitgehört und Verdacht geschöpft. Zivilfahnder der Politischen Polizei griffen ein. Die Kommunarden wurden verhaftet, teils im Grunewald, teils in der Wohnung in der Niedstraße. Auf einen Schlag wurde die Kommune I berühmt. Mit dem vereitelten »Pudding-Attentat« schaffte sie es bis in die Weltpresse.

Die aufgeschreckten Wohnungsbesitzer erfuhren davon aus der *New York Times*. Die Johnsons waren nicht amüsiert. Der Schriftsteller »bat seinen Nachbarn Grass, nach dem Rechten zu sehen, und dieser überwachte dann die polizeiliche Räumungsaktion«.[390] In einem Brief an Johnson bezeichnete sich Grass dann als »großen Rausschmeißer der Pudding-Schmeißer«.[391]

Das hinderte ihn allerdings nicht daran, kurze Zeit später eines von 18 Gutachten zu schreiben, mit dessen Hilfe der Kommune-Anwalt Horst Mahler seine Mandanten gegen die Anklage einer »Aufforderung zur menschengefährdenden Brandstiftung« verteidigte. Anlass war eine Serie von Flugblättern, die von der Gruppe unter die Leute gebracht wurden, nachdem ein Kaufhausbrand in Brüssel am 22. Mai 1967 etwa 250 Todesopfer gefordert hatte.

Die *Bild*-Zeitung spekulierte über eine Verbindung dieses Ereignisses mit Protestaktionen, die von belgischen Vietnamkriegsgegnern gegen eine am selben Ort gezeigte Ausstellung US-amerikanischer Konsumgüter durchgeführt worden waren. »Diese Verdächtigungen erinnerten an die Anschuldigungen der Berliner Presse gegen die Kommunarden, die anlässlich des Humphrey-Besuches als Bombenattentäter bezeichnet worden waren, und die Kommune nahm diese Parallele zum Anlass, um in einer Flugblattreihe die Verdächtigungen der Springer-Presse auf die Spitze zu treiben. Die Kommunarden stilisierten sich selbst zu Sympathisanten und Komplizen der angeblichen Brandstifter von Brüssel und feierten das ›Großhappening‹, das ›kriegsähnliche Zustände in der Brüsseler Innenstadt‹ hergestellt habe.«[392]

Die Verteidigungsstrategie bestand nun darin, die Flugblätter als das kenntlich zu machen, was sie in den Augen der meisten Gutachter – darunter bekannte Intellektuelle wie Hans-Werner Richter, Walter Jens, Alexander Kluge, Peter Szondi, Jacob Taubes und Gerhard Zwerenz – tatsächlich waren: satirische Kunstwerke.

Wobei die Meinungen über deren Qualität weit auseinandergingen. Namentlich bei Grass waren die kritischen Töne nicht zu überhören. Auf der einen Seite wandte er sich deutlich gegen die Anklageschrift: »Ein Staat, der die Kommune und ihre Produkte als öffentliche Gefahr wertet, beweist seine Unsicherheit und versucht die Wohltat demokratischer Nachsicht durch obrigkeitsstaatliche Härte zu ersetzen.«[393] Auf der anderen Seite wollte er in den »pseudorevolutionären Flugblättern« eine »Verächtlichmachung der Demokratie« erkennen, die er als gefährlicher einschätzte als das bloß verbale »Spiel mit dem Feuer«. In den Augen des Schriftstellers waren die Antiautoritären also unschuldig im Sinne der Anklage und kamen zugleich als politische Bündnispartner nicht in Frage.

Zu dieser Zeit betonte er immer wieder seine Gegnerschaft zu revolutionären Bestrebungen. Grass setzte auf sozialdemokratische Reformen, was ihm unter den radikalen Linken wenig Freunde bescherte.[394] Umgekehrt konnte er mit dem von den Kommunarden zelebrierten politischen Aktionismus nichts anfangen.

Die Frage, ob sich Kunst überhaupt dazu eigne, revolutionäre Veränderungen einzuleiten, wurde Ende der sechziger Jahre heftig diskutiert. Ein prominenter Vertreter dieser Ansicht war Joseph Beuys. Dem damals von vielen als Scharlatan betrachteten Künstler hielt der konservative Soziologe Arnold Gehlen am 27. Januar 1970[395] während einer gut besuchten und einige Tage später vom WDR-Fernsehen ausgestrahlten Podiumsdiskussion zum Thema »Kunst und Antikunst« entgegen: »Ich möchte den sehen, der sich noch von Kunst provozieren lässt.«[396] Zudem gebe es »kein ungeeigneteres Instrument zur Revolution als die Kunst«.[397] Doch auch noch 40 Jahre später waren viele politische Aktivisten entschieden anderer Auffassung.

Das geeignete Mittel im »Kampf gegen untragbar gewordene Institutionen«[398] sei nach wie vor die »kluge, arrogante, witzige, schockierende, plötzliche, stete, situative Provokation«,[399] wiederholte 2007 ein schmales Buch von Götz Kubitschek mit dem Titel »Provokation« den zentralen Glaubenssatz der Situationistischen Internationale. Es enthält eine Reihe von Anspielungen auf die Positionen der linken Kunstavantgarde der sechziger Jahre. So formulierte der Autor sein Unbehagen an einer bloß theoretisch bleibenden Gesellschaftskritik. »Hüten wir uns aber, die Wirkung des geschriebenen Worts, des luziden Gedankens, der Aufklärung zu überschätzen. Selbst wenn es sich nicht um das unerhörte und ungehörte Wissen von uns Wenigen handelte, sondern um Kenntnisse, die an Lehrstühlen erarbeitet und über ganze Semester ausgekippt würden: Was wäre all dieses Wissen gegen die eine Tat, die das, was man bloß wusste, verdichtet und übersetzt und mit einer Überzeugungskraft auflädt, die die Lektüre einer halben Bibliothek überflüssig macht.«[400]

Wie einst den Situationisten geht es dem Verfasser darum, »eine Reaktion (und sei es nur die der Verblüffung) hervorzurufen. Wahrgenommen wird das Unerwartete, wahrgenommen wird der gezielte Regelverstoß«.[401] Auch wenn die Bedingungen einer »Massengesellschaft«[402] die Lage aussichtslos erscheinen ließen, bleibe die Möglichkeit, »eine Spur zu hinterlassen«[403]. Für das Individuum sei die an der Kunst geschulte Existenz als politischer Provokateur »eine Alternative zum Dasein als Treter im Hamsterrad«.[404] Seine Taten könnten die Grundlage bilden für immer wieder erzählte Widerstandsgeschichten und immer wieder reproduzierte Widerstandsbilder. Im günstigsten Fall würde eine »gelungene provokante Aktion«[405] Nachahmer mobilisieren oder gar »der Auftakt zu Umwälzungen«[406] sein können.

Kubitscheks Buch gehört zu den einflussreichsten Publikationen der radikalen Rechten in der jüngeren Zeit. In »Provokation« verschmolz der ehemalige Oberleutnant der Reserve Elemente linker und rechter Widerstandstheorie und begründete damit die politische Praxis der von ihm ins Leben gerufenen »Konservativ-Subversiven Aktion«. Gelernt hatte er dafür von Bernd Rabehl.[407] »Mich hat immer sehr interessiert, wie sich Gruppen verhalten und bewegen, die machtlos sind, aber das Gefühl haben, dass ihre Zeit kommt«,[408] erläutert mir Kubitschek. »Ich habe mich mit Rabehl darüber unterhalten, wie die Atmosphäre in den Jahren 1962, 1963, 1964 war und wie sie dann 1966 und 1968 war, als etwas durchbrach, das sich lange vorbereitet hatte. Auch mit Günter Maschke habe ich über diese Fragen gesprochen. Beide konnten das sehr plastisch beschreiben. Dabei stellt sich die Frage, welche katalytische Bedeutung solchen Gruppen wie der Kommune, den Situationisten und der Subversiven Aktion um Fritz Teufel, Dieter Kunzelmann oder auch Frank Böckelmann zukam. Sie haben damals bestimmte Provokationsstrategien auf die Spitze getrieben. Das geschah nicht aus Lust und Laune heraus, sondern reflektiert, mit einem unglaublichen Aufwand an Selbstrechtfertigung. Ich bin mir nicht klar darüber, wie wichtig die Impulse dieser Gruppen am Ende waren. Ob es sich nicht um Tendenzen handelte, die einfach zum Zuge kamen. Jedenfalls kenne ich Rabehl sehr gut und habe Begrifflichkeiten und Theorieansätze von ihm übernommen.«

In der Fachliteratur heißt es, Kubitschek habe bereits im Juni 2005 auf dem Sommerkongress der freiheitlichen Jugend Europas, die den Republikanern nahestand, zum Thema Provokationseliten referiert.[409] Die Veranstaltung fand jedoch ohne ihn statt. »Die hatten mit mir geplant«, erinnert sich Kubitschek. »Leider Gottes ist es eine schlechte Angewohnheit vieler Gruppen, mit Namen zu werben, ohne ›angefragt‹ dahinter zu schreiben. Das ist etwas, das ich gar nicht mag. Ich bin keiner, der bei so etwas gleich zum Rechtsanwalt rennt, habe das aber hinterher stark kritisiert. Sie hatten meine Absage erhalten, aber, um Teilnehmer zu gewinnen, mit meinem Namen weiter geworben. Ich hatte nichts gegen die Republikaner. Die waren für mich eine normale Partei. Aber der Verband, der mich damals einlud, kannte keine Grenzen. Das war so eine Art freischaffender Kameradschaftskreis aus der Pfalz. Sie hatten Reinhard Oberlercher eingeladen. Der ist zwar hochintelligent, gehört jedoch zu den Leuten, die sich die Wirklichkeit solange zurecht schneidern, bis sie in ihre Weltanschauung passt. Eine ähnliche Figur ist Horst Mahler, der aus sich selbst ein Kunstprojekt macht, eine Art Opfergestalt aus sich heraus meißelt. Das ist nicht meine Art zu denken. Ich sehe die Wirklichkeit und überlege mit Maß, wie mit Respekt und Behutsamkeit der nächste Schritt in das, was auf uns zukommt, gegangen werden kann.«

Bernd Rabehl hingegen konnte Kubitscheks Ansprüchen genügen. Der ehemalige Wortführer der antiautoritären Studenten hatte sich politisch nach ganz weit rechts bewegt.[410] Ich frage Kubitschek, wie er den ehemaligen SDS-Anführer kennengelernt hat. »Im Zuge der Verlagsarbeit und im Rahmen der Berliner Kollegs, die unser Institut für Staatspolitik veranstaltet hat. Dort versammelten sich 300 bis 400, einmal sogar fast 700 Leute, um Vorträge zu einem Thema zu hören. Rabehl kam als Hörer dazu, weil ihn interessierte, was wir dort besprachen. Es muss im Jahr 2002 gewesen sein, dass wir uns das erste Mal trafen.« Als Rabehl auftauchte, habe es in ihrem Milieu verschiedene Reaktionen gegeben, erläutert Kubitschek. Der CDU-nahe Teil, der jede Form der Ordnungsstörung, der Ordnungswidrigkeit ablehne, habe mit Leuten wie ihm nichts zu tun haben wollen. Der Achtundsechziger sei ihnen zu wenig bürgerlich gewesen. Andere hätten aus taktischen oder strategischen Gründen für gut befunden, dass so jemand da sei, beispielsweise um zeigen zu können, dass es linke Renegaten gebe, die wir für uns »erobert« hätten. Aus Kubitscheks Sicht ist das ein sehr banales, dummes Argument. Er habe zu denjenigen gehört, die danach fragten, was zu tun sei. Aus dieser Motivation heraus interessierte er sich für den existentialistischen Impuls in den Lebensentwürfen der Wortführer und Protagonisten der Neuen Linken von 1968. Das seien alles Leute gewesen, die ernst gemacht hätten, die zunächst keine Karriere angestrebt, sondern sich überlegt hätten, wie sie eine Form des bewussten Lebens verwirklichen könnten. »Der intensive Austausch ging dann über fünf, sechs Jahre. Sein Bändchen ›Linke Gewalt‹ ist bei uns 2007 erschienen, das Buch ›Rudi Dutschke‹ schon 2003.«[411]

Antibürgerliche Gemeinsamkeit

Eine ungewöhnliche Kooperation war das. Kubitschek, der konservative Bewunderer der preußischen Staatsidee, war an Begriffen wie Hierarchie, Ordnung und Autorität orientiert. Nun gibt es auch unter linken Intellektuellen eine ganze Reihe, die mit dem Staat als Garanten politischer Ordnung und sozialer Sicherheit eine Menge anfangen können. Zu diesen gehörte Rabehl, der jahrzehntelang die Idee der Rätedemokratie verfocht, aber gerade nicht. Er stammt aus dem antiautoritären Milieu. Wie kann so etwas zusammengehen? Stießen hier nicht eigentlich zwei letztlich unvereinbare Haltungen aufeinander? In diesem Fall offenbar nicht. »Ich bin natürlich kein Anarchist oder so etwas«, erklärt mir Kubitschek: »Aber ich bin der festen Überzeugung, dass es Erneuerungsimpulse braucht, wenn die große Ordnung gestört ist, die ein Volk wiederum braucht, wenn es als Nation gedeihen will.« Anfangs habe er einen waschechten Verlag machen wollen, der qualitativ arbeitet, was das Handwerkliche und die Breite der Themen betrifft. Keinen jener Gesinnungspfuscher-Verlage, die es immer wieder gebe und die nur ein paar Jahre durchhielten oder den zehnten Band »SS in Farbe« brächten. So etwas ginge immer – finanziell. Ellen Kositza und er haben hingegen einen ernsthaften Verlag machen wollen, einen, »der die Theorie im Sinne unseres Landes« weiterzutreiben versuche. Irgendwann sei ihnen klargeworden, dass das nicht reiche und man ein engagiertes, ein »erweitertes Verlegertum« (Jörg Schröder) pflegen müsse.

Er sei zu der Auffassung gelangt, Dinge tun zu müssen, die das Establishment dazu zwängen, sich kenntlich zu verhalten, zu zeigen, wes Geistes Kind es eigentlich sei. »Die Subversive Aktion, die Leute um Rabehl, Kunzelmann, Teufel, haben dieses Konzept verfolgt. Sie haben gesagt: Wir wollen mit unseren Aktionen zeigen, dass der Staat, in dem wir leben, ein rigider Staat ist, ein Polizeistaat, ein repressiver Staat, ein Überwachungsstaat, der bereits totalitäre Züge hat. Ein Staat, der die Menschen unmündig hält, sie zu Konsumenten erzieht und ihnen keine wirkliche demokratische Teilhabe ermöglicht. Diese Teilhabe wird an die Parteien abgetreten, die einen bestimmten Typus von Politiker hervorbringen, der eine Demokratiesimulation vorführt, die eben verhindert, dass der Bürger eine echte demokratische Beteiligung leben kann. Die Methode, dies kenntlich zu machen, ist die subversive Aktion, die Provokation, das Herausfordern einer bestimmten Reaktion.« Genau daran habe er anschließen wollen, erläutert Kubitschek. »Ich habe überlegt, wie wir daraus für uns eine Handlungsanweisung machen könnten. Die Frage lautet: Was müssen wir tun, damit wir den Staat oder präziser: das Regierungshandeln als das entlarven können, was es ist – ein gegen das eigene Volk gerichtetes Handeln. Mir war klar, dass an uns etwas deutlich, kenntlich werden würde, dass an uns etwas aufgezeigt würde, an uns ›Zeigerpflanzen‹.« Kubitschek hat diesen Begriff der Geobotanik entlehnt. Er bezeichnet Pflanzen, die nur auf bestimmten Böden gedeihen. Nun stellte sich die Frage, welche Form der Gewalt der Staat anwenden würde, um auf ihre Provokationen zu reagieren. »Es gibt die juristische Gewalt, die Gewalt auf der Straße oder auch die Unterdrückung der Meinungsartikulation. Eine Demokratie wird ja in Bezug auf die Meinungsfreiheit bzw. die Möglichkeit der Meinungsäußerung niemals in der Mitte definiert. Der im weitesten Sinne Angepasste wird sich immer irgendwie äußern können. Die Güte dieses Grundrechts erweist sich nur dort, wo es an die Ränder geht. Sie definieren letztlich die Würde dieses Begriffs. Die Methode der Provokation verstößt dabei zutiefst gegen das, was ein großer Teil unserer Leserschaft und unserer Autoren vertritt. Das nichtbürgerliche Element ist unter den Konservativen nicht gut angesehen. Ich meine jedoch: Wenn der Konservative in der heutigen Situation keinen Widerstand leistet, droht er zum idiotischen Erfüllungsgehilfen einer Gesellschaft zu werden, die er selbst nicht wollen kann. Unsere Antwort war die beschriebene Strategie der Provokation, aus der die Konservativ Subversive Aktion hervorging.«

Die Konzeption geht im Wesentlichen auf Kubitschek selbst zurück. »Ich bin der Auffassung, dass man von vorne führt. Das ist das militärische Erbe, die militärische Ausbildung, die ich habe. Das heißt, wenn ich eine Provokationsstrategie entwerfe, muss ich auch der erste sein, der sie umsetzt. Bei der intellektuellen Rechten, der wir angehören, gab es so etwas damals noch nicht. Obwohl ich damals schon älter war und dachte, das könnten jetzt besser 20-Jährige tun, war ich der Meinung, dass es juristische oder finanzielle Konsequenzen geben könnte, und dass ich derjenige sein müsste, der dann diese Konsequenzen trägt und gegebenenfalls vor dem Kadi steht. Das ist wie beim Militär, wenn es darum geht, Neuland zu betreten. Dann muss man der erste sein, der im Schlauchboot sitzt, um über den Fluss zu setzen. Die Hoffnung dabei ist, dass man das nicht hundertmal vormachen muss, sondern dass es Nachahmer geben wird. Wenn es sie gäbe, so meine Vorstellung, sollten sie von mir jede Form von Unterstützung bekommen, die ich leisten kann: juristisch, finanziell, mental und theoretisch. Und so ist es heute tatsächlich.«

Rabehl sei auf der einen Seite der Historiograph der Bewegung gewesen, aus der er stammte, und auf der anderen Seite jemand, der nach der »Enkelgeneration« von rechts gesucht habe, die diesen Impuls noch einmal aufgreifen könnte, deutet Kubitschek die Motivation seines ungewöhnlichen Wahlverwandten. »Er wandte sich gegen die Fehler der Linken und störte sich daran, wie arriviert sie mittlerweile waren, dass sie also zum Teil des Establishments geworden sind. Rabehl dachte, wenn heute überhaupt ein Impuls kommen kann, der das System erschüttert, dann nur von rechts.« In Kubitschek glaubte Rabehl die Verkörperung einer neuen Elite zu erkennen, die Deutschland vor dem in seinen Augen drohenden Zusammenbruch bewahren sollte. »Das Soldatische und Männliche, das bei Kubitscheks öffentlichen Auftritten sichtbar wird und das sowohl Teil seiner Gegenkultur wie Stilmittel der Provokation ist, enthält keinerlei Parodie auf die Heldengesänge der Vergangenheit: Hier ist jemand am Werk, der sich unterscheiden will!«,[412] begeisterte sich Rabehl für den rechten Aktivisten: »Die ihm eigene Kombination von Intelligenz, Durchsetzungswillen und Verantwortung sind Kriterien für die zukünftige Elite, die unsere Gesellschaft vor dem Kollaps bewahren könnte. Sie muss sich herausbilden im Widerspruch zum Zeitgeist und zur alltäglichen Feigheit.«

Rabehl feierte seinen Verleger als einen »Kulturrevolutionär«, einen, der wie ehemals Rudi Dutschke »jenseits der Welt des Etablierten« stand, und den deshalb »die Zeitbrüche und das Aufbegehren von 1968 gegen den alltäglichen Opportunismus« interessierten. Die Provokationen der »Konservativ-Subversiven Aktion« fanden den Applaus des alt gewordenen Rebellen. »Solche Aktionen sind heute wieder nötig, vielleicht mehr noch als damals. (...) Chapeau!«[413]

Angeeignet hatte sich Kubitschek weniger die politischen Inhalte als die Kampfwerkzeuge der Achtundsechziger. Es sei nicht schwer gewesen, für die ersten zwei, drei Aktionen jeweils etwa zehn Leute zu gewinnen, die daran teilnahmen, erinnert sich Kubitschek. »Ein, zwei Leute haben das dann von zu Hause am Computer begleitet und die Internetseite gefüttert.«

Die erste Aktion der Konservativ-Subversiven Aktion am 2. Mai 2008 war ein Frontalangriff auf all jene, die das politische Erbe der Achtundsechziger für sich beanspruchten. Sie richtete sich gegen den von der Partei Die Linke mitveranstalteten Kongress »40 Jahre 1968. Die letzte Schlacht gewinnen wir« im Audimax der Berliner Humboldt-Universität. Pünktlich zum Kongressauftakt ließen eine Handvoll junger Männer von der Balustrade Pamphlete in den Saal regnen. Sie riefen »Scheiß-Sozialisten« und entrollten ein Plakat, auf dem Lenin als »Massenmörder« tituliert wurde.[414] In ihrer Pressemeldung hieß es: »Die Konservativ-Subversive Aktion spricht dem Kongress jedes Recht ab, über eine menschliche Zukunft Deutschlands und der Welt zu debattieren. Denn die Ikonen der 68er und der aktuellen Linksradikalen sind unmenschliche Massenmörder.«[415] Sie hätten vier, fünf gute Aktionen gemacht, die Sache damit aber auf sich beruhen lassen, erläutert Kubitschek. »Klar war, das Zeichen ist damit gesetzt, und wir müssen jetzt schauen, ob es Leute gibt, die diese Form der politischen Äußerung fortsetzen, die ich für eine Äußerungsform der Schwachen halte. Mir war klar, dass es über kurz oder lang eine Gruppe geben würde, die diese Konzeption, diese Strategie der Wortergreifung, übernimmt.«

Die Türöffner: Thilo Sarrazin und Peter Sloterdijk

»Berlin ist belastet von zwei Komponenten: der Achtundsechzigertradition und dem Westberliner Schlampfaktor«, verkündete Thilo Sarrazin im Gespräch mit der Kulturzeitschrift *Lettre International* (Nr. 86/2009). Das war im September 2009. Der im April desselben Jahres aus dem Amt des Berliner Finanzsenators geschiedene SPD-Politiker hatte bereits zuvor gelegentlich mit schnoddrigen Bemerkungen für Aufsehen gesorgt. Populär wurde er jedoch erst mit der heftigen öffentlichen Auseinandersetzung, die der Veröffentlichung des Interviews folgte. Anstoß erregten vor allem jene darin enthaltenen Äußerungen, die auf Migranten muslimischen Glaubens zielten. »Ich muss niemanden anerkennen, der von diesem Staat lebt, diesen Staat ablehnt, für die Ausbildung seiner Kinder nicht vernünftig sorgt und ständig neue kleine Kopftuchmädchen produziert«, bekannte Sarrazin. Das gelte für 90 Prozent der arabischen und 70 Prozent der türkischen Einwohner von Berlin. Letztere eroberten Deutschland durch ihre hohe Geburtenrate. Ein großer Teil dieser beiden Bevölkerungsgruppen habe »keine produktive Funktion, außer im Obst- und Gemüsehandel«. Davon fühlten sich viele Menschen beleidigt. Fürsprecher und Gegner seiner Thesen lieferten sich einen heftigen medialen Schlagabtausch, der den Namen des die meiste Zeit seines Lebens in der zweiten Reihe tätigen Funktionärs in der ganzen Republik bekannt machte.

Das Untergangsszenario

Kaum hatte sich die Debatte etwas beruhigt, legte Sarrazin nach. 2010 veröffentlichte er sein Buch »Deutschland schafft sich ab. Wie wir unser Land aufs Spiel setzen«. Die mediale Aufmerksamkeit war enorm. Die Buchpräsentation im Haus der Bundespressekonferenz in Berlin war überfüllt. Draußen vor den Türen demonstrierten empörte Bürger und politische Aktivisten gegen den von den Eliten verbreiteten Rassismus, drinnen saugten die Vertreter von Presse, Rundfunk und Fernsehen die Provokationen des seine Rolle sichtlich genießenden Buchautors geradezu auf. Tatsächlich goss er mit der Publikation und den ihr folgenden Interviews weiteres Öl ins Feuer. »Ich möchte nicht, dass das Land meiner Enkel und Urenkel zu großen Teilen muslimisch ist, dass dort über weite Strecken türkisch und arabisch gesprochen wird, die Frauen ein Kopftuch tragen und der Tagesrhythmus vom Ruf der Muezzine bestimmt wird. Wenn ich das erleben will, kann ich eine Urlaubsreise ins Morgenland buchen«, brachte Sarrazin seine Furcht vor einer kulturellen Überfremdung zum Ausdruck. Die »unterschiedliche Fruchtbarkeit« in den verschiedenen Herkunftsgruppen, hieß es nun, habe »Auswirkungen auf das durchschnittliche Intelligenzniveau«[416] in Deutschland. Durch die Zunahme kulturell fremder und bildungsferner »Migranten aus der Türkei, dem Nahen Osten und aus Afrika«[417] ergebe sich eine »Entleerung der unteren Schichten von intellektuellem Potential«.[418]

In dieser Äußerung kommt ein Aspekt in Sarrazins Denken zum Vorschein, der in der Debatte[419] um sein Buch nur eine untergeordnete Rolle spielte: der darin zum Ausdruck gebrachte abschätzige Blick auf sozial Benachteiligte, Niedriglöhner, prekär Beschäftigte und Erwerbslose.

Schon früher hatte sich Sarrazin auf eine für einen Sozialdemokraten ungewöhnliche Weise über Angehörige der sogenannten Unterschicht geäußert. So polemisierte der zum Büroleiter im Bonner Finanzministerium aufgestiegene Funktionär im Jahr 1982 gegen eine Mentalität, welche »die Sorge für wachsende Teile des Lebensunterhalts als staatliche Aufgabe betrachtet, während das Bewusstsein schwindet, dass die Verantwortung für die materielle Gestaltung der eigenen Lebensumstände zuallererst eine individuelle Herausforderung ist«.[420]

Die SPD wird neoliberal

Seit den siebziger Jahren pflegte Sarrazin enge Kontakte zu Wirtschaftsvertretern. Er gehörte zu jenen Experten innerhalb der SPD, die die Partei von der Öffentlichkeit weitgehend unbemerkt in den Hinterzimmern der Macht auf einen kapitalfreundlichen Kurs brachten. Seit 1991 gab es für diesen Austausch von Unternehmen und Politik eine eigene Institution: den Managerkreis der SPD-nahen Friedrich-Ebert-Stiftung (FES). Sarrazin arbeitete an Thesenpapieren mit, die in der Regel darauf zielten, eine angeblich zu großzügige Sozialpolitik zurückzufahren und der Regulierung von Märkten Einhalt zu gebieten. Zeitweilig war er Stellvertreter des Managerkreis-Sprechers, des wirtschaftsliberalen Ökonomen Ulrich Pfeiffer. Die Interessen von abhängig Beschäftigten und sozial Benachteiligten blieben in diesem einflussreichen konzeptionellen Kreis außen vor. Man kann sagen, dass Sarrazin zu jenen Hinterzimmerstrategen in der SPD gehörte, die die Neoliberalisierung der Partei beharrlich vorantrieben. Damit bereitete er an der ideologischen Front die Politik einer von Bundeskanzler Gerhard Schröder (SPD) geführten Bundesregierung vor, die unter der Überschrift »Neue Sozialdemokratie« den Anspruch, die Interessen der »kleinen Leute« zu vertreten, weitgehend aufgab.

In der Wirtschaft wiederum hatte man unterdessen einige Anregungen der Achtundsechziger übernommen. Die Demokratie müsse als »Selbsttätigkeit der Menschen und als Selbstorganisation der Gesellschaft«[421] begriffen werden, forderte der Politikberater Warnfried Dettling. Er meinte damit aber keinen basisdemokratisch organisierten Sozialismus, sondern eine Gesellschaft, in der Bürgerbeteiligung und die Ellenbogenkonkurrenz des Marktes ein und dasselbe sind. Forderungen nach Autonomie, die von den Achtundsechzigern gestellt wurden, sind von den Kapitalisten seit den siebziger Jahren zur Modernisierung der Betriebe vereinnahmt worden. Das ist das Ergebnis einer Untersuchung der Managementliteratur dieser Zeit, die Luc Boltanski und Ève Chiapello unter dem Titel »Der neue Geist des Kapitalismus« veröffentlicht haben.[422] Der Drang nach Freiheit und kollektiver Selbstverwaltung, der die gegen Hierarchien gerichtete Gegenkultur auszeichnete, wurde in einen Baustein der neoliberalen Netzwerkökonomie verwandelt. Aus der Fabrikordnung wurde die nach innen gelegte Disziplin eines sich permanent selbst ausbeutenden Ich-Unternehmers, der nun auch nicht mehr fest angestellt war.[423] Damit einher ging eine Tendenz gesellschaftlicher Individualisierung, die zum Kernthema der Soziologie wurde.

Ulrich Beck und Anthony Giddens, zwei prominente und politisch einflussreiche Vertreter ihres Faches, verbannten den Begriff der Klasse als vermeintlich nicht mehr zeitgemäß aus dem gesellschaftswissenschaftlichen Vokabular und dienten sich den Führern der wichtigsten sozialdemokratischen Parteien in Europa, Tony Blair und Gerhard Schröder, als Berater an. Sie empfahlen diesen, eine Politik jenseits von rechts und links zu betreiben.[424] Tatsächlich orientierte sich die Politik von SPD und New Labour nun an den vermeintlichen Interessen einer wie auch immer verstandenen Mitte der Gesellschaft – de facto an den Deregulierungsinteressen großer

Konzerne. Das damals in der SPD vorherrschende Narrativ hieß, dass es zur kapitalistischen Form der Globalisierung keine durchsetzbare Alternative gäbe. »Wegen der Vernachlässigung der sozialen Frage und dem Anbiedern an den Neoliberalismus im Zuge des Strebens nach einer ›Neuen Mitte‹ und einem ›postideologischen Zeitalter‹ hat sich die politische Linke sprachlich wie inhaltlich von ihren Stammwählerschaften entfremdet«,[425] analysierten der Politikwissenschaftler Dirk Jörke und der Grundsatzreferent der SPD-Landtagsfraktion Rheinland-Pfalz, Nils Heisterhagen, diese Entwicklung.

Viele Linke vermittelten in ihren Augen den Eindruck, dass sich der Klassenkampf erledigt habe: »An die Stelle des Kampfes gegen ökonomische Ausbeutung ist der Kampf gegen kulturelle Diskriminierungen getreten. Multikulturalismus wurde zum linksliberalen Hauptmotiv. Daneben hatte nicht mehr viel Platz. Antidiskriminierungspolitik, Vielfaltseuphorie und politisch korrekte Sprache wurden zum politischen Fokus einer von Akademikern geprägten Linken, die glaubt, eine zivilisatorische Avantgarde zu bilden. Doch ihre Anliegen vertragen sich wunderbar mit dem Neoliberalismus, insofern die Rechte des Marktes und die Rechte des Individuums sich ergänzen. So sind die Linken, ohne es zu begreifen, in die Falle der Identitätspolitik gelaufen. Den Bezug zu ihrer traditionellen Wählerklientel haben sie verloren, vor allem die zu den Arbeitern.«[426]

Die ehemaligen Arbeiterparteien machen seit geraumer Zeit keine grundsätzlich andere Politik mehr als die Mitte-rechts-Parteien, kritisiert die Politikwissenschaftlerin Chantal Mouffe: »Es gibt heute einen allgemeinen Konsens darüber, dass es keine Alternative gäbe.«[427]

Basta-Kanzler Gerhard Schröder hätte den neoliberalen Kurswechsel seiner SPD-Grünen-Regierung nicht so reibungslos durchsetzen können, wenn nicht innerhalb seiner Partei längst marktradikale Positionen an Raum gewonnen hätten. Im Umfeld der

Sozialdemokratie hatte sich ein Denken breitgemacht, das die ungerechten Verhältnisse nicht mehr ändern, sondern die Menschen für diese passend machen wollte.

Von den ursprünglichen sozialdemokratischen Zielen, die Klassenunterschiede im Interesse der Arbeiter, kleinen Angestellten und Freiberufler zu überwinden und die Wirtschaft im Interesse der großen Mehrheit der Bevölkerung demokratisch zu gestalten, hatten sich die Parteiführung und ihre Berater längst verabschiedet. Im Mittelpunkt der SPD-Programmatik stand nun nicht mehr der soziale Ausgleich zwischen den Klassen, sondern die Absicht, unter der Überschrift »Bildungsgerechtigkeit« jedes Kind dazu zu befähigen, im Rahmen einer kapitalistischen Marktwirtschaft seines Glückes Schmied werden zu können. Die an die Macht gekommenen Achtundsechziger Gerhard Schröder und Joschka Fischer standen nun für eine liberale, nicht mehr für eine linke Politik. Für die Verlierer des Konkurrenzkampfes brachte man in den Führungsetagen der SPD und der Grünen immer weniger Empathie auf. Stattdessen senkte die SPD-Grünen-Regierung im Jahr 2000 den Spitzensteuersatz von 53 auf 42 Prozent.

Dem Philosophen Peter Sloterdijk ging das offenbar längst nicht weit genug. Er machte einen weitaus radikaleren Vorschlag. In seinem am 13. Juni 2009 in der *Frankfurter Allgemeinen Zeitung* veröffentlichten Essay »Die Revolution der gebenden Hand« forderte er, dass sogenannte Leistungsträger überhaupt keine Einkommenssteuern mehr zahlen und die öffentlichen Ausgaben durch freiwillige Spenden bestritten werden sollten. Würde das realisiert werden, gerieten Geringverdiener und Erwerbslose in die Rolle von Almosenempfängern und die öffentlichen Haushalte müssten sich von der Idee der Planungssicherheit verabschieden. Wirklich demokratisch, so versuchte er im Verlauf der viele Monate währenden Debatte zu suggerieren, sei eine Gesellschaft erst dann, wenn ihre vermögenden Bürger selbst entscheiden, was mit ihrem Geld passiert. Er votierte für »Parlamente der Geber«,[428] mit deren Hilfe die öffentlichen Finanzen »von der Zivilgesellschaft her«[429] neu gedeutet werden sollten. Für eine kleine Partei wie Die Linke ist in Sloterdijks politischen Wunschvorstellungen kein Platz. »Die kleinen Parteien sind der Anfang vom Ende der Demokratie. Sie haben eigentlich nur eine Funktion: den Prozess der Regierungsbildung zu erschweren, wenn nicht gar zu verunmöglichen«, gab er dem österreichischen Nachrichtenmagazin *Profil* am 20. Oktober 2008 zu verstehen. Die von Sloterdijk angestoßene Debatte erfüllte zwei wichtige Funktionen: Sie deutete, wie Rainer Trampert bemerkte, »Ausbeuter in Gönner um«[430] und verlieh ihnen darüber hinaus auch noch den Anschein einer direktdemokratischen Legitimation. Sloterdijk, der als Bhagwan-Jünger begonnen und in den siebziger Jahren eine gehörige Portion Kritischer Theorie verdaut hatte, wovon seine 1983 veröffentlichte »Kritik der zynischen Vernunft« noch beredtes Zeugnis abgab, hatte mittlerweile den elitären Standpunkt konservativer Philosophen wie Oswald Spengler, Friedrich Nietzsche und Martin Heidegger[431] eingenommen, die unterdessen erklärtermaßen zu seinen Vorbildern und, wie er es nannte, »Ideentrainern«[432] geworden waren.

Der Geist ist aus der Flasche

Wenn Thilo Sarrazin suggerierte, Migranten, Erwerbslose und Empfänger von Sozialleistungen belasteten die Steuerzahler, drückten das Intelligenzniveau der Bevölkerung nach unten und bedrohten den Fortbestand des deutschen Volkes, verschärfte er die Sprache, in der das neoliberale Credo im öffentlichen Raum kursierte, fügte ihm zugleich aber einige Obertöne hinzu, die man bislang nur vom rechten Rand des politischen Spektrums kannte. Auf Seiten der Neuen Rechten wurde der Verlauf der um sein Buch geführten Debatte daher nicht zu Unrecht als Durchbruch der eigenen Positionen begrüßt. Sarrazin habe »die demographische Katastrophe – die zuvor lediglich Teil der Rentendiskussion war – als Frage nach dem Sein oder Nichtsein des deutschen Volkes«[433] angesprochen, urteilte der Publizist Markus Abt in einem Sarrazin-Sonderheft der *Sezession*. Sarrazin bejahe die Notwendigkeit von politischer Hierarchie und sozialer Ungleichheit, erkenne die Unterschiede zwischen Völkern und Rassen an und fordere einen gesunden Selbstbehauptungswillen der Nation, attestierte man ihm in einer weiteren Publikation aus diesem Milieu.[434] »Es ist eine Tür zu einer freieren politischen Debatte aufgestoßen. Jetzt gilt es sie offenzuhalten«, schrieb Dieter Stein in der von ihm herausgegebenen Wochenzeitung *Junge Freiheit* (37/2010). Der durchschlagende Erfolg Sarrazins wurde als unerwartete Schützenhilfe für die eigene Öffentlichkeitsstrategie bewertet. Seit Gründung der Zeitung im Jahr 1986 ging es vor allem darum, das eigene Denken in der bürgerlichen Mitte salonfähig zu machen. »Aufgabe der *Jungen Freiheit* war und ist es, die Normalität rechtsintellektuellen (oder meinethalben auch konservativen) Denkens einzufordern, durchzusetzen und zu verteidigen«, schrieb Götz Kubitschek: »Wohlgemerkt die Normalität dieses Denkens, die grundrechtlich beschriebene Freiheit der Meinungsäußerung und der Presse für Publizisten und Redakteure jeden Alters rechts einer wie auch immer definierten politischen Mitte.«[435] Mit dem Erfolg Sarrazins sah die Zeitung sich und die von ihr vertretene Ideologie im Aufwind. Wenige Jahre zuvor hatte sie einen juristischen Kampf gegen die Beobachtung durch das Landesamt für Verfassungsschutz Nordrhein-Westfalen gewonnen. Seit 2006 wird sie in dem Bericht nicht mehr erwähnt. In der Perspektive der Neuen Rechten wirkte »Deutschland schafft sich ab« wie »ein Rammbock«[436] für die eigenen Positionen. Nun gehe es darum, »Sarrazin zu schärfen«[437] und einer politischen Kraft rechts von der Union bundesweit zum Erfolg zu verhelfen. Deren Herausbildung, hieß es in der *Jungen Freiheit*, sei angesichts des mittlerweile erreichten »Mehr an Meinungsfreiheit« nur noch eine Frage der Zeit: »Mag sein, dass die kritische Masse noch nicht erreicht ist, dass die Zahl der Dissidenten aus Wirtschaft, Medien, Wissenschaft und Politik, die eine politische Reformbewegung stützen könnten, noch wachsen muss – doch auch dieser Nachtmahr wird die etablierten Parteizentralen noch heimsuchen, wenn die Erregung über Sarrazins Thesen längst wieder abgeklungen ist. Der Geist der Freiheit ist aus der Flasche und will freiwillig nicht mehr zurück«, so *Junge Freiheit*-Autor Michael Paulwitz. Er sollte recht behalten.

Die Thesen von Peter Sloterdijk und Thilo Sarrazin antworteten auf Abstiegsängste, die große Teile des Bürgertums im Zuge der Wirtschaftskrise erfassten. Die Sorge um den sozialen Statuserhalt – auch den der eigenen Kinder – minderte die Bereitschaft oberer Einkommensgruppen, sozial benachteiligte Gruppen finanziell zu unterstützen.[438]

Die dunkle Seite des Liberalismus

»Die Ideologie von den Leistungsträgern soll das Zufällige bei der Verteilung von Lebenschancen ausblenden, das Lotteriehafte«,[439] kritisierte der Journalist Patrick Bahners die Vertreter solcher Positionen: »Die Rhetorik der Verachtung wird zum Selbstlob der Erfolgreichen, Etablierten, Angepassten«, so der damalige Feuilletonchef der *Frankfurter Allgemeinen Zeitung*. Die Texte sind für ihn Beispiele einer Vulgärphilosophie, »die den Weltanschauungsbedarf von Gebildeten bedient«.[440] Der Leistungsträger sei die Hauptfigur der Tugendlehren eines neubürgerlichen Eigenlobs. »Die Kräftigen sollen zu noch mehr Kräften kommen, indem sie auf die Kraftlosen hinabsehen.«[441] Bahners störte sich daran, dass »asoziale Taten chancenarmer Berliner Jugendlicher mit türkischer und arabischer Familiengeschichte« zu Bürgerkriegshandlungen aufgebauscht[442] und dann zum Zwecke der politischen Stimmungsmache instrumentalisiert wurden. Der sozialdarwinistische Blick auf die Armen begleitet den bürgerlichen Liberalismus seit seinen frühen Tagen. Die philosophischen Klassiker dieser Tradition konnten der Demokratie in der Regel nicht viel abgewinnen. John Locke hatte gegen die Versklavung von Afrikanern auf den Plantagen in den USA keine prinzipiellen Einwände.[443] Die dunkle Seite der Geschichte des Liberalismus, seine herablassende Haltung gegenüber der Arbeiterklasse, ist dem historisch bewanderten Journalisten Bahners bekannt. »Solange das Bürgertum liberal sein wollte, ohne demokratisch zu werden, speiste sich der Stolz des Bürgers aus der Verachtung für den Pöbel, die Canaille, den Massenmenschen. Das Unglück der Armen galt als selbstgemacht, als Bestrafung für Haltlosigkeit und Antriebsschwäche. Der Weg zur Entgiftung der bürgerlichen Sozialphilosophie war lang.«[444] In Krisenzeiten, wenn Abstiegsangst umgehe, bestehe Rückfallgefahr.

Den Achtundsechzigern werde im konservativen Milieu gern vorgeworfen, sie hätten der Höflichkeit den Garaus gemacht und die Entzivilisierung, deren Fanale sie im Hörsaal setzten, in den Alltag hinübergetragen. »Wie viel Zuspruch Sarrazin in den Kreisen gefunden hat, in denen der Vorwurf zirkuliert, das ist eine Ironie der Geschichte, die wenig froh stimmen kann«, so Bahners.[445] Wie sehr der Journalist ins Schwarze getroffen hatte, zeigten die zum Teil ausgesprochen rüden Reaktionen jener Rezensenten, die sich durch seine Kritik offenbar angesprochen fühlten. Manche waren sich nicht zu schade, dabei weniger auf die Argumente des Autors als direkt auf seine Person zu zielen. »Verklemmte Körperhaltung, verbiesterter Blick, herunterhängende Mundwinkel« – das war das Bild, das die *Junge Freiheit* (10/2011) anlässlich einer Lesung des Autors von ihm zeichnete. »Bahners, zarter Spätling einer Zivilisation im

Abendrot, gebildet, kinderlos, virilitätsfern, apolitisch, verwöhnt«, wolle noch einmal das Licht der Aufklärung strahlen lassen, spottete Michael Klonovsky im *Focus* (9/2011). Der damalige Leiter des Ressorts »Debatte« hielt seinem Kollegen vor, »die deutsche Rechtsordnung für wichtiger« zu halten »als das deutsche Volk«.[446] Monika Maron bezeichnete den Journalisten als einen »Stubenpublizisten« (*Die Welt*, 26.2.2011) und Henryk M. Broder attestierte ihm die »Kaltschnäuzigkeit eines Dobermanns« (*Welt am Sonntag*, 20.2.2011).

Im Verlauf der Debatten, die um die Bücher von Sarrazin und Sloterdijk geführt wurden, zeigt sich, dass die bürgerlichen Intellektuellen zunehmend zwei Lager bildeten. Während die einen, zu ihnen zählte Patrick Bahners, sich weiterhin als Aufklärer verstanden, die den Ausgleich zwischen den sozialen Klassen einforderten, formierten sich Leistungsträgerideologen, radikale Islamkritiker und PC-Gegner auf der anderen Seite zu einer immer lauter werdenden Kraft. Es handelte sich um die Wortführer eines Bürgertums, das nach Auskunft einschlägiger sozialwissenschaftlicher Studien aus Angst vor dem sozialen Abstieg zu verrohen drohte.[447] Was bis dahin noch fehlte, um aus dem bürgerlichen Unmut, der sich von elitären Vorstellungen nährte, eine politische Kraft zu machen, war einerseits eine politische Massenbewegung, die den Unmut auf die Straße zu bringen vermochte, und andererseits die Herausbildung einer seriösen Partei rechts von der Union, die es schaffte, nicht gleich wieder als vermeintliche Wiedergängerin der NSDAP zerlegt zu werden.

Der bürgerliche Widerstand formiert sich

Der Begriff »Widerstand« schien lange Zeit fest in der Hand linker Gruppierungen zu sein. Ausgerechnet eine Tagung an der als konservativ bekannten Deutschen Hochschule für Verwaltungswissenschaften Speyer sollte das ändern. Auf Einladung des Verfassungsrechtlers und Bestsellerautors Hans Herbert von Arnim wurde dort am 27. und 28. Oktober 2011 darüber debattiert, wie ein legitimes »Agieren gegen die Herrschenden im weitesten Sinn«, so von Arnim,[448] aussehen könnte. Das klang wie ein Slogan der Achtundsechziger, hatte mit APO-Nostalgie oder linker Politik allerdings denkbar wenig zu tun. Stattdessen tauschte sich der für seine profunde Sachkenntnis weithin anerkannte Korruptionsexperte und Parteienkritiker auf dieser 13. Demokratietagung mit weiteren wirtschaftsliberal gesinnten Autoren, darunter Thilo Sarrazin und Hans-Olaf Henkel, darüber aus, wie ein Widerstand gegen die Rettungsschirmpolitik der Euro-Staaten organisiert, die direkte Demokratie als Waffe gegen die Parteienherrschaft in Stellung gebracht und Kritik an der politischen Korrektheit möglichst effektiv artikuliert werden könne.

Zur selben Zeit begannen sich immer mehr Kommentatoren des politischen Geschehens zu fragen, ob die Gründung einer neuen konservativen Kraft rechts von Union und FDP bevorstehe und ob diese Gruppierung, anders als die Republikaner oder der Bund freier Bürger in der Vergangenheit, sich diesmal würde etablieren können. Der enorme Verkaufserfolg von Thilo Sarrazin schien nahezulegen, dass sich genug Wähler für eine solche Gruppierung finden ließen. Allein zwischen August und Dezember 2010 gelang es der Deutschen Verlags-Anstalt (DVA), 1,2 Millionen Exemplare von »Deutschland schafft sich ab« zu verkaufen. Neben scharfer Kritik gab es viel prominente Zustimmung. Sarrazin habe den Finger auf die richtige Wunde gelegt und sich dabei lediglich im Ton vergriffen. Nicht »tischfein« (Helmut Schmidt) seien seine Äußerungen gewesen, hieß es zuweilen, in der Sache aber richtig.

Wählervereinigungen und Internet-Plattformen, die sich gegen Moscheen oder den Euro aussprachen, verkrustete Parteibürokratien kritisierten und sich für »Meinungsfreiheit und mehr direkte Demokratie« starkmachten, schossen wie Pilze aus dem Boden. Hinzu kamen eine Reihe von Klein- und Kleinstparteien. Das Spektrum reichte von den Pro-Bewegungen über das Internetforum Politically Incorrect bis hin zur Freien Union, die von der ehemaligen CSU-Landrätin Gabriele Pauli gegründet worden war. Als Aushängeschild für eine solche Partei waren Namen wie Hans-Olaf Henkel, Wolfgang Bosbach, Peter Gauweiler und der über seine gefälschte Doktorarbeit gestürzte Karl-Theodor zu Guttenberg im Gespräch. Laut einer Forsa-Umfrage, die von der Illustrierten *Stern* in Auftrag gegeben worden war, konnten sich Ende November 2011 stolze 15 Prozent der CSU-Wähler vorstellen, eine von dem gerade zurückgetretenen Verteidigungsminister gegründete und angeführte Partei zu wählen. Im ARD-Deutschlandtrend war es zur selben Zeit jeder Fünfte in Deutschland. Diese Menschen waren so enttäuscht von der Politik der Merkel-Regierung, dass sie sich vorstellen konnten, eine Partei rechts von Union und FDP zu wählen.

Kritik am Merkel-Kurs

Wohl am prägnantesten ist diese Unzufriedenheit von der liberalkonservativen Publizistin Gertrud Höhler zum Ausdruck gebracht worden. In ihrer 2012 veröffentlichten Streitschrift »Die Patin. Wie

Angela Merkel Deutschland umbaut« sezierte sie die Machttechniken der CDU-Politikerin. Die Kanzlerin lege sich ideologisch nicht fest und übernehme Elemente anderer Parteiprogramme, wenn das ihren eigenen Machtambitionen entgegenkomme: vom Atomausstieg über die Abschaffung der Wehrpflicht bis hin zu einer Art Mindestlohn. Das laufe auf eine »Allparteien-Akzeptanz« hinaus. Da die im kleinsten Kreise beschlossenen Entscheidungen als alternativlos dargestellt und ernsthafte Debatten über Kernfragen der Politik kaum mehr geführt würden, verwandele sich die Bundesrepublik in ein System, in dem die Opposition de facto keine Rolle mehr spiele und politischer Wettbewerb nicht mehr stattfinde. Indiz dafür sei die Zustimmung von Parlamentariern fast aller Parteien zu den ad hoc diktierten Beschlüssen in Fragen des Euro und der Energiepolitik. Der auf Betreiben der Kanzlerin am 13. Dezember 2011 in Kraft getretene Fiskalpakt sei nur durch die Umgehung des Europäischen Parlaments mittels zwischenstaatlichem Vertrag durchsetzbar gewesen und habe vor allem einen Zweck gehabt: die Kontrolle der Schwachen durch die Starken. Die unter marktwirtschaftlichen Gesichtspunkten eher krisenverschärfend wirkenden Sparauflagen als Allheilmittel böten Merkel die dringend benötigte innenpolitische Rechtfertigung für Fiskalpakt und Rettungsschirme. Den Wählern könne so plausibel gemacht werden, warum sie die finanziellen Risiken der sogenannten Euro-Rettung überhaupt eingehen sollen. Dabei verstoße der diktierte Sparzwang gegen die grundlegenden Prinzipien der Marktwirtschaft: Wachstum benötige Einkommen und Konsum.[449]

In linken Analysen firmiert das, was Höhler beschreibt, als sanfte Spielart des »Bonapartismus«, einer auf eine Person zugespitzten Herrschaftsform, die sich bei weitestgehender Ausschaltung von Parteien und Gewerkschaften als pragmatisch und überparteilich agierendes unmittelbares Vollzugsorgan der Wählerinteressen darstellt.

Gerade der Gestus der Überparteilichkeit aber ist es, der den konservativen Teil der Wählerschaft der CDU verprellt.

Der Medienwissenschaftler Norbert Bolz hatte schon zwei Jahre vor Höhlers Angriff auf die Kanzlerin in einem Gastkommentar für den Berliner *Tagesspiegel* diagnostiziert, dass ein politisches Vakuum im konservativen Lager entstanden sei, seitdem Angela Merkel aus der CDU eine sozialdemokratische Partei gemacht habe. Wenn es der politischen Rechten gelingen sollte, »sich als Partei zu formieren, wäre unsere Gesellschaft endlich auch parlamentarisch balanciert«,[450] schrieb der Professor von der Technischen Universität Berlin. Der nachträgliche Kampf gegen die Nazis habe sich in den letzten 50 Jahren zur größten Denkblockade entwickelt. »Die erste Aufgabe einer anspruchsvollen politischen Rechten wäre, zu sagen, was die politische Korrektheit der Medienlinken zu sagen verbietet.« Bolz selbst hatte sich als glühender Verfechter der vermeintlich produktiven Resultate der Ungleichheit und als ein engagierter Gegner einer »Wohlfahrtsstaatspolitik«[451] zu erkennen gegeben, der er »das Programm eines männlichen Liberalismus«[452] entgegenhält. Dieser baue auf den Stolz, den Thymos, als den bürgerlichen Drang zu »männlicher Unabhängigkeit«.[453] Er wetterte gegen den »Kulturmarxismus« in den Massenmedien, den Bildungsanstalten und im Kunstbetrieb, der die »Normalisierung des Abnormalen«[454] betreibe. Er beschimpfte den »fanatischen Feminismus« als »eine Geisteskrankheit«[455] und polemisierte gegen diejenigen, die für eine Gleichstellungspolitik eintreten[456] und Homosexualität nicht für eine Krankheit halten.[457] Die Homosexuellen, schreibt er, »ersparen sich das Risiko des anderen Geschlechts und befriedigen ihr Begehren nach Frauen an Männern – und züchten damit eine Kultur der effeminierten Männer«. Immer häufiger sei zu beobachten, dass gerade die Erfolgreichen in die Homosexualität flüchteten. »Homosexuelle entlasten sich nämlich vom Status-Sex-Wettbewerb und sie ersparen ihrem Begehren den Kompromiss mit den Erwartungen der Frauen.«[458] Schließlich plädierte er im Anschluss an Arnold Gehlen dafür, »dass die Menschen mit Haut und Haaren in ihre Institutionen hineingehen und sich von ihnen konsumieren lassen«[459]. Nur so könne der Bürger in der modernen Welt »seine Würde«[460] finden.

Ein liberaler Strippenzieher

Der angestaute Frust im konservativen Milieu hielt Ausschau nach einer geeigneten Form, um sich politisch zu artikulieren. Die Unzufriedenheit bürgerlicher Wähler mit der Politik von Angela Merkel suchte ein Ventil. Der Publizist und ehemalige Präsident des Bundesverbandes der Deutschen Industrie, Hans-Olaf Henkel, hatte zunächst geglaubt, die Bundesvereinigung der Freien Wähler könne diese Funktion erfüllen. Daher nahm er schon im Vorfeld der Bundestagswahl des Jahres 2009 die Einladung an, ihre Bundesversammlung am 14. Februar mit einer Rede zu eröffnen. »Bei jenem Treffen im Restaurant des Frankfurter Hauptbahnhofs«, erinnert sich Henkel, »sprach ich vor einem halben Hundert Interessierten darüber, was ich den Freien Wählern als bundespolitisches Parteiprogramm empfehlen würde. Zu meinen Vorschlägen (...) gehörte die Stärkung der plebiszitären Elemente, also mehr Beteiligung des Volkes an politischen Entscheidungen, und damit zusammenhängend auch die Forderung, das Staatsoberhaupt und die Ministerpräsidenten, wie in anderen demokratischen Ländern üblich, vom Volk direkt wählen zu lassen.«[461] Mit der Forderung nach mehr direkter Demokratie, so hoffte er, würden die Freien Wähler das politische System aus den Angeln heben können. Im Jahr 2012 unterstützte er die Gruppierung im Landtagswahlkampf in Schleswig-Holstein.

Der Bremer Wirtschaftsprofessor Bernd Lucke ging zu dieser Zeit noch einen Schritt weiter. Er kandidierte bei der Landtagswahl in

Niedersachsen im Januar 2013 auf der Liste der Freien Wähler. Als diese nur 1,1 Prozent der Stimmen erreichten, kündigte er die Zusammenarbeit auf und kümmerte sich um ein anderes politisches Projekt. In dem gemeinsam mit Alexander Gauland, Konrad Adam, Joachim Starbatty, Beatrix von Storch und anderen gegründeten Verein zur Unterstützung der Wahlalternative 2013 fanden nationalliberale und rechtskonservative Kritiker der Politik von Angela Merkel zusammen.

Lucke hatte bereits 2005 damit begonnen, nationalliberale Volkswirtschaftsprofessoren miteinander zu vernetzen. Gemeinsam mit den VWL-Professoren Thomas Straubhaar und Michael Funke initiierte er damals den neoliberalen »Hamburger Appell«. Mehr als 200 Wirtschaftswissenschaftler wandten sich damals gegen eine Politik, »die mittels der Ausweitung öffentlicher Ausgaben die gesamtwirtschaftliche Nachfrage ankurbeln wollte. Stattdessen plädierten sie für die Senkung der Arbeitskosten sowie einen strikten Sparkurs.«[462] Als der Plan der europäischen Finanzminister bekannt wurde, einen dauerhaften Euro-Rettungsmechanismus einzurichten und den Euro-Rettungsschirm auszudehnen, wandten sich viele der Unterzeichner in dem von Lucke im September 2010 ins Leben gerufenen »Plenum der Ökonomen« gegen eine Vergemeinschaftung der Schulden.

Für die Herausbildung der ersehnten Partei rechts von der Union brauchte es mehr als ein Netzwerk von Professoren. Hinzu kamen konservative Köpfe aus der CDU, die sich beispielsweise im »Berliner Kreis« organisierten, ohne jedoch den Kurs der Regierung beeinflussen zu können. Der Politikveteran Alexander Gauland und der konservative Publizist Konrad Adam gehörten zu dieser Gruppe.

Einen womöglich noch größeren Anteil an der Ursuppe, aus dem die neue politische Kraft hervorgehen sollte, hatte Beatrix von Storchs »Zivile Koalition«. Dabei handelte es sich um ein christliches Kampagnennetzwerk, das eine Reihe von Internetseiten miteinander verband, denen der gegenwärtige Feminismus, das als zu liberal erachtete Abtreibungsrecht und die Political Correctness ein Gräuel waren. Man mobilisierte zu »Marsch für das Leben«-Demonstrationen, gegen den »Genderwahn« und die moderne Sexualpädagogik. Und man schimpfte gegen die Politik der Achtundsechziger, die man für die Zerstörung der hergebrachten Familienwerte verantwortlich machte.

Seit einigen Jahren schon hatten sich die Positionen von Nationalliberalen, Nationalkonservativen und radikalen Rechten einander angenähert. Vorreiter war die von Bestsellerautoren wie Hans Herbert von Arnim (»Fetter Bauch regiert nicht gern«, »Vom schönen Schein der Demokratie. Politik ohne Verantwortung – am Volk vorbei«, »Das System«) oder Hans-Olaf Henkel (»Die Kraft des Neubeginns. Deutschland ist machbar«, »Die Abwracker. Wie Zocker und Politiker unsere Zukunft verspielen«) formulierte Parteienkritik, die in vielen Details zutraf,[463] immer aber auch die organisierte Vertretung der Interessen der abhängig Beschäftigten zu schwächen versuchte. Der radikale Abbau des Sozialstaats im Zeichen der von der SPD-Grünen-Regierung durchgesetzten Agenda 2010 begann für Hans Herbert von Arnim zu spät und ging noch nicht weit genug. »Unter den Versäumnissen der letzten Jahre der Kanzlerschaft von Helmut Kohl leidet die Republik noch heute. Die Reformen, mit denen sich die Große Koalition derzeit herumquält, hätten spätestens in der Mitte der Neunzigerjahre angepackt werden müssen«,[464] klagte er zur Zeit der ersten Kanzlerschaft von Angela Merkel. Ihm ging es darum, das kapitalistische System mit Hilfe weitreichender politischer Reformen gegen Anfechtungen durch sozial orientierte Gruppierungen und Parteien abzusichern. Da die privatwirtschaftliche Profitlogik und das Gemeinwohl für ihn im Grunde fast identisch sind, empfahl er dem politischen Personal, sich am Vorbild des autokratisch entscheidenden Wirtschaftsführers zu orientieren.[465] Durch ihre Direktwahl durch das Volk sollen Entscheidungsträger – vom Bürgermeister über die Ministerpräsidenten bis hin zum Bundeskanzler und Bundespräsidenten – eine größere Legitimation erhalten, um liberale »Reformen« zugunsten der ökonomisch Mächtigen auch gegen das Widerstreben ihrer eigenen Parteien durchzusetzen. Symptomatisch für dieses – von bürgerlich-konservativer Seite[466] – zunächst vorsichtige Aufeinanderzugehen war, dass Ex-Bundespräsident Roman Herzog oder Hans-Olaf Henkel die eine Zeit lang vom Verfassungsschutz des Landes NRW beobachtete *Junge Freiheit* nicht mehr mieden, sondern mit Artikeln und Interviews als publizistisches Forum für die Verbreitung ihrer Thesen offensiv zu nutzen begannen. Inhaltlich war es vor allem die ablehnende Haltung gegen Brüssel, die die beiden Strömungen miteinander verband, als man am 14. April 2013 im Konferenzsaal des Berliner Hotel Continental gemeinsam die Alternative für Deutschland (AfD) gründete.

Bei der Bundestagswahl im gleichen Jahr war es dann so weit. Zwar verfehlte die AfD mit 4,7 Prozent der Stimmen knapp den Einzug in das Parlament, doch war der Boden für einen Konsolidierungsprozess gelegt, der einen Erfolg der Rechtspartei im Jahr 2017 sicher erscheinen ließ. Die Gruppierung sollte die realpolitische Projektionsfläche für all jene werden, die sich von der Etablierung einer politischen Kraft rechts von Union und FDP eine konservative Erneuerung der Bundesrepublik erhofften. Dabei wurde der Kampf gegen die »links-grün-versifften« Achtundsechziger zu so etwas wie dem negativen Gründungsmythos. Allerdings schien die Partei mit der Forderung nach mehr Bürgerbeteiligung durch die Erweiterung der Möglichkeiten direkter Demokratie und ihrer Kritik an einer zu zentralistisch agierenden Europäischen Union zugleich wichtige Motive der Protestbewegungen der sechziger und siebziger Jahre aufzugreifen. »Die Bürger sind systemrelevant sonst nichts« und »Volksabstimmung über die Euro-Rettung«. Mit basisdemokratisch klingenden Slogans wie diesen warb die Partei auf ihren Plakaten im Bundestagswahlkampf 2013. »Die Schweiz ist für Volksentscheide. Wir auch«, hieß es im Europawahlkampf 2014. Gern nutzte man auch Willy Brandts Slogan »Mehr Demokratie wagen« und zog damit den Zorn von SPD-Politikern wie Ralf Stegner, Johannes Kahrs oder der Juso-Bundesvorsitzenden Johanna Uekermann auf sich. Die demonstrative Herausstellung ihres Eintretens für eine »Demokratie von unten« half der jungen Gruppierung dabei, nicht allzu schnell als radikale Rechtsaußenpartei marginalisiert zu werden. Dabei war die »direkte Demokratie« in den Augen der AfD-

Vordenker von Anfang an zugleich ein politisches Werkzeug, das gegen die Interessen der abhängig Beschäftigten eingesetzt werden sollte.

Demokratie von unten

Auf den ersten Blick passt das überhaupt nicht zusammen. Wieso treten die gleichen Leute ausgerechnet für mehr direkte Demokratie ein? Die Antwort ist: Dahinter steht ein strategisches Kalkül. Anfangs ging es vor allem darum, den Einfluss von Parteien zurückzudrängen und damit vor allem jene Konkurrenten zu treffen, die eine soziale Programmatik vertreten und den Sozialstaat ausbauen wollen. Das war die Position, die von liberalen Parteienkritikern wie Hans-Olaf Henkel prominent vertreten wurde. Bereits 2011 hatte er in einem Gespräch mit der *Jungen Freiheit* (45/2011) gesagt: »Unser Kernproblem ist, dass bei uns die Parteien so mächtig sind, wie in kaum einer anderen Demokratie. Das wird auch von allen Politikwissenschaftlern, die sich etwas in der Welt auskennen, so gesehen. Umgekehrt könnte ich auch formulieren: Ich kenne keine Demokratie in der Welt, in der die Bürger so ohnmächtig sind wie bei uns. Deshalb habe ich mich auch immer wieder für eine Reduzierung der Parteienmacht ausgesprochen.« Aber auch im rechten Flügel der AfD sah man die direkte Demokratie als geeigneten Hebel zum Systemumbau an. Die Forderung nach Einführung von Plebisziten und die Direktwahl von politischen Spitzenpositionen wie dem Bundespräsidenten, dem Bundeskanzler oder den Ministerpräsidenten der Länder gehörte schon lange zum politischen Repertoire der radikalen Rechten. Das Bekenntnis zur Demokratie hatte sich spätestens mit der Kulturrevolution nach 1968 als gesellschaftlicher Grundkonsens durchgesetzt. Davon blieben das Selbstverständnis und die strategischen Überlegungen innerhalb der Neuen Rechten nicht unberührt. »Der Kampf einiger Konservativer gegen die Demokratie ist dem Kampf um deren beste Form gewichen«, schrieb Roland Bubik wenige Jahre nach der deutschen Wiedervereinigung in der *Jungen Freiheit.*[467] Das war eine Feststellung, aber auch ein politisches Bekenntnis. Der Grundsatz der Volksherrschaft, formulierte Klaus Kunze, ein zeitweiliger Landespolitiker der Partei Die Republikaner in Niedersachsen, bereits 1992 in derselben Zeitung, solle durch »Volksbegehren und Volksentscheid auf allen Ebenen« sowie durch die Direktwahl des Bundespräsidenten zur Geltung gebracht werden. »Das Demokratieprinzip als tragender, aber unverwirklichter Wert der Verfassung muss zur Angriffswaffe umfunktioniert werden, weil die systemimmanenten Abwehrmechanismen dann nicht greifen. Gibt das System nach und lässt die Volksgesetzgebung zu, öffnet es damit nämlich weit das Tor zu seiner eigenen möglichen Veränderung und Abschaffung durch das Volk«,[468] bringt er eine strategische Option auf den Punkt, die seit langem auch von der NPD ins Kalkül gezogen wurde. »Wir wollen das liberale Parteienregime – ganz demokratisch! – durch ein neues Gemeinwesen mit einem volksgewählten Präsidenten und Volksabstimmungen in allen Lebensfragen der Nation ablösen. Ein solches plebiszitäres Präsidialsystem würde die deutsche Politik aus dem Würgegriff der Blockparteien und der eigensüchtigen Interessengruppen befreien«, heißt es in einer internen Schulungsbroschüre.[469] Dort, wo sich die Partei auf kommunaler oder landespolitischer Ebene in den letzten Jahren bemerkbar machte, spielte sie die direktdemokratische Karte. Da die Partei den Geruch, neonazistisch zu sein, aber ebenso wenig abzustreifen vermochte wie die einst von Franz Schönhuber gegründeten Republikaner oder die ebenfalls auf dem Ticket der direkten Demokratie fahrenden rechtspopulistischen Pro-Bewegungen, die gegen den Bau von Moscheen mobilisierten, sollte das jungkonservative Machtkalkül in der Bundesrepublik Deutschland lange Zeit nicht aufgehen.

Anders stellt sich die Situation in Österreich dar. Der 2008 verstorbene Jörg Haider war es, der die FPÖ nicht zuletzt mit direktdemokratischer Demagogie auf Erfolgskurs trimmte. Schon 1997 definierte er sie als »herrschaftsfreie Gleichheit«.[470] In Deutschland rückten die Vertreter wirtschaftsliberaler Elitekonzepte aus der »Mitte der Gesellschaft« sowie die Erben des Jungkonservatismus der Weimarer Republik immer näher aneinander. Dass die parlamentarische Demokratie nach und nach in Richtung eines plebiszitär gestützten Präsidialsystems verändert werden sollte, darin waren sich radikale Rechte aus dem Umfeld der *Jungen Freiheit* mit Parteienkritikern wie Hans-Olaf Henkel weitgehend einig. Die direktdemokratische Rhetorik sollte dabei helfen, politische Zustände herbeizuführen, in denen eine Masse vereinzelter, voneinander isolierter Individuen in einem möglichst direkten, unmittelbaren Verhältnis zu seinen politischen Führern steht. Die von der in der AfD offensiv vorgetragene Forderung nach mehr Bürgerbeteiligung soll verbergen, dass es im Kern nicht um mehr, sondern um weniger soziale Demokratie geht.

2015 verließen Hans-Olaf Henkel sowie der abgewählte Parteichef Bernd Lucke gemeinsam mit einem großen Teil des wirtschaftsliberalen Flügels die Partei, nachdem sie im Machtkampf mit den Rechtskonservativen um Alexander Gauland und Frauke Petry unterlagen. Doch die Forderung nach mehr Demokratie blieb in der Partei, in der sich der intellektuelle Einfluss der Neuen Rechten um Götz Kubitschek und Karlheinz Weißmann immer deutlicher bemerkbar machte, ebenso präsent wie in den Straßenprotesten, die sich mit Bewegungen wie Pegida und Co. in Dresden und weiteren Städten gegen eine vermeintliche Islamisierung Europas richteten. »Die AfD setzt sich dafür ein, Volksentscheide in Anlehnung an das Schweizer Vorbild auch in Deutschland einzuführen. Wir wollen dem Volk das Recht geben, über vom Parlament beschlossene Gesetze abzustimmen«, heißt es in dem 2016 beschlossenen Grundsatzprogramm. »Nur direkt-demokratische Entscheidungen des Volkes können die Parteien wieder in das demokratische System integrieren.« Außerdem soll die Position des höchsten deutschen Staatsamtes durch seine Direktwahl gestärkt werden: »Um die Wahl des Bundespräsidenten transparenter und parteienunabhängiger zu machen, bedarf es einer Änderung des Art. 54 des Grundgesetzes für die Direktwahl durch das Volk.« Die AfD, schreibt Hans Herbert von Arnim in seinem Anfang 2017 veröffentlichtem Buch »Die Hebel der Macht und wer sie bedient«, schlägt in ihrem Programm »zahlreiche Reformen vor, um die ›Selbstbedienung‹ der politischen Klasse zu unterbinden und die Entfernung der Parlamentsparteien von den Bürgern zu verringern.«[471]

Dresden und die Retter des Abendlandes

Eine Zeitlang wurde Dresden jeden Montag zum Kristallisationspunkt eines Bürgerprotests, der sich heimatverbunden, islam- und asylkritisch gab, von vielen Beobachtern und Gegnern in Medien und Politik aber schon bald als ausländer- und fremdenfeindlich tituliert werden sollte. Als sich am 20. Oktober 2014 etwa 350 Menschen in der sächsischen Landeshauptstadt um ein zum Lautsprecherwagen umfunktioniertes Verkaufsfahrzeug versammelten, um als »Patrioten gegen die Islamisierung des Abendlandes« (Pegida) ihrer Unzufriedenheit mit der Politik der von Angela Merkel angeführten Bundesregierung Luft zu machen, hat kaum jemand geahnt, dass dieser Protest drei Monate später allein in Dresden – nach Polizeiangaben – zirka 25000 Teilnehmer auf die Straße bringen, Ableger in Leipzig, Würzburg, Kassel, Bonn, München, Düsseldorf, Hannover, Kiel, Saarbrücken und Braunschweig finden, für internationale Schlagzeilen sorgen und die Politik dadurch tatsächlich unter Druck setzen würde. Die Initiatoren, ein aus einem kleinen

Freundeskreis hervorgegangenes Organisationsteam aus anfangs zwölf Personen um Lutz Bachmann, verstand es, via Facebook zu mobilisieren. Eine Demonstration von PKK-Anhängern in Dresden, eine Schlägerei zwischen kurdischen Jesiden und tschetschenischen Muslimen in Celle sowie eine ähnliche Auseinandersetzung zwischen Kurden und Salafisten im Hamburger Stadtteil St. Georg hätten sie damals dazu motiviert, zum Straßenprotest aufzurufen, erklärte der selbstständige Werbeunternehmer die Anfangsmotivation. Die genannten Vorfälle gehörten zu einer Reihe von Ereignissen, die in den sogenannten sozialen Medien breit diskutiert wurden. Die Ankündigung der Landesbehörden, dass in Dresden und in einer Reihe von Gemeinden des Umlandes die Einrichtung einer Vielzahl neuer Unterkünfte für Flüchtlinge und Asylbewerber notwendig werden würde, löste in den betroffenen Ortschaften Kritik aus.

Zum Jahreswechsel 2014/2015 dokumentierte die Hamburger Illustrierte *Stern* mehrere Stimmen aus der Pegida-Bewegung: »In Sachsen gibt es heute kaum Einwanderer«, lautete die Einschätzung eines Demonstranten: »Aber in 50 bis 100 Jahren besteht die Gefahr einer Islamisierung Deutschlands. Ich möchte Widerstand dagegen leisten, dass sich Traditionen vermischen und keine Unterschiede mehr erkennbar sind. Die Politik macht Tür und Tor auf für alle, die reinwollen. Die Leute spüren, dass sie sich unter der Fahne versammeln müssen.«[472]

Dem Statement waren ein Foto und ein Name zugeordnet. Er lautete Frank Böckelmann. Das ehemalige Mitglied der Subversiven Aktion war 2010 in seine Heimatstadt zurückgekehrt. Ich sitze ihm im Arbeitszimmer seiner geräumigen Altbauwohnung in der Nürnberger Straße gegenüber. Das ist nicht weit vom Campus der Technischen Universität entfernt. Der Achtundsechziger unterbricht die redaktionelle Arbeit an seiner Zeitschrift *Tumult*, um sich mit mir über seine damaligen und heutigen Ansichten zu unterhalten. Seit dem zitierten *Stern*-Artikel gilt er als Anhänger der Pegida-Bewegung. Ich frage, wie es zu seiner Äußerung gekommen ist. »Ich habe mir das ein paar Mal angeschaut und gehe gelegentlich noch heute vorbei«, erläutert mir Böckelmann. Allerdings gehe er nicht häufiger zu Pegida als zu den Gegendemonstrationen für ein »weltoffenes Dresden«. Die habe er sich auch angesehen. Er kenne das Gebaren dieser Antifas. Das seien meist Studenten, ein paar kämen aus anderen Städten angereist. Die hüpften dann und skandierten: »Wir sind die Überfremdung! Wir sind die Überfremdung!«[473]

Bei seinem ersten Besuch am 15. Dezember 2014 sei bereits nach fünf Minuten eine Frau auf ihn zugekommen und habe gesagt: »Darf ich Ihnen ein paar Fragen stellen zu den Leuten, die hier sind?« Er habe zugestimmt, Vermutungen über die Motive dieser Leute angestellt und schließlich auf ihre Frage nach seinen persönlichen Motiven geantwortet: »Mein Interesse ist es, dafür einzutreten, dass kulturelle Vielfalt erhalten bleibt. Ich möchte verhindern, dass durch Zuwanderung aus allen möglichen Weltteilen die Lebensweisen gleichgültig und austauschbar werden. Ich befürchte, dass wir nicht jetzt, aber in 50 Jahren eine Islamisierung in den großen Städten erleben.« Daraufhin habe sie sich als Reporterin zu erkennen gegeben. Ihr Versprechen, ihm seine Sätze vor dem Druck vorzulegen, habe sie nicht eingehalten. Wusste die Journalistin, dass sie den Achtundsechziger Böckelmann vor sich hatte? Er meint nein, habe ihr aber freimütig seine Visitenkarte gegeben. In der Weihnachtsausgabe seien dann ein paar Sätze von ihm erschienen, die ungefähr das wiedergaben, was er gesagt habe. »Wir leben in einem Zustand fast vollständiger Entgrenztheit«, fasst er seine Zeitdiagnose zusammen. »Unsere politischen Willensbildungsprozesse bestehen nicht mehr im Austausch mit Nachbarn, Familienangehörigen, Kollegen, also in unmittelbaren Kontakten, sondern durch das Internet und andere Medien, in der Virtualität.« Wenn es so weitergehe, befürchtet er, gingen wir alle auf in einer durch »amerikanische Logistik« gelenkten Weltkultur.

Böckelmanns langer Weg nach rechts

Der Mann war einer der wichtigsten Köpfe der antiautoritären Bewegung, hatte Lesekurse zum »Kapital« von Karl Marx gegeben, gehörte zum Führungsstab des SDS. Wie wird so jemand rechts? Für seine Antwort holt Böckelmann weit aus. Den Personen, die sich unter der Bezeichnung Subversive Aktion versammelt hatten, sei es nicht um soziale Gerechtigkeit gegangen. Sie hätten unter der Oberfläche von Parteipolitik, wirtschaftlichem Wachstum und Karrieremöglichkeiten nach wirklichen Erfahrungen gesucht. Daher rührte auch ihr Interesse an der Psychoanalyse. Sie hätten damals alle möglichen revolutionären Theorien studiert und anzuwenden versucht, auch die Kritische Theorie und den Marxismus. Als die Studentenbewegung begann, seien sie über das marxistische Zutrauen, dass sich Arbeiter erheben würden, schon hinaus gewesen. »Lasst uns mal sehen, was da passiert, vielleicht geht ja die Praxis der Theorie voraus, und es entsteht etwas völlig Neues«, sei ihre Einstellung gewesen. Auch diese Hoffnung sei zerstört worden. »90 Prozent der Beteiligten an den Demonstrationen ging es um eine Grenzüberschreitung«, meint Böckelmann im Rückblick. »Man wollte aus der Enge heraus, das Korsett der vorgeprägten Erwartungen sprengen. Aus der Provinz heraus in die große Welt, Identitäten ausprobieren, Sexualitäten ausprobieren, verreisen, mit Drogen experimentieren, neue Arbeitsfelder finden. Immer ging es um Entgrenzung, um Grenzüberschreitung.« Auch er habe das mitgemacht, sei in den sechziger und siebziger Jahren ein wilder Grenzübertreter gewesen. Man hoffte lange Zeit, die ganze Fülle des Daseins erschließen zu können. Die Epoche des Neomarxismus, der Versuch, den Marxismus aufzugreifen, ihn für die Entwicklungen in der Gegenwart fruchtbar zu machen, erinnert sich Frank Böckelmann, waren eingetrocknet, gescheitert, hatten ihre Bindekraft und Attraktivität verloren. In dieser Situation sei eine Neugier auf poststrukturalistische Theorieansätze entstanden. »Man gebärdete sich umstürzlerisch ohne die Existenz revolutionärer Proletarier. Ersatzweise wandte man sich Michel Foucault, Jean Baudrillard, Jean-François Lyotard, Gilles Deleuze, Félix Guattari und anderen zu. Man übte sich in »wildem Denken« und stellte alle im 20. Jahrhundert entwickelten Begriffe radikal in Frage. Man wollte die Welt sehen, als ob sie noch nie erkundet worden wäre.

Ein wichtiges Organ für die poststrukturalistische Erneuerung des linksalternativen Denkens wurde die auf eine Anregung von Michel Foucault von dem Philosophen und Übersetzer Walter Seitter im Jahr 1977 initiierte Schriftenreihe *Tumult. Zeitschrift für Verkehrswissenschaft.*[474] Das Pilotheft erschien 1979 nach zweijähriger Inkubationszeit im Merve Verlag. Der Redaktion gehörten neben Seitter der Merve-Verleger Peter Gente, der Soziologe Dietmar Kamper, der Kulturwissenschaftler Ulrich Raulff, Herbert Nagel, Ulrich Giersch, Günter Nahr, Frank Böckelmann sowie der Schauspieler Hanns Zischler an. Ursprünglich ging es darum, »den Jargon des Ableitungsmarxismus abzuschütteln«[475] und die zum Teil abgenutzte und phrasenhaft gewordene Sprache der Linken mit Schreib- und Darstellungstechniken zu erneuern, die in der Literatur, im Theater und im Film entwickelt worden waren. »Die Zeitschrift wollte anarchisch und ästhetisch sein, vielleicht auch polemisch, vor allem aber wollte sie intensiv sein.«[476] Leser hatte *Tumult* kaum, erinnert sich der Mitgründer und zeitweilige geschäftsführende Redakteur Ulrich Raulff, weshalb sich die Publikation in den ersten Jahren im Schnitt alle zwei Nummern einen neuen Verlag habe suchen müssen. »*Tumult* näherte sich dem Idealtypus der absoluten Zeitschrift, die keine Abonnenten und keine Leser, sondern nur Autoren hatte. *Tumult* wurde nur von denen gelesen, die sie schrieben. Und nicht einmal das darf als verbürgt gelten«,[477] lautet das ironische Résumé des Kulturwissenschaftlers.

Böckelmann, der etwa zur selben Zeit eine Tätigkeit in der freien Kommunikationsforschung begann, wurde von der enthusiastisch begonnenen Erfahrungssuche mehr und mehr enttäuscht. »Mich überkam eine Art von Langeweile, ein Gefühl von Ödnis. Diese Dinge, die man sich nehmen wollte oder genommen hat, haben keine neue Intensität des Erlebens und der Zugehörigkeit zueinander gebracht.«

Später sei ihm klargeworden, wieso. Alle diese Formen, die sie als Achtundsechziger ausprobiert hätten, seien von Anfang an von Austauschbarkeit und Beliebigkeit angefressen gewesen. Wohnprojekte, die man begonnen, Bücher, die man geschrieben, politische Organisationen, die man gegründet habe, seien immer von dem Bewusstsein begleitet gewesen, dass man auch ganz anders könnte. Deshalb habe es keine Verbindlichkeit gegeben. Durch diese Erfahrung der Austauschbarkeit sei er von der antiautoritären Strömung abgebracht worden. Zudem entwickelte er eine neue Sicht auf die kulturelle Überlieferung. »Mit Richard Wagner konnte ich anfangs gar nichts anfangen. Ich bin beim ›Rheingold‹ eingeschlafen. Aber je älter ich wurde, desto mehr hat mich diese Musik gefesselt, ihr Anschein von Subjektlosigkeit, dieses Wabernde, Unwillkürliche. Das war etwas, das mit unserer eigenen Vergangenheit zu tun hatte. Was mich in Ekstase versetzte, war die Erfahrung des So-und-nicht-anders-Seins.« Als er einmal zufälligerweise bayerische Volksmusik hörte, habe die ihn plötzlich auf eine Weise gefesselt, wie es die Popmusik nicht vermocht hatte. »Ich spürte die Tiefe der Zeit, der Jahrhunderte, und die anonyme Kollektivität, in der diese Lieder entstanden sind. Das Alte, das lange Zeit gewesen und in uns gemündet ist.« Hinzu sei die Erfahrung der Musik des 20. Jahrhunderts gekommen: Paul Hindemith, Béla Bartók, Gustav Mahler. Bei den großen Wanderungen, die er seit Ende der siebziger Jahre durch ganz Europa unternahm, habe die Erfahrung der deutschen Mittelgebirge, dieser Kleinteiligkeit, sein Weltempfinden geformt. Sie habe ihm ein Gefühl für die Herkunft der Deutschen gegeben.

Böckelmann betrieb 30 Jahre lang Medienforschung in zwei kleinen privaten Medienforschungsinstituten in München: der Arbeitsgruppe für Kommunikationsforschung (AfK) und der Arbeitsgruppe Kommunikationsforschung München (AKM).[478] Er und seine Kollegen arbeiteten für das Bundespresseamt, für verschiedene Ministerien, für das ZDF und die bayerische Landesmedienanstalt. Als Medienwissenschaftler machte Böckelmann mit einem Buch auf sich aufmerksam, das er 2004 gemeinsam mit dem Soziologen Hersch Fischler im Eichborn Verlag veröffentlichte: »Bertelsmann. Hinter der Fassade des Medienimperiums«. Sie hatten die Geschichte und die Struktur des Konzerns untersucht, das seltsame Verhältnis von Unternehmen und Stiftung, die mit ihren Gutachten Einfluss auf die Politik der Bundesregierung nehme. Das Buch kritisiert die neoliberale Weltsicht, mit der die Stiftung die Hochschulpolitik, die Schulpolitik, das Gesundheitswesen, die Verwaltungen nach den Maßstäben der Effizienz zu reformieren beabsichtigt. Hat Böckelmann hier noch einmal die längst abgelegte linke, marxistische Perspektive eingenommen? Er weist diese Deutung zurück. Mit der mikroelektronischen Revolution sei die menschliche Arbeitskraft weitgehend entwertet worden. Dadurch schwinde die Grundlage der Werttheorie dahin, und die Kategorien von Karl Marx seien nicht mehr anwendbar. Da kapitalistische Tauschbeziehungen heute überall, in allen menschlichen Beziehungen vorzufinden seien, gebe es kein Außerhalb des Kapitals mehr. Damit wäre einer revolutionären Kraft, die den Kapitalismus dialektisch, durch Klassenkampf, aus den Angeln heben könnte, die Grundlage entzogen. Die Linke habe daher keine sozialrevolutionäre Perspektive mehr. »Was sich heute noch links nennt, vertritt einen utopischen Universalismus, der nach welthistorischer Gerechtigkeit strebt«, meint Böckelmann. Das Bertelsmann-Buch sei etwas anderes gewesen: »Das ist eine Kritik an der Vergleichgültigung der Erdoberfläche, der Reduzierung von Völkern, Kulturen und Sprachen auf die Anforderungen der Standortpolitik.« Streng genommen lebten wir nicht mehr in Orten. Aber nur von einem Ort aus könne sich ein Mensch zur Welt hin öffnen. In ihm sei eine Sehnsucht nach Rückverortung, Anwesenheit und Wirklichkeit gewachsen, bekennt Böckelmann. Dadurch sei er in die Nähe von Leuten gekommen, die sich als konservativ bezeichnen. Dokumentiert ist diese Annäherung schon 1998. Damals beteiligte er sich mit einem Aufsatz an einem im rechten Leopold Stocker Verlag erschienenen Sammelband, der von Claus-Martin Wolfschlag herausgegeben wurde: »Byebye '68 ... Renegaten der Linken, APO-Abweichler und allerlei Querdenker berichten«.[479]

Heute steht er auch mit dem Kreis um Götz Kubitschek in Kontakt.

Am 3. Juni 2014 erschien im Blog der Zeitschrift *Sezession* unter der Überschrift »Der Jargon der Demokratie« ein Gespräch, das Kubitschek und Ellen Kositza mit Böckelmann führten.[480] Er habe keine Berührungsangst zu Konservativen, erklärt mir Böckelmann. Mit manchen von ihnen könne er nichts anfangen, aber einige habe er schätzen gelernt. »Sie sind klug, redlich, mutig und einfallsreich.« Im Unterschied zu ihnen habe er allerdings das Vertrauen in die Tragfähigkeit der Traditionen verloren. Das betreffe auch die deutschen Traditionen, mit Ausnahme vielleicht der Sprache. In dieser Hinsicht habe ihn der Poststrukturalismus, das Studium der

Schriften von Jean Baudrillard und Paul Virilio geprägt. Im Hinblick auf das von dem Kreis um Kubitschek betonte »Eigene« sei er Skeptiker. Das Eigene sei nicht belastbar. Je mehr man von ihm spreche, desto schneller zerrinne es. Für Böckelmann gibt es keine wirkliche Rechte und keine wirkliche Linke mehr. »Weder hat die Rechte noch Grund und Boden, noch hat die Linke noch eine sozialrevolutionäre Perspektive.« Er vertrete aber keine Querfrontideologie und fühle sich auch keinem konservativen Lager zugehörig. Die von ihm gemeinsam mit dem Philosophen Horst Ebner im Jahr 2014 mit dem Untertitel »Vierteljahresschrift für Konsensstörung« gegründete Zeitschrift *Tumult* sei kein rechtes Blatt, sondern eine eigenständige intellektuelle Zeitschrift.

Der Skandal um *Tumult*

Heute gibt es also zwei Publikationsreihen mit dem Titel *Tumult*, an denen Böckelmann beteiligt ist. Die seit 40 Jahren erscheinenden »Schriften zur Verkehrswissenschaft« haben ein *spin off*, einen Ableger erhalten. Aber warum braucht es so etwas? »Wir wollten ein aktuelles Beiboot zu unserer Schriftenreihe haben«, erklärt Böckelmann. »Ein Organ, mit dem wir die Entwicklung der Dinge in der Gegenwart einbeziehen können.« Die Zeitschrift sei völlig unabhängig von der alten Schriftenreihe, die aufgrund einer sehr großen Redaktion, die sich mit ihren Diskussionen selbst behindere, nur sehr unregelmäßig, oft nur einmal im Jahr und manches Jahr gar nicht erscheine. »Walter Seitter ist Herausgeber der Schriftenreihe, und ich bin Herausgeber der Vierteljahreschrift. Die Zuständigkeiten sind ganz klar geregelt.« Das große Thema der neuen Zeitschrift sei der tote Winkel der Wahrnehmung. Damit meint Böckelmann das, was in seinen Augen in der öffentlichen Diskussion übergangen wird.

Ein Jahr nachdem der *Stern* ihn als Pegida-Sympathisanten kenntlich gemacht hatte, geriet Böckelmanns neu gegründete Zeitschrift intern wie extern unter Beschuss. Was war geschehen? Vom überwältigenden Geschehen der Massenzuwanderung beeindruckt, so Böckelmann, hätten sie sich nach Autoren umgesehen, die dazu etwas beisteuern können. Was dabei herauskam, löste im Dezember 2015 jedoch eine heftige Debatte unter den Autoren aus. Schließlich kehrte eine ganze Reihe von ihnen der Zeitschrift den Rücken. Aus Böckelmanns Sicht begann die Auseinandersetzung damit, dass Michaela Ott, die dem Redaktionsrat der älteren, der ursprünglichen *Tumult* angehört, per E-Mail gegen völkische Töne und eine deutschnationale Gesinnung in den Beiträgen protestierte. In seinen Augen war das nicht gerechtfertigt. Darin habe kein einziger Satz gestanden, der in einem sinnvollen Verständnis als »deutschnational« oder »völkisch« aufzufassen wäre. »Im Text des Autors Wolfgang Hetzer wird das Adjektiv ›deutsch‹ mit großem D geschrieben. Das ist aber aus dem Grundgesetz übernommen, wo vom Deutschen Volk die Rede ist«, sagt Böckelmann. Man habe ihm Menschenfeindlichkeit vorgeworfen. Von einem »faschistischen Putsch« in der Redaktion sei die Rede gewesen. Nach vielen Anfeindungen habe sich Horst Ebner als Herausgeber zurückgezogen. Er stehe jedoch weiterhin zu ihm und arbeite mit. Petra Gehring, Peter Trawny und Hanns Zischler hätten ihre Zusammenarbeit jedoch aufgekündigt. »Diese Leute sind atmosphärische Linke geblieben, die entsetzt aufgeschrien haben, als eine ernsthafte Auseinandersetzung über die Massenzuwanderung einsetzte. Für sie war es ein Skandal, dass es Leute gibt, die nicht wollen, dass einfach massenhaft Leute über die Grenze kommen. Sie konnten sich das nur begreiflich machen, indem sie eine Wiederkehr des alten Nazigespensts vermuteten. Um sich selbst zu positionieren, brauchen diese Leute, die sich als universalistische Linke verstehen, einen Gegner«, sagt Böckelmann. Ihm ist seine Verbitterung anzumerken. Auch im Feuilleton gab es heftigen Gegenwind. Ein Kritiker nannte die Zeitschrift das »Theorieorgan der Intellektuellen-Pegida«.[481] Der Schriftsteller Reinhard Jirgl habe darin einen »verschwörungstheoretischen Text« mit dem Titel »Die Arglosen im Inland« publiziert, vermeldete der *Tagesspiegel* (1.2.2016). Böckelmann habe sich durch seine jüngeren Äußerungen als »überzeugter Anti-Universalist entpuppt«, schrieb Wolfgang Kraushaar am 22.4.2016.[482] Für die Publizität der Zeitschrift war ihre Skandalisierung von Vorteil. »Die Auflage hat sich von 1400 auf 2500 erhöht, und der Bekanntheitsgrad der Zeitschrift ist deutlich gestiegen« sagt Böckelmann.

Kraushaar irrt, wenn er meinen sollte, dass sich Böckelmann erst in jüngerer Zeit von universalistischen Positionen abgewandt hätte. Diesbezügliche Überlegungen hatte er bereits in dem 15 Jahre zuvor erschienenen Buch »Die Gelben, die Schwarzen, die Weißen« ausgebreitet. »Multikulturalismus ist die Herablassung der Weißen«,[483] heißt es darin. Die Anhänger dieser Ideologie seien bestrebt, »die nationale Gesellschaft« durch den »kulturellen Pluralismus abzulösen«.[484] Böckelmann mokiert sich über »Zehntausende von Publizisten, Fachleuten und Lehrern, die für das freie Niederlassungsrecht jedes Erdenbürgers eintreten und ›Deutschland‹ am liebsten mit ›Welt‹ übersetzen«.[485]

Er wendet sich gegen eine »an Exorzismen erinnernde Erziehungsarbeit der Medien«,[486] die die Deutschen unter der Devise »gegen Ausgrenzung« dazu ermahne, Fremdheit zu ertragen. Die Kampagne gegen eine verteufelte Fremdenfeindlichkeit habe die Fremdheit selbst obszön werden lassen.[487] Zu Kulturkampf und Rassenhass komme es nur zwischen einander Nahegerückten. »Transkultureller Krieg ist Bürgerkrieg, in dem bekanntlich alle Regeln außer Kraft gesetzt sind.«[488] Unter dem »Gesinnungsdruck« eines neuen Pharisäertums in Deutschland, warnt er, »droht mehr an

Eigenart zu ersticken als im Provinzialismus der fünfziger Jahre und selbst in den Schreckensjahren zuvor«.[489]

Damals wurde die in Hans Magnus Enzensbergers renommierter Reihe Die Andere Bibliothek erschienene Schrift im Feuilleton ausgesprochen wohlwollend rezensiert. Vom Vorwurf der Fremdenfeindlichkeit keine Spur. Tobias Gohlis fand am 24.6.1998 im Deutschlandfunk Gefallen an dem »differenzierten und glänzend formulierten Buch«.[490] Böckelmanns Plädoyer gelte der »Anerkennung des Fremden, Unverständlichen und Abstoßenden, der schwierigen Vielfalt wie den Grenzen zwischen den Kulturen«, lobte Reinhard Mohr im *Spiegel* (22/1998) den »Multikulti-Kritiker«. Der »Willkommensgruß an die Fremden aus aller Herren Länder ist Ausdruck einer Pseudo-Toleranz, die das zu tolerierende Andere, womöglich Unangenehme und Gefährliche, gar nicht definiert, sondern im Namen des großen Ganzen überspielt und tabuisiert.« Die linksliberale Publizistin Katharina Rutschky wiederum zog am 15.8.1998 in der *Berliner Zeitung* ihren Hut vor dem energischen Fleiß des Autors und bewunderte seinen Mut. Den Leser erwarte unter dem politisch unkorrekten Titel »eine mehr als korrekte wissenschaftliche, außerdem auch noch originelle Recherche in das weite Terrain der Ethnologie seit dem 19. Jahrhundert«.[491] Die SPD-nahe Friedrich-Ebert-Stiftung verlieh ihm 1999 ihren jährlich ausgelobten Preis für »Das politische Buch«.[492] Damit sollen Bücher ausgezeichnet werden, die sich mit zentralen Themen der Stiftung befassen und den Prinzipien der sozialen Demokratie verpflichtet sind. Böckelmann schrieb damals im Grunde nichts anderes, als er heute sagt. Dass der Achtundsechziger erst in jüngster Zeit an die von Arnold Gehlen gegen die Studentenbewegung gerichtete Polemik gegen die »Hypermoral« anschließt, liegt einzig und allein daran, dass ihm die entsprechenden Überlegungen des Konservativen bis dahin entgangen waren. Erst im Frühjahr 2014 sei er von einem Autor auf den

Begriff aufmerksam gemacht worden, schreibt Böckelmann zwei Jahre später im Editorial seiner Zeitschrift: »Bei seinen Zeitgenossen beobachtete Gehlen einen Kurzschluss zwischen Privatsubjektivität und Universalismus, gipfelnd in einer Kombination aus Humanitarismus und moralischer Übersteigerung: wir armen Einzelnen erklären uns zuständig für alles, was auf der Welt geschieht, und greifen nach Maßstäben, die keinerlei Unterschiede mehr machten.«[493] Diese Beobachtung sei angesichts der gegenwärtigen Flüchtlingsdiskussion hochaktuell. »In einem Land mit ungewisser Staatlichkeit wie Deutschland, in einem Land, das in der Hauptfrage nicht weiß, was es will, ist ›Willkommenskultur‹ eine Inszenierung hypermoralischer Hybris«,[494] so Böckelmann.

Halbdistanz zur Obrigkeit

Kehren wir für einen Moment zur Pegida-Bewegung zurück. Die Schwierigkeiten der nordwestlich von Dresden gelegenen Gemeinde Perba bei Meißen hatten anfangs symbolischen Wert für die Demonstrationsteilnehmer und ihre Sympathisanten. Die 180 Einwohner verfügten über keinerlei öffentliche Infrastruktur. Es gab keine Ärzte und auch keine Einkaufsmöglichkeiten. Die öffentliche Verkehrsanbindung an das benachbarte Meißen war sehr schlecht. »Als nun die Verwaltung die zentrale Unterbringung von 50 überwiegend männlichen Asylbewerbern verfügte, erhob sich der Protest der in Perba ansässigen Bürger.«[495] Man fühlte sich von den Behörden übergangen. Zulauf hatte die Pegida-Bewegung vor allem in den östlichen Bundesländern. Frank Böckelmann meint, dass das historische Gründe hat. »Die Leute haben es gründlich satt, als Verfügungsmasse für abstrakte Postulate herhalten zu müssen. Im Nationalsozialismus ging es um ›Rasse‹, ›Volksgesundheit‹, ›Blut und Boden‹ und weiß der Teufel was sonst noch. Dafür mussten die

Dresdner teuer bezahlen. Dann kamen die Bolschewiki, und sie wurden zu Märschen für ›Frieden‹ und ›Völkerfreundschaft‹ und die Produktivitätssteigerung befohlen. Das blieb für die Leute abstrakt. Das hatte mit ihrem Erleben als Dresdner, als Sachsen und als Deutsche nicht viel zu tun. Sie haben sich dann teilweise selbst von dieser Herrschaft befreit. Nun werden sie mit den Begriffen ›Toleranz‹ und ›Weltoffenheit‹ konfrontiert und fühlen sich verarscht. Höheren Orts wird entschieden, dass ein Asylantenheim an der Ecke gebaut wird, und sie werden nicht gefragt. Die Sachsen sind gutmütig, aber wenn es hart auf hart kommt, sind sie stur. Das sind keine Rechten im Seminarsinne, sondern Leute, die keine Anweisungen mehr entgegennehmen wollen und heute in größerem Ausmaß die AfD wählen.«[496] Ob man vom Staat für rassistische Ziele, zum Zwecke der Völkerfreundschaft oder für Toleranz eingespannt werden soll, macht einen großen Unterschied aus, denke ich, als Böckelmann das sagt. Aber stimmt seine Analyse, was das tief verankerte Gefühl der Gängelung der ehemaligen DDR-Bürger betrifft? Liegt dem Protest mehr zugrunde als ein stumpfer Rassismus, von dem viele Medien immer wieder berichteten? Hat seine Einschätzung tatsächlich einen Wahrheitskern? Gestützt wird sie von gänzlich unerwarteter Seite.

Im Unterschied zu Böckelmann hegt Karl-Siegbert Rehberg keinerlei Sympathien für Pegida. Als SPD-Mitglied initiierte er die Wählervereinigung »Gemeinsam für Dresden«, die sich für die sächsische Wissenschaftsministerin Eva-Maria Stange (SPD) als Kandidatin für die Oberbürgermeisterwahl am 7. Juni 2015 engagierte, zu der Tatjana Festerling als Symbolfigur von Pegida antrat. Dirk Hilbert (FDP) ging als Sieger aus dem Rennen hervor. Als Soziologe gab Rehberg ein Buch über Pegida heraus. Darin führt er die rebellische Haltung der Demonstranten auf ihre DDR-Sozialisation zurück.[497] Viele hätten den sozialistischen Staat nicht grundsätzlich abgelehnt, aber in einer Art Halbdistanz zu ihm gelebt. »In der DDR war es nicht so, wie die Wessis glauben, dass der Staat nicht legitimiert war«, erläutert er. »Viele Sachen, die er wollte, wurden von der Bevölkerung unterstützt – die Gleichheit und vieles andere. Kritisiert wurden der Mangel an Konsummöglichkeiten, die Abschließung. Ohne Legitimation war das keineswegs. Aber es war eine Halbdistanz. Der Staat hielt nicht, was er versprach. Er schaffte nicht, was er wollte. Alle sahen den Verfall. Diese Halbdistanz wurde von vielen DDR-Bürgern auf die neue Ordnung übertragen. Man wählte nun die CDU mit großer Mehrheit, entwickelte aber auch zu dem neuen Staat keine Nähe. Die Entstehung des Phänomens Pegida geht auf diese Halbdistanz zu einem Staat zurück, den man nicht unbedingt ablehnt, der einem aber fremd geblieben ist, an dem man sich nicht beteiligt fühlt.«[498] Ohne die DDR-Schmerzen, so Rehberg, wäre Pegida nie bedeutsam gewesen.

Der Zustrom von teils über Facebook und anderen sozialen Medien angesprochenen Teilnehmern aus dem Umland habe für den Protest von Anfang an eine große Rolle gespielt. »Dresden ist mehr Bühne als Quelle«, sagt Rehberg. »Aber natürlich gehen auch viele Dresdner hin.« Aus welchen Leuten setzten sich die Demonstrationen zusammen? Man müsse zwischen den Initiatoren, den Rednern und den Anwesenden unterscheiden, meint Frank Böckelmann. Er schätzt, dass diese zu 80 Prozent einen Querschnitt durch die Dresdner Bevölkerung darstellten. »Auch einige Traditionsrechte in Lederjacken stehen dabei. Aber die prägen nicht den Umgangston und auch nicht die Reden. Die Leute sind lustig. Sie lachen oft auch über sich selbst. Da ist viel Selbstironie im Spiel«, so seine Wahrnehmung. Angst vor Fremden hätten die Teilnehmer nicht gehabt. Aber sie wollten keine Verhältnisse, wie sie sie aus Fernsehberichten über Westdeutschland kennen. Sie wollten sich nicht abrupt, sondern langsam verändern. »Die große Welle der Einwanderung kam erst nach Gründung von Pegida. Die Abwehrhaltung gegenüber der Islamisierung war am Anfang eher legitimatorisch gemeint. Später reagierte man auf das reale Geschehen. Dafür stand ein Vokabular zur Verfügung, das das Eigene betont: die deutschen Traditionen, die deutsche Geschichte und Sprache usw. Man griff daher immer häufiger auf Redner aus der konservativen Ecke zurück. Die Leute wollten sich anlehnen. Sie haben geklatscht, wenn sie hörten, dass da jemand gut reden kann. Sie wurden dann von Politikern und Medien als Rechte beschimpft und glauben insofern mittlerweile selbst, dass sie rechts sind – ohne genau zu wissen, was das bedeutet. Sie stehen hinter dem Slogan: ›Festung Europa – macht die Grenzen dicht!‹ Sie fordern, dass die Grenzen kontrolliert werden. Wenn das nun rechts genannt wird, ist es ihnen auch egal.« Auch Rehberg hat sich immer mal wieder unter die Demonstranten gemischt. Einmal traf er dabei auf Leute, die eine Schweizer Fahne trugen, und sprach sie an: »Sie kommen jetzt nicht mehr nur aus Görlitz, sondern sogar aus der Schweiz?« Darauf hätten sie erwidert: »Nein, wir wollen die direkte Demokratie.«

Einmal erspähte er drei Demonstranten mit Israel-Fahnen, mit Girlanden, in Schwarz-Rot-Gold. Das sah aus, als ob sie aus einem Hawaii-Urlaub zurückgekommen wären. Er sei zu ihnen rübergegangen und habe sie gefragt, was das bedeute. Sie antworteten, dass Christen und Juden nach dem Holocaust zusammenstehen müssten. Die Israelis wüssten ihr Land gegen Araber und Palästinenser zu verteidigen.

Die Pegida-Bewegung hat mittlerweile einige Häutungen durchgemacht. Sie spaltete sich, die in den Reden angeschlagenen Töne wurden zum Teil deutlich radikaler. Das Ausscheiden einer Gruppe um Kathrin Oertel und René Jahn aus dem Organisationsteam im Januar 2015 führte dazu, dass man nun auch Leute von auswärts auf die Bühne holte, die aufgrund ihrer ausgewiesenen Radikalität zuvor nicht mehrheitsfähig waren. Dazu gehörten auch Vertreter der Neuen Rechten, zuvorderst Götz Kubitschek. Hatte der Verleger seine Ansichten bis dahin in einem eher überschaubaren Kreis diskutieren können, verschafften ihm seine Auftritte bei Legida – dem Leipziger Ableger der Proteste – und Pegida in Dresden nun die Möglichkeit, vor Tausenden, ja Zehntausenden Menschen zu sprechen. Wenn man eine politische Mobilisierung gegen die »Masseneinwanderung« oder die »Islamisierung Europas« anstrebt und sich die Gemüter wie gewünscht erhitzen, dann besteht die Gefahr, dass die Sache aus dem Ruder läuft. Sieht er die Gefahren, die in dieser neuen Situation liegen? Als ich ihn darauf anspreche, antwortet er mit Bedacht: »Zum einen glaube ich, dass unser Volk die Thymos-Spannung gar nicht mehr hat, um das Ganze aus dem Ruder laufen zu lassen. Es handelt sich um ein altgewordenes, defensives Volk. Die schiere Masse junger Männer, die irgendetwas auf die Straße tragen könnten, gibt es gar nicht mehr. Jede türkische Erdoğan-Demo in Köln ist jünger, aggressiver und größer als Pegida«, meint Kubitschek.[499] In der Verantwortung sieht er sich aber dennoch: »Die Nächte vor meinen Reden bei Pegida waren für mich sehr kurz. Ich habe immer wieder nachgedacht, ob ich das, was ich mir notiert hatte, verantworten kann. Ich wollte nicht erreichen, dass die Menge vor Begeisterung brüllt, sondern einordnen und strukturieren, was passiert. Das war sicher bei den ersten ein, zwei Legida-Reden noch nicht so, danach aber sehr stark. Das war mit dem Aufruf verbunden, maßvoll zu bleiben.«

Stagnationserscheinungen

Kubitschek meint, dass die politischen Praktiker auf Seiten der AfD und die metapolitischen Vordenker der Rechten die Pegida-Bewegung im Stich gelassen hätten. Er hält das für ein Riesenproblem. Im

Falle einer Kanalisierung durch die AfD hätte der Protest die Chance gehabt, nicht wütender, sondern tatsächlich konstruktiv zu werden. Das sei leider nicht geschehen. »Aufgrund eines Mangels an Rednern, die wirklich etwas zu sagen haben«, meint Kubitschek, »dreht sich Pegida beinahe karikaturhaft im Kreis. Man hat diese furchtbaren Sommerlöcher mit irgendwelchen Leuten überbrückt, die tatsächlich einen unglaublichen Müll erzählt haben oder nur so gesprochen haben, dass die Menge nach jedem dritten Wort etwas brüllte. Ich halte es für ein großes Versäumnis des liberalkonservativen Lagers rund um die *Junge Freiheit* und um die AfD, das Ganze nicht aufgefüttert und konstruktiv unterstützt zu haben. Worauf wollen die ›Vordenker‹ noch warten? Jetzt ist die Zeit doch da, jetzt kann man wirken, und jetzt kann man zeigen, dass es weit mehr zu tun gibt, als alle vier Jahre ein Kreuzchen zu machen.«

Tatsächlich waren die Teilnehmerzahlen zum Zeitpunkt unseres Gesprächs im Dezember 2016 seit langem deutlich gesunken. »Der Rest, der heute übrig ist, der bei den gewöhnlichen Montagsspaziergängen mitläuft«, urteilte Karl-Siegbert Rehberg ein paar Wochen zuvor, »ist ein verlorener Haufen, den man bemitleiden muss. Der Bodensatz der Gesellschaft, der aber Schilder aufstellt mit der Aufschrift: ›Wir sind die größte bürgerliche Gegenbewegung in Deutschland.‹ Das ist eine kleine Gruppe von Leuten, die sich nur noch selbst bestätigen.« Nur bei besonderen Anlässen kommen andere Leute hinzu. Zur Feier des zweiten Jahrestags, am 16. Oktober 2016, waren es dann wieder rund 10 000. Auf der Bühne redete neben Lutz Bachmann, dem von links nach rechts übergelaufenen Publizisten Jürgen Elsässer und Götz Kubitschek auch Martin Sellner. Am darauffolgenden Freitag bin ich mit dem österreichischen Sprecher der Identitären in Wien verabredet.

Ich sitze mit dem redegewandten und einen auf sympathische Weise einnehmenden Kopf und Aushängeschild der Pop-Rechten[500] bei einer Tasse Melange im unweit des Naschmarkts gelegenen Caféhaus Rüdigerhof. Nach einem Gespräch über die Romane von Mishima – ich hatte mir mit der Wiederlektüre von »Geständnis einer Maske« die Zeit bis zum Eintreffen Sellners verkürzt – und über die kalifornische Ideologie – Sellner hatte mein Buch über das Silicon Valley gelesen[501] – kommen wir zur Sache. Was bedeutet Pegida für die Identitären? »Die Hoffnung, dass eine kritische Masse der schweigenden Mehrheit, die wir im Bürgertum vermutet haben, sich würde mobilisieren lassen, um auf die Straße zu gehen. Wir sehen Pegida als breite Massenbewegung, in der sich die Identitären wie ein Fisch im Wasser bewegen. Sie sind der Haupttrupp, wir sind die Avantgarde.«[502] Der Kontakt sei von Anfang an da gewesen. Als es begann, hätten sie überlegt, ob sie Pegida in Österreich übernehmen, also selbst Pegida-Gruppen gründen sollten. Er habe sich vehement dagegen ausgesprochen. Am Ende hätten sie entschieden, das Phänomen wachsen zu lassen, um dann zu sehen, ob etwas dabei entsteht oder nicht. »Die große Kraft von Pegida hatte ja damit zu tun«, erläutert Sellner, »dass die Bewegung von Leuten gegründet wurde, die nicht aus dem rechten politischen Lager kamen und somit eine echte Mittigkeit, Ursprünglichkeit und Natürlichkeit verkörperten. Das hätten wir durch unser Engagement verderben können. Wir wollten die Bewegung nicht ersticken, sondern wachsen lassen und schauen, ob es in diesem Volk das Potential für eine Protestbewegung gibt. Die Einschätzung, zumindest für den östlichen Teil Deutschlands, ist positiv. Es entwickelt sich ein Raum für viele Aktionsformen, die vielleicht wirklich einmal zu so etwas wie dem Tahir-Platz führen könnten.« Es brauche zunächst kleine Minderheiten, die auf der Straße Stimmungen erzeugen, fährt Sellner fort. »Wenn in einer späteren Phase ein Autoritätsvakuum entsteht, kannst du mit einer großen Massenbewegung Veränderungen herbeiführen.« Das müsse kein Regime-Change sein, es könne sich auch um eine Reform handeln. »Für uns wäre das der Zuwanderungsstopp«, so Sellner. Einer seiner Helden aus der Welt der Literatur ist der bereits erwähnte japanische Schriftsteller Yukio Mishima. Der Autor war 1968 zum wiederholten Male für den Literaturnobelpreis vorgeschlagen worden. Sein Ende hätte selbst aus einem Roman stammen können – aus einem über Samurais, die alte japanische Kriegerkaste.

Identitärer Kulturkampf: Die Pop-Rechte in Aktion

Der Uniformierte knöpfte seine Jacke auf und zog sie aus. Er trug nichts darunter, stand mit nacktem Oberkörper da, ein Japaner mittleren Alters, klein und schmal, aber muskulös. Als Nächstes schnürte er seine Stiefel auf, schleuderte sie von sich. Ein jüngerer Mann, ebenfalls uniformiert, trat an seine Seite. Er hielt ein Samurai-Schwert in der Hand. Der Ältere nahm seine Armbanduhr vom Handgelenk, gab sie einem Dritten, öffnete seine Hose, streifte sie an den Beinen herunter und ging auf dem roten Teppich in die Knie. Nun erkannte man das weiße Lendentuch, das unter dem Beinkleid verborgen gewesen war. Der Mann mit dem Schwert positionierte sich hinter ihm.

Es war der 25. November 1970. Der Schriftsteller Yukio Mishima schickte sich an, im Büro des diensthabenden Kommandanten des Hauptquartiers der Streitkräfte Ost, General Kanetoshi Mashita, auf rituelle Weise Suizid – Seppuku – zu begehen.[503] Er nahm dazu einen dreißig Zentimeter langen Dolch in seine rechte Hand. Mit der Linken rieb er eine Stelle an der linken unteren Seite seiner Bauchdecke. Dort setzt er die Spitze der Waffe mit der Rechten an. Sein in Schweiß ausgebrochener Liebhaber Masakatsu Morita, der Schwertträger, sekundierte. Er hob das Schwert mit zitternden Händen über den eigenen Kopf und visierte den Hals des vor ihm Knienden. Dieser salutierte dem Kaiser. »Tenno Heika Banzai!« – »Lang lebe der Kaiser!« – rief er drei Mal kurz hintereinander. Mishima atmete tief ein, tat dies noch einmal und wieder. Schließlich stieß er mit einem lauten Schrei alle Luft aus seinem Körper und drückte die Spitze des Dolchs mit aller Kraft in seine Bauchdecke. Er erbleichte, seine Rechte zitterte. Der Schriftsteller krümmte den Rücken und zog einen waagerechten Schnitt quer über den Magen. Da sich die Bauchmuskulatur gegen die Klinge sträubte, drückte er die linke Hand mit aller Gewalt auf die stark zitternde rechte. Das hervorquellende Blut färbte das Lendentuch rot. Mishima sank nach vorn. Morita ließ das Schwert mit großer Wucht niedersausen, um den Kopf Mishimas vom Rumpf zu trennen. Ein Fehlschlag. Die Waffe schlitzte Rücken und Schultern. Der Schriftsteller lebte noch. Er lag im eigenen Blut stöhnend auf dem Boden. Das Gedärm quoll aus seinem offenen Bauch. Auch der zweite Schwerthieb verfehlte den Hals. Erst der dritte, bereits kraftlosere Schlag traf. Der Kopf fiel nach vorn. Das Blut schoss in einer Fontäne aus dem Hals. Ein zweiter Student trat vor, nahm Morita die Waffe aus der Hand und trennte den Kopf Mishimas mit einem einzigen Schlag vom Rumpf. Während das Blut weiterhin aus dem Halsstumpf drückte und in den Teppich sickerte, entleerten sich die Eingeweide und erfüllten den Raum mit einem beißenden Gestank. Unmittelbar nachdem die Tat vollbracht war, beging Morita auf die gleiche Weise Suizid. Am Ende verloren zwei Menschen ihr Leben. Sieben weitere waren zuvor im Handgemenge verletzt worden.

Vorausgegangen war dem grauenerregenden Geschehen ein beinahe operettenhafter Auftritt Mishimas. Durch die Geiselname des Generals hatte er erreicht, vor den Soldaten des im Herzen Tokios gelegenen Militärstützpunkts sprechen zu dürfen. Um Punkt 12 Uhr mittags trat er auf den Balkon, um sie aufzurütteln. Seine Botschaft: Die japanischen Werte seien in Gefahr. Der Tenno nehme nicht den ihm gebührenden Platz ein. Falls die Armee sich nicht erhebe, würde Japan auf unabsehbare Zeit der Herrschaft des Westens anheimfallen.[504] Die minutiös geplante Aktion[505] endete in einem Desaster. Von seiner Ansprache war im allgemeinen Gegröle und dem Lärm mehrerer herbeigeeilter Helikopter kaum etwas zu verstehen. Mishima versuchte, den Lärm mit dem dreifachen »Tenno Heika Banzai!« zu übertönen. Er verließ den Balkon, trat ins Zimmer und sagte: »Sie haben mir nicht einmal zugehört.« Im Hof hatten sich die Angehörigen der Kommunikations- und Versorgungsabteilungen versammelt. Viele in Zivil. Die für martialische Ansprachen womöglich zugänglicheren Kampftruppen waren auf einer Übung.[506]

Zehn Jahre zuvor hätte sich wohl niemand vorstellen können, dass der sensible Autor einmal auf Seiten der radikalen Rechten stehen würde. Die 1949 erschienene autobiographische Erzählung »Geständnis einer Maske« erzählt die schwierige Selbstentdeckung eines jungen homosexuellen Mannes. Ich las diesen und die meisten anderen in deutscher Sprache veröffentlichten Texte Mishimas zu Beginn meines Studiums Ende der achtziger Jahre. Mich faszinierte – neben der Exotik des Schauplatzes – die Radikalität, mit der dieser Autor sein ganzes Leben auf einen selbst erdachten Entwurf zu stellen schien. Ich versuchte damals selbst, mein Leben endlich nach eigenen Maßstäben zu gestalten und sog begierig jeden Hinweis auf, dass so etwas möglich sei. Für mich war der japanische »Faschist« ein Wegweiser der eigenen Befreiung.

Aufstehen gegen das System: Mishima und die Linke

Bis in die sechziger Jahre hinein galt Mishima als ein Autor, der mit der Linken sympathisierte. In seiner Jugend hatte man ihn dazu bewegen wollen, der Kommunistischen Partei beizutreten. Von den mit dem organisierten Verbrechen (Yakuza) verbandelten Ultranationalisten, den Uyoku dantai, hatte er sich stets ferngehalten.[507] Er sprach gut Englisch, pflegte freundschaftliche Kontakte zu Ausländern[508] und integrierte viele Elemente westlicher Kultur in seinen Lebensstil. Das betraf literarische Vorlieben, seinen Kleidungsstil bis hin zur Einrichtung seines Hauses. Von feindseligen Äußerungen gegenüber dem Westen keine Spur. Als Nationalist trat Mishima erst in der zweiten Hälfte der sechziger Jahre hervor. Ein Schlüsselmoment dafür waren die massiven Proteste militanter linker Studenten unter Führung des in verschiedene konkurrierende Fraktionen zersplitterten Studentenverbandes Zengakuren im Jahr 1967. Angesichts der wachsenden Militanz der Neuen Linken fürchtete er, die Polizei könnte die Lage nicht mehr beherrschen und im Straßenkampf überwältigt werden. Er reagierte darauf 1968 mit der Gründung der Tatenokai (Schildgesellschaft), einer kleinen kaisertreuen Miliz.

Bei einem Streitgespräch an der Universität von Tokio, zu dem ihn linke Studenten im Mai 1969 eingeladen hatten, zeigte Mishima bei aller Gegnerschaft zugleich Sympathie für die antibürgerliche Stoßrichtung des Protests. Ihn und die militante Linke verbänden strenge ideologische Vorstellungen und der Geschmack an körperlicher Gewalt. »Wir sind durch Stacheldrahtverhaue getrennte Freunde. Wir lächeln einander zu, ohne uns umarmen zu können«,[509] erinnerte er sich später an seine Opponenten. Am Ende seiner Rede kündigte er an, selbst revoltieren zu wollen: »Eines Tages werde ich aufstehen gegen das System, so wie ihr Studenten aufgestanden seid – aber anders.«[510] Mishima sei »ein todessüchtiger Träumer jenseits der Wirklichkeit gewesen«, charakterisierte Fritz J. Raddatz den Schriftsteller in einem Porträt. Einen »Faschisten« wollte er ihn nicht nennen. Denn als »heroischer Einzelner«, so der Literaturkritiker, habe Mishima über keinerlei gesellschaftlichen Entwurf verfügt.[511] Tatsächlich war der Schriftsteller weder ein Verfechter ausgearbeiteter ideologischer Konzepte noch eine Führergestalt. Stattdessen zeigte er das, was Armin Mohler als den »faschistischen Stil« bezeichnete. Demnach sei der Faschismus – im Unterschied etwa zum Nationalsozialismus – nicht in erster Linie als eine bestimmte Ideologie, sondern als eine Art und Weise der heroischen Selbstinszenierung zu verstehen. Mishimas letztlich vergebliche symbolische Revolte für das »Eigene« – in diesem Fall das japanische Kaisertum – und gegen die Moderne ist es, die ihn zu einem Kultautor der Neuen Rechten macht.[512]

Kriegserklärung an die Achtundsechziger

Sein Konterfei mit dem Motto »You only die once« (YODO)[513] gehört neben denen von Ernst Jünger, Friedrich Nietzsche, Martin Heidegger und Oswald Spengler zu den Motiven, die das von Patrick Lenart und Martin Sellner seit November 2013 betriebene Modeversandportal »Phalanx Europa« verbreitet.[514] Sie beliefern damit die Anhänger einer betont stylischen Jugendbewegung von rechts, die sich seit ihrem ersten öffentlichen Auftritt in Frankreich als erklärter Feind der Achtundsechziger und der auf diese zurückgeführten multikulturellen Gesellschaft inszeniert. Im Oktober 2013 trat die Génération Identitaire mit ihrer als Videobotschaft unterbreiteten »Kriegserklärung an die Achtundsechziger« an die Öffentlichkeit.[515] Noch im selben Jahr veröffentlicht der Student Markus Willinger unter dem Titel »Die identitäre Generation. Eine Kriegserklärung an die 68er« einen Frontalangriff auf die linke Protestgeneration. Sie sei verantwortlich für den Verlust des christlichen Glaubens, die Aushöhlung des Staates, die Zerrüttung der Familien, die Zerstörung der Liebe, die Legalisierung des Schwangerschaftsabbruchs. Hinzu kommen Arbeitslosigkeit, Staatsverschuldung, eine von Lobbygruppen und internationalen Konzernen beherrschte Europäische Union, die muslimische Einwanderung, Übergewicht bei Jugendlichen sowie die in der jüngeren Generation verbreitete Bindungsunfähigkeit. Mehr geht nicht.

Am Ende des Pamphlets wird eine Art Bann über die Achtundsechziger verhängt: »Hiermit und für alle Zeiten erklären wir euch zum Verderben und Verhängnis Europas und der Welt. Denn ihr seid der Feind aller Identitäten und die Gegner jedweder Vielfalt. Alles Bunte und Farbenfrohe ist euch zuwider. Ihr zerstörtet wissentlich alles, was uns und unseren Vorfahren heilig war. Ihr verdammtet uns zu einem Leben im Zwielicht. Ihr tötetet unsere Geschwister und ihr entsagtet euch eurer Verantwortung. Ihr kämpftet gegen alles Natürliche und Gewordene. Und dafür ziehen wir euch nun zur Rechenschaft«,[516] wettert Willinger. Die Achtundsechziger müssen als Sündenbock für alles herhalten, was ihm an der heutigen Gesellschaft nicht passt. Alain de Benoist, ein wichtiges Vorbild der Identitären, ist mit solchem Achtundsechziger-Bashing alles andere als einverstanden. »Die unnütze und unbenutzbare Verunglimpfung der ›68er‹ oder des ›68er Denkens‹ gehört zum intellektuellen Rüstzeug von fast allen Rechten. Diese Leute haben meist nicht die geringste Ahnung, wovon sie sprechen. Die systematische Kritik an einer so vorgestellten 68er-Bewegung ist in dieser Hinsicht durchaus vergleichbar mit dem Antikommunismus der Rechten oder dem Antifaschismus der Linken. Beides heutzutage völlig obsolete Haltungen, die nur noch politische Dinosaurier annehmen, die Geschichte nur im Rückspiegel lesen können und dabei überkommene und überholte begriffliche Instrumente auspacken, ohne sich darüber im Klaren zu sein, dass man es seit der Postmoderne nicht mehr mit derselben Welt zu tun hat.«[517]

Die Identitären seien zudem in Frankreich nur eine kleine Gruppe ohne echte Bedeutung. Glauben diese jungen Menschen wirklich, sie könnten die Achtundsechziger für alle vermeintlichen oder tatsächlichen Missstände der heutigen Gesellschaft verantwortlich machen?

Ich hoffe, dass mir Martin Sellner darüber Auskunft geben kann. »1968 ist ein Begriff, den wir von der Jahreszahl abkoppeln und der eine geistige Wende beschreibt«, verteidigt er dieses Vorgehen. »Es war ein sehr guter Instinkt der Franzosen«, fährt der Philosophiestudent fort, »gegen die Achtundsechziger zu rebellieren, denn deren Ideen sind heute hegemonial und sie sind verantwortlich für das harte Lebensumfeld, mit dem sich die französischen Jugendlichen heute auseinandersetzen müssen.« Nicht die Ausländer seien dafür verantwortlich, sondern diese Generation der Achtundsechziger. Statt am Wirtschaftssystem oder der Verteilung der Produktionsmittel etwas zu ändern, hätten deren Angehörige ein gesellschaftliches Klima geschaffen, das es den heutigen Jugendlichen unmöglich mache, einen positiven Bezug zur eigenen Identität zu entwickeln.

»Wir erklären der Generation der Achtundsechziger den Krieg«, verteidigt Sellner den von mir kritisierten Gestus der pauschalen Anklage, »weil sie noch in einer Welt groß geworden ist, in der es klar war, dass sie einen Arbeitsplatz erhalten und eine sichere Zukunft haben würden, weil sie heute das Geld hat und in Regionen lebt, wo sie nur die angenehmen Seiten einer multikulturellen Gesellschaft erfährt. Sie besitzt alle Medien, hat das Geld und sitzt in allen Institutionen. Die heutige Jugend hat keine Aussicht auf einen sicheren Arbeitsplatz, hat schlechte Zukunftsaussichten und muss miterleben, dass die Versprechen der multikulturellen Gesellschaft ihrer eigenen Lebensrealität nicht entsprechen.«

Allenfalls für die frühe Phase des linken Studentenprotests bringt Sellner ein gewisses Verständnis auf. Anfangs habe es sich bei dem, was die Linken taten, noch um eine echte Revolte gehandelt, räumt er ein. Bei Rudi Dutschke und Bernd Rabehl will er sogar eine gewisse Parallele zu den eigenen Zielen erkennen können. Zwar sei die deutsche Zukunft, nach der diese Studentenführer damals suchten, kommunistisch gewesen. Aber sie hätten die Frage nach einer deutschen Identität immerhin gestellt. An der heutigen Linken lässt Sellner hingegen kein gutes Haar. Die sei vor allem eines: konformistisch.

Ihre Autoren schrieben in abgewandelter Form das, was in der *Süddeutschen Zeitung* ohnehin zu lesen sei. Eine radikale Kritik an der gegenwärtigen kulturellen Hegemonie, meint er, könne nur noch aus dem rechten, aus dem konservativen Lager kommen.

Vorbilder in Italien und Frankreich

Die noch junge Bewegung der Identitären hat direkte Vorläufer in romanischen Ländern. Am Anfang stand 2003 die Gründung des Bloc identitaire in Frankreich. Im selben Jahr bildete sich im Anschluss an eine Hausbesetzung, die rechte Gruppen in Rom unternahmen, die Organisation Casa Pound in Italien. Das ist eine Gruppierung, deren Mitglieder sich unverblümt »i fascisti del terzo millennio« nennen: die Faschisten des dritten Jahrtausends. Benannt haben sich die Italiener nach dem amerikanischen Dichter Ezra Pound (1885–1972), einem bedeutenden Vertreter der literarischen Moderne, der durch sein Werk »Cantos« berühmt wurde. Der zeitweilige Privatsekretär des Schriftstellers William Butler Yeats lebte während des Zweiten Weltkriegs in Italien. Er machte »die Juden« für den Kapitalismus und den Krieg verantwortlich, unterstützte den Faschismus und entging nach seiner Verhaftung durch die amerikanischen Truppen am Kriegsende einer Verurteilung in den USA nur dadurch, dass er für geisteskrank erklärt wurde. Nach seiner Freilassung aus einer psychiatrischen Anstalt in Washington D.C. kehrte er nach Italien zurück. Pound sagte sich nie vom Faschismus los und saß 1967 für den Bildhauer Arno Breker Porträt. Zu seinen Bewunderern gehörte der kommunistische Regisseur und Schriftsteller Pier Paolo Pasolini.

In ihrer Orientierung an der Popkultur, ihrem Bemühen, eine Gegenkultur aufzubauen, und durch ihre Betonung direkter Aktionen war Casa Pound ein wichtiges Vorbild für die identitären Bewegungen.[518] Aus dem erwähnten Bloc identitaire ging 2009 zunächst Une autre jeunesse und 2012 schließlich die Génération identitaire hervor. Zur selben Zeit bildeten sich ähnliche Vereinigungen auch im deutschsprachigen Raum.

Als sich in besagtem Jahr die Identitäre Richtung, die Kerngruppe der sich nur wenig später formierenden Identitären Bewegung Österreichs (IBÖ), gründete, war Martin Sellner noch nicht offiziell dabei. »Ich habe mich damals noch zurückgehalten, weil mein Name politisch verbrannt war, die der anderen nicht«, erläutert der Arztsohn. Ihm wird nachgesagt, dass er vor seiner Zeit bei den Identitären ein Neonazi aus dem Umfeld Gottfried Küssels war. »Vor allem die Person Sellners zeigt, dass es mit der Abgrenzung der IB gegenüber dem Neonazismus nicht weit her ist«,[519] schreibt Volker Weiß. Stimmt das? War Sellner tatsächlich ein Neonazi? »Ja, ich denke, das kann man so sagen«, lautet seine überraschend klare Antwort. Deshalb habe er den Aufbruch der neuen Bewegung nicht mit seiner Vergangenheit belasten wollen. »Wir haben damals mit verschiedenen Gruppen sondiert, uns vernetzt. Dann kam ein halbes Jahr später, im Herbst 2012, aus Frankreich der Vorstoß mit dieser Aktion, die verbunden war mit einem fertigen Corporate Design.«

Gemeint ist ein aufsehenerregender Auftritt der französischen Identitären am 20. Oktober 2012. An diesem Tag besetzten mehrere Dutzend Mitglieder der Gruppierung für sechs Stunden das Dach einer im Bau befindlichen Moschee in der Stadt Poitiers. Die Aktivisten entrollten Banner mit der Jahreszahl 732 und dem Lambda-Symbol, einem gelben Winkel auf schwarzem Grund in einem gelben Kreis. Damit war eine Symbolsprache, der Kern einer »Corporate Identity«[520] für identitäre Vereinigungen gefunden, die sich nun auch in Italien, den Niederlanden und Tschechien herausbildeten. Der elfte Buchstabe des griechischen Alphabets steht für den Abwehrkampf der Spartaner gegen die Perser unter dem König Leonidas. In der Comicverfilmung »300« tragen die spartanischen Krieger das Lambda auf ihren Schilden. Der Buchstabe macht sie als Lakedaimonier kenntlich. Auch in Poitiers ging es um den »Kampf der Kulturen«. Der Okzident sollte gegen den Orient verteidigt werden. So sahen es jedenfalls die Aktivisten.

Datum und Ort sind symbolträchtig. Im Oktober des Jahres 732 besiegte ein fränkisches Heer unter dem Befehl von Karl Martell in der Schlacht von Tours und Poitiers ein von Abd ar-Rahman angeführtes Araber- und Maurenheer und stoppte damit die militärische Expansion der arabisch-islamischen Kultur auf europäischem Boden. So lautet jedenfalls die Legende. In Wirklichkeit hielten sich die Araber in einigen Gebieten des heutigen Südfrankreich noch weitere zwei Generationen lang.

Doch um die exakte historische Wahrheit geht es den Identitären in diesem Zusammenhang auch gar nicht. Sie wollen politische Mythen kreieren, die dabei helfen, die Massen für ihre Ziele zu mobilisieren. Die Schlacht von Tours und Poitiers ist so ein Mythos, der Kampf der Spartaner gegen die Perser ebenfalls. Beliebt ist auch die Vokabel »Reconquista« (»Rückeroberung«), die auf den Fall des muslimischen Königreichs Granada in Südspanien im Jahr 1492 rekurriert.

Das Video und die Besetzungsaktion verschafften der bis dahin weithin unbekannten Gruppierung große öffentliche Aufmerksamkeit. Sie fand Nachahmer in verschiedenen europäischen Staaten, insbesondere in Österreich, schließlich auch in Deutschland, wo sich die Aktivisten allerdings lange Zeit vor allem im Internet tummelten. Bereits Anfang November 2012, nur wenige Woche nach der Moschee-Besetzung in Tour und Poitiers, veranstalteten die französischen Identitären eine Konferenz in der Kleinstadt Orange im Rhonetal, an der auch Sellner und weitere Identitäre aus Österreich teilnahmen. »Dort haben wir Götz Kubitschek getroffen.« Sie schätzten seine Schriften, waren ihm bis dahin aber noch nicht begegnet. »Wir kannten ihn damals noch nicht persönlich, hatten Ehrfurcht vor ihm und waren noch um die Wahrung eines eigenen geistigen Freiraums bemüht. Ich wollte mein eigenes Ding machen und war noch ein bisschen radikaler als heute. Götz ist immer diesen klaren integreren Weg gegangen, der an Stauffenberg orientiert ist.«

Für Sellner und seine Gesinnungsfreunde stellte sich damals die Frage, ob sie es schaffen könnten, den Begriff des Identitären zu verbreiten, ohne einerseits gleich als Neonazis vom politischen Diskurs ausgeschlossen oder andererseits von der alten Rechten vereinnahmt zu werden. In Deutschland hätten die Jungen Nationaldemokraten (JN) schon bald eine Kampagne gestartet, die sie »Identität« genannt hatten. »Sie haben auch versucht, das Lambda zu übernehmen«, erinnert sich Sellner. »Wir mussten uns gegen zwei Richtungen wehren. Auf der einen Seite gab es die Nazikeule, die uns zerstören, auf der anderen den Nazihaken, der uns in das Lager der alten Rechten ziehen wollte.«

Humor als Waffe

Die Identitären blieben in Deutschland zunächst vor allem ein Internetphänomen. Beispielsweise solidarisierte sich die Identitäre Bewegung Bochum im Jahr 2014 in einem ins Netz gestellten Video mit den Arbeitern des von der Schließung bedrohten Opel-Werks.[521]

In Österreich trat man schon bald selbst mit Aktionen hervor, die für öffentlichen Wirbel sorgten. Im Februar 2013 protestierte eine Gruppe gegen die Besetzung der Votivkirche in Wien durch linke Aktivisten und Flüchtlinge. Im Mai 2015 kletterten die Identitären am Schwarzenbergplatz auf den Balkon der Agentur der Europäischen Union für Grundrechte. Im Juni 2015 demonstrierten sie in der österreichischen Hauptstadt gegen das, was sie »den großen Austausch« nennen: die Verdrängung der einheimischen Bevölkerung durch Zugewanderte aus muslimischen Ländern. Am 6. April 2016 wurde Graz, die Landeshauptstadt der Steiermark, zum Schauplatz einer Aktion der Identitären. Eine Gruppe erklomm das Dach eines Parteilokals der Grünen und entrollte dort ein Transparent mit der Aufschrift »Islamisierung tötet«.

Die bis dahin größte mediale Aufmerksamkeit bekamen die Identitären in Österreich mit einer Aktion, die den Rahmen einer Theatervorführung für einen eigenen Auftritt nutzte. Am 14. April 2016 stürmten sie die Bühne des Wiener Audimax, wo an diesem Tag unter Beteiligung von Kriegsflüchtlingen eine Aufführung von Elfriede Jelineks Stück »Die Schutzbefohlenen« stattfand. Die Identitären entrollten ein Transparent mit der Aufschrift »Heuchler« und teilten den überraschten Teilnehmern der Veranstaltung per Megaphon mit, dass sich ihre Aktion »nicht gegen die Schauspieler und Flüchtlinge richtet, sondern gegen die Dekadenz des Publikums«. Martin Sellner war bei dieser Aktion dabei. Es sei ihnen darum gegangen, »dieser Multikulti-Clique« in der Tradition der Publikumsbeschimpfung ins Gesicht zu sagen, was wir von ihnen halten, sagte er der *Jungen Freiheit* (30.9.2016). Das linksliberale Bürgertum, heißt es bei den Identitären immer wieder, setze sich für die Einwanderung ein, die damit verbundenen Probleme aber müssten andere auslöffeln. Gemeint sind jene Bewohner sogenannter Problembezirke, die es sich nicht leisten könnten, in eine andere Gegend zu ziehen oder ihre Kinder auf eine bessere Schule zu schicken, wenn der Anteil an Ausländern aus fremden Kulturen überhandnehme.

Deutlich erkennbar ist das Vorbild der Subversiven Aktion. Haben die Identitären die Aktionsformen der Achtundsechziger studiert? Ich frage Sellner. Einen konkreten Schlüsseltext der Achtundsechziger habe es nicht gegeben, antwortet er. Aber sie hätten sich mit ihrem damaligen Lebensumfeld beschäftigt und sich die Techniken der APO angesehen, bei denen auch der Humor eine wichtige Rolle spielte. »Es gab die Übernahme von Aktionsformen wie der symbolischen Konfrontation, der Gewaltfreiheit, der Provokation. Wir haben uns angesehen, wie die Repression durch Aktionen ins Gegenteil verwandelt, die politischen Gegner zum Mitspielen gebracht werden können. Dabei stellt sich die Frage, wie man es schafft, nicht selbst aggressiv zu werden, sondern den Gegner zu übertriebenen Reaktionen zu reizen und auf diese Weise zu blamieren.« Ein Beispiel dafür hat er auch zur Hand. Es handelt sich um eine Veranstaltung der Politikwissenschaftlerin Natascha Strobl, die sich zu dieser Zeit in verschiedenen Publikationen kritisch mit den Identitären auseinandergesetzt hatte. Er und seine Leute hätten, so Sellner, einen entsprechenden Vortrag Strobls im Jahr 2013 mit ungefähr 20 Leuten infiltriert. Nach fünf Minuten sei jemand aufgestanden, nach vorn gegangen, habe ihr eine Rose überreicht und gesagt: »Frau Strobl, dürfen wir Sie zu unserem Stammtisch einladen. Damit Sie einmal nicht über uns, sondern mit uns reden?« Sie habe sich geärgert und gesagt: »Du kannst diese Rose behalten«, und mit ihrem Vortrag weitergemacht. Zehn Minuten später sei der Nächste aufgestanden, um das Gleiche zu tun. Und so sei das weitergegangen. Irgendwann habe sie gesagt: »Jeder, der eine Rose hat, verlässt sofort den Saal.« Am Ende sei die Veranstaltung zerrüttet gewesen, die Linken hätten sich gegenseitig verdächtig angeguckt. Für sie, die Identitären, sei das hingegen ein ziemlicher Spaß gewesen, erinnert sich Sellner mit sichtlichem Vergnügen. Er habe sich, fährt er fort, schon früh dafür interessiert, wie man politische Machtverhältnisse verändern könne. »Ich habe einen archimedischen Schlüssel, eine Bedienungsanleitung für die politische Wende gesucht.« Von Lenins Schrift »Was tun?«, die er in einem Wiener

Caféhaus studierte, habe er gelernt, strategisch zu denken. Die Lektüre von Antonio Gramsci habe ihn zu einem neuen Verständnis von politischer Macht gebracht. Wichtig sei auch Götz Kubitscheks Buch »Provokation« gewesen.

Die Strategie der Gewaltfreiheit

Besonders wichtig für Sellners Konzeption identitärer Politik ist ein Autor namens Gene Sharp. Der US-amerikanische Politikwissenschaftler hatte mit seinen Handbüchern zur gewaltfreien Aktion verschiedene soziale Bewegungen in Osteuropa sowie den Widerstand gegen Ägyptens Präsidenten Hosni Mubarak inspiriert. »Das ist der Vater aller sogenannten Farbenrevolutionen«, erläutert Sellner: »Der klassische Rechte wartet in seiner Wehrsport- und Waffenfetisch-Romantik immer auf den Tag X, der für ihn die einzige Möglichkeit der Veränderung politischer Macht darstellt.« Er hingegen empfiehlt seiner Bewegung eine Strategie gewaltfreien Widerstands. Sie sei ein besonders effektives Mittel im politischen Kampf. Sie erfordere kein konspiratives Vorgehen. Dadurch sei es möglich, Gesicht zu zeigen und damit mehr Leute positiv anzusprechen. Angehörige von Sicherheitsbehörden und Polizei könnten eher mit einer Bewegung sympathisieren, die sich anders verhalte als ihr »Trainingsfeind«. Gewaltlos agierende Aktivisten, die Repressionen ausgesetzt würden, dürften damit rechnen, dass außenstehende Beobachter dies als unfaire Behandlung wahrnehmen. Sie seien zudem schlechter von Geheimdiensten für eine »Strategie der Spannung« zu missbrauchen. Je mehr militante Antifa-Gruppen ihrerseits Gewaltmittel einsetzten, um eine selbst gewaltfrei agierende Identitäre Bewegung zu bekämpfen, desto mehr sägten sie damit mittel- bis langfristig am eigenen Ast. Denn sie verlören damit das Wohlwollen der Unbeteiligten. »In einer klaren Entscheidung wird sich immer eine Mehrheit auf die Seite der gewaltlosen Dialogbereiten und gegen die gewalttätigen Dialogverweigerer stellen«,[522] so Sellner. Durch die von ihr ausgeübte Gewalt mache sich die Antifa zum unfreiwilligen Werkzeug der Fragmentierung und des Abbaus linker Machtpositionen. Durch das »provokante Beharren« der Identitären »auf dem eigenen Recht auf den öffentlichen Raum, eine Demo, oder einem Vortrag an einer Uni«, glaubt Sellner, werde der militante politische Gegner zu Reaktionen verleitet, die am Ende wie ein Bumerang negativ auf ihn zurückfallen. Hingegen seien gewaltsame »Anti-Antifa«-Aktionen, ist er sich sicher, außerordentlich kontraproduktiv, denn sie stärkten nur die linke Solidarität. Nach innen, an die eigenen Anhänger gerichtet, gibt Sellner zudem seiner Überzeugung Ausdruck, dass der Verzicht auf physische Gewalt mehr sei als eine strategische Entscheidung. Er führe keinen Kampf gegen einen militärischen Gegner von außen, sondern gegen eine Ideologie, deren Träger seine Landsleute seien. »Ich will sie am Ende nicht ›besiegen‹,« schreibt Sellner, »sondern überzeugen. Jede ideologisch motivierte Anwendung von Gewalt in einem Volk schlägt fast unheilbare Wunden und erzeugt Rachekreisläufe, denen man – jeder der es erlebt hat, weiß, wovon ich spreche – kaum entgehen kann. Man muss versuchen, diesen Teufelskreis so weit es geht zu brechen.«[523]

Geistiger Bruch: Vom Neonazi zum Identitären

Zwischen seiner Neonazi-Zeit und seinem heutigen politischen Bewusstsein habe es eine Orientierungsphase gegeben, erklärt mir Sellner. Die spielte sich im Rahmen einer Internetseite namens *Der Funke* ab, die ganz viele nationalistische Kader zu Identitären gemacht habe. Das war noch, bevor die Identitäre Richtung gegründet wurde. Ich hatte über den *Funken* gelesen. »Im Sommersemester 2011 tauchte an der Universität Wien eine neue rechtsextreme Gruppierung auf, die mit Stickern und Postern ihre Zeichen hinterließ«, heißt es in der einzigen Buchpublikation über die Identitären, die zum Zeitpunkt der Niederschrift dieser Zeilen verfügbar ist. Sie stammt von Julian Bruns, Kathrin Glösel und der bereits erwähnten Natascha Strobl. Alle drei haben zur fraglichen Zeit an der Universität Wien studiert – Politikwissenschaft und Skandinavistik – und die Aktionen aus dem *Funken*-Kreis aus nächster Nähe mitbekommen. Aufgefallen sei die rechte Gruppierung zunächst am Institut für Politikwissenschaft, wo mit einem Mal ein Plakat auftauchte, das den SS-Grals-»Forscher« Otto Rahn sowie das *Funke*-Logo, ein Kreis mit Flamme, zeigte. Das Ganze war versehen mit dem Text: »Jäger der verlorenen Identität«. Offenbar eine Anspielung auf Steven Spielbergs Abenteuer-Filmreihe um den Archäologen »Indiana Jones«. Bald darauf habe es eine Homepage, einen Youtube-Kanal sowie eine Facebook-Seite der Gruppierung gegeben, die in der Folge acht verschiedene Aufkleber im Umfeld der Universität verbreitete.

Die Gruppe, die sich um den *Funken* versammelt hatte, bestand aus jungen Leuten, die damals zwischen 18 und 22 Jahren alt waren, erinnert sich Martin Sellner. »In Wien waren das vier, fünf Leute aus verschiedenen Bereichen. Ich war der einzige wirkliche Renegat. Alle haben wir bewusst ein geistes- oder sozialwissenschaftliches Fach studiert. Das war schon einmal ein Traditionsbruch. In der Regel studierten rechte Burschenschaftler technische Fächer, Wirtschaftswissenschaften oder Jura. Wir wollten es anders machen, mitten hinein und auch Marx lesen.« Und dann seien sie wohl auf den Gedanken gekommen, die linken Studenten am Institut für Politikwissenschaft zu ärgern, werfe ich ein. »Genau. Das waren unsere ersten Gehversuche.«

Ihnen sei es mehr und mehr auch darum gegangen, einen geistigen Bruch mit dem militanten rechten Lager zu vollziehen. »Es gab viele Versuche der optischen Erneuerung. Nun aber ging es darum, sich kritisch mit dem eigenen Denken auseinanderzusetzen, einen Abbruch zu schaffen.« Meinem Gesprächspartner scheint es außerordentlich wichtig zu sein, diese Diskontinuität zu betonen. Dazu gehört, dass er sich vom Nationalismus, wie er in weiten Teilen der rechten Szene verstanden wird, auch intellektuell scharf abgrenzt. Dieser trage nihilistische Züge. »Das heißt: Der Sinn der einzelnen Existenz ist die Erhaltung des Volkes oder der Nation. Aber was der Sinn der Existenz des Volkes oder der Nation ist, wird nicht begründet. An dieser Stelle wird dann naturalistisch, darwinistisch argumentiert.«

Nach der Niederlage des Faschismus im Zweiten Weltkrieg war manch ein Altnazi der festen Überzeugung, dass »das deutsche Volk« gezeigt habe, dass es nicht wert sei zu überleben. Ist es diese Haltung, die Sellner vor Augen steht? »Exakt. Viele Nationalisten, die ich in meiner politischen Vergangenheit kennengelernt habe, denken so.« Ein Veteran von der SS, den er getroffen habe, habe ihm gesagt: »Das deutsche Volk hat es nicht verdient zu überleben und scheidet notwendig aus der Evolution aus.« Diese Leute seien der

Meinung, dass irgendwann in ein paar Millionen Jahren auf dem nordischen Gebiet schon wieder eine biologisch überlegene weiße Rasse entstehen werde. Auf diese Weise hätten sie mit der heutigen Situation einen gewissen Frieden gemacht. »Mir hingegen«, fährt Sellner fort, »geht es nicht um die Identität im Rahmen einer großen Ideologie, wie sie der darwinistische Nationalismus darstellt. Mir geht es um die konkrete Identität in ihrer ganzen Fehlerhaftigkeit und Zerbrechlichkeit.«

Ein Gespräch über Mohler und den Begriff der Nation

Sellner sieht sich dabei in der Tradition des von Armin Mohler vertretenen Nominalismus. Dieser bedeute, sich vom Konkreten befruchten zu lassen und zu fragen, was Volk und Gemeinschaft in der heutigen Zeit bedeuten. Mohler weist Allgemeinbegriffe wie »Menschheit« oder »Gleichheit« zurück, weil mit ihrer Hilfe Unterschiede negiert, unsichtbar gemacht oder nivelliert würden, was selbst eine Form der Unterdrückung sei. Er geht zudem davon aus, dass der Mensch von Geburt an keine Monade, sondern auf andere Menschen angewiesen ist, um zu überleben. Das, erkläre ich Sellner, kann ich nachvollziehen. Der Sachverhalt, dass der Mensch ein soziales Wesen ist, sagt allerdings über die Art und Weise dieses sozialen Zusammenhangs noch nicht viel aus. Es kann sich um einen Familienverband von Jägern und Sammlern, die Familie Robinson, eine Gemeinde separatistischer Basken oder um ein Gemeinwesen handeln, das sich aus preußischen Staatsdienern zusammensetzt. Daher ist es ein unzulässiger Kurzschluss, wenn Mohler meint, dass es die Nation sein müsse, die die überlebensnotwendige soziale Rückgebundenheit des Menschen garantiere.[524] Ist die »Nation« nicht sogar selbst ein Allgemeinbegriff, der Gefahr läuft, das Konkrete zu unterdrücken? »Da taucht ein riesiges Bündel an Problemen auf«, holt Sellner aus: »Ich möchte Ihnen in drei Schritten antworten. Zunächst waren der Mohler'sche Nominalismus und der Nihilismus von Nietzsche ein Befreiungsschlag gegen eine vermoderte, zum Gefängnis gewordene Metaphysik. Deshalb gebe ich diesen Erneuerern des Konservatismus den Vorrang vor den Bewahrern der reinen Form. Mohler richtet sich zudem völlig zu Recht gegen das, was sich nach 1945 und 1989 auf der Grundlage kommunistischer und liberalistischer Ideen zusammengeschmolzen hat: die Idee, dass es die eine reine Wahrheit, den Weltstaat und den großen gemeinsamen Fortschritt in der globalisierten Welt gibt. Alles Konkrete, die gewachsene Vielfalt der Völker und Kulturen geht darin verloren. Und jeder, der sich damit nicht einverstanden erklärt, gilt als Unmensch und wird zum Todfeind erklärt. Die Frage ist jedoch, ob die Nation der richtige Begriff ist, um dem entgegengehalten zu werden. Ich sehe das nicht so und gebe Ihnen insofern recht.«

Es gebe immer eine Spannung, fährt Sellner fort, zwischen dem konkreten Phänomen und den Begriffen. Das treffe auf Begriffe wie den Staat oder die Nation genauso zu wie auf den der Räterepublik. Immer bestünde die Gefahr, dass das Konkrete durch das Allgemeine, das Schablonenhafte vergewaltigt werde. Der Mensch sei dazu gezwungen, begrifflich zu vereinfachen, zu verknappen und zu verkürzen. Die entscheidende Frage sei, ob er sich dabei eine Offenheit bewahren könne, sein Denken von den konkreten Phänomenen immer neu befruchten zu lassen. »Diese Offenheit«, sagt er, »heißt für mich heute, auch den apodiktischen Begriff der Nation zu hinterfragen, der Gefahr laufen könnte, ein neuer Allgemeinbegriff zu werden, der das Konkrete vergewaltigt. Da gebe ich Ihnen völlig recht. Wenn man den Nationalismus auf seine Wurzeln zurückverfolgt, beispielsweise im deutschen Idealismus, dann zeigt er sich als ein Universalismus, der das deutsche Wesen mit dem Weltgeist in eins setzt. Parallel dazu gibt es unzählige weitere Nationalismen, die beispielsweise in England und Frankreich genau dasselbe machen. Es handelt sich bei diesen Nationalismen um säkularisierte Versionen des Christentums, die die Kirche durch den Staat und Gott durch das eigene Volk ersetzen. Die Strukturprobleme des Universalismus bleiben dabei erhalten.« Wenn Ideologen die Nation bekunden, beispielsweise für den Befreiungsnationalismus eintreten, dann rechtfertigen sie das mit dem Weltgeist oder dem linearen Verlauf der Geschichte.

Sellner teilt Mohlers Grundhaltung, die sich dagegen richtete. Allerdings sei Mohler womöglich in der reinen Kritik am falschen Allgemeinbegriff steckengeblieben, habe eine voluntaristische Position bezogen und nicht mehr nach einer anderen Möglichkeit von Wahrheit gefragt, die jenseits vom Metaphysischen, Normativen, statisch Festgelegten liege. Ich hake nach. Was soll das denn für eine Wahrheit sein? »Vielleicht eine, die diese vielen Einzelperspektiven, die vielen konkreten Dinge strukturell auf eine gewisse Art vereinen kann. Eine Art von Universalität jenseits des Universalismus, ein Ethos der Menschlichkeit jenseits von Menschheit und Weltstaat.« Das klingt ambitioniert und für einen Aktivisten von der radikalen politischen Rechten erstaunlich humanistisch. Aber ich bin mir nicht sicher, ob ich Sellner richtig verstanden habe, und konfrontiere ihn mit einem Beispiel. Nehmen wir an, ich öffne die Haustür, und dort liegt ein Bündel, ein Menschenwesen. Ich könnte nun sagen, ich nehme dieses fremde Wesen auf, weil es ein Repräsentant der Menschheit ist und über Menschenrechte verfügt. Oder ich nehme es auf, weil ich in dem Moment, in dem ich es erblicke, einem Menschen konkret begegne. Ich tue beide Male dasselbe. Das heißt, ich nehme diesen Menschen auf, die Begründung ist jedoch eine andere. Haben Sie so etwas im Sinn? »Ja«, antwortet Sellner. Allerdings gehe es bei der Befruchtung durch das Konkrete nicht nur um Inklusion. »Zu jeder Form der Identität, der persönlichen als auch der Gemeinschaft, gehört die Exklusion. Problematisch wird es, wenn es starke Formen von Identität gibt, die falsche Inklusionen und falsche Exklusionen aufbauen, die der geschichtlichen Realität oder der konkreten Lebensqualität der Leute nicht mehr entsprechen. Beispielsweise, wenn man die auseinanderstrebenden Völker eines Großreiches versucht hat zusammenzuhalten, oder wenn man umgekehrt versucht hat, Dinge zu trennen, die zusammengehören.«

Der eigene Weg

Die nationalistischen Aktionsgruppen, in denen er sich in seiner politischen Vergangenheit bewegt habe, sagt Sellner, seien »durch die Bank nationalsozialistisch ausgerichtet gewesen. Die Aktivitäten in diesem subkulturellen Milieu waren untrennbar mit dem Versuch verklammert, den Nationalsozialismus zu rehabilitieren.« Die Gruppe, aus der die Identitären hervorgegangen seien, habe das aufbrechen wollen. »Wir haben uns zurückgezogen und überlegt, wie wir einen Raum schaffen, um uns aktivistisch neu zu verorten. Wir haben uns intellektuell verantwortlich gefühlt. Wir haben gedacht, dass wir die Jugendlichen, die Generation um Generation in diese Szene hineinrutschen, die aber nicht als Nazis geboren werden, nicht alleinlassen dürfen. Wir wollten ihnen die richtigen Begriffe an die Hand geben.« Man habe sich vom Nationalsozialismus, vom übersteigerten Nationalismus distanzieren wollen, ohne sich in einen Kosmopolitismus zu begeben. Mit Begriffen wie dem der ethnokulturellen Identität versuchten die Identitären Gefühle zu treffen, die sich mit Heimat, Herkunft und Gemeinschaft verbänden. Sellner hofft, auf diese Weise »einen Möglichkeitsraum aufzumachen, aus dem heraus ein geschichtlich wirksamer Pfad des Politischen entstehen könnte«.

Aber wohin soll dieser neue Weg, den Sellner anführt, überhaupt führen? Manches ist mir noch unklar. Da, wo Markus Willinger in seiner Schrift »Die identitäre Generation« einmal politisch konkret wird, nämlich bei der Frage der Europäischen Union, legt der Autor sich nicht fest. Entweder könne es ein Europa der Vaterländer geben, schreibt er, oder einen europäischen Zentralstaat. Das ist doch ein fundamentaler Unterschied, halte ich Sellner entgegen. »Markus vertritt hier nicht die identitäre Position«, erwidert dieser. »Die ist grundlegend mit dem Subsidiaritätsgedanken verknüpft. Es gibt die Region, die Nation und die Zivilisation, das heißt: die europäische Ebene. Jede Ebene wird entsprechend ihres Wesens oder ihrer Notwendigkeit behandelt. Man kann Europa nicht als Nation aufbauen. Dazu würden eine gemeinsame Kultur, eine Sprachgemeinschaft, eine solidarische Gemeinschaft gehören. Das gibt es in dieser Form nicht. Was es hingegen gibt, sind gemeinsame zivilisatorische Grundlagen. Man kann von einer Art Völkerfamilie sprechen, die christlich geprägt ist. Dem muss politisch Rechnung getragen werden.« Dann würden Teile der Neuen Rechten, die sich, wie einst Armin Mohler oder Alain de Benoist, als heidnisch verstehen, aber nicht dazugehören, wende ich ein. Im Prinzip sei das richtig, meint Sellner. Allerdings habe mittlerweile eine große historische Versöhnung zwischen Christentum und Heidentum stattgefunden. Beide Richtungen teilten die Erfahrung, politisch abgeschlagen zu sein, und gemeinsam verorteten sie sich in der europäischen Tradition. Das klingt nach einem bloßen Formelkompromiss, gebe ich zu bedenken. »Man kann von einer Art Burgfrieden sprechen«, sagt Sellner. »Der germanische ›Waldgänger‹«, er spielt an dieser Stelle auf einen bei Rechtskonservativen sehr beliebten Essay von Ernst Jünger an, »und der Christ verteidigen gemeinsam die Mauern Europas. Es gibt zu den genannten drei Ebenen, die wir im Hinblick auf Europa unterscheiden, drei Verfallsformen. Das sind der Separatismus, der Nationalismus und der Internationalismus. Im Fall einer übertriebenen Kleinstaaterei würde man zur Beute anderer geopolitischer Interessen. Der Nationalismus führt nach innen zu einer Zerstörung der Unterschiedlichkeit der Regionen und nach außen zu einem Bruderkrieg der Nationen. Der Internationalismus wiederum führt zu einer Zerstörung der nationalen Vielfalt.«

Für die Identitären ist die Abwehr der »Masseneinwanderung« zugleich ein Kampf für das, was sie unter direkter Demokratie verstehen. Werde der Stimmanteil des angestammten Volkes »durch die Verteilung von vollen Bürgerrechten an Einwanderer (...) geschwächt«, schreibt ein Autor mit dem einem Roman Jules Vernes entlehnten Pseudonym Pierre Aronnax,[525] gehe mit voranschreitender Zeit damit die »Aufweichung unserer Partizipationsstärke als Deutsche in Deutschland« einher«.[526] Den Grundstein für das identitäre Politikverständnis habe Alain de Benoist mit seinem »Lobgesang auf die antike Demokratie«[527] geliefert, meint ein weiterer Aktivist der Jugendbewegung. Nicht die Demokratie sei das Problem, sondern ihr Fehlen. Abhilfe schüfe die Ausweitung plebiszitärer Elemente und die Dezentralisierung der Verwaltungseinheit. »Je kleiner eine solche Einheit, desto weniger Repräsentation ist dabei nötig.«[528] Die Stoßrichtung ist klar, die Parteien und das Parlament sollen zugunsten einer direkten Beteiligung der Bürger an den politischen Entscheidungen geschwächt werden. Manche Stimmen aus dem rechten Lager fordern, das verhasste politische System mit Hilfe des Kampfes für mehr direkte Demokratie aus den Angeln zu heben. Das Ziel ist ein Regime mit einem direkt gewählten und mit einer großen Machtfülle ausgestatteten Präsidenten an der Spitze. Ist die direkte Demokratie für die Identitären der Hebel für eine solche Systemüberwindung, frage ich Sellner. Er verneint das. »Wir sind der Auffassung, dass es einen Widerstreit der Ideen geben muss.« Heißt das, dass die Identitären die Konkurrenz von Parteien begrüßen, die unterschiedliche Interessen vertreten? »Ja«, antwortet mein Gegenüber. Er glaube jedoch, dass diese Parteien einen Grundkonsens brauchten. »Seit der Französischen Revolution gibt es die Losung: Liberté, Egalité und Fraternité. Alle denken über Liberté und Egalité nach. Aber niemand macht sich über die Fraternité Gedanken, die solidarische Klammer einer Gesellschaft. Das ist notwendigerweise der Gedanke der kulturellen Identität.« Und wenn nun eine Partei sagt: »Wir sind nicht der Meinung von Herrn Sellner, was das Thema der Identität betrifft.« Müsste die dann in seinen Augen vom Verfassungsschutz beobachtet werden? »Nein. Der Verfassungsschutz ist nur dafür da, extremistische Strömungen zu beobachten und das sind solche, die das Gewaltmonopol des Staates nicht anerkennen.« Auch bei den Identitären gebe es zu zentralen Fragen des Zusammenlebens unterschiedliche Haltungen. Das betreffe beispielsweise das Verhältnis zu Drogen, Homosexualität oder den Schwangerschaftsabbruch. Es gebe bei ihnen Libertäre, die sagen, es solle jeder machen können, was er will, und auf der anderen Seite Konservative, die andere Positionen vertreten. Für ihn sind das Fragen, zu denen es keine allgemeinverbindliche Wahrheit gibt, die man dekretieren könnte. Sie müssten in einer Gesellschaft diskutiert werden. Auf einmal klingt er in meinen Ohren fast ein bisschen wie ein klassischer Liberaler. »Das kann man so sehen, wenn man will. Die Voraussetzung für solche Diskussionen müsste aber eine grundsätzliche Solidarität in einer Gesellschaft sein«, stellt er klar. »Es braucht auch einen Staat. Aber innerhalb des Staates sollte es einen Freiheitsraum geben, in dem fruchtbare Debatten stattfinden können. Auch darüber, was Identität bedeutet, wer dazugehören soll und wer nicht.«

Die Identitären wollen den liberal-islamkritischen und den christlich-konservativen Flügel der Jugend zu einer »Front der Patrioten« vereinen und Einfluss auf rechtspopulistische Parteien nehmen. »In Frankreich bestehen beste Kontakte zum Front National, in Österreich zur FPÖ. In Deutschland sind es vor allem neurechte Kreise, die ein gutes Verhältnis zur AfD haben und dafür sorgen, dass die Identitären dort bekannter werden.«[529] Die Identitären nutzen bei vielen ihrer Aktionen die auch bei linken Gruppen beliebten Flashmobs. Dabei wird Hardbass eingesetzt, eine schnelle elektronische Musik. Beim Protest gegen die Castor-Transporte kam Techno-Musik zum Einsatz. Auch die Identitären tanzen, tragen Tiermasken wie aktivistische Gentrifizierungsgegner – und sie filmen sich dabei.[530] Die Identitären distanzieren sich von Neonazis, der NPD, von Antisemitismus und Rassismus, wollen aber auch nicht links sein. »Nicht links, nicht rechts – identitär«, lautet einer ihrer Slogans. Das klingt nach dem Wahlspruch, mit dem sich die Grünen 1980 gründeten: »Nicht links, nicht rechts, sondern vorn«. Kernthema war damals die Erhaltung der natürlichen Lebensgrundlagen der Menschheit.

Heute geht es um das, was die Vordenker der neuen Jugendbewegung die Verteidigung des Eigenen nennen. Und anders als die Anhänger der Öko-Partei zeigen sich die Identitären in den allermeisten Fällen nicht in selbstgestrickten Pullovern, mit Latzhosen und langen Haaren, sondern geben sich betont stylisch. Sie bedienen sich aus dem reichen Fundus popkultureller Genres und kreieren daraus ihren eigenen Stilmix. Während der Kampf gegen die kulturelle Vermischung zum Kernbestand der identitären Politik gehört, basieren die dabei verwendeten Aktionsformen paradoxerweise deutlich sichtbar auf deren Ergebnissen. Ist das nicht ein deutlicher

Hinweis auf den produktiven, bereichernden Charakter solcher Vermischung? Wie gehen die Identitären mit diesem Widerspruch um?

Sellner bestreitet nicht, dass es gelingende Synthesen zwischen den Kulturen geben könne. Entscheidend dabei seien die Leitbilder und Ideologien, in deren Rahmen diese Vermischung stattfände. Dieser sei heute eine hedonistische, liberalistische, kapitalistische Weltordnung. Fruchtbare Synthesen seien darin kaum möglich. »Stattdessen werden vermarktbare folkloristische Assets in den allgemeinen Festivalkalender eingeführt. Die westliche Popmusik, die anfangs durchaus befruchtend und animierend war, stellt einen Vereinheitlichungsprozess dar, der heute immer mehr seinen repetitiven, langweilen Charakter offenbart.«

Sellner findet es aber nicht problematisch, sich der in modernen, multikulturellen Zusammenhängen entstandenen Mittel – Technik, Popkultur, Filme – zu bedienen. Er hält es für angebracht, mit ihnen zu spielen, um die Regeln dieser Moderne zu kritisieren. Dabei sei er selbst ein »Social-Media-Junkie« geworden.

Sind die Identitären dadurch nicht längst Teil von dem, was sie zu bekämpfen beabsichtigen? Schließlich muss man sich einer kulturellen Form bedienen, wenn man sich in ihr bewegen will, ohne dass das Ganze lächerlich wirkt. »Ich denke erstens, dass wir tatsächlich Teil dieser popkulturellen Formen geworden sind«, stimmt mir Sellner zu. »Wir können uns der Moderne gar nicht entziehen. Ob wir wollen oder nicht. Die Frage ist, ob man dagegen ankämpft und sich fruchtlos dagegen wehrt, oder ob man sich diese Dinge zu eigen macht, ›um den Tiger zu reiten‹, wie es Julius Evola formuliert hat. Wir haben uns für das zweite entschieden: Provokationsaktionismus, Flashmobs, die symbolische Besetzung eines Ortes. Das sind linke Protestformen.«

Der unbefangene und pragmatische Umgang mit Kampfmitteln und Symbolen, ihre akademischen Gegner sprechen von »Diskurspiraterie«,[531] hat ein Vorbild in der politischen Praxis der Casa Pound, die ihr Kulturbeauftragter Adriano Scianca wie folgt erläutere: »Wir befinden uns im Jahre 2013 und nicht im Jahre 1919. Die Faschisten hatten damals Erfolg, weil sie es verstanden, ihre eigene Zeit zu interpretieren und ihre Epoche zu verstehen. Unsere Zeit verlangt von uns dasselbe, denn der erste Schritt, um als Revolutionäre zu scheitern, wäre, die Epoche misszuverstehen und in einer imaginären Realität zu leben. Der Faschismus hat, wie jedes historische Phänomen, eine Geisteshaltung und eine spezifische Theorie hervorgebracht. Erstere wird weiter verwendet, letztere muss der Geschichte übergeben werden. Verschiedene rechte Bewegungen in Italien, aber auch in Frankreich, haben Casa Pound beschuldigt, gefährliche Zugeständnisse an den Zeitgeist gemacht, sich der Sprache von heute bedient und für die eigene Propaganda auf Elemente der Rockkultur und des Hollywood-Kinos zurückgegriffen zu haben. All das ist für jene schon eine Sünde wider den reinen Geist.«[532] Casa Pound jedoch glaubte, dass ein Baum, der tiefe Wurzeln hat, seine Äste in jedes Gebiet ausstrecken kann. Die postmoderne Vorstellungswelt voller Vitalität sei, die genutzt werden müsse. Es handelte sich nicht nur um die Aktualisierung der Sprache: Auch die Probleme müssten zeitgemäß erkannt und beschrieben werden. Sie könnten sich nicht mit der politischen Agenda jener begnügen, deren Hauptproblem die Folgen des Versailler Vertrags gewesen seien. Auch die Methoden seien andere: Auf eine Zeit des Friedens können nicht die Mittel des Bürgerkriegs angewendet werden: So ähnlich hätte es auch Martin Sellner formulieren können. Nun sagt er etwas, das ich nicht erwartet habe. Die Mittel, die die Identitären von der Linken adaptierten, würden im Grunde gar nicht zu dieser passen. Sie seien mit einem starken Ästhetizismus verbunden und hätten einen symbolischen Charakter, der fast schon an magische Rituale erinnere. »Das entspricht eher einer rechten Haltung gegenüber der

Welt«, meint er. »So wie der Vogel sein Nest bauen muss, braucht der Mensch seine Helden, Lieder und Erzählungen. Das ist auch der Grund, warum alle Rechtsintellektuellen Essayisten waren und warum sie immer gern Romane geschrieben haben, oder zumindest Romanciers gewesen wären, wenn sie das Talent dazu gehabt hätten.«

Was die Behauptung des ursprünglich rechten Charakters der mit den Achtundsechzigern etablierten Aktionsformen betrifft, befindet sich Sellner in merkwürdiger Übereinstimmung mit Jürgen Habermas. Dieser hatte im Juni 1967 auf dem Hannoveraner Kongress »Hochschule und Demokratie« gesagt, die APO-Strategie bewusster »Provokationen« der herrschenden Institutionen sei »ein Spiel mit dem Terror (mit faschistischen Implikationen)«[533] und dafür heftigen Widerspruch aus der Protestbewegung geerntet.[534] In einem Brief an den Dichter Erich Fried machte Habermas deutlich, was er damit meinte. Das politische Konzept ähnle »gewissen, an Sorel anknüpfenden linken Tendenzen des frühen italienischen Faschismus«. Habermas ergänzte, »dass das sozialpsychologische Potential, an das Dutschke appelliert, höchst ambivalent ist und fast ebenso gut ›rechts‹ wie ›links‹ kanalisiert werden könnte, weil die Befriedigung (...) nicht aus der Realisierung eines bestimmten politischen Ziels, sondern aus der Aktion um ihrer selbst willen«[535] gezogen werde.

In der Bundesrepublik reicht die »Geschichte der provozierenden Performance von rechts« bis in die späten fünfziger Jahre zurück, als Marcel Hepp gemeinsam mit seinem Bruder Robert diese Methode nutzte, um seine »Katholische Front« – später »Konservative Front« – bekannt zu machen. Sie verteilten Flugblätter, organisierten Go-ins und Teach-ins. Dass sie dabei auch Professoren verbal angriffen, war für die damalige Zeit ungewöhnlich. »Diese rechten Studentengruppen agierten an den Universitäten Tübingen und Erlangen und stellten sich gegen die Aufarbeitung der deutschen

Verbrechen während des Zweiten Weltkriegs.«[536] Durch die Vermittlung von Armin Mohler wurde der bereits 1970 infolge einer Krebserkrankung verstorbene Marcel Hepp persönlicher Referent von Franz Josef Strauß und Chefredakteur des *Bayernkurier*. Er war also ein Rechtsaußen im politischen Establishment.

Sorel und der politische Mythos

Zurück zu Martin Sellner. Der Wunsch nach Verortung in einem größeren Sinnzusammenhang, glaubt er, sei eine anthropologische Konstante. »Die Frage ist nun die, ob diese Erzählung starr und apodiktisch ist, sich aus einem radikalen Dogma herleitet, das zu einer kompletten Verblendung führt, oder andere Möglichkeiten der Seinserfahrung offen lässt.« Die postmoderne Beliebigkeit, die für Sellner auch eine Form der Erzählung ist, helfe den Menschen bei der Suche nach einer sinnvollen Aufgabe nicht. Mit seiner Betonung einer ästhetisierten Politik und der Notwendigkeit einer Erzählung, eines Mythos, knüpft Sellner an Überlegungen des französischen Sozialphilosophen Georges Sorel (1847–1922) an. Der Absolvent der École Polytechnique hatte zunächst als Ingenieur im Straßen- und Brückenbau gearbeitet, bevor er sich ab 1892 dem privaten Studium widmete.[537] Politisch sympathisierte er zunächst mit dem Sozialismus, dann mit der rechten Action Française, dann wieder mit der kommunistischen Oktoberrevolution. Sein 1906 erschienenes Buch »Über die Gewalt« ist Ausdruck eines Politikverständnisses, das die direkte Aktion – namentlich den Generalstreik – als bevorzugtes politisches Kampfmittel vorsieht. Zeit seines Lebens sah sich Sorel, der in den anarchosyndikalistischen Teil der Arbeiterbewegung hineinzuwirken versuchte, als Gegner des bürgerlichen Liberalismus und des Parlamentarismus.

Die wichtigste Konstante in seinem Leben war die antibürgerliche Betonung eines Heroismus der Tat und die Vorstellung, dass dem Zerfall der bürgerlichen Ordnung ein sozialer Mythos entgegenzusetzen wäre. Dieser stellte für ihn das Mittel zur Erweckung jener kämpferischen Haltung dar, »durch die einer im Niedergang begriffenen Gesellschaft neue Kräfte zufließen sollen«.[538] Im Unterschied zu einer wissenschaftlichen These oder Behauptung ist ein Mythos argumentativ nicht zu entkräften. »Ein Mythos kann nicht widerlegt werden, da er im Grunde das Gleiche ist wie die Überzeugungen einer Gruppe, da er der Ausdruck dieser Überzeugungen in der Sprache der Bewegung ist, und da es folglich nicht angeht, ihn in Teile zu zerlegen, wie sie bei einem Plane historischer Beschreibungen Verwendung finden könnten.«[539] Sorel stellt sich den Mythos als eine Art Schlachtengemälde oder eine bildhafte Ordnung vor, die eine heroische Gesinnung hervorrufe, heißt es in einer Einführung in das Denken des Autors. In seinem Verständnis beflügle er das Wagnis einer Aktion. »Weil der Intellekt nie in der Lage sei, dem Leben Richtung, Ziel und Sinn zu verleihen, komme es darauf an, durch den Mythos jene organisierenden und mobilisierenden Kräfte zu wecken, auf welche eine Bewegung angewiesen sei, soll sie nicht zur Wesenslosigkeit zerfallen und damit zersplittern.«[540] Der Mythos motiviere die Menschen dazu, gemeinsam zu handeln, lasse sie an den Sieg glauben und helfe ihnen über Enttäuschungen und Niederlagen hinweg. Es geht in solchen Erzählungen um die Vergegenwärtigung und bildhafte Symbolisierung der Überzeugungen, Wünsche und Hoffnungen der Menschen. »Sie sollen all diese Tendenzen bündeln, dienen der Vergewisserung über den richtigen Weg und stellen somit ein hocheffizientes Mittel sinnstiftender Integration dar.«[541] Doch damit nicht genug: »Insofern politische Mythen Kampfsituationen beschreiben, in denen das Alte untergeht und eine neue Welt anbricht, enthalten sie auch Feindbilder.«[542] Die Identitären konstruieren Mythen, die dieser Beschreibung genau entsprechen. Die Erzählung vom »großen Austausch«, der »Umvolkung« der europäischen Bevölkerung, einer Invasion von muslimischen Fremden, derer es sich durch eine neue »Reconquista« zu erwehren gelte, entspricht genau dieser Beschreibung der Funktionsweise des Sorel'schen Mythos. Dessen Wert bemisst sich nicht an seinem Wahrheitsgehalt, sondern an der Nützlichkeit, den er für eine politische Bewegung hat. Es geht letztlich darum, die Menschen zur Aktion zu bringen. Sorel gilt als Vordenker sowohl des Anarchismus als auch des Faschismus.

Innerhalb des französischen Syndikalismus wurde er allerdings kaum rezipiert. Sein Buch über die Gewalt hat seine Wirkung vor allem innerhalb einer sich zu Beginn des 20. Jahrhunderts theoretisch erneuernden radikalen Rechten entfaltet. »Sorel fördert in den Jahren nach Erscheinen seines Hauptwerkes den geistigen Austausch und eine Annäherung antidemokratisch gesinnter Geister von rechts und links.«[543] Er bereite eine neue »faschistische Synthese« vor, die die Idee von der politischen Kraft moderner Massenbewegungen mit striktem Antiparlamentarismus, entschlossener Gewaltbereitschaft und der Suche nach neuer nationaler und imperialer Größe verbinde, heißt es in der genannten Einführung in Sorels Werk. Niemand Geringeres als der italienische Duce, Benito Mussolini, hat sich selbst als Schüler von Georges Sorel bezeichnet. In seiner Rede vor dem berühmten »Marsch auf Rom« sagte der Faschistenführer: »Wir haben einen Mythos geschaffen, der Mythos ist ein Glaube, ein edler Enthusiasmus, er braucht keine Realität zu sein, er ist ein Antrieb und eine Hoffnung, Glaube und Mut. Unser Mythos ist die Nation, die große Nation, die wir zu einer konkreten Realität machen wollen.«[544]

Der »große Austausch«: Die Konstruktion eines Feindbilds

All das will Sellner, will die Identitäre Bewegung nach seinen eigenen Aussagen nicht. Gleichwohl knüpft er in wesentlichen Punkten an das Vorbild Sorel an. Besonders wichtig für die Konstruktion eines tragfähigen politischen Mythos ist es, ein Feindbild zu schaffen, das genügend Überzeugungskraft hat, um die Menschen zu politischen Aktionen zu mobilisieren. Der kreative Umgang mit Wörtern gehört zum Kern des identitären Politikverständnisses. Die eigene Weltanschauung wird zu Begriffen verdichtet, die auf die politische Grundstimmung in der Bevölkerung einwirken sollen. Es gehe darum, neue Begriffe und Bilder zu »injizieren«,[545] schreibt Sellner. Dahinter steht die Annahme, dass ein dauerhafter Erfolg rechter Parteien im Rahmen stabiler parlamentarischer Demokratien nur dann wahrscheinlich ist, wenn diese »metapolitische« Strategie gelingt. Das Ziel lautet, im Kampf um die kulturelle Hegemonie zentrale Felder des gesellschaftlichen Raums mit den eigenen Wertungen und Begriffen zu besetzen. Der theoretische Kopf der Identitären greift damit Überlegungen von Alain de Benoist auf, die dieser in der Auseinandersetzung mit der marxistischen Hegemoniestrategie des italienischen Kommunisten Antonio Gramsci entwickelt hatte. Jeder Begriff, so Sellner in einem Aufsatz, ziehe den Rahmen um ein Bündel von Phänomenen und versammle sie in einer einprägsamen Einheit.[546] Ein guter metapolitischer Begriff – korrekterweise hätte er in diesem Zusammenhang von einem politischen Kampfbegriff sprechen sollen – müsse auf verständliche Weise viele theoretische Überlegungen auf den Punkt bringen, die richtigen Bilder hervorrufen und eine klare Erklärung des Geschehenen liefern. Er müsse zudem eine Problemstellung enthalten, welche die eigene Bewegung als diejenige politische Kraft erscheinen lasse, die diese zu lösen in der Lage ist.[547] Anfangs hätten die Identitären vor allem auf eine positive Zielbestimmung gesetzt und den Erhalt der »ethnokulturellen Identität« gefordert. »Uns fehlte der eine sammelnde Begriff, der das ›geistige Band‹ zu allen Teilphänomenen bildet und gleichzeitig ein klares und richtiges Bild des wahren Gegners vermittelt.«[548] Ein solches habe ihnen dann der französische Schriftsteller Renaud Camus mit dem von ihm geprägten Schlagwort »grand remplacement« geliefert. Sie übersetzten den Kampfbegriff mit »großer Austausch«, bestückten damit ihre Kampagne gegen die muslimische »Masseneinwanderung« und erhielten auf diese Weise das zur Mobilisierung des eigenen Lagers dringend benötigte klare Feindbild: die sogenannten Austauscher. »Dazu gehören nationale und internationale Konzerne, die sich durch das Fehlen von Einwanderungsgrenzen eine Lohnkostenminderung und vom Abbau ethnokultureller Gemeinschaften eine Erleichterung ihres Wirtschaftstreibens erwarten. Sodann jene migrationsfreundlichen politischen Parteien, die in den Migranten einen Stimmenimport entdeckt haben.«[549]

Verbreitet werden Vokabeln wie der »große Austausch« auf den üblichen Internetforen, Blogs und in den Zeitungen der Szene. Als ein wichtiger Multiplikator fungiert das Magazin *Compact*, das mit einer verkauften Auflage von 80000 Exemplaren viele Leser erreicht. Wenn eine Politikerin wie die CDU-Bundestagsabgeordnete Bettina Kudla wie selbstverständlich das Wort »Umvolkung« verwendete (*Tagesschau Online*, 24.9.2016), dann könnte das ebenso auf die Kampagne der Identitären zurückgehen wie eine Äußerung von Alexander Gauland zur Asylpolitik: »Es ist der Versuch, das deutsche Volk allmählich zu ersetzen durch eine aus allen Teilen dieser Erde herbeigekommene Bevölkerung.« (*taz*, 16.12.2016)

Die Rede vom »großen Austausch« verbindet die radikale Rechte über Ländergrenzen hinweg. »Wir müssen auf jeder Barrikade kämpfen, damit die verrückte Idee des ›Globalismus‹ das europäische Volk nicht austauscht«,[550] sagte Simone Di Stefano, der Vizepräsident von Casa Pound: »Ich benutze völlig bewusst den Begriff ›europäisches Volk‹, um eine enge Verwandtschaft der Europäer zu betonen, die unbestreitbar ist und sich in 3000 Jahren geformt hat. Die nationalen Identitäten sind zwar stark (und müssen es bleiben), und wir haben uns jahrhundertelang gegenseitig massakriert; dennoch fließt in unserem Blut eine gemeinsame Geschichte und Identität, die gerade die Befürworter des ›großen Austausches‹ verleugnen bzw. auflösen wollen. Mehr noch: Die Brüsseler Bürokraten tun sogar ihr Bestes, um die Europäer gegeneinander auszuspielen. Das müssen wir mit aller Kraft verhindern.«

Mir gegenüber erklärt Sellner, er wolle »einen Keil in die Gesellschaft treiben, der die Art und Weise, wie diskutiert wird, verändert«. Er sagt aber auch etwas, was mich überrascht. Er träume davon, »dass die abgehängten, dahinvegetierenden, mit falschen Versprechungen hierhergelockten Leute, die als Lohndrücker nicht gebraucht und gewollt werden, zu einer Kraft werden könnten, die in ihrer Heimat eine Veränderung bewirkt. Dass auf diese Weise die Strukturen der globalen Ausbeutung überwunden werden könnten.« Für ihn ist die Masseneinwanderung »eine Stütze der globalen Ungleichheit. Die Globalisierung hält einen Teil der Welt arm, um den Reichtum in einem andern Teil des Weltsystems aufrechtzuerhalten«. Glaubt er wirklich, dass der Einwanderungsstopp der politische Hebel wäre, mit dem die Strukturen verändert werden können, die immer wieder neue Armut erzeugen und damit den Druck auslösen, der zu den Wanderungsbewegungen führt? »Das ist der einzige Hebel, der funktionieren kann«, erwidert Sellner. Er hält linke Strategien der Weltveränderung für unrealistisch. »Die große Revolution gegen die Konzerne, das Silicon Valley – wie soll das wohl gehen?«

Mir erscheint sein Ansatz in sich widersprüchlich. Auf der einen Seite gibt er vor, den Armen dabei helfen zu wollen, die globale Ungleichheit zu beseitigen. Auf der anderen Seite setzt er auf Abgrenzung und mobilisiert die Ängste vieler Menschen vor einer Überfremdung. Wie soll das zusammengehen? Ich kann mir beim besten Willen nicht vorstellen, dass das funktionieren kann. Sellner schon. »Dafür müssen wir aber, insofern gebe ich Ihnen recht, den xenophobischen, den fremdenfeindlichen Aspekt loswerden, den es noch gibt. Da braucht es einen Lernprozess, in dem wir vieles ausscheiden und abhängen müssen, was im alltäglichen Bereich noch an Chauvinismus und an Gleichgültigkeit da ist.« Er sehe »seine Aufgabe auch darin, zu verhindern, dass die notwendige Massenbewegung eine rassistische, nationalistische und unmenschliche Gestalt annimmt«. Sellner scheint es ernst zu sein mit dem, was er sagt. Doch er unterschätzt die Eigendynamik, die Massenbewegungen zu entwickeln pflegen. Ist das Feuer einmal richtig entfacht, dürfte es nur noch schwer einzuhegen sein.

Die Zornbatterie wird aufgeladen

Die Flüchtlingskrise in Europa spitzte sich 2015 immer mehr zu. Just zu dieser Zeit erschien in Götz Kubitscheks Verlag Antaios der Zukunftsroman »Das Heerlager der Heiligen« von Jean Raspail in einer neuen deutschen Übersetzung. Der französische Schriftsteller erzählt darin, wie eine Armada von 100 Schiffen aus Indien mit einer Million Menschen, den Ärmsten der Armen an Bord, an der französischen Mittelmeerküste landet. Die Eliten des Landes, so suggeriert der Roman, versagen bei der Aufgabe, die vor einer Hungersnot Geflüchteten daran zu hindern, Europa zu erreichen. Die Dystopie erschien 1973 in Paris und soll sich in 40 Jahren stolze eine Million Mal verkauft haben.

Werfen wir einen Blick auf die Sprache, mit der die Bootsinsassen beschrieben werden. Angeführt wird die Flotte von einem großen Mann, einen »Jauchefahrer und Kotkneter«, auf dessen Schultern sich ein »hässlicher Zwerg«, eine »Missgeburt« mit »der schrecklichen Gestalt« eines »Ungeheuers« niedergelassen hat, das der Erzähler den Lesern mal als »Dings«, dann wieder als »eine Art Lebewesen« vorstellt. Eine »Horrorgestalt«, die mit ihren »handlosen Krüppelarmen« fuchtelte. »Zwei Stümpfe baumelten am unteren Ende eines großen Rumpfs. Der Rücken und die Hüften gingen ununterscheidbar ineinander über. Ein dritter Stummel bildete den Kopf. Ein Hals fehlte. Im kahlen Schädel lagen zwei Sehlöcher. Darunter befand sich eine Art Speiseröhrenklappe ohne Zähne, Lippen und Gaumen. Obwohl dieses monströse Kind Anzeichen von Leben zeigte, rührte es sich nicht vom Fleck, außer wenn es der Paria hin- und herbewegte. Seine lidlosen Augen starrten stumpf geradeaus, hoch über die Menge hinweg.« (S. 37f.) Nicht mit Menschen haben wir es zu tun, sondern mit: »Massen, Massen, Massen, Massen und Dreck. Unzählbare Menschenmassen. Abgründe des Elends und der Not. Alptraumhafte Szenerien. Ein wimmelnder Fleischmarkt aus Geschlechtsteilen.« (S. 208) Das, was an Bord der Schiffe geschieht, erscheint ihm als eine »Orgie aus Scheiße und Lust«, in der es keine Schranken gibt. »Über Körper, Brüste, Hintern, Schenkel, Lippen und Finger flossen Ströme von Sperma. Die Leiber kopulierten miteinander, aber nicht zu zweit, sondern zu dritt, zu viert oder in ganzen Fleischesfamilien, gerieten in eine wollüstige Ekstase, Männer mit Frauen, Männer mit Männern, Frauen mit Frauen, Männer mit Kindern und Kinder unter sich, die mit ihren kleinen Händen das ewige Spiel der sinnlichen Freude spielten.« (S. 141)

Invasion der Habenichtse

Die Flüchtlinge werden nicht als Menschen geschildert, sondern als kopulierende Massen, als Monstren, die Verhältnisse wie in Sodom und Gomorra nach Europa zu bringen drohen. Die Botschaft scheint klar. Wer die drohende Apokalypse noch abwehren, die Zivilisation verteidigen will, muss diese Flut unerwünschter, vertierter Einwanderer stoppen. Das ist jedenfalls die Auffassung von Jean Raspail, der sie im Gespräch mit der *Jungen Freiheit* (43/2015) in die folgenden Worte fasste: »Es gibt eine Art falsche Wohltätigkeit, die den Gedanken der Selbstverteidigung aufhebt. Wir sind an einem Punkt angelangt, an dem uns die europäische und nicht zuletzt christliche Wohltätigkeit ins Verderben stürzt. Es liegt eine Form von Massenhysterie vor, ein mitfühlendes Delirium, das nicht rational ist.« Mitgefühl und Nächstenliebe seien zwar lobenswert, meint der 1925 geborene Reiseschriftsteller und Romancier, aber in Anbetracht der Situation als völlig unmöglich zu erachten.

In derselben Ausgabe der Zeitung hat es das Konterfei des Schriftstellers – neben dem Foto eines Schlauchboots mit Flüchtlingen – und unter der Überschrift »Er sah sie kommen« auf die Titelseite gebracht. Dass so eine Schrift in Deutschland in einem kleinen rechten Verlag erschien, ist nicht weiter überraschend. Staunen machten allerdings die Reaktionen großer Medien. »Eine mutige verlegerische Großtat« sei die Publikation, freute sich Matthias Matussek im Schweizer Magazin *Die Weltwoche*. Die Edelfeder kriegte sich gar nicht mehr ein vor Begeisterung: Raspails Erzählung sei »der große Roman zur heutigen Zeit«,[551] eine drastische »Sozialkritik«, ein »enorm realistisches Meisterwerk«. Sein Autor sei »ein Katholik und entschlossener Gegner des Zweiten Vatikanischen Konzils, Antikommunist, antiliberal und ein Stilist von Gnaden«. Michael Klonovsky rezensierte das Buch für den *Focus* nicht weniger enthusiastisch: »Gäbe es einen Nobelpreis für literarische Prophetie, der 90-Jährige müsste ihn noch stracks erhalten«,[552] urteilte er. Die *Frankfurter Allgemeine Zeitung* brachte das Kunststück fertig, den Roman dreimal ausführlich zu besprechen und dem Autor zudem ein einfühlsames Porträt zu widmen. Der Text »dürfte ein Kultbuch werden«, befand Feuilletonredakteur Lorenz Jäger.[553] Er hatte seinen Lesern die »visionäre Kraft«[554] des Romans mehr als zehn Jahre zuvor schon einmal empfohlen. Und 2011 war es Jägers redaktioneller Kollege Jürg Altwegg, der anlässlich der französischen Neuausgabe des Buchs von der »faszinierenden Geschichte«[555] schwärmte, die es enthielte. Mit dem Roman nehme er die Gegenwart in beängstigend prophetischer Weise vorweg, heißt es im Frühjahr 2016 in einem großen Porträt, das das Ressort Geisteswissenschaften dem Schriftsteller widmet: »Eine Million bettelarmer, aber entschlossener Boatpeople fällt als Vorhut der Dritten Welt gewaltlos in Frankreich ein, das ein Trommelfeuer der Indoktrination durch faktisch gleichgeschaltete Medien und politische Eliten zu jeglichem Widerstand und Selbstbehauptungswillen unfähig gemacht hat.«[556] Französische Staatsbürger, die er nicht verachte, aber nicht als Landsleute betrachte, hätten – so zitiert der Artikel den Schriftsteller – eine schleichende Kolonisation begonnen: »Irgendwann wird man nicht mehr ausweichen können, eine Art Bürgerkrieg ist unausweichlich.« Das klingt so, als ob hier jemand den Volkszorn aufstacheln wollte.

Erhöhte Wehrbereitschaft

Um die Rehabilitierung von Affekten wie Stolz, Empörung und Zorn ist es Peter Sloterdijk in seinem 2006 veröffentlichten Buch »Zorn und Zeit« zu tun. Die in zivilen Gesellschaften an den Rand gedrängten Herrentugenden gelte es als Mittel des Selbsterhalts in einer domestizierten Form zu nutzen.[557] Sie hätten ihre Blütezeit in der Heldenzeit des vorklassischen Griechenland gehabt, wie es in den Dichtungen Homers gefeiert wurde. In der athenischen Demokratie, dann in der jüdischen und schließlich in der christlichen Tradition seien sie bedauernswerterweise zurückgedrängt worden. Während der politische Islam auf den »Vitalitätsüberschuss einer unaufhaltsam anschwellenden Riesenwelle von arbeitslosen und sozial hoffnungslosen männlichen Jugendlichen zwischen 15 und 30 Jahren«[558] als »Bevölkerungswaffe«[559] zurückgreifen könne, hätten sich die »thymos-vergessenen« Gesellschaften des Westens praktisch wehrlos gemacht. Während die Bewohner der wohlhabenden Nationen im unpolitischen Pazifismus schlafwandelten, schnallten »sich versteinerte Gaststudenten den Sprengstoffgürtel um«.[560] Dagegen gelte es eine Psychologie »der Selbstbehauptungskräfte wiederzugewinnen«.[561] Die bisherige Einwanderungspolitik hält Sloterdijk im Hinblick auf den politischen Islam für verfehlt. Statt auf staatliche Integrationspolitik setzt er auf eine gesteigerte Wehrbereitschaft von Bürgern, die den jungen muslimischen Einwanderern entgegentreten. Nur so, glaubt er, ließe sich die Gesellschaft stabilisieren. »Man kann ein Universum aus energischen, thymotisch irritierbaren Akteuren nicht durch ideale Synthesen von oben integrieren, sondern nur durch Kraft-Kraft-Beziehungen im Gleichgewicht halten. Große Politik geschieht allein im Modus von Balanceübungen. Balance üben heißt, keinem notwendigen Kampf ausweichen, keinen überflüssigen provozieren.«[562]

Aufgegriffen und in einen Politikansatz umgesetzt hat diese Überlegungen Sloterdijks ehemaliger Assistent Marc Jongen an der Staatlichen Hochschule für Gestaltung (HfG) in Karlsruhe. Der stellvertretende Landesvorsitzende der AfD in Baden-Württemberg und Mitglied der Bundesprogrammkommission seiner Partei sagte im Gespräch mit zwei *FAZ*-Redakteuren, Stolz und Wut seien für seine Partei wichtige Emotionen. Nur die AfD lege »Wert darauf, die Thymos-Spannung in unserer Gesellschaft wieder zu heben«.[563] In unserer Gesellschaft würden die thymotischen Tugenden, die einst als die männlichen bezeichnet wurden, kaum noch gepflegt. »Man sieht es zum Beispiel an der Haltung zu allem Militärischen, das bei uns allenfalls als notwendiges Übel noch geduldet wird«,[564] sagte der Philosophiedozent im Gespräch mit der *Neuen Zürcher Zeitung am Sonntag*: »Ich habe das Gefühl, dass auch unsere politischen Eliten nach 1968 ganz elementare Lektionen der Außenpolitik und der Geostrategie verlernt haben. Auch wesentliche psychopolitische Gesetzmäßigkeiten ignorieren sie und glauben, ein Staat könne ohne Grenzen existieren, bald vielleicht auch ohne Polizei und Militär.« »Mit dem AfD-Ideen-Müll habe ich nichts zu tun«, ließ Sloterdijk die *Frankfurter Allgemeine Sonntagszeitung* auf Anfrage wissen.[565]

Sloterdijks Schüler

Die demonstrative Abneigung beruht allerdings nicht auf Gegenseitigkeit. Götz Kubitschek zählt Sloterdijk zu den »wichtigsten und inspirierendsten Köpfen, die unser Land aufzubieten hat, und er hat stets in unsere Richtung gewirkt«.[566] Einige seiner Werke gehörten zum Kernbestand ihres Bücherschranks. Nach Auffassung von Kubitschek ist es Marc Jongen, der den Blick auf eine der Grundvoraussetzungen einer gelingenden Verteidigung des »Eigenen« gelenkt habe: auf den »Zorn, mit dem den hyperidentitären, durchsetzungshungrigen, uns fremden Kulturen und Ideologien entgegenzutreten sei«.[567] Er diagnostiziere eine »thymotische Unterversorgung« als philosophisches Erklärungsmuster hinter der Entmännlichung des deutschen Volkes.

Auf die Frage, ob eine Steigerung des Thymos nicht die Grundordnung der Gesellschaft bedrohe, antwortet Jongen: »Damit ist eine Gefahr angesprochen, das leugne ich überhaupt nicht. Diese Gefahr muss man aber auf sich nehmen, wenn man der existentiellen Großgefahr eines Verschwindens der deutschen Kultur begegnen will. Dann muss man mit diesen Dingen umgehen und leben.«[568] Für Kubitschek ist das genau die richtige Herangehensweise. Zwar sei die Frage nach der Kontrollierbarkeit einer Revolte als hemmendes Moment, als Logos-Anteil in der herbeigewünschten, thymossatten Zeit, ohne Frage von großer Bedeutung. Doch müsse zunächst auf eine Revolte hingedacht und hingearbeitet werden. Er solle nicht blind sein, dieser Zorn, aber er müsse, so Kubitschek, erst einmal wieder in sein Recht gesetzt werden, und zwar vor aller Einsicht in das, was gehe und was nicht.[569] »Wir alle haben nicht so sehr Furcht vor dem Maß an Veränderung und Umwälzung, das uns eine Revolte brächte«, bringt er seine und Jongens Überzeugung auf den Punkt, »als vielmehr Angst davor, dass in unserem Volk die Kraft, die thymotische Energie zu einer erfolgreichen Verteidigung des Eigenen nicht mehr ausreiche.«[570] Mir gegenüber sagt er: »Klar ist, dass unsere Zeit einer Aufladung bedarf. Mich interessiert an 1933 vor allem die Frage, woher damals diese Dynamik kam. Und woher kam sie 1968? Wie war es möglich, dass etwas innerhalb von zwei Jahren völlig auf den Kopf gestellt, völlig anders dekliniert wurde? Wie war das vorbereitet? Wie war die Stimmung davor? Konnte man das ahnen? Wo waren die Seismographen dafür? Bin ich ein Seismograph, ist meine Frau ein Seismograph? Haben wir nicht vielleicht schon viel früher als andere geahnt, dass so jemand wie Sarrazin kommt?« Auf Seismographen dresche man natürlich ein. Allerdings seien sie als Verleger auch Beförderer dieser Tendenz. Ihr Anteil sei aber schwer einzuschätzen.

In vorderster Reihe: Die Frauen der Neuen Rechten

Im Grunde seien sie die wahren Frauenrechtler, weil sie im Hier und Jetzt an der Verbesserung der Lebensumstände von Frauen arbeiten und nicht an Männerhass, Sprachkontrolle und Umdefinitionen von Problemen interessiert seien, sagte eine anonym bleibende Aktivistin der Identitären Bewegung im Gespräch mit dem rechten Monatsmagazin *Compact* (2/2017, S. 15). Sie habe nach der Silvesternacht 2015/16 den Kontakt zu den Identitären gesucht. Damals war es auf der Kölner Domplatte und im Hauptbahnhof zu massenhaften sexuellen Übergriffen auf Frauen gekommen. Außerdem kam es zu zahlreichen Diebstählen und zu Delikten im Bereich der Körperverletzung. Ähnliche Vorfälle – wenngleich in kleinerer Dimension – gab es in weiteren deutschen Städten. Als Täter wurden vor allem Gruppen junger Männer aus Nordafrika und dem arabischen Raum identifiziert. Bei den Demonstrationen der Identitären laufen stets einige Frauen in der vordersten Reihe mit. Jedenfalls sieht es auf den davon verbreiteten Fotos immer so aus. Klar ist: Diese Frauen wollen keineswegs als »Heimchen am Herd« wahrgenommen werden. Aber sie sehen sich auch nicht in den Fußstapfen der neuen Frauenbewegung, die seit 1968 in der Bundesrepublik von sich reden machte. Die weiblichen Mitglieder des SDS revoltierten gegen das Mackertum der Cheftheoretiker. Als die Männer des Delegiertenkongresses von 1968 den Vorwurf von Helke Sander, sie würden die fortbestehende Diskriminierung der Frauen ignorieren, nicht diskutieren wollten, warf Sigrid Rüger ein paar Tomaten in Richtung des Vorstandstisches. Die Kunde von diesem Vorfall verbreitete sich wie ein Lauffeuer unter den Frauen, die sich politisch engagierten.

Frauengruppen und sogenannte Weiberräte sprossen aus dem Boden. So jedenfalls lautet der feministische Gründungsmythos.

Auf Seiten der Neuen Rechten hatte es etwas Vergleichbares nicht gegeben. Die nationalistischen Gruppen kennzeichnete in den sechziger Jahren ein eher männerbündischer Charakter, der die Anwesenheit von Frauen auf die Teilnahme an Festivitäten beschränkte, wie das heute noch bei den Burschenschaften üblich ist. Allerdings wurde das Fehlen von Frauen unter den Aktivisten bei der Sache des Volkes in den siebziger Jahren durchaus schon bemängelt, wie Henning Eichberg später erzählte.[571] Sein Kampfgenosse Armin Krebs übte sich 1980 in Selbstkritik. Die geringe Zahl von Frauen in ihren Reihen führte er darauf zurück, dass sich die Nationalrevolutionäre von den Rollenbildern, wie sie in konservativen Kreisen vorherrschten, noch kaum emanzipiert hätten. »Im Programm wird zwar pro forma die ›Gleichberechtigung der Frau in allen gesellschaftlichen Bereichen‹ und ›Abschaffung der Benachteiligung durch überholte Rollenzuteilung‹ gefordert, doch ist dieses im Programm mit nur gerade zwei bis drei Sätzen behandelte Problem bisher nicht wieder zum Diskussionsthema gemacht worden«, schreibt Krebs im Theorieorgan *laser*. Auch ein von den Nationalrevolutionären 1979 in NRW erstmalig herausgegebenes Flugblatt über die Diskriminierung der Frau bleibe im systemimmanenten Denken gefangen. Forderungen nach Legalisierung des Schwangerschaftsabbruchs oder Abschaffung des Paragraphen 218 würden nicht angeschnitten. »Es zeigt sich«, fährt er fort, »dass diese Problematik von den Nationalrevolutionären bisher anscheinend nicht als solche erkannt und verinnerlicht wurde. Erst eine Emanzipation von reaktionärem Denken und eine intensive Theorieaufarbeitung dieser Problematik sind ein erster Schritt, um als Nationalrevolutionär von politisch selbstbewussten und emanzipierten Frauen als Partner im Kampf um ihre Gleichberechtigung anerkannt zu werden.«[572]

Bei den heutigen Gruppierungen der Neuen Rechten hat sich in Sachen Unterrepräsentanz von Frauen nicht viel geändert. »Der Frauenanteil ist bei uns relativ gesehen extrem hoch, absolut gesehen aber extrem gering«, sagte mir Martin Sellner. »Diejenigen, die es gibt, haben eine prägende Funktion. Alina Wychera und Melanie Schmitz treten in der Öffentlichkeit auf. Die Melanie hat auch ein Musikprojekt. Ich glaube, der geringe Frauenanteil hat damit zu tun, dass man als Rechter nach wie vor in einem sehr brutalen Kampf steht. Es gibt bei unseren Demonstrationen sehr starke Antifa-Gegendemos. Die Gewalt schreckt Frauen vielleicht ab.«[573]

Die eingangs bereits zitierte Aktivistin scheint nicht dazuzugehören. »Wir sind ein hochmotivierter, positiver Haufen, der sich komplett selbst organisiert. Und wir erleben natürlich jede Menge Action und das Gefühl, endlich nicht mehr tatenlos zuzuschauen, endlich etwas zu bewegen.« Auf die Frage, ob der von ihnen anvisierte Systemwechsel aus dem Parlament oder von der Straße kommen wird, antwortet sie im Sinne von Martin Sellner: »Wenn du mit Veränderung ›von der Straße‹ einen gewaltsamen Umsturz meinst, dann wird es den niemals wieder geben, nicht mit uns! Was wir jetzt mit allen friedlichen Mitteln tun müssen, ist, Bürgerkriegszustände oder eine neue Diktatur zu verhindern, solange wir noch können.« Seit der Kölner Silvesternacht stehe Alice Schwarzer bei ihr hoch im Kurs. Sie habe sich als einzige der etablierten Feministinnen auszusprechen getraut, dass das Geschehen eine ethnokulturelle Dimension gehabt habe. Auch Ellen Kositzas 2016 veröffentlichtes Buch »Die Einzelfalle« kreist um dieses Thema. Sein Untertitel lautet: »Warum der Feminismus die Straßenseite wechselt«. Mein erster Eindruck: Es ist glänzend geschrieben. Eine Streitschrift, wie man sie sich als Leser wünscht: pointiert und leichtfüßig, anschaulich und direkt. In manchen Punkten hat die Autorin gar nicht so unrecht, etwa dann, wenn sie am Beispiel der sich an den Hochschulen verbreitenden »Critical-Whiteness«-Forschung die gottlob zunehmend auch von links kritisierten Sprechverbote einer jedes vernünftige Maß überschreitenden Political Correctness als das bloßstellt, was sie heute leider geworden ist: ein Machtinstrument von Leuten, die es für möglich zu halten scheinen, die gesellschaftlichen Herrschaftsverhältnisse dadurch zu verändern, dass sie ihr eigenes Sprechen von bösen Wörtern befreien. Wäre ihr Buch in einem großen Verlag mit den entsprechenden Werbekapazitäten erschienen, hätte es große Chancen, Zuspruch bei einer großen Menge von Leserinnen zu finden. Kositza schreibt zuweilen Sätze, denen auch ich zustimmen kann: »Wer Frauen dazu aufruft, sich so zu kleiden, dass es weder Hass noch Lust der männlichen Mitwelt hervorruft, hat schon kapituliert.« (S. 110f.) Aber was missfällt, ist die Art und Weise, wie Kositza die Probleme, die mit dem Zuzug von Hunderttausenden Flüchtlingen verbunden sind, auf die Konfrontation von hormongesteuerten und Frauen kulturell bedingt verachtenden Jungmännern aus islamischen Ländern auf der einen und einheimischen jungen Frauen auf der anderen Seite zuspitzt. Sie appelliert an die Solidarität ihrer Geschlechtsgenossinnen, um die Forderung nach einem Einwanderungsstopp plausibel zu machen. Mir leuchtet diese Engführung, diese Zuspitzung nicht ein. Als ich nachhake, schildert sie mir ihre Erfahrungen mit männlicher Gewalt. »Alles, was der Feminismus sich auf die Fahnen geschrieben hat, steht doch heute auf tönernen Füßen. Alles, was Emanzipation der Frau betrifft, ist von der seit den achtziger Jahren anwachsenden Straßengewalt von Leuten bedroht, die aus Kulturen kommen, in denen es nicht selbstverständlich ist, dass die Frau nicht unter der Fuchtel der Männer zu stehen hat. Ich stamme aus Offenbach und ging dort auf eine katholische Mädchenschule. Ich bin damals auf der Straße oft belästigt worden, habe krasse Sachen erlebt. Wenn ich das in der Schule erzählt habe, hieß es immer: ›Ach Ellen, du gehst ja vielleicht wirklich in Ecken, in die man nicht gehen muss. Ellen, du bist ja auch nachts unterwegs.‹ Meine Schwiegermutter sagte etwas später: ›Ellen, dir passieren ja auch wirklich krasse Sachen. Mir ist so etwas nie passiert.‹ Na klar, wenn man 60 ist, passiert das vielleicht tatsächlich weniger, dass man belästigt wird. Es musste anscheinend so dicke kommen wie Silvester 2015, dass unsere Leute merken, dass man sich da ein paar dicke Kuckuckseier ins Nest legen ließ. Dass die Rede vom bedauerlichen Einzelfall in Wahrheit eine Einzelfalle ist. Die Feministinnen, die linken Schwestern im Geiste, reden immer gern von Frauensolidarität. Mir scheint, dass davon wenig übrig ist, weil der Zeitgeist es mit sich bringt, dass man Solidarität besser und bedenkenlos mit allen Menschen dieser Welt empfindet, die in ihrer Heimat wirtschaftlich schlechter gestellt sind. Das muss ganz klar zu Lasten der Frauen gehen.«[574]

Ein Gespräch über den alten und den neuen Feminismus

Ellen Kositza ist die vielleicht bekannteste weibliche Stimme der heutigen Neuen Rechten. Sie hat für die *Junge Freiheit* geschrieben und arbeitet heute als Redakteurin für die Zeitschrift *Sezession*. Sie ist in manchen Punkten sehr radikal, wirkt aber nie verbissen. Wir führen ein Gespräch über die Frauenbewegung.

Wie geht man im konservativen Lager mit der Frage des Schwangerschaftsabbruchs um. Gibt es unterschiedliche Positionen, die kontrovers diskutiert werden?

Ellen Kositza: Im konservativen Lager überwiegt die Pro-Life-Position. Das ist der gemeinsame Nenner.

Und wie ist Ihre eigene Position?

Ellen Kositza: In dieser Frage gehe ich mit Alice Schwarzer konform. Frauen haben schon immer abgetrieben. Das war schon vor Jahrtausenden so. Damals noch häufig genug um den Preis ihres eigenen Lebens. Ich bin für eine Legalisierung der Abtreibung, allerdings nicht auf Staatskosten. Für mich ist Abtreibung nach wie vor Mord. Es ist die Rede vom potentiellen Leben, das noch kein Mensch sei. Dass das verlogen ist, ist doch mit Händen zu greifen! 99 Prozent dieser abgetriebenen Föten würden zu Menschen werden. Aber »Mein Bauch gehört mir« hat etwas für sich. Wenn wir als Rechte von anthropologischen Gewissheiten reden, dann gehört für mich die Verfügungsgewalt der Frau über ihren Körper dazu. Ich bin aber dagegen, dass der Staat die Abtreibung befördert, indem er die Kosten dafür übernimmt. Heute werden die Kosten in 95 Prozent der Fälle vom Staat übernommen, inklusive der Vor- und der Nachsorge.

Würden Sie in dieser Frage Ausnahmen machen, zum Beispiel im Falle einer »medizinischen Indikation«?

Ellen Kositza: Der Begriff ist mir zu schwammig. »Medizinische Indikation« könnte ja zum Beispiel unzumutbare psychische Belastung heißen. Nach einer Vergewaltigung finde ich die Kostenübernahme gerechtfertigt, aber auch im Falle eugenischer Gründe. An dieser Stelle gehe ich nicht konform mit den Forderungen der Pro-Life-Bewegung. Ein schwerstbehindertes Kind auf Teufel komm raus großzuziehen steht nicht im Einklang mit einem organischen Zyklus. Andererseits hat man auch schon zu früheren Zeiten behinderte Säuglinge nicht an den Wegesrand gelegt, sondern beispielsweise mongoloide Kinder in die Gemeinschaft integriert.

Sie haben den Namen Alice Schwarzer erwähnt. Was halten Sie von dieser Frau?

Ellen Kositza: Sie ist mir sehr sympathisch. Ich finde es sehr gut, dass sie nie diesen blinden Fleck des modernen Feminismus hatte, und die Gefahr des Islamismus für ein selbstbewusstes, emanzipiertes Frauentum nie ausgeblendet hat. Ihre Position wird heute ja nahezu bis aufs Blut bekämpft. Schon 1994 sind die Redaktionsräume der *Emma* von linken Antifa-Frauen verwüstet worden. Damals ging es auch um Artikel, die sich kritisch mit dem Islam auseinandersetzten.

Ich halte Schwarzer außerdem zugute, dass sie Feministin war, als das alles andere als en vogue war. Sie wurde als »Hexe« gebrandmarkt. Man hat versucht sie fertigzumachen. Ich rechne ihr hoch an, dass sie ihren Kurs durchgezogen hat und das bis heute tut. Das, was Alice Schwarzer in den siebziger und achtziger Jahren gefordert hat in puncto Abtreibungsrecht oder Ehegesetzgebung, ist voll und ganz verwirklicht worden. Das ist ihr Verdienst.

Die »Mädchenfeministinnen« schwimmen hingegen auf dem Mainstream. Critical Whiteness und Gendermainstreaming wird universitär getragen. Das ist heute Staatsdoktrin. Alice Schwarzer konnte auf so etwas nicht aufbauen. Auch die Femen, die von Schwarzer allerdings für gut befunden werden, werden getragen von einer Kultur, die ein bisschen Skandal, ein wenig Aufmüpfigkeit goutiert. Dieses Frech-die-gepiercte-Zunge-Herausstrecken passt voll in den Geist der Zeit. Diese wirklich irrelevanten Mädchenjournalistinnen vom *Missy Magazine*, Stefanie Lohaus und Sonja Eismann, kriegen in großen Zeitungen Raum für ihre Thesen. Das ist etwas völlig anderes als der kämpferische Feminismus der sechziger Jahre.

Wie würden Sie Ihr Verhältnis zum Feminismus beschreiben?

Ellen Kositza: Feminismus ist mein Hauptinteresse, das kann man schon so sagen. Aber ich bin keine Feministin. Erstens ist mir das zu wohlfeil. Nichtfeministin zu sein, ist ja schon fast ein No-go. Jeder und jede nennt sich Feminist oder Feministin. Das kann ich schon mal gar nicht hören. Das ist so eine trübe Suppe. Ich würde nicht von mir sagen, dass ich eine rechte Feministin bin. Das Frauenrechtlertum hatte für mich einen begründeten Anfang und ein Ende.

Man unterscheidet ja drei Wellen des Feminismus: die bürgerliche Frauenbewegung, die sich für Mädchenbildung und das Wahlrecht für Frauen eingesetzt hat, und den linken Feminismus. Clara Zetkin war bei dieser Bewegung dabei, die sich auch für die unehelichen, ledigen Mütter eingesetzt hat. Da würde ich mitgehen. Man kann ja nicht hinter seine Zeit zurück. Ich glaube, es gibt niemanden, der das heute nicht verfechten würde. Es sei denn, man wäre ein Ultrareaktionär wie Martin Mosebach. Der würde vielleicht sagen, bereits das war schon zu viel des Guten, er würde es auch sicher nicht gut nennen.

Die zweite Welle kam mit den Achtundsechzigern: der Alice-Schwarzer-Feminismus. Da würde ich nur in ganz groben Teilen mitgehen. Da gab es die Spaltung zwischen dem mittlerweile untergegangenen Differenzfeminismus, der davon ausging, dass die Frauen als »das andere Geschlecht« von Natur aus anders sind als die Männer und dem universalistischen Universalismus, für den Schwarzer steht.

Ich würde immer mitgehen bei der Forderung nach gleichen Rechten für die Frauen. Es wäre ein Paradox, wenn eine Frau öffentlich die Stimme erheben würde, um zu fordern: »Ich bin gegen das Wahlrecht für Frauen.« Die dritte Welle ist dieser Netzfeminismus, dieser Aufschrei-Feminismus. Dafür stehen Anne Wizorek, der Blog *Mädchenmannschaft*, dieser ganze Blogger-Feminismus. Kennen Sie diese Autorinnen?

Ich habe Laurie Penny gern gelesen.

Ellen Kositza: Ja, die liest sich sehr gut. Die macht diesen »Untenrum«-Diskurs auf, der in Deutschland, ich weiß nicht, warum, so groß ist. Charlotte Roche war die Erste mit ihrem Buch »Feuchtgebiete«. Dann kam Margarete Stokowski, diese *Spiegel-Online*-Kolumnistin, mit dem Buch »Untenrum frei«. Die Laurie Penny ist diesem Third-Wave-Feminismus zuzurechnen. Das ist sehr interessant zu lesen und betrifft auch meine Interessenfelder. Aber für mich ist das immer eins oder zwei zu viel. Mich stört dieses Freigelassene. Für mich sind das junge Frauen, die sich in einer Blase bewegen. Sie theoretisieren über Intersektionalität, über Critical Whiteness. Aber es gibt gar kein reales Leben, auf das diese Überlegungen gegründet sind. Das knüpft nicht an lebensweltliche Probleme an, die man irgendwie greifen könnte.

Mir haben Pennys Schilderungen aus der Magersucht-Klinik gefallen.

Ellen Kositza: Sympathisch ist sie mir sowieso. Ich mag das und kann vieles nachvollziehen, was Penny schreibt. Auch Teile dessen, was sie in »Fleischmarkt« formuliert, würde ich unterschreiben. Diese Reduktion der Frau zur Ware. Das sehe ich genauso. Mir ist sogar diese auf manche Art unsägliche Charlotte Roche sympathisch, auch wenn das sicher schwer vermittelbar ist. Viele Fragestellungen dieser Frauen sind richtig. Dennoch denke ich: Diese Art von Überlegungen führen auf Irrwege. Ich frage mich: »Wo ist das Positive? Was ist die Vision dieser Frauen?«

Ich glaube, dass sie darauf keine Antwort haben. Das schwadroniert alles ins Gefühlige, ins Nirgendwo. Es hat keinen realen Platz in der Welt, wo die Problemlagen wurzeln, mit denen sich diese Frauen auseinandersetzen. Wenn ich despektierlich sein will, nenne ich sie »Fräulein«, weil sie unverheiratet und kinderlos sind. Sie führen einen Empörungsdiskurs, der in sich verschraubt und immer weiter drehbar ist. Und dieses diffuse weibliche Unwohlsein mit sich selbst findet in den Medien dann eine Art Echokammer.

Können Sie das ein bisschen näher erläutern?

Ellen Kositza: Es ist ja nicht so, dass diesen Frauen heute irgendjemand etwas verbietet. Heute kann jede Frau alles werden: Bundeskanzlerin, Ingenieurin oder Höhlenforscherin. Warum gibt es eigentlich keine Höhlenforscherinnen? Diese Frage habe ich mir gestellt, als eine meiner Töchter ein Praktikum als Höhlenforscherin machen wollte. Die Antwort dieser Third-Wave-Feministinnen lautet: Weil diese Gesellschaft seit Jahrtausenden patriarchalisch geprägt ist und es keine weiblichen Rollenvorbilder gibt. Ich glaube, das stimmt nicht.

Ich bin keine Universalismus-Feministin, sondern gehe von einer grundsätzlichen Differenz zwischen den Geschlechtern aus, die natürlich individuell aufgefächert sein kann. Es gab schon immer diese Tomboy-Mädchen, die auf Bäume geklettert sind und sich von ihrem Papa haben zeigen lassen, was sich im Reagenzglas entwickelt. Genauso gab es schon immer diese verträumten und poetischen Jungs. Ich finde es aber total verfehlt, von konstruierten Geschlechterrollen auszugehen, die unter einem eisernen Raster lägen, um daraus dann ein Politikum zu machen. Das machen die modernen Mädchen-Feministinnen meiner Meinung nach.

Was würden Sie, was die Frage der Frauenrechte betrifft, auf 1968 zurückführen, positiv wie negativ?

Ellen Kositza: 1968 war eine Revolution, die so fällig war wie ein reifer Apfel. Das betrifft auch die Frauenbewegung. Damals artikulierte sich etwas, was aufgrund der technischen Gegebenheiten und der weltgeschichtlichen Situation einfach dran war. Den Kampf um den Paragraphen 218 sehe ich zwiespältig. Heute wird oft gar nicht mehr begriffen, wie brandneu die Entkoppelung von Sexualität und Fortpflanzung ist! Ich glaube, dass man sich 1968 ziemlich verrannt hat, was die freie Liebe betrifft. Das war aber nicht aufzuhalten.

Denn es gilt: Was möglich ist, wird auch gemacht. Man kann nicht aufhalten, was technisch möglich ist. Heute haben wir ja sogar eine Dreiteilung des Komplexes, nämlich die Faktoren Liebe, Sex und Reproduktion. Das ist eine Zersetzung, das ist unorganisch, aber es gehört zum utopischen Vorrat der Achtundsechziger.

Ich glaube, dass die mit der Häufung von Scheidungen verbundenen Vertrauensverluste von Scheidungskindern noch einmal ein ganz großes Thema werden. Viele verzweifelnde, ihre Identität suchende, süchtige Kinder kommen oft aus solchen prekären, kaputten Verhältnissen. Oder, ich würde es zuspitzen: Heute werden die Trennungskinder, und damit meine ich auch die bereits Erwachsenen, gar nicht als wesensmäßig verzweifelt oder trauernd begriffen. Und umgekehrt die zerstörten Verhältnisse, aus denen sie entwachsen sind, nicht als prekär und kaputt. Ich meine damit, dass gewisse Borderline-Existenzen und Burn-out-Fälle heute schon irgendwie Standard sind. Man sagt dann, unser Leben sei eben komplex und fordernd geworden. Dabei geht es in Wahrheit nicht um ein Zuviel, sondern um ein Zuwenig, eben an Gründung, Bindung, Basis.

Karl Marx und der »Faschismus des 21. Jahrhunderts«

Immer wieder Frankreich. Am ersten Novemberwochenende des Jahres 2012 reiste Martin Sellner in die französische Ortschaft Orange. Der Bloc Identitaire tagte und hatte internationale Gäste geladen. Für den künftigen Sprecher der Identitären Bewegung Österreich war das ein Schlüsselerlebnis. Denn hier begegnete er dem deutschen Verleger Götz Kubitschek und seinem Landsmann Martin Lichtmesz. Bei dieser Gelegenheit wurde ein Band geknüpft, das bis zum Zeitpunkt der Niederschrift dieses Buches anhält. Alle drei ließ das Zusammentreffen mit Gleichgesinnten aus verschiedenen europäischen Staaten, an dem rund 500 Personen teilnahmen, nicht unberührt. Das Ganze habe jenseits von Skin-Aufmärschen oder Demonstrationen freier Nationalisten stattgefunden, schrieb ein sichtlich beeindruckter Kubitschek unmittelbar nach der Reise. Die Franzosen hätten sich einem intensiven Reinigungsprozess unterzogen: »keine NS-Symbolik, keine NS-Sympathisanten – dies nicht aus taktischer Erwägung, sondern aus grundsätzlicher Überzeugung«.[575]

Die Geschichte wiederholt sich nicht, heißt es immer wieder. Doch muss ich bei der Lektüre seines Berichts an den jungen Henning Eichberg denken, der 1966 im Zeltlager in der Provence von der sich erneuernden französischen Rechten nachhaltig beeinflusst wurde. Die Parallelen sind verblüffend. Martin Sellner, denke ich, hat viel gemeinsam mit dem jungen Eichberg, dem Nationalrevolutionär. Einmal mehr geht es einem klugen, idealistischen Kopf darum, frischen Wind in ein verkalktes politisches Milieu zu bringen. Doch damit hören die Parallelen nicht auf.

Kubitschek ließ sich in Orange die Strategie der französischen

Identitären von einem gewissen Jean-David Cattin erläutern. Der wiederum war – wie Eichberg fast ein halbes Jahrhundert zuvor – von den Ideen inspiriert, mit denen Dominique Venner in seiner Schrift »Für eine positive Kritik« die jungen Radikalen damals impfte. »Es war ein wichtiges Werk für zahlreiche Personen, die an der Entstehung der Identitären Bewegung im Jahre 2002 beteiligt waren«, schreiben Cattin und sein Co-Autor Philippe Vardon-Raybaud in einem gemeinsamen Vorwort zur Neuauflage des schmalen Bändchens: »Die ›kulturelle Revolution‹, der wir Leben einhauchen wollten, basierte auf einer identischen Logik und hat zahlreiche Schlussfolgerungen wiederaufgegriffen.«[576]

Götz Kubitschek wurde in Frankreich darin bestätigt, mit seinem aktionistischen Politikansatz auf dem richtigen Weg zu sein. Wenn er jung wäre, schrieb er anschließend, würde er Folgendes tun: »Agieren, agieren, agieren: Aktion verbindet, Reden trennt.«[577] Allerdings konnte diese Devise nicht alle Mitstreiter überzeugen. Karlheinz Weißmann, der langjährige Kampfgefährte, schied aus der Redaktion der *Sezession* und im Frühjahr 2014 schließlich auch aus dem Institut für Staatspolitik aus. Er begründete diesen Schritt im Nachhinein mit einer permanenten Grenzüberschreitung Kubitscheks in Richtung auf die »Faschisten des 21. Jahrhunderts«, also der Casa Pound.[578] Der Verleger verwechsle »Literatur mit Staatslehre und Ästhetik mit Politik«, was fatale Konsequenzen nach sich ziehe, wenn der Betreffende trotzdem Politikberatung betreibe. Als Einflüsterer des rechten AfD-Flügels um Björn Höcke befördere er eine destruktive Tendenz innerhalb der Partei, die Chancen zerstöre. »Wenn man ihren Vorstellungen folgt, endet die AfD als ›Lega Ost‹, aber es wird ihr nicht gelingen, diejenigen zu gewinnen, die noch nicht gewonnen sind. Und darum geht es, um nichts anderes«, so Weißmann. Tatsächlich gibt es in dem Kreis um Kubitschek ein deutlich wahrnehmbares Interesse am Bewegungsfaschismus –

bei zugleich konsequent eingehaltener strikter Distanz zum Nazismus.

Im August 2013 erläuterte Adriano Scianca, der Kulturbeauftragte von Casa Pound, in einem Gastbeitrag für die *Sezession*, wie seine Organisation versucht, sich im Alltag zu verankern. Seit zehn Jahren besetzten, verwalteten und bewachten freiwillige Aktivisten ein Gebäude im Zentrum Roms, in dem dreiundzwanzig Familien untergebracht sind, die sich in konkreter Wohnungsnot befänden. Dazu kämen Schichtdienste in Pubs und Buchläden sowie politische Aktivitäten wie Plakatieren, die Durchführung politischer Kampagnen, monatliche Konferenzen und wöchentliche Versammlungen. »Auf diese Weise verliert das Gerede über das Wie, Wann und Wo der Revolution seine Bedeutung, denn der Aktivist ist sich sicher, dass er die Revolution vorantreibt, Tag für Tag, ganz real.«[579] Im Umfeld der Casa Pound habe »sich ein politischer Stil entwickelt, der frischen Wind in die äußerste Rechte gebracht hat«,[580] notierte Lichtmesz schon Anfang 2010. Allerdings störte er sich daran, dass »der emotionale Kern der Bewegung eben doch auf die heroischen Erzählungen von vorgestern« fixiert blieb: Vom Marsch auf Rom über den Futurismus bis zu dem von Geheimdiensten unterwanderten Terrorkrieg zwischen links- und rechtsextremen Gruppen in den siebziger und achtziger Jahren. »Was bleibt, ist vor allem die Rhetorik der Tat und der Vorrang des Aktivismus vor ideologischer Geschlossenheit sowie die Pflege und Schaffung von Ikonen und eines ›nonkonformen‹ Lebensgefühls.«

Getrennte Wege: Kubitschek und Weißmann

Die letztgenannten Punkte finden bei Kubitschek großen Anklang. Ist er ein Faschist? Das wird ihm oft vorgeworfen. Den Schuh will er sich aber nicht anziehen. »Unserem Verlag«, sagt er mir, »wird oft vorgehalten, dass wir uns theoretisch mit den verschiedenen Faschismen beschäftigt hätten. Wir kriegen das gerade um die Ohren gehauen. Derjenige, der das alles konzipiert oder verfasst hat, zum Beispiel das Faschismus-Heft und das Heft zur Konservativen Revolution der *Sezession*, den Essay ›Faschismus. Eine Klarstellung‹ oder sogar ein Buch über das Hakenkreuz als Symbol, war Karlheinz Weißmann, der – als Ernst-Nolte-Schüler – ein unglaubliches Interesse am Faschismus als Phänomen hat.«

Wären Kubitschek und Weißmann die Protagonisten eines bekannten, bei Kindern beliebten Kartenspiels, könnte man sagen, der Verleger aus Schnellroda habe den Schwarzen Peter an den Historiker und Gymnasiallehrer zurückgegeben. In ihrer grundsätzlichen ideologischen Orientierung liegen die beiden nicht weit auseinander. Grundverschieden ist jedoch der Weg, über den sie die Gesellschaft verändern wollen. Weißmann glaubt, dass die AfD auch Schichten in der bürgerlichen Mitte erreichen müsse, um gestaltenden Einfluss auf die Politik zu gewinnen. Kubitschek hingegen befürchtet, die Partei könne sich allzu schnell an das Establishment anpassen, wenn sie nicht von einer Bewegung unter Druck gesetzt werde. Mit dem rechten Aufbruch wäre es dann bald vorbei.

Die strategischen Differenzen wurzeln womöglich in einer unterschiedlichen Mentalität. Weißmann ist ein konservativer Bildungsbürger, wie er im Buche steht. Kubitschek und Kositza hingegen verkörpern einen antibürgerlichen Typus. »Der Graben, der zwischen uns und Weißmann mittlerweile entstanden ist«, sagt Kubitschek, »geht auf das Habituelle zurück. Er kam nicht zurecht mit unserem Lebenskonzept: dass man aufs Land in so eine alte Bude zieht, sie selbst renoviert, zwischen Lehmwänden wohnt und anfangs nichts richtig geordnet, unsicher ist. Wir haben einen Verlag ohne jegliches Vermögen gegründet, ohne Gewissheit, dass dabei je eine müde Mark herauskommt. Es hätte auch sein können, dass wir damit scheitern. Weißmann hingegen ist Beamter. Er hat immer gesagt, dass er ohne diese Absicherung nicht existieren könnte. Es ist habituell für ihn nicht möglich, selbstständig zu sein. Wir haben hingegen ein großes Herz für Leute, die etwas Unwägbares tun. Wir gehen solidarisch mit unseren Mitarbeitern um, sind ein offenes Haus. Hier kann jeder kommen und übernachten. In dieser Beziehung gibt es bei uns keine Spießigkeit. Das ist es, was uns den Linken von der Lebenshaltung her nahebringt.«

Im Jahr 1986, Kubitschek war damals noch Schüler, organisierte er in Ravensburg die erste Demo gegen den McDonald's. Er denkt ökologisch. War der Widerstand in Wackersdorf links oder konservativ? Kubitschek stellt die Frage in den Raum. Das Interesse an Casa Pound, dem Bloc identitaire oder der identitären Bewegung überhaupt, sagt er, sei bei ihm nicht theoretisch eingeordnet. »Ich habe ein Grundinteresse an Leuten, die Projekte verwirklichen, die jenseits normaler bürgerlicher Karrieren liegen. Wir haben uns auch immer für Kommunen, Ökoprojekte, überhaupt für Widerstandsprojekte interessiert. Für Leute, die ein authentisches Leben führen wollen.« Was den Faschismus oder die Konservative Revolution betreffe – er benutzt für Letztere gern das Kürzel KR –, habe er vielleicht ein Zwanzigstel des Lektürepensums von Weißmann erreicht.

Im Unterschied zu diesem, der über keine musische Ader verfüge, leite ihn vor allem ein literarisches und poetisches Interesse. Casa Pound beschäftigte ihn vor allem als Stimmungsphänomen, sagt Kubitschek. Zu den Büchern, die in Schnellroda verlegt werden, gehört auch Domenico Di Tullios Roman »Wer gegen uns«. Das Buch beschreibt den Aufstieg der Casa Pound. Sein Autor, ein in Rom lebender Rechtsanwalt, ist selbst Teil der Bewegung. Das Buch ist mitreißend geschrieben. Ich las es, bevor ich Kositza und Kubitschek auf ihrem Rittergut besuchte. Um politische Inhalte geht es darin kaum, eher um das Lebensgefühl junger Neofaschisten. Das wird aus der Innensicht geschildert. Zwischen Boxtraining, Straßenschlacht, Rockkonzert und den obligatorischen Vorladungen vor Gericht. Der Roman lädt zur Identifikation mit den überwiegend männlichen Protagonisten ein. Für einen Moment ertappe ich mich dabei, mich selbst mit dem Baseballschläger in der Hand den mal wieder in deutlicher Überzahl erschienenen Gegnern entgegenstellen zu wollen. Mit einigen wenigen, überwiegend kosmetischen Veränderungen könnte der Roman vielleicht auch das Lebensgefühl der Angehörigen einer besonders »aktionsorientierten« Antifa-Gruppe wiedergeben. Im vorliegenden Fall ist er jedenfalls dazu geeignet, junge Männer für eine neofaschistische Vereinigung zu begeistern. Wie sieht Kubitschek das? »Das ist Literatur«, sagt der Verleger. »Sicher nicht das Stärkste, was man lesen kann. Es handelt sich um ein ziemlich holzschnittartiges Ding. Aber es ist ein tatsächlich sehr realistischer Ausdruck davon, wie sich eine Gruppe, die nicht links ist, in einem Stadtteil ihr Dasein und Bleiberecht erkämpft. Ich verstehe nicht, dass beispielsweise die linke Szene in Leipzig-Connewitz nicht begreifen will, dass rechte Jungs das Gleiche tun wollen, was sie dort tun: sich nämlich jenseits der staatlich verordneten, kanalisierten Jugendpflege einen eigenen Raum zu erkämpfen.«

Und wieder: Eurofaschismus

Er selbst habe eine echte inhaltliche Auseinandersetzung mit faschistischen Konzeptionen nicht geleistet, sagt Kubitschek. Der Eurofaschismus, das sei das Ding von Benedikt Kaiser, vermutlich auch das von Philip Stein, der gerade den Jungeuropa Verlag gegründet hat. »Diese jungen Leute, Stein, Kaiser, andere, werfen uns in ihren Texten vor, dass wir außer der Idee eines Wirtschaftsraumes in Bezug auf Europa keine Konzeption hätten. Als Angehörige der jungen Generation sehen sie sich dazu aufgerufen, so eine Europakonzeption aufzustellen. Das sollen sie tun. Ich habe tatsächlich keine Konzeption, die über den banalen Grundgedanken hinausführt, dass der vielfältige Kontinent Europa vielleicht gar keinen Überbau braucht, dass jedes Volk nach seiner eigenen Geschwindigkeit verfahren soll und nicht von Brüssel domestiziert werden muss«, sagt Kubitschek.

Am Tag nach meinen Gesprächen mit Kubitschek und Kositza sollte ich die Gelegenheit haben, Benedikt Kaiser persönlich kennenzulernen. Ich hatte im Ortsgasthof übernachtet. Bevor es mit der Bahn zurück nach Berlin ging, wollte ich die Gelegenheit nutzen, mir das Programm des Antaios-Verlags vor Ort anzuschauen. Meine Gastgeber hatten nichts dagegen. Als ich die Regale des Lagers durchstöberte, traf irgendwann auch Kaiser ein. Der 1987 geborene Politikwissenschaftler arbeitet als Lektor für den Verlag. Er ist so freundlich, mich mit dem Auto zum benachbarten Bahnhof in Mücheln/Stadt mitzunehmen.

Ich bin überrascht, wie gut er sich in den Diskussionen auskennt, die innerhalb der Linken geführt werden. Ich habe den Eindruck, dass er die wichtigsten aktuellen Buchveröffentlichungen studiert hat. Er bewegt sich sicher in marxistischer Terminologie und scheint viele Autoren des gegnerischen Lagers sehr zu schätzen. Kaiser hat aber auch ein sachkundiges Vorwort zu Dominique Venners Anfang 2017 im Jungeuropa Verlag erschienenem Buch »Für eine positive Kritik« verfasst. Vor meiner Reise nach Schnellroda hatte ich Kaisers 2011 erschienenes Buch »Eurofaschismus und bürgerliche Dekadenz. Europakonzeption und Gesellschaftskritik bei Pierre Drieu la Rochelle« gelesen. Der französische Schriftsteller, der 1945 durch Freitod aus dem Leben schied, war als bekennender Faschist und Nazi-Kollaborateur lange Zeit verfemt. Zweifellos ist der Autor und Lebemann, der prominente linke Intellektuelle wie Louis Aragon und André Malraux zu seinen Freunden zählte und dessen 1931 erschienener Roman »Das Irrlicht« von Louis Malle verfilmt wurde, eine interessante intellektuelle Figur. Seit einigen Jahren erlebt er eine regelrechte Renaissance. 2012 wurde eine Teilausgabe seines Werkes in die hoch geschätzte Klassiker-Reihe Bibliothèque de la Pléiade des renommierten französischen Verlags Gallimard aufgenommen. In Deutschland erschienen seine Erzählungen 2016 unter dem Titel »Die Komödie von Charleroi« bei Manesse, einem ebenfalls auf Klassiker der Weltliteratur spezialisierten Verlag. Die Wiederveröffentlichung seines Hauptwerks »Die Unzulänglichen« im selben Jahr wiederum geht auf das Konto des Jungeuropa Verlags. Ich schaue mir seine Homepage näher an. Neben Werbung in eigener Sache findet sich darauf ein verlagseigener Blog, der regelmäßig über neofaschistische Strömungen wie die spanische Bewegung Hogar Social berichtet. Die von rechten Hausbesetzern gegründete Gruppierung engagiert sich unter dem Slogan nationale Solidarität gegen die Austeritätspolitik der Regierung des konservativen Ministerpräsidenten Mariano Rajoy (Partido Popular)[581] und gegen die in den Innenstädten grassierende Spekulationswelle, die kleine Ladenbetreiber mit besonderer Härte trifft und über kurz oder lang zu einer Verödung der städtischen Zentren führen würde.[582] Die Nöte der von staatlichen Kürzungsmaßnahmen besonders betroffenen Rentner und Veteranen liegen im Fokus der rechten Aktivisten. Dreh- und Angelpunkt ihrer Politik von unten ist die soziale Frage.

Besonderes Augenmerk widmet der Jungeuropa-Verlag zudem den Aktivitäten von Casa Pound, deren Kampf für den Erhalt innerstädtischen Wohnraums an die linke Hausbesetzerszene der Siebziger und Achtziger erinnert. Im Unterschied zu dieser haben die italienischen Neofaschisten jedoch ausschließlich die Interessen der italienischen Mieter im Auge.[583] Der massenhafte Zuzug von Flüchtlingen habe die seit langem bestehende Wohnungsnot unter den bedürftigen Landsleuten nicht verursacht, aber verschärft, da sich die Politik entschieden habe, »ausgerechnet den zuletzt Gekommenen fast alles zuzuweisen«, lässt man Simone Di Stefano, den Vizepräsidenten von Casa Pound, auf dem Verlagsblog zu Wort kommen.[584] Zurück zu Drieu la Rochelle. Was macht den Autor für junge Rechtsintellektuelle wie Benedikt Kaiser so interessant? Vor allem zwei Aspekte: Zum einen seine Betonung der sozialen Frage und zum anderen die Propagierung einer Europaidee, die es vermag, den nationalen Chauvinismus der alten Rechten zu überwinden. Drieu la Rochelle gehört zu einer Gruppe von faschistischen Intellektuellen, »die ihre Konzepte auf eine supranationale Ebene, auf Europa, bezogen«.[585] Eurofaschistische Tendenzen, schreibt Kaiser, habe es in der Zwischenkriegszeit in vielen rechtsradikalen Bewegungen Europas gegeben. Allerdings hätten diese keine internationale Organisation gebildet. Außerdem seien die ideologischen Unterschiede zwischen den einzelnen Ländern groß gewesen – insbesondere in der »Rassenfrage«.[586]

Linke Sozialwissenschaft

Was Kaiser an Drieu La Rochelle stört, ist seine zuweilen irrationale Gesellschaftskritik, die »ein komplexes Gefüge wie den warenproduzierenden Kapitalismus und dessen bürgerliche Gesellschaft durch das Feindbild ›Jude‹ erklärt«.[587] Ich bin überrascht, als ich das lese. Der Vorwurf einer antisemitisch verkürzten Kapitalismuskritik wird faschistischen Autoren sonst meist von ihren linken und liberalen Gegnern gemacht. Die Rechten, heißt es oft, betrieben gar keine ernstzunehmende Kritik an den herrschenden Eigentums- und Machtverhältnissen. Sie betrieben nur »soziale Demagogie«, um Anhänger unter den ökonomischen Verlierern einer neoliberal zugerichteten Gesellschaft zu finden. Bislang traf das meist zu. Aber das könnte sich gerade ändern. »Jüngere Autoren wie Benedikt Kaiser werten die innovative linke sozialwissenschaftliche Literatur aus und versuchen, die soziale Frage zu besetzen. Der Neoliberalismus ist auch für sie ein Irrweg mit verheerenden Folgen«,[588] meint Volkmar Wölk, ein Pädagoge und Erwachsenenbildner, der sich seit Jahrzehnten mit der Ideologie der Rechten befasst. Dabei handele es sich keineswegs lediglich um soziale Demagogie. »Die erkennen durchaus, dass Politik schlicht unmöglich wird, wenn es ein Primat der Ökonomie gibt, die großen Konzerne – in ihren Worten: die Globalisten – den politischen Kurs diktieren und das Volk ganz und gar nicht herrscht, sondern lediglich ohnmächtiger Zuschauer ist.« Es wäre ein Fehler, betont Wölk, zu glauben, dass es ihnen mit der Kapitalismuskritik nicht ernst sei.

Tatsächlich nutzt Kaiser das kritische Werkzeug marxistischer Denkschulen und stützt seine Argumentation gern auf die Expertise so unterschiedlicher linker Autoren wie Andreas Wehr, Slavoj Žižek, Sahra Wagenknecht, Axel Honneth und vieler anderer mehr. Das ist ungewöhnlich. In der Neuen Rechten hatte man die Gesellschaftskritik früher weitgehend »der (marxistischen) Linken«[589] überlassen, schreibt Henning Eichberg. Dass die Rechte auf dem Gebiet des kritischen Denkens nie sonderlich brilliert habe, meint auch Alain de Benoist, der sich daran stört, dass die Reichen immer reicher, die Armen immer ärmer und die Mittelschichten zunehmend vom sozialen Abstieg bedroht werden.[590] Angesichts eines kapitalistischen Systems, das sämtliche Dinge in Waren verwandelt, interessiert sich der Kopf der Nouvelle Droite heute für alles, was »die Logik des Profits in Frage stellt«. Kaiser folgt ihm darin. »Für Konservative könnte es sich in Anbetracht der perpetuierenden Krisensituation des Kapitalismus fürderhin lohnen, bei Lenin statt bei Hayek in die Schule zu gehen«,[591] schreibt er am Ende seiner Besprechung einer Neuausgabe von Wladimir Iljitsch Lenins Schrift »Der Imperialismus als höchstes Stadium des Kapitalismus«. Um die herrschenden Zustände langfristig grundlegend zu ändern, müssten Rechte die Widersprüche des globalen Kapitalismus und seiner regionalen Zentralen untersuchen und die Problematik der westlich geführten oder finanzierten Interventionskriege aufgreifen. Es gelte daher, Verschwörungstheorien hinter sich zu lassen und die Entwicklung des gegenwärtigen globalen Kapitalismus sowie die geopolitischen Schlüsselkonflikte in Syrien und im Irak als Auslöser der Flüchtlingskrise in den Blick zu nehmen.

Wer die Einwanderer für alles verantwortlich mache, was nicht richtig laufe, bekomme dies nicht in den Blick. Im Unterschied zu den üblichen Verlautbarungen der Identitären führt Kaiser den massenhaften Zustrom nach Europa weniger auf vermeintliche Expansionsgelüste eines politischen Islam oder die multikulturellen Ideen der Achtundsechziger als vielmehr auf die imperialistischen Kriege und das Interesse kapitalistischer Akteure an einem Instrument zurück, mit dem Löhne gedrückt werden können. Das werde von jenen Rechten, die sich den »Großen Austausch« als ein von »rotgrün ideologisierten Menschen« gemachtes Jahrhundertprojekt vorstellen, übersehen bzw. verschleiert,[592] kritisiert er das eigene Lager. Die Neue Rechte, fordert er, müsse diesen blinden Fleck überwinden und sich von ihrer pauschalen Islamfeindschaft verabschieden. Sie solle die soziale Frage als ureigenes Sujet entdecken und »die Idee des einigen Europas neu und innovativ«,[593] aber »rückgebunden auch an Tradition und Herkunft« verfolgen anstatt »nur einen nationalsouveränistisch-populistischen Anti-Brüssel-Block« zu formieren. Für unerlässlich hält er die Überwindung der kapitalistischen Marktwirtschaft. »Der erste Schritt hierfür ist die bewusste Abkehr von der postmodernen, liberalkapitalistisch verfassten Gesellschaft, die auch ganz ohne ›großen Austausch‹ ihrem Wesen nach eine oberflächliche und sinnentleerte wäre«.[594]

Kaiser ist der festen Überzeugung, dass die Linke, insofern sie ihre

Kernthemen Kapitalismus- und Imperialismuskritik mehr und mehr zugunsten postmoderner Ansätze aufgibt, ein politisches Feld räumt, das die Neue Rechte besetzen müsse. Die Linken hätten sich in der Mehrzahl mittlerweile so weit von ihren klassischen Themen Kapitalismuskritik, Antiimperialismus und Klassenkampf entfernt, dass sich der Versuch einer Zusammenarbeit im Rahmen einer sogenannten Querfrontstrategie von selbst verbiete. Es sei nun die Aufgabe der Rechten, linke und rechte Elemente der Gesellschaftsanalyse auf eine innovative Weise zu verbinden.[595]

Exkurs: Ein Gespräch mit Kubitschek und Kositza über die Gewalt

In Vorbereitung auf meinen Besuch in Schnellroda hatte Ellen Kositza ein Buch beiseitegelegt. Es handelte sich um den Band »Wir '89er«, in dem sie selbst mit einem Beitrag vertreten ist. »Für die linke Mehrheitskultur ist der Rechte bereits kein Mensch mehr«, liest sie eine Passage aus Roland Bubiks Vorwort vor: »Er ist das Schlecht-Wollende im menschlichen Körper. Man spricht nicht mit ihm, man entlarvt ihn. Man hört ihm nicht zu, denn das Gesagte ist nur Vorwand für das Böse, das eigentlich gewollt ist.«[596]

Woran liegt es, dass Sie mit dem, was Sie als Rechte innerlich bewegt, von außen so viel Widerstand bekommen?

Götz Kubitschek: Dafür gibt es einen Fächer an Gründen. Einer ist sicher, dass wir das, was wir denken und empfinden, selbst als rechts bezeichnen, was wiederum mit unserer widerborstigen Natur zu tun hat. Täten wir das nicht, würden wir damit leichter durchkommen. Die AfD scheut sich ja auch, sich rechts zu nennen. Durch das Wort »rechts« wird eine emotionale Hürde aufgebaut, die die einen von den anderen trennt. Das ist das eine.

Das andere ist: Ich glaube, wenn die Berichterstattung fair wäre, und man unsere Konzeptionen so darstellte, wie wir sie meinen, wäre das alles unproblematisch. Ich weiß wirklich nicht, in welcher Form wir eigentlich noch äußern sollen, dass wir den gewaltlosen Widerstand für den angemessenen Widerstand halten, dass es bei uns keine Gewaltkonzeptionen gibt. Das, was wir maximal befürworten, sind Ordnungswidrigkeiten, etwa Hausfriedensbruch oder Blockaden.

Wir haben Pegida von der zweiten oder dritten Demonstration an begleitet. Die Dresdner Bürger, die da unterwegs waren, waren vollkommen friedlich. Die Teilnehmer haben wochenlang nicht geglaubt, dass die Presse nach so einem friedlichen Montag schreiben kann, es seien Nazis unterwegs gewesen. Aber die Presse hat es geschrieben. Das hat die Leute dazu gebracht, dass sie nach der zehnten Demonstration dachten: »So, jetzt langt's. Das kennen wir aus der DDR. Das ist die Lügenpresse.«

Bei unseren Aktionen ist nie irgendjemand zu Schaden gekommen, weder bei einer Pegida-Demonstration noch bei einer Aktion der Identitären oder bei sonst irgendetwas, das wir getan haben. Auf Seiten der Linken gehören solche Aktionsformen zum politischen Alltagsbesteck. Wenn ich mir anschaue, wie die Achtundsechziger über die Gewalt philosophiert und sie dann auch durchgezogen haben, wenn man an die weitverbreitete Sympathie für die RAF denkt, dann sind wir Lämmer im Vergleich dazu, und zwar nicht aus taktischen oder strategischen Überlegungen heraus, sondern aus Überzeugung.

Die Verdachtsmomente, was die Ihnen unterstellte Gewaltbereitschaft betrifft, führe ich auch darauf zurück, dass Sie eine Metaphorik verwenden, die dem Kriegerischen entspringt. Wer beispielsweise von Ihnen geprägte Begriffe wie »Einmannkaserne« oder »Vorbürgerkrieg« in einem

der Zeitungsartikel liest, die über Sie erscheinen, dem drängt sich der Gewaltverdacht doch geradezu auf.

Götz Kubitschek: Dazu zwei Dinge. Zum einen ist es natürlich so, dass diese Begriffe in so einem Kontext aus ihrem Zusammenhang gerissen sind. Ich bin davon überzeugt, dass wir uns nicht in einer handfesten Bürgerkriegssituation befinden. Wir wollen den Staat über das Argument und über eine kulturelle Hegemoniestrategie zu einer Tendenzwende bringen – und nicht gewalttätig. Aber wenn wir das äußern, kommt sogleich die Denkfigur der »Herrschaft des Verdachts« ins Spiel. Das heißt, man unterstellt uns, wir redeten nur aus taktischen Gründen so. Wären wir dann an der Macht, würden wir aber KZs bauen. Das finde ich unerhört.

»Vorbürgerkrieg« oder »geistiger Bürgerkrieg« sind Begriffe, die den Ausdruck »molekularer Bürgerkrieg« von Hans Magnus Enzensberger adaptieren, dem man den Gewaltvorwurf nicht gemacht hat. »Einmannkaserne« wiederum rekurriert auf Jonathan Meese. Politik ist für uns auch eine Kunstform. Metapolitik begreifen wir als den Versuch, Dinge so anzumalen, dass sie interessant werden. Meese ist ja in erster Linie kein Künstler, sondern eine PR-Maschine. Was bei einem anderen als wahnsinnig spannend ausgelegt werden würde, wird uns schlecht ausgelegt.

Außerdem sind Politik und Metapolitik ja tatsächlich Kampffelder. Die Politik ist ein polemisches Geschäft. Dabei wird auch eine militärisch aufgeladene Sprache verwendet. Die Auseinandersetzung, die mit der AfD gerade geführt wird, ist eine echte Auseinandersetzung. Die Enthemmung der Sprache ist dabei für uns nichts Schönes. Wenn sich beispielsweise der SPD-Landesvorsitzende von Sachsen-Anhalt, Burkhard Lischka, hinstellt und behauptet, dass sich bei uns in Schnellroda regelmäßig Holocaustleugner und Nazis träfen, ist das eine hoch aggressive Erfindung. Wir argumentieren so nicht.

Ellen Kositza: In der *Frankfurter Allgemeinen Zeitung* schrieb Redakteur Reinhard Bingener: »Wer mit einem Dreck rammelt, er gewinne oder verliere, so gehet er beschissen davon.«[597] Der Dreck ist mein Mann, meine Güte! Vielleicht haben wir unterschätzt, für wie bierernst manches genommen wird, was wir als eine Art Markenlogo verwenden. Wir hatten mal einen dummen und bösartigen Journalisten zu Gast, der hat uns immer wieder gefragt: »Schlagen Sie Ihre Kinder? Schlagen Sie Ihre Kinder unter Umständen? Wie oft schlagen Sie Ihre Kinder?« Das haben wir anderen Journalisten, die vom *Spiegel* kamen, geschildert, weil wir es witzig fanden. Die fanden das auch ein bisschen witzig, haben dann aber gesagt, es gibt doch so ein Video von Ihnen, Frau Kositza. Sie rekurrierten auf meinen Videoblog, in dem ich Bücher vorstelle. In einem dieser Filme sage ich: »Wenn bei uns ein Kind ›Scheiße‹ sagt, bekommt es sofort mit Seife den Mund ausgewaschen.« Das war ein Gag. Wir dachten, es müsse klar sein, dass es sich dabei um ein ironisches Spiel mit den Bildern handelt, die man sich von uns macht.

Götz Kubitschek: Es gab danach Twittermeldungen, in denen es hieß, in Schnellroda wird Kindern der Mund mit Seife ausgewaschen. Und dann folgte suggestiv die Frage: Ein Fall für das Jugendamt?

Ellen Kositza: Es gibt eine Panikbereitschaft gegenüber rechten Leuten, die wir vielleicht bislang nicht ernst genug genommen haben.

Götz Kubitschek: Laut Denken ist nicht das Gleiche wie Handeln. Das ist etwas, was ich den Leuten sehr gern mal klarmachen würde. Zwischen Nachdenken und Handeln gibt es immer noch eine Entscheidungssperre. Ich kann über vieles nachdenken, vielleicht sogar von manchem träumen. Wenn ich eine besonders gehässige Stunde habe, kann ich mir sogar einiges wünschen, vielleicht sogar etwas Böses. Aber vor der Realisierung des Wunsches steht eine Entscheidung und dann muss die Handlung auch noch durchgeführt werden. Das sind Hürden zwischen dem Sprechen und dem Handeln.

Ellen Kositza: Aber auf was spielen Sie (gemeint ist Kubitschek) jetzt an? Wenn einer sagen würde: »Der Kubitschek gehört an den Galgen«, da würden Sie doch auch sagen: »Das ist unter aller Sau.« Geben Sie doch mal ein konkretes Beispiel.

Götz Kubitschek: Nehmen wir beispielsweise einmal an, jemand würde sagen: »Im Grunde wäre es für die Erhaltung unserer Kultur, den Frieden und die Zukunftsfähigkeit unseres Landes notwendig, dass wir die relative Homogenität wiederherstellen und von den vielleicht zehn Millionen echten Ausländern, die wirklich fremd und nicht integriert sind, zwei Drittel nach Hause schicken.« Jetzt kommt die Praxis. Die ist natürlich eine andere. Da geht es dann um 100 Fragen der Machbarkeit, der sozialen Härte, des menschlichen Augenmaßes, der humanistischen Grundprägung, der geschichtlichen Erfahrung und der rechtlichen Normen. Das heißt: Nichts wird so heiß gegessen, wie es gekocht wird.

Politisch handeln heißt immer, im Kompromiss zu handeln. Wir haben Respekt vor Menschen, die politisch handeln müssen. Wir reden ja nur, theoretisieren, sind Metapolitiker. Es gibt keine Umsetzung der reinen Lehre. Wenn sie umgesetzt werden würde, wäre das ein Gewaltakt. Was dann geschieht, haben Lenin oder Hitler gezeigt. Sie hatten die Machtmittel und keine Bindung an Gott oder eine humanistische Grundtendenz. Aber so sind wir nicht – nicht mal im Traum.

Die Leute sind auf das echte Gegenargument, das vielleicht auch mal laut vorgetragen wird, gar nicht mehr vorbereitet. Sie sind es gewohnt, dass sie Diskussionen vorgesetzt bekommen, wo sich fünf Leute im Grunde einig sind – oder wo einem André Poggenburg, einem Björn Höcke oder einer Beatrix von Storch gleich vier Kontrahenten gegenübersitzen.

Es gibt wunderbare Ton- und Filmdokumente aus den sechziger und siebziger Jahren, die zeigen, wie wild und kontrovers die Diskussionen damals waren, ohne dass einer der Beteiligten dabei aggressiv wurde und die Auseinandersetzung abbrach. Stattdessen wurde argumentativ miteinander gerungen. Damals diskutierten Arnold Gehlen mit Theodor W. Adorno, Ralf Dahrendorf mit Venohr. Zwar sind sie hinterher nicht einer Meinung, aber sie sind sich einig, dass miteinander gesprochen werden muss, und gehen vielleicht etwas miteinander trinken.

Meine Empfehlung an die »politischen Gegner« lautet: Redet mit uns, redet mit der AfD und lernt unsere Konzepte kennen. Das ist erstens der Weg zur Entzauberung und zweitens der Weg zum Kompromiss. Das bedeutet natürlich Machtverlust. Das Establishment muss lernen, die Macht zu teilen. Das wird über kurz oder lang sowieso passieren. Das ist gar nicht aufzuhalten. Die Elite wird ergänzt werden. Das ist der normale Vorgang in einer offenen Gesellschaft.

Dem Bösen keine Bühne: Das Theater schafft sich ab

Anfang 2017 wollten zwei Theater unabhängig voneinander den Neuen Rechten auf den Zahn fühlen. Zu diesem Zweck wurden Podiumsveranstaltungen vorbereitet. Am Ende wurde nichts daraus. Die Diskussionen wurden nach mehr oder weniger heftigen Protesten abgesagt. Die kamen nun allerdings nicht von rechts, sondern aus der Mitte der Zivilgesellschaft. Man nahm Anstoß daran, dass jeweils nicht über, sondern mit einem Rechten diskutiert werden sollte. Für den 17. März war im Zürcher Theaterhaus Gessnerallee eine Podiumsdiskussion mit dem Titel »Die neue Avantgarde« geplant, an der neben dem Kunstwissenschaftler Jörg Scheller Laura Zimmer von der Operation Libero, Olivier Kessler vom Liberalem Institut Zürich und dem Moderator Christopher Kriese auch der AfD-Politiker und Philosophie-Dozent Marc Jongen eingeladen war. Dafür ernteten die Veranstalter heftige Kritik.[598] In einem offenen Brief, den mehrere hundert Kulturschaffende aus dem deutschsprachigen Raum unterzeichneten, warf man ihnen »Blauäugigkeit« vor. Jongen sei »einer der raffiniertesten Rhetoriker (Demagogen) in den Reihen der AfD«. Seine »Anverwandlung von Sloterdijks politisch-psychologischem Versuch namens Zorn und Zeit«, heißt es, sei »jenseits der vermeintlichen Analyse längst Handlungsanweisung geworden – jede Störung einer Theaterveranstaltung, jeder Angriff auf eine linke Buchhandlung, auch jede brennende Geflüchtetenunterkunft sind angewandte und durch diesen Diskurs legitimierte ›Zornpolitiken‹«.

Marc Jongen, so suggeriert der Brief, sei vor allem eines: ein gefährlicher geistiger Brandstifter. Der Brief mündet in der Aufforderung an die Bühne sowie »alle anderen Theater und Theatermacher_innen«, der AfD »keine Bühne zu bieten«. Der Schlusssatz lautet: »Mit solidarischen Grüßen an alle, die gegen den Hass auftreten«.

Schließlich blies das Theater das anberaumte öffentliche Gespräch ab. In der Begründung ist von »Diffamierungen, persönlichen Beleidigungen und Erpressung« die Rede. Offenbar rechnete man auch mit Gewalt von Seiten der Kritiker: »Die Veranstaltung stellt mittlerweile ein Sicherheitsrisiko für die Podiumsteilnehmer_innen, unsere Mitarbeiter_innen und unser Publikum dar. Das Podium kann nach der derzeitigen Einschätzung nur unter erhöhtem Sicherheitsaufwand, durch das Engagement einer Sicherheitsfirma und je nach Lagebeurteilung der Stadtpolizei mit deren Präsenz im Außenraum der Gessnerallee stattfinden. Wir sind nicht bereit, eine Veranstaltung unter diesen Bedingungen durchzuführen und bedauern diese Umstände sehr.«

Vielleicht wäre es gerade unter diesen Bedingungen interessant gewesen, die Diskussion stattfinden zu lassen. Wenn Diskussionsrunden mehr sein sollen als bloße Selbsthilfegruppen, kommentierte *FAZ*-Redakteur Simon Strauß das Geschehen, »dann kann ein echter Dissens wohl nicht schaden. Das Theater mit seiner alten Expertise für Spannungsaufbau ist der Ort dafür, wenn schon das Fernsehen oft aus Bequemlichkeitsgründen davor zurückschreckt.«[599]

Ein ähnlicher Vorgang wie in Zürich konnte ein paar Wochen zuvor in Sachsen-Anhalt beobachtet werden. Das Theater Magdeburg hatte unter dem Titel »Falsch abgebogen? – Rechtsruck in Sachsen-Anhalt und Europa« für den 19. Januar 2017 um 19:30 Uhr zum Politischen Salon in das Schauspielhaus geladen. Auf dem Podium sollten Elisabeth Schweeger, die Leiterin der Akademie Darstellende Kunst Baden-Württemberg, und Sachsen-Anhalts Innenminister Holger Stahlknecht (CDU) mit Götz Kubitschek diskutieren. Als

Moderatorin war die MDR-Reporterin Vera Wolfskämpf vorgesehen. Auch diese Veranstaltung platzte. Der Grund: Der Innenminister sagte ab. Dadurch sei ein Ungleichgewicht unter den Podiumsgästen entstanden, die »eine fundierte Kritik an den ›neurechten‹ Ideologien Götz Kubitscheks« nicht mehr möglich mache, teilte das Theater auf seiner Homepage mit.[600]

Schon bald nachdem die Veranstaltung angekündigt worden war, hatte es Kritik gehagelt.[601] »Das ist nicht euer Ernst, oder?«, twitterte die grüne Bundestagsabgeordnete Steffi Lemke an das Theater. Ihre Parteifreundin Cornelia Lüddemann, Fraktionschefin der Bündnisgrünen in Sachsen-Anhalt, twitterte, sie finde die Veranstaltung »unglaublich und verantwortungslos«. Die geplante Gesprächsrunde würde die Neue Rechte stärken, befürchtete Henriette Quade, die Landesvorsitzende der Linken in Sachsen-Anhalt. Kubitschek und seine Freunde von der AfD würden vor Lachen nicht in den Schlaf kommen. Die Publizistin Liane Bednarz wiederum wollte sich nicht damit abfinden, dass Kubitschek im wahrsten Sinne des Wortes salonfähig gemacht werde. SPD-Landeschef Burkhard Lischka griff Minister Stahlknecht direkt an. »Ich bin einigermaßen fassungslos, dass sich Sachsen-Anhalts Innenminister, immerhin Chef des Verfassungsschutzes im Land, mit einem vom Verfassungsschutz beobachteten Rechtsextremisten gemeinsam auf ein Podium setzen will«, sagte er. Eine politische Aufwertung, wie dieser sie praktizieren wolle, verbiete sich von selbst.

Das Theater wies die Kritik zurück. Die Demokratie halte eine Diskussion mit Kubitschek aus. Stahlknecht verteidigte zunächst seine Teilnahme. Die CDU stelle sich solchen Debatten. Das gehöre zur Meinungsfreiheit. 1989 hätten die Menschen in der DDR nicht zuletzt dafür demonstriert, dass die Theater frei über ihre Programme entscheiden können. Überraschend kam dann die Mitteilung von Regierungssprecher Matthias Schuppe: Die Veranstaltung könne in dieser Form nicht stattfinden. Ein Mitglied der Landesregierung werde nicht daran teilnehmen. Schließlich sagte Stahlknecht ab.

Zum Bedauern von Elisabeth Schweeger. »Wir müssen reden!«, sagte sie im Gespräch mit MDR Kultur. Das Theater sei der beste Ort, um mit Leuten wie Götz Kubitschek öffentlich zu sprechen. Es verfüge über einen »geschützten Freiraum«, den die Politik in dieser Form nicht besitze.

Auch Bernd Stegemann kann sich mit dem Rückzieher der Regierung in Sachsen-Anhalt nicht anfreunden. Der Professor für Dramaturgie an der Hochschule für Schauspielkunst »Ernst Busch« hat sich in den vergangenen Jahren mit seinen Büchern »Kritik des Theaters« (2013) und »Lob des Realismus« (2015) sowie einer Reihe von vielbeachteten Zeitungsartikeln deutlich vernehmbar in die Debatte um die Aufgaben der darstellenden Kunst eingemischt. Er hat zu dem Vorfall eine klare Meinung: »Offensichtlich ist das Milieu, in dem das so entschieden wurde, mittlerweile von großer Angst heimgesucht«, sagt er mir Anfang Februar 2017. »Offenbar«, fährt er fort, »befürchtet man, die eigene Position nicht so behaupten zu können, dass man am Ende als Sieger vom Platz geht. Dadurch wird meines Erachtens ungewollt ein sehr beängstigendes Signal ausgesendet: Wir fühlen uns nicht mehr in der Lage, unsere politische Meinung öffentlich so potent zu vertreten, dass nicht Herr Kubitschek der Star des Abends ist, sondern die Verteidiger der offenen Gesellschaft.«[602] Wir sitzen an einem Seminartisch in den Räumlichkeiten der Hochschule »Ernst Busch«, die in einem Hinterhof in der Immanuelkirchstraße im Prenzlauer Berg gelegen ist. Die Aktionsformen der Neuen Rechten beinhalten viel dramatisches Potential und die Bühnen werden zudem Schauplatz der mit ihnen geführten Auseinandersetzung. Darüber will ich mich mit dem streitbaren Theatermann unterhalten, der 2017 mit einem weiteren Buch Furore machte: »Das

Gespenst des Populismus«. Diesmal ging es nicht um das Theater, sondern um die Auseinandersetzungen auf der politischen Bühne: die Flüchtlingspolitik Angela Merkels, das Erstarken der Rechten und die Rolle der Linken, die nach Auffassung von Stegemann einem liberalen Populismus auf den Leim zu gehen droht.

Das Wetter ist trüb. Es passt zum düsteren Bild, das mein Gesprächspartner vom Verhalten des politischen Personals in Sachsen-Anhalt zeichnet. »Wir wissen aus der Weltgeschichte, dass Machtstrukturen, die sich unsicher fühlen, immer zu denselben Mitteln greifen. Je ängstlicher ein System ist, desto rigider ist es in seinen Sprechverboten. Umgekehrt gilt: je sicherer sich ein Regime fühlt, desto liberaler geht es mit Meinungsdifferenzen um.«

Die demonstrative Gesprächsverweigerung ist ein Kampfmittel, das linksradikale Aktivisten seit Jahrzehnten nutzen, wenn es gegen die radikale Rechte geht. Man stört Vorträge, unterbricht Podiumsveranstaltungen und versucht, den politischen Gegner daran zu hindern, seine Ansichten vor einem Publikum zu äußern.

Stegemann hält es für eine legitime politische Strategie, wenn eine politische Gruppe den Diskursraum auf diese Weise stört. Sie müsse dann mit den Gegenreaktionen klarkommen. Wenn aber diejenigen zu diesem Mittel greifen, die als Minister oder hochrangige Politiker selbst zu den Repräsentanten der sich selbst als pluralistisch und demokratisch verstehenden politischen Ordnung zählen, hört sein Verständnis auf. Ein Problem hat er damit, wenn so eine Strategie vom Mainstream verfolgt wird. Also wenn diejenigen, die für sich in Anspruch nehmen, eine offene Gesellschaft zu vertreten, auf einmal sagten: »Aber wir bestimmen, was zur offenen Gesellschaft gehört und was nicht. Diejenigen, die nicht offen sind, dürfen in der offenen Gesellschaft – unserer ›Gated Community‹ – nicht mitmachen.« Damit werde der Begriff der offenen Gesellschaft zu einem Synonym für Abschließung.

Die Auseinandersetzung um Götz Kubitscheks Auftritt am Theater Magdeburg hatte ein juristisches Nachspiel. Der Verleger verklagte den SPD-Landesvorsitzenden Burkhard Lischka wegen dessen Behauptung, Kubitschek werde vom Verfassungsschutz beobachtet. Das Landgericht Halle gab Kubitschek recht. Ihn hatte schon lange gestört, dass der Verfassungsschutz zu politischen Zwecken instrumentalisiert wird. Mir gegenüber sagte er: »Ich halte es für ein Grundübel, dass der Verfassungsschutz sagen darf, wen er verdächtigt. Aus meiner Sicht sollte er dort berichten, wo er tatsächlich so viel handfestes Material zusammengetragen hat, dass ein Verbot empfohlen wird. Die Äußerung des Verdachts ist ein rein politisches Instrument. Das ist nicht redlich.«

Verordnungsliberalismus

Bernd Stegemann hat viele Jahre als Dramaturg am Frankfurter Theater am Turm (TAT), am Deutschen Theater sowie an der Schaubühne am Lehniner Platz in Berlin gearbeitet. Der Theatermann versteht es, in Gegensätzen zu denken. Diese Methode der Reflexion wird Dialektik genannt. Sie kann ein sehr produktives Mittel der Auseinandersetzung mit einem Thema sein. Auf der Theaterbühne, aber auch im politischen Raum. Die Demokratie lebt davon, dass gegensätzliche Interessen formuliert und offen ausgetragen werden. Das, so Stegemann, sei aber zunehmend nicht mehr der Fall. »Die Herausforderung für das Gegenwartstheater besteht darin, dass unsere heutige Gesellschaft dauernd damit beschäftigt ist, Widersprüche unsichtbar zu machen, sie durch ganz bestimmte Sprechweisen zu vernebeln.« Es gebe so etwas wie eine Bunkermentalität, die bis in die Mitte der Gesellschaft vorgedrungen sei. Alles, was gegen die offene Gesellschaft ins Feld geführt wird, müsse aus dieser Perspektive tabuisiert, moralisiert und ausgegrenzt werden. »Nachdem man entdeckt hatte, dass Sprache eine Waffe sein kann, die sich dazu eignet, andere Menschen zu verletzen, ist man zu der Auffassung gelangt, dass ihre Verwendung reguliert werden müsse. Manche Leute nehmen für sich in Anspruch, dass sie das besser können als andere, die sie in der Rolle von Schülern sehen, denen das richtige Sprechen beigebracht werden muss. Wer sich diesem richtigen Sprechen verweigert, darf dann nicht mehr mitsprechen.« Mit dem Poststrukturalismus habe eine übertrieben moralische Political Correctness Einzug in den öffentlichen Raum gehalten. »Sie hat sprachpolizeiliche Aufgaben übernommen«, meint Stegemann. Eine fruchtbare politische Auseinandersetzung werde dadurch erschwert. Ich teile Stegemanns Einschätzung.

In Politik, Kultur, Wissenschaft und Gesellschaft hält ein merkwürdiger Verordnungsliberalismus Einzug, der wenig mit Freiheit, dafür viel mit Bevormundung zu tun hat. Was den allseits proklamierten Kampf gegen rechts betrifft, könnte der Schuss unter diesen Bedingungen nach hinten losgehen. Viele Theaterleute, die sich ohnehin schon als Verfechter der kulturellen Vielfalt, der Anliegen von Minderheiten und der Menschenrechte verstanden, antworteten auf den durch Pegida und die AfD verkörperten Rechtsruck mit einem noch stärkeren Bekenntnis zu ihren zweifellos menschenfreundlichen Anliegen.

Statt den gesellschaftlichen Widersprüchen nachzugehen, welche immer mehr Menschen eher nationalistischen, konservativen und rechten Positionen statt linken Lösungsvorschlägen Gehör schenken lässt, wird das eigene subjektive Empfinden zum Ausgangspunkt und zum Maßstab des Engagements. »Vielleicht sind unsere Gefühle das letzte Große, woran wir glauben wollen. Gott, Karma, Kommunismus stehen momentan nicht hoch im Kurs. Jedenfalls in den linksliberalen Kreisen, in denen wir Theaterschaffende uns gern glauben«,[603] brachte Marianna Salzmann, Dramatikerin und Hausautorin am Maxim Gorki Theater, diese von ihr geteilte Haltung in einem Essay zum Ausdruck. »Durch die Theaterwelt geht gerade – mal wieder – eine Aktionismuswelle. Man müsse was tun gegen die Neonazis, die AfD, für die Flüchtlinge, für Toleranz, Vielfalt etc. Ich glaube nicht, dass es geht, ohne sich selbst reinzunehmen in die Analyse, was eigentlich faul ist in diesem Staate.«[604]

Von sozialen Klassen, der ungerechten Verteilung von Lebenschancen, den Ängsten der sozial Benachteiligten und den Interessen der Industrie und der Superreichen, ist in ihrem Text keine Rede. Viel hingegen von Postkolonialismus, Queerness, der Befindlichkeit und Verantwortung ihres eigenen Milieus. »Natürlich kann es nicht darum gehen, die ›Angst‹ von solchen Gruppen wie Pegida und AfD ernst zu nehmen«,[605] schreibt die Autorin, die »Hass« und »Wohlstandschauvinismus« ohnehin für die besseren Wörter hält. Worauf es ankäme, sei die Dekonstruktion der eigenen Gefühle. Wären diese erst von jeder Spur von Rassismus oder Diskriminierung befreit, so scheint sie zu glauben, könnte ihr Milieu zum nachahmenswerten Vorbild aller Gutmeinenden werden. Sie schließt ihre Überlegungen mit dem Satz: »Das Ziel muss doch sein, eine gerechtere Gesellschaft zu behaupten, und zu leben, als wäre das Theater die kleinste Zelle dieser Utopie.«[606]

Diese Aufforderung zur moralischen Selbstreinigung erinnert mehr an die neoliberale Aufforderung zu ständiger Selbstoptimierung als an eine Haltung, aus der heraus sich eine Bewegung bilden lässt, die genug Kraft aufbringt, um grundlegende gesellschaftliche Macht- und Eigentumsverhältnisse in Frage zu stellen und zu verändern. Sind die jungen Menschen, die sich heute im Bereich der darstellenden Künste ausbilden lassen, auf harte gesellschaftliche Konfliktlagen, auf politische Auseinandersetzungen überhaupt eingestellt? »Das sind sie definitiv nicht«, ist sich Stegemann sicher.

»Der überwiegende Teil der Bewerberinnen und Bewerber kommt aus einem Milieu, in dem die materiellen Fragen keine existentiellen Fragen sind. Von daher stellen sich ihnen Eigentumsfragen, Verteilungsfragen und Gerechtigkeitsfragen aus der eigenen Lebenswirklichkeit heraus erst einmal so gut wie gar nicht. Stattdessen rücken identitätspolitische Fragen in den Vordergrund: Wer bin ich? Was will ich? Wie fühle ich mich gerade – und wie kann ich mein Fühlen noch entwickeln? Es geht um Fragen nach der eigenen Befindlichkeit und so gut wie gar nicht um Fragen nach den Bedingungen der Existenz. Die wenigen, die aus einer tatsächlichen Erfahrung von Entfremdung heraus das Bedürfnis entwickeln, das mit ihrer Kunst mitzuteilen, sind extrem selten. Sie haben es außerdem schwerer im heutigen Betrieb. Denn die anderen sind viel prädestinierter dafür, im gegenwärtigen Kunstdiskurs mitzumischen. Denn dieser Diskurs ist auf die Verfeinerung der idiosynkratischen Geschmacksurteile ausgerichtet und nicht auf die harte Zuspitzung oder Analyse von realen materialistischen Widersprüchen.«

Erschwerend komme hinzu, dass diejenigen, die mit materiellen Problemen zu kämpfen haben, weniger Kontakt zu künstlerischen Ereignissen hätten. Sie kämen daher viel seltener auf den Gedanken, dass die künstlerische Betätigung ein Weg der Auseinandersetzung für sie sein könnte. »Der emanzipatorische Ansatz, die Kunst als Waffe gegen die eigene oder die kollektive Not zu verstehen, ist so gut wie verschwunden. Kunst ist nicht mehr Waffe, sondern ein Weg zur Selbstverwirklichung«, lautet Stegemanns Befund. Für die gegenwärtige »Generation Maybe« sei Wahrheit, was sich gut anfühlt. »Wenn sich etwas nicht gut anfühlt, dann könne irgendetwas nicht stimmen. Diesen Zahn versuchen wir ihnen hier an der Schule zu ziehen. Wir versuchen an dieser Stelle dialektisches Denken zu platzieren.«

Dass dies auch bitter nötig ist, zeigt der Umgang des Maxim Gorki Theaters mit einer Provokation der Identitären. Am 12. September 2016 fand in dem traditionsreichen Haus eine von dem Sender *Radioeins* live übertragene Diskussion zwischen dem Verleger der linksliberalen Wochenzeitung *Der Freitag*, Jakob Augstein, sowie der Theologin und ehemaligen Bischöfin Margot Käßmann statt, in der es unter anderem um das Thema Vollverschleierung ging. Die Identitären unterbrachen. Sie standen auf, zeigten ihre Flagge und hielten eine Schilderkette hoch, deren Buchstaben das Wort »Heuchler« ergaben.

Einmal mehr schien es darum zu gehen, Angehörigen einer linksliberal eingestellten Elite ihre vermeintliche oder tatsächliche Doppelmoral zu unterstellen. Sie seien es, lautet der Vorwurf, welche die Flüchtlinge einlüden, die aus ihrem Zuzug resultierenden Probleme aber müssten Geringverdiener ausbaden, die nicht gefragt wurden. Diese verfügten nicht über die finanziellen Mittel, um wegzuziehen, wenn sich die Konfliktlagen im Kiez zuspitzten. Die Identitären unterbrachen die Veranstaltung für mehrere Minuten mit Ausrufen wie »Augstein, Käßmann, hört gut her! Die Zukunft wird identitär!« und »Europa! Jugend! Reconquista!«. Auf das Angebot von Augstein, mit ihnen zu diskutieren, gingen sie nicht ein. Schließlich verließen sie den Saal wieder.

Ich bitte Stegemann, das Geschehen aus der Sicht des Dramaturgen zu analysieren. »Das Zeigen der Heuchler-Schilder durch die Identitären ist eine Strategie, mit deren Hilfe ein doppelter Widerspruch inszeniert wird. Einerseits stellten sich diejenigen, die die Schilder hoch hielten, in den Gegensatz zu der Position, die auf der Bühne verhandelt wurde. Gleichzeitig ist der Inhalt des Widerspruchs, dass sie sagen: Ihr auf der Bühne habt auch einen Widerspruch mit euch selbst und den agiert ihr nicht öffentlich aus, sondern ihr kaschiert und versteckt ihn. Wir haben damit eine klassisch-dialektische dramatische Situation vor uns. Den Ausgangspunkt für eine Handlung. Wenn es dabei bleibt, wie im geschilderten Fall, dann hat man jemanden vor das Schienbein getreten und das war's. Das ist schade«, bedauert Stegemann. Er hätte es interessant gefunden, wenn es auf der Bühne zu einem Konflikt zwischen den Diskutierenden und denen gekommen wäre, die ihnen Heuchelei unterstellten. »Man wäre aus der reinen Pose rausgekommen und in einen Prozess hineingegangen. Dem haben die Protestierenden sich verweigert.« Ich wende ein, dass die rechten Aktivisten genau das erreichten, was sie mit ihrer Aktion bezweckt hatten, sie reizten das Theater zu einer Überreaktion und die folgte tatsächlich.

Seit November 2016 war auf einer hauseigenen Reklametafel des Maxim Gorki Theaters, einem sogenannten Banner, mehrere Monate lang Folgendes zu lesen: »Wir behalten uns vor, von unserem Hausrecht Gebrauch zu machen und Personen, die rechtsextremen Parteien oder Organisationen angehören, der rechtsextremen Szene zuzuordnen sind oder bereits in der Vergangenheit durch rassistische, nationalistische, antisemitische oder sonstige menschenverachtende Äußerungen in Erscheinung getreten sind, den Zutritt zur Veranstaltung zu verwehren oder von dieser auszuschließen.« Nach Ansicht Stegemanns versagte die Bühne an dieser Stelle total. »Diese Art von Einreisestopp, die das Gorki da qua Transparent propagiert hat, ist ein Armutszeugnis für ein Theater, das von seinem Wesen her ein Ort der Öffentlichkeit ist, an dem der zivilisierte Widerspruch ausgetragen werden sollte. Das ist keine kluge Reaktion vom Gorki gewesen und sie hat ihm zu Recht viel Kritik eingetragen. Die intelligenteste, die ich gelesen habe, lautete: Das war gar kein Signal an mögliche Zuschauer, sondern eines an sich selbst: Wir sind ein

›Safe Space‹ für alle, die sich bedroht und durch die neue identitäre, rechte Bewegung gefährdet sehen. In den USA ziehen sich die Studierenden immer mehr zurück, in sogenannte Safe Spaces. Sie wollen gewarnt werden, wenn irgendetwas in der symbolischen Ordnung passiert, was sie in ihrer Heilheit irritieren könnte. In diese Tradition hat sich das Gorki gestellt. Das ist das genaue Gegenteil von dem, was das Theater seinem Wesen nach ist: ein Ort, an dem die Tragödie stattfindet: die große Kollision der sich gegenseitig ausschließenden Ansprüche von Wahrheit.« Das Wesen des Theaters bestehe darin, die gesellschaftlichen Widersprüche so darzustellen, dass sie konkret begreifbar werden. Dazu brauche es eine dramatische Struktur, wie immer sie als Text auch gefasst ist, und es brauche die Schauspieler. »Ein A spielt eine Figur B vor einem C vor. Das ist das Dreieck des Theaters«, erläutert Stegemann. »Jemand spielt etwas anderes vor jemand anderem, der sich das anguckt. Und das, was er vorspielt, ist ein Widerspruch.«

Auch der Journalist Simon Strauß hält das vom Maxim Gorki Theater gewählte Vorgehen nicht für den richtigen Weg, um den Rechtspopulismus zu schwächen. »Das Theater sollte sich doch vor Demagogie und Streit am wenigsten fürchten. Jahrtausendelang hat es Außenseitern und Bösewichten eine Bühne geboten, nicht um ihnen zu huldigen, sondern um sie durch das Spiel der Worte zu widerlegen. Eine moralistische Anstalt kann das Theater jedenfalls nur dann sein, wenn es mutig genug ist, sich auch die moralischen Gegner der etablierten Mitte auf die Bühne und ins Publikum zu holen«,[607] so Strauß.

Zu den zahlreichen Besuchern, die Götz Kubitschek und Ellen Kositza mittlerweile bei sich zu Hause empfangen haben, gehört auch Tuvia Tenenbom. Dem Gründer des Jewish Theater of New York, der zu dieser Zeit für seine Reportage »Allein unter Flüchtlingen« recherchierte, war von mehreren Seiten zugetragen worden, dass in Schnellroda der geistige Vater der Anti-Einwanderungsbewegung leben würde. »Kurzum: Der Mann ist ein Schurke«, schreibt Tenenbom, um gleich darauf fortzufahren: »Ich liebe Schurken. Ja, wirklich. Nachdem ich über zwei Jahrzehnte meines Lebens als Theatermacher zugebracht habe, weiß ich, dass es kein lohnendes Drama ohne Schurken gibt, dass sich ohne sie kein gutes Garn spinnen lässt und dass das Leben ohne die Verrufenen extrem langweilig wäre. Ich muss diesen Mann sehen. Meinen Sie nicht auch?«[608]

Falk Richter und die AfD

Eine Auseinandersetzung mit den gesellschaftlichen Widersprüchen, die zum Erstarken der Rechten geführt haben, wäre eine ureigene Aufgabe für das Theater. Zumal die Protagonisten dieser Rechten durch ihre fortgesetzten Angriffe auf das, was heute auf den Bühnen geschieht, diese ungewollt politisch aufwerten. »Offensichtlich nehmen die die Kultur ernst, räumen den Künsten oder dem Theater auch eine große Bedeutung ein, eine Bedeutung, die ich durchaus auch fürs Theater reklamieren würde«, sagte Ulrich Khuon, Intendant des Deutschen Theaters Berlin, anlässlich der Proteste der brandenburgischen AfD gegen die deutsche Erstaufführung des Stücks »Illegale Helfer« am Hans Otto Theater in Potsdam.[609] Die Aufzählung von AfD-Interventionen gegen Theateraufführungen lässt sich mühelos fortsetzen.

So zog das seit Oktober 2016 im Anhaltischen Theater in Dessau laufende Tanzprojekt »Das Fremde so nah« von deutschen und syrischen Jugendlichen den Unmut der AfD in Sachsen-Anhalt auf sich. »Das ist ein manipulatives Theaterprojekt, das darauf abzielt, Jugendlichen den Sinn für die Differenz zwischen dem Eigenen und dem Fremden abzuerziehen. Das kann doch nicht Sinn unserer Theater sein«, äußerte der Merseburger AfD-Landtagsabgeordnete

Gottfried Backhaus im Magdeburger Landtag. Er stellte in Frage, ob man solche »linksversifften Stücke« in Zukunft überhaupt noch fördern müsse. Statt »linksliberaler Vielfaltsideologien« forderte der bildungspolitische Sprecher der Landtagsfraktion Hans-Thomas Tillschneider eine »Renaissance der deutschen Kultur«.

Eine Inszenierung von Falk Richters Stück »Fear« an der Berliner Schaubühne wurde schließlich zum Gegenstand einer Auseinandersetzung mit prominenten Vertreterinnen der Neuen Rechten, die juristisch ausgefochten wurde. Beatrix von Storch, die Vizevorsitzende der AfD, und Hedwig Freifrau von Beverfoerde, die Organisatorin der von sogenannten Lebensschützern getragenen »Demo für Alle«, hatten gegen die Verwendung ihrer Porträts in der Theaterproduktion Klage erhoben. Sie machten ihre Persönlichkeitsrechte geltend. Das Gericht hatte zu prüfen, ob diese höher zu veranschlagen wären als die Kunstfreiheit. Im Frühjahr 2016 wies das Berliner Landgericht die Klagen in zweiter Instanz als unbegründet zurück. Die Fotos sind Teil einer, wie der Berliner *Tagesspiegel* am 15. Dezember 2015 schrieb, zweistündigen »Collage aus Schauspiel und Tanz, Musik, Toneinspielungen« sowie Videoprojektionen von Pegida-Demonstrationen. Am 3. November 2015, nur kurz nach der Premiere, war es in einer Aufführung bereits zum Eklat gekommen. Der AfD-Sprecher Christian Lüth wollte im Publikum ohne Genehmigung Videoaufnahmen machen. Daraufhin drohte ihm ein Schauspieler mit dem Rauswurf. »Worauf Lüth eine Prüfung juristischer Schritte ankündigte«, so der *Tagesspiegel*. Richter hatte für seine Auseinandersetzung drastische Bilder gewählt. Er bezog in »Fear« mit den Mitteln des Theaters Stellung gegen einen Rechtspopulismus, den er als ernste Gefahr für das Gemeinwesen bewertete. »Hinter AfD und Pegida, vielleicht auch hinter dem Front National, stehen unter dem Vorwand der Volksnähe antidemokratische Kräfte. Sie wollen die bestehende Staatsform stürzen. Sie wollen eine andere

Art von Presse, wollen Einfluss auf die Spielpläne der Theater nehmen, vorschreiben, dass deutsche Klassikerinszenierungen einen ›positiven Bezug zur Heimat fördern‹ sollen. Vor fünf Jahren waren solche Forderungen noch undenkbar«,[610] sagte er in einem Zeitungsinterview. In seinen Augen geht es um die Auseinandersetzung einer offenen Gesellschaft, in der vor allem in den Großstädten gesellschaftliche Vielfalt gelebt wird, mit einer neu aufkeimenden völkisch-nationalistischen und antidemokratischen Bewegung in Gestalt von Pegida und der AfD.[611] Teile der Bevölkerung hätten eine Parallelgesellschaft mit eigenen Presseorganen aufgebaut und verträten eine Weltsicht, die mit der großen Mehrheit der demokratischen Gesellschaft nicht mehr kommunizieren könne. Die infolge des Neoliberalismus zu Einzelkämpfern gemachten Individuen entdeckten im Ausdruck ihrer gemeinsamen Wut gegen das »Fremde« wieder ein »Wir« und ein Gefühl der »Zugehörigkeit«, das ihnen neue Kraft verleihe. Der Hass auf das Fremde sei der Motor, der diesen Neurechten dabei helfe, sich wieder als Handelnde zu entdecken.

Alte und neue Identitäten

Die Suche nach neuen Formen von Zugehörigkeit, nach Identität, ist ein zentrales Motiv in Falk Richters Theaterarbeiten. In »Small Town Boy«, einem seiner bekanntesten Stücke, geht es um junge Menschen, die aus der Enge der Provinz in eine großstädtische Umgebung fliehen, um dort ein selbstbestimmtes Leben kennenzulernen. Männer, Frauen, Singles, Paare, heterosexuell, bisexuell oder homosexuell, mit und ohne Migrationshintergrund: Falk Richter interessiert, wie in einem Prozess, den er »Übergangsgesellschaft« nennt, alte Institutionen wie »Familie, Nation und Beziehung neu definiert werden«.[612]

Im Herbst 2016 will ich mit ihm über den richtigen Umgang mit der Neuen Rechten sprechen. Treffpunkt ist die kleine Kantine des Maxim Gorki Theaters. Nach einem Kaffee führt mich der jungenhaft wirkende Dramatiker in jenen Trakt des Gebäudekomplexes, in dem offenbar die Verwaltung und die Bildungsräume der Einrichtung untergebracht sind. In einem Seminarraum, den wir ganz für uns allein haben, lassen wir uns nieder. Die Welt hinter den Kulissen hatte ich mir immer anders vorgestellt. Das hier riecht nach Oberschule oder Uni-Seminar inklusive Kreidetafel, von Theaterluft keine Spur. Wir reden über »Small Town Boy«. Darin geht es um Menschen, die eine andere sexuelle Disposition haben, als von ihnen erwartet wird, erläutert mir Richter. »Sie sind schwul, können das in ihrer türkischen Community, ihrem Dorf in Bayern nicht leben, weil die Familie, die Dorf- oder die Kleinstadtstruktur nicht zulässt, dass man ein offenes, gleichberechtigtes, selbstbestimmtes Leben führen kann, wenn man schwul oder lesbisch ist. Dafür retten sie sich in die Stadt und gucken, ob sie da neue Familienzusammenhänge, neue Verbindungen leben können, die nichts mit der traditionellen Familie mit Vater, Mutter, zwei oder drei Kindern zu tun haben. Denn dieses Familienmodell ist ihnen versperrt.«[613] In Richters Stücken geht es aber auch immer wieder um die Zerstörung traditioneller Bindungen durch die Einwirkung eines globalisierten, neoliberalen Kapitalismus sowie um die Sehnsucht nach neuen, Halt gebenden Identitäten.

Das ist in meinen Augen gar nicht so weit entfernt von dem, was mir rechte Intellektuelle wie Frank Böckelmann erzählt haben. »Die Zeitdiagnose, dass das neoliberale Wirtschaftssystem dazu führt, dass Menschen mehr und mehr vereinzelt sind, keine Bindungen mehr haben, nur noch Kämpfer für ihr eigenes Projekt sind, dass viele Beziehungen von Interessen durchzogen sind – man ist mehr Teammitglied als wirklicher Freund –, ist erst einmal eine Tatsache«, sagt Richter. Daran knüpfe sich aber die Frage, was daraus resultiert, welche Wünsche aus dieser Situation hervorgehen. Die Menschen im Stück »Small Town Boy« suchten nicht nach einer Identität im Nationalen. »Sie empfinden sich als transnationale Individuen, die zum Teil aus Familien stammen, in denen die Eltern aus zwei verschiedenen Kulturen kommen.« Darin sieht er den Unterschied zwischen den Rechten und ihm. Aber er definiere sich nicht im Gegensatz zu jenen, sondern setze seine eigenen Fragen. Die nach der Identität beschäftige ihn sehr. »Bei meinen Figuren ist es so, dass sie diese Identität in neuen Familien finden, die sie für sich selbst definieren. Familie muss nicht Blutsverwandtschaft oder Vater–Mutter–Kind bedeuten. Familie kann eine Art von Zugehörigkeit bedeuten, das kann eine Beziehung sein. Man kann auch in Beziehung bleiben mit Leuten, von denen man sich nach normalen Maßstäben schon getrennt hat. Die Auflösung traditioneller Familienformen wird nicht als schmerzhaft, sondern als Herausforderung empfunden. Das sind Möglichkeiten, mit dem umzugehen, was unser neoliberales System zerstört und als Trennendes zwischen die Leute setzt, ohne zu reaktionären, patriarchalen Modellen zurückzukehren. Die Nation, die patriarchale Familie – das sind Sehnsuchtsbilder von Menschen, die keinen anderen Ausweg sehen, als sich in eine heile Welt zu flüchten, die es angeblich einmal gegeben haben soll.«

Frank Böckelmann hatte erzählt, er und viele Angehörige der Achtundsechziger-Generation hätten die Suche nach neuen Gemeinschaftsformen ausgiebig praktiziert und seien schließlich mit ihren Experimenten gescheitert. Bei ihm habe das zu einer Sehnsucht nach Rückbindung, nach Heimat geführt. Richter lässt das nicht gelten. »Es gibt Möglichkeiten, außerhalb einer standardisierten patriarchalen Familie mit Menschen Beziehungen zu führen. Wenn die Rechten das nicht sehen, dann liegt das wahrscheinlich daran, dass sie in ihren eigenen Experimenten daran gescheitert sind. Es geht ja nicht darum, den anderen als bloßen Funfaktor auszubeuten, sondern darum, substanzielle Bindungen zu Menschen zu schaffen, die beide weiterbringen. Ich glaube denen nicht, wenn sie sagen, dass sie alles ausprobiert haben. Ich glaube, dass sie ganz wesentliche Dinge nicht ausprobiert haben.

Man müsste sich das angucken und dann sagen: Das stimmt nicht. Ihr habt vielleicht zu früh resigniert. Ihr seid vielleicht mit dem, was ihr ausprobiert habt, ins Leere gelaufen, weil ihr euch gar nicht gefragt habt, was ihr da außer Exzessen eigentlich ausprobieren wollt.«

Seine Studenten kämen fast alle aus Scheidungsfamilien. Er glaube, dass es heute um etwas anderes gehe als 1968. Es gehe nicht darum, die freie Liebe auszuprobieren, sondern darum, andere soziale Zusammenhänge zu schaffen als die der traditionellen Familie. »Wenn ich mir die Frauen aus der identitären Bewegung anschaue«, fährt er fort, »sehen die mit ihren geflochtenen Haaren aus wie Frauen aus dem 19. Jahrhundert. Sie sprechen so wie Frauen, die zu Hause bleiben und klöppeln. Das ist eine Option. Die andere Option ist, zu sagen: Dahin will ich nicht wieder zurückgehen.«

Eigentlich, meint Richter, müsste es ein Konservativer doch begrüßen, wenn Homosexuelle für ihr Recht auf Ehe kämpfen, dass es neue Formen der Familienzusammenschlüsse gibt, die auf die Auflösung traditioneller Strukturen antworten. »Die Neurechten hingegen meinen, die Familie müsse dagegen geschützt werden, dass Homosexuelle auch eine Familie gründen wollen. Sie leben nur ihren homophoben Hass aus. Das ist für mich ein falsch verstandener bzw. überhaupt kein Konservatismus mehr.« Er könne bei ihnen keine Werte erkennen, die eine Gesellschaft zusammenhalten, die keinen Rückfall in eine Phantasiewelt bedeuten würden. Manchmal versuchten sie, linke Themen zu besetzen, um dann anders abzubiegen. Beispielsweise reagierten sie auf den Neoliberalismus, indem sie forderten, die Globalisierung zu beschränken und uns wieder um die nationalen Interessen zu kümmern. »Sie bieten einer enttäuschten Arbeiterklasse und einer abgehängten Hartz-IVler-Schicht an, ihre Wut, ihre Aggressionen auszuagieren. Aber nicht gegen die, gegen die sie sie eigentlich ausagieren müssten, sondern gegen Ausländer, Schwule, Geflüchtete oder Frauen.« Richter nennt dafür ein Beispiel aus der Automobilbranche. »Als der englische Rolls-Royce-Betrieb von einer deutschen Firma übernommen wurde, wurden dort viele Arbeiter rausgeschmissen. Als diese dazu interviewt wurden, haben sie Sachen gesagt wie: ›Never trust a German.‹ (›Traue niemals einem Deutschen‹) Ihnen war offenbar nicht klar, dass es nicht ›die Deutschen‹ waren, denen sie ihren Rauswurf zu verdanken hatten, sondern dass das etwas mit dem kapitalistischen System zu tun hat. Sie hätten stattdessen ja auch sagen können: ›Vertrau niemals deinem Arbeitgeber‹ oder etwas Ähnliches. Diese Nationalisierungen helfen unglaublich gut dabei, Probleme zu verdecken. Das ist meines Erachtens das Problem bei den Neurechten, die die Situation an einigen Stellen gut analysieren: Sie hetzen Menschen gegen Geflüchtete auf, die in unserem System abgehängt, liegen gelassen, vergessen, im Reality-TV sogar verspottet werden. Aber das ist keine Lösung.« Wenn sie auf die geschilderte Weise für eine Triebabfuhr der Unzufriedenen sorgten, stützten die Neurechten das neoliberale System.

Müsste der Weg für fortschrittliche Kräfte nicht darin liegen, diese Abgehängten auf die richtige Seite zu ziehen?, frage ich Richter. Er scheint das ähnlich zu sehen: »Wenn man in die USA schaut, wäre Bernie Sanders ein richtiger Gegner für Donald Trump gewesen. Nicht Hillary Clinton, die mit der Wall Street verbunden ist, der niemand so richtig traut und die Sanders auf ziemlich korrupte Weise aus dem Weg geräumt hat. Bernie Sanders hat in den USA fast überhaupt keine Medienaufmerksamkeit, kaum Redezeit in den Fernsehsendern bekommen. Eine wirkliche linke Alternative wird immer noch als wirkliche Bedrohung gesehen und daher am meisten bekämpft. Bei ihrem Sieg würde es wirklich gegen die Mächtigen gehen. Von einer rechten Bewegung erwartet man, dass sie letztendlich einen Deal macht und die Mächtigen in Ruhe lässt. Also dass sie das Gleiche tut, was man heute den konservativen Parteien und der SPD vorhält. Ein Autor, der versucht hat, dem Trump-Sieg noch irgendetwas Positives abzugewinnen, hat mir heute Morgen erzählt: Wir haben jetzt die Phase erreicht, wo wir wirklich umdenken müssen, uns um die Arbeiterklasse kümmern, wieder von Klassen reden müssen. Das ist in der Tat so. Irgendwie ist das linke Projekt ein elitäres Projekt geworden. Die Rechten sprechen eine andere Sprache.«

Viele Leute, die nicht an der Uni für den nicht diskriminierenden Gebrauch der Sprache sensibilisiert worden sind, fühlen sich gegängelt, werfe ich ein. »Genau. Sie fühlen sich korrigiert, verbessert, wie Kinder behandelt«, bestätigt Richter diese Einschätzung. In seinem Stück »Fear« komme das vor. Allerdings bekämen sie diese Reaktionen nicht selten dann, wenn sie sich rassistisch oder antisemitisch äußern.

Schluss: Das uneingelöste Versprechen von 1968

Auf der Bahnfahrt nach Odense, Dänemark. Hinter Flensburg eine Passkontrolle durch zwei dänische Uniformierte, freundlich, aber bestimmt. Ich krame nach meinem Personalausweis. Ein kurzer Blick auf die hergezeigten Dokumente und die Karawane zieht weiter.

»Gut, dass die das machen. Ist schon ein besseres Gefühl, wenn man weiß, dass der Staat nicht jeden hineinlässt«, zwischen den Damen auf den Nachbarplätzen, die bis dahin stumm gewesen waren, beginnt eine angeregte Unterhaltung. Beide sind Deutsche, höre ich heraus, etwa 60 Jahre alt, bürgerlich, mit leicht alternativem Einschlag.

Die eine, so entnehme ich dem Gespräch, lebt in dem kleinen skandinavischen Land, der Arbeit wegen. Die andere besucht ihren nach Dänemark ausgewanderten Lebensgefährten. Der Wortwechsel kreist um die Flüchtlingsproblematik. Das Thema ist im Herbst 2016 in aller Munde.

Die Frauen, gebildet, möglicherweise haben sie bei den letzten Bundestagswahlen den Kandidaten der Grünen oder der SPD ihre Stimme gegeben, scheinen sich weitgehend einig zu sein. Dänemark verlange mehr Anpassungsbereitschaft von seinen Einwanderern und das sei auch gut so. Ihr Freund, meint die eine, passe sich jedenfalls an den Lebensstil der Dänen an. »Er ist gut integriert in die Gemeinschaft«, sagt sie. In ihrem Bekanntenkreis, so die andere, finde niemand die Flüchtlingspolitik von Merkel gut. Es ist klar, dass den Flüchtlingen geholfen werden muss, fährt ihre Zugbekanntschaft fort, aber was nicht gehe, sei die Einstellung vieler dieser Leute: »Ich muss nicht arbeiten. Ich kann ja zum Sozialamt gehen.«

Zu Besuch in Odense

Meine Reise führt mich in die Geburtsstadt von Hans Christian Andersen, dem Märchendichter. Hier lebt Henning Eichberg heute. Wie denkt der Schöpfer des Begriffs Ethnopluralismus über das Thema Einwanderung? Fürchtet er die Überfremdung, die Islamisierung Europas? In den sechziger und siebziger Jahren hatte er eindeutig rassistische Positionen vertreten. Und heute? Ich bin mir nicht sicher. Wichtige Stimmen aus der Neuen Rechten betrachten ihn schon seit Jahren nicht mehr als einen der ihren. Am nächsten Morgen schaue ich mich um in Odense. Die drittgrößte Stadt Dänemarks macht mit ihren etwa 175 000 Einwohnern einen eher beschaulichen Eindruck auf mich. Es ist noch reichlich Zeit bis zu meiner Verabredung mit Eichberg.

1982 war er nach Dänemark gekommen. Bis 2007 forschte und lehrte er hauptsächlich an der Sporthochschule Gerlev, hatte aber auch Professuren in Kopenhagen und Odense inne. Heute arbeitet der Mittsiebziger an der Süddänischen Universität, als Professor für Studien der Körperkultur. Bevor ich ihn in meinem Hotel treffe, schaue ich mich ein bisschen auf dem Gelände der am südlichen Stadtrand gelegenen Universität um. Ich überquere eine großzügige und sehr ansprechend gestaltete, offenbar neu angelegte Anlage für Leichtathletik. Die zwei- bis dreistöckigen Funktionsbauten der Hochschule, teils mit Efeu oder anderen Kletterpflanzen verziert, sind harmonisch eingelagert in ein grünes, zum Verweilen einladendes Campusgelände. Ich sehe kaum politische Plakate oder Flyer. Weder an den Außenwänden der modernen Gebäude noch auf den Fluren. Dafür immer wieder Schilder mit der Aufschrift: Røgfrit Universitet und einem Plan, der jene Orte verzeichnet, an denen Raucher unter den Studierenden und Lehrkräften ihrem Laster weiterhin frönen dürfen. Mein Hotel liegt unweit des kleinen

Hafens. Hier wird gebaut. Ein Plattenbau – mit Luxuswohnungen. Als ich an der Hafenpromenade an kleinen Yachten, einem Plattbodenschiff und ausgemusterten Fischerbooten vorbeischlendere, ist auf der anderen Seite des Hafenbeckens eine Betonpumpe im Einsatz. Man setzt auf den Freizeitwert des Geländes, die obligatorische Strandbar darf nicht fehlen, Streetfishing: Meerforellen, Dorsch, Plattfische, Hornhecht, Hering, Meeräsche und Makrele. Da ist für Sport- und Freizeitangler offenbar einiges zu holen.

Eichberg wohnt seit 2013 mit seiner Frau, einer Psychologieprofessorin, und den beiden jüngeren seiner Kinder auf der anderen Seite der Stadt, im Blangstedgaard-Viertel. Hier, im Süden Odenses, leben Muslime, Christen, Einwanderer, Leute mit Alkoholproblemen, sogenannte normale Bürger und Studenten eng beieinander. Ein Wohnheim für Menschen mit geistigen Behinderungen befinde sich ganz in der Nähe, erzählt Eichberg. Die meisten seiner Kollegen würden es vorziehen, in vornehmeren Teilen der Stadt zu wohnen – auch die Linken unter ihnen –, erzählt Eichberg. Er fühle sich hier aber sehr wohl. Er liebe die Offenheit und die Vielfalt in seiner Nachbarschaft.

Seine Augen leuchten, als er das sagt. Seit sieben, acht Jahren ist er Kirchgänger. Er glaubt nicht an Gott, bezeichnet sich als Freidenker. Aber er liebt die Gemeinschaft, das Singen von Liedern – und die Liebesbotschaft des Wanderpredigers aus Nazareth, wie er Jesus Christus nennt. In der Gemeinde von Sønder Nærå, unweit von Odense, fühlt er sich zu Hause. Wie ein Angehöriger der radikalen Rechten wirkt er nicht auf mich. Was derzeit in dem politischen Spektrum passiert, an dessen Modernisierung er als intellektueller Kopf einen großen Anteil hatte, gefällt ihm überhaupt nicht. Die völkischen Töne, die in der AfD nicht nur von Frauke Petry und Björn Höcke angeschlagen werden, sind ihm zuwider. »Völkisch sein«, sagt er, »bedeutet Verfeindung. Das ist das, was heute in Deutschland und anderen Staaten mit den Moslems läuft.« Verfeinden will er sich nicht mehr, jedenfalls nicht mit einer Religion oder einer anderen Kultur. Er selbst hat die dänische Kultur schätzen gelernt. Seine Kinder sind hier aufgewachsen. Einer seiner Söhne, Søren Nils Eichberg, ist ein vielfach ausgezeichneter Komponist. In Dänemark habe der Bezug auf das Nationale eine andere Bedeutung. »Volklichkeit« sei hier nicht gleichbedeutend mit Verfeindung, sondern heiße: bei sich selbst zu Hause zu sein. »Der fremdenfeindlichen Hetze aus den Reihen der *Sezession*«,[614] so scharf drückt sich Eichberg heute aus, kann er nichts abgewinnen. Bei AfD und Identitären kritisiert er einen »Stacheldrahtnationalismus«, dessen »Einpunkt-Rhetorik sich gegen Einwanderung und Moslems« richte. »Die Einwanderung war für uns ein Nebenthema«, erinnert er sich an seine Zeit als Nationalrevolutionär. »Unser Hauptthema war die deutsche Nation. Wir verfeindeten uns, indem wir Antikommunisten wurden.« Und doch erinnern ihn die Identitären stark an jene Phase seiner Jugend, in der er in die Nähe faschistischen Denkens gerückt war. Warum und wie weit das geschah, ist eine für ihn selbst »unbehagliche Frage«.

Dass es sich bei den heutigen Identitären um Faschisten handelt, steht für ihn außer Frage. Am klarsten könne man das bei der Casa Pound in Italien erkennen. »Es gibt Anzeichen dafür, dass eine kulturelle Subkultur entsteht, deren Ästhetik intelligente und kulturell sensible junge Menschen anzusprechen vermag. Das ist der Rechten in der Vergangenheit zum Glück nicht gelungen«, so Eichberg. Mit Vergangenheit meint er jene Zeit, in der er in der Szene selbst aktiv war. »Wenn ich in diesem Zusammenhang von Faschismus spreche«, erläutert er, »dann hat das auch den Grund, dass der italienische Faschismus ein großes Stück Futurismus mit drinhatte. Das hatte weder mit Rasse zu tun noch mit der militaristischen Komponente, die den Faschismus auch sehr stark ausgemacht hat.« Wenn so etwas in neuer Form wieder aufkomme, dann könnte es passieren, dass lauter junge Leute sagen: »Das ist meine Sache.« Eichberg lässt keinen Zweifel daran, dass er solch ein Szenario für bedrohlich hält. Allerdings könne es auch passieren, dass der eine oder andere, der heute bei den Identitären aktiv ist, schließlich das Lager wechsle. »Der Linksfaschismus bietet Möglichkeiten des Überstiegs in beide Richtungen«, sagt er: »Ich habe das an mir selbst erfahren. Er kann die Möglichkeit des Überstiegs zu einer – allerdings radikalen – linken Position sein.«

Der Front National und die soziale Frage

Ich muss unwillkürlich an Benedikt Kaiser und Martin Sellner denken, als ich Eichbergs Satz notiere. Seine eigene politische Heimat ist seit vielen Jahren die Socialistik Folkeparti (SF). Allerdings ist ihm die Gruppierung, in der Grünalternative und Linke zusammengefunden haben, deutlich zu bürgerlich geworden, nachdem sie von 2011 bis 2014 an der Regierung beteiligt war. Als Mitglied des Kulturausschusses beim Parteivorstand kennt er das Führungspersonal ganz gut. Die Anpassungszwänge des Establishments seien enorm. Die Fernsehserie »Borgen« gebe ein ganz gutes Bild vom dänischen Politikbetrieb, meint er.

Eichbergs ehemaliger politischer Weggefährte Alain de Benoist hat, obwohl auch er sich immer wieder linken Positionen annäherte, das rechte Milieu nie verlassen. Ich bin neugierig, wie er die politische Programmatik und die Aktionen der verschiedenen Gruppen der Identitären in Europa bewertet. »Es steht außer Frage«, erläutert er, »dass sich die Frage der Identität, die vor 20 Jahren niemanden interessierte, heute in ganz anderer Schärfe stellt. Sie ist letztlich die logische Konsequenz einer langsamen Abschleifung jeglicher Bezüge, einer Auflösung sozialer Bindungen und einer Globalisierung, von der nur eine privilegierte Minderheit profitiert.«[615]

Er sei daher nicht überrascht, fährt Benoist fort, dass sich heute sehr verschiedene Gruppen »identitär« nennten. Das Bedürfnis nach kollektiven Identitäten, seien es kulturelle oder lebensweltliche, und diese zu erhalten, sei an sich völlig legitim. Man sollte sich allerdings darüber im Klaren sein, was man unter »Identität« verstehe. Er sei der Auffassung, dass es sich dabei nicht um etwas handelt, das sich nicht ändert. Stattdessen habe »Identität« einen dialogischen Charakter. Sie sei das, »was es uns erlaubt, uns zu ändern, ohne dass wir aufhören, wir selbst zu sein«.

Seine diesbezüglichen Gedanken habe er von Philosophen wie Paul Ricœur, Martin Buber und amerikanischen Kommunitaristen wie Michael Sandel. Als ich Benoist zu verstehen gebe, dass ich die Hauptstoßrichtung der Identitären, den Kampf gegen die Aufnahme von Flüchtlingen und gegen eine vermeintlich drohende Islamisierung Europas, für ein Spiel mit dem Feuer halte, will er mir nicht uneingeschränkt zustimmen. »Möglicherweise spielen die Identitären in Deutschland und Österreich mit dem Feuer«, erwidert er: »Aber mir scheint, Kanzlerin Merkel hat ebenfalls mit dem Feuer gespielt, indem sie fast eine Million Flüchtlinge eingeladen hat, sich auf deutschem Boden niederzulassen, was wohl nur den Wünschen der Unternehmer entsprach. Sie hat so begonnen, die Grundlage zu legen für jene permanenten Spannungen, die Frankreich seit mehreren Jahrzehnten beherrschen.«

Aufgrund der allgemeinen Hysterisierung der politischen Debatte, führt Benoist aus, sei es sehr schwierig, über Einwanderung zu sprechen. Und das auch deshalb, weil niemand bislang eine Lösung für die aus ihr resultierenden Probleme anzubieten habe. In seinen Augen bedeutet Einwanderung zunächst einmal eine Entwurzelung, die vom Kapitalismus gefördert werde, um die Löhne niedrig zu halten. »Marx hat es schon sehr deutlich gesagt: die Eingewanderten sind die Reserve des Kapitals.« Jenseits einer bestimmten Grenze, fährt Benoist fort, provoziere Einwanderung soziale Pathologien, deren erstes Opfer die arme Bevölkerung sei. In Frankreich habe sich eine muslimische Parallelgesellschaft gebildet, die sich an die Gesetze der Republik nicht mehr gebunden fühle. Durch den Islamismus und immer häufigere Attentate habe sich die Lage verschärft. Weder Beschwichtigungen, die einer Realitätsverweigerung gleichkämen, noch Fremdenfeindlichkeit würden hier weiterhelfen.

Und wie schätzt er die Rolle der europäischen Rechtsparteien diesbezüglich ein? Er wisse nicht genug über AfD und FPÖ, um über diese Gruppierungen eine belastbare Aussage zu machen. Der Front National strebe danach, den Strom der Migranten zu stoppen. Gleichzeitig wolle er die Assimilation der in Frankreich lebenden Einwanderer fördern. Die Partei habe sich sehr verändert, seit sie von Marine Le Pen geführt werde. »Der Front National ist heute eine mehr oder weniger populistische Partei der nationalen Souveränität, mit einer sehr linken Wirtschaftspolitik«, meint Benoist. Er sei auch bei jungen Wählern sehr populär. »Die alte kommunistische Wählerschaft ist heute in großen Teilen vom Front National übernommen worden, der inzwischen die stärkste Partei im Land darstellt.« Sie repräsentiert heute, so glaubt er, etwa ein Drittel der französischen Wählerschaft.

Die Rückkehr der »höfischen Sprache«

Genau diesem Problem, der Abwanderung von Wählern aus der Arbeiterklasse zu den Rechten, ist der französische Soziologe Didier Eribon – selbst Spross einer proletarischen Familie – in seinem Buch »Rückkehr nach Reims« nachgegangen. Er kommt zu dem Schluss, »dass man die Zustimmung zum Front National zumindest teilweise als eine Art politische Notwehr der unteren Schichten interpretieren muss«.[616] Die früheren Linkswähler fühlen sich verraten von sozialistischen Politikern, die im Zuge einer neoliberalen Wende nicht mehr von Klassenverhältnissen, sondern von Eigenverantwortung sprachen und den Rückbau des Wohlfahrtsstaates legitimierten. »Ein Gutteil der Linken«, so Eribon, »schrieb sich nun plötzlich das alte Projekt des Sozialabbaus auf die Fahnen«.[617] Im Gegenzug hätten sich große Teile der Unterprivilegierten jener Partei zugewandt, die sich als einzige um sie zu kümmern schien.

»Der Front National ist im Begriff, sich als sozialdemokratische Gegenkraft zum Neoliberalismus zu positionieren«,[618] heißt es in einem *FAZ*-Gastbeitrag, der vor den französischen Präsidentschaftswahlen erschien. Die Autoren, der Politikwissenschaftler Dirk Jörke und der rheinland-pfälzische SPD-Grundsatzreferent Nils Heisterhagen, warnen, dass Rechtspopulisten auch in anderen Ländern diesen erfolgversprechenden Weg nehmen und zu neuen sozialdemokratischen Parteien – mit nationalstaatlichem Fokus – werden könnten. In Deutschland habe die SPD im Zuge ihres Strebens nach einer »Neuen Mitte« die soziale Frage vernachlässigt und den Eindruck vermittelt, der Klassenkampf sei passé. »Antidiskriminierungspolitik, Vielfaltseuphorie und politisch korrekte Sprache wurden zum politischen Fokus einer von Akademikern geprägten Linken«, kritisieren Jörke und Heisterhagen. Besserverdiener, für die sich die soziale Frage subjektiv erledigt hat, »können es sich leisten, tolerant und weltoffen zu sein«. Inhaltlich wie sprachlich habe sich diese Linke zunehmend von ihren Stammwählerschaften entfremdet.

»Es ist äußerst schwer, allen linken Sprachnormen zu entsprechen, so schnell werden sie aktualisiert«, bestätigt der Journalist Christian Baron ihre These: »War es einst unter Linken noch üblich, von Teilnehmer/innen zu sprechen, fand vor mehreren Jahren ein Kurswechsel zu TeilnehmerInnen statt, weil durch ein Binnen-I die beim Querstrich weiterhin vorhandene Dominanz der männlichen

Form beseitigt werden sollte. Hatte man das kapiert, gab es schon wieder eine Innovation auf dem Markt der Eitelkeiten: den Gender-Gap! Nunmehr war von Teilnehmer_innen zu schreiben, damit das binäre System von Mann und Frau endgültig beseitigt werden kann und intersexuelle Menschen sich nicht sprachlich ausgegrenzt fühlen müssen. Um auch hier der weiterhin unterstellten Dominanz maskuliner Formen entgegenzuwirken, erfanden Queer-Feministinnen kurz darauf den dynamischen Unterstrich, der nicht immer an der gleichen Stelle stehen muss, so dass nunmehr auch von Teiln_ehmerinnen die Rede sein durfte. Mittlerweile wurde auch das Sternchen eingeführt. Hier sprechen sie von Teilnehmer*innen. Bisweilen findet auch das x Anwendung, das verschränkte Diskriminierungsformen deutlich machen und alle Arten von Genderungen herausfordern will, so dass man in diesem Fall von Teilnehmx spricht, als befände man sich in einem Asterix-Abenteuer.«[619]

Ijoma Mangold, Leiter des Literaturressorts im Feuilleton der *Zeit*, bezeichnet die übliche Artikulationsweise der kulturalistischen Linken als »akademische Hyperkritik«. Mit ihrem Ansatz, der »nicht mehr Verteilungsfragen in den Vordergrund stellt, sondern den gesellschaftlichen Überbau neu buchstabiert, indem sie alle überlieferten Rollenmuster kritisch infrage stellt«, habe diese »diskursstrategisch auf ganzer Linie gesiegt«.[620] Ihrem emanzipatorischen Anliegen hat sie damit möglicherweise einen Bärendienst erwiesen.

Bernd Stegemann hält die von intellektuellen Eliten eingeführten Codes für die »höfische Sprache unserer Zeit«.[621] Es brauche lange, um sie zu erlernen. Sie habe ein fein differenziertes Vokabular und diene immer demjenigen, der sie am besten beherrsche. Klar ist, dass sich eine auf Sprachkorrekturen reduzierte Politik problemlos in die neoliberale Agenda integrieren lässt. Milliardenschwere Internetkonzerne wie Facebook geben sich als Verteidiger einer weltoffenen Gesellschaft aus und bieten ihren Nutzern an, unter Dutzenden von möglichen Genderidentitäten frei auszuwählen. »Der blinde Fleck der Identitätspolitik ist ihr fehlendes Klassenbewusstsein«, urteilt Bernd Stegemann: »Durch diese Lücke schlüpft der Teufel einer neoliberalen Vereinnahmung. Globale Konzerne sind gern bereit, den Forderungen aller Minderheiten nachzukommen, solange sie damit die Frage nach den Eigentumsverhältnissen vermeiden können und weiterhin Menschen in Billiglohnländern ausbeuten dürfen.«[622]

Die alten Fragen sind die neuen Fragen

Stegemann warnt davor, die Armen zu belehren, sie sollten sich ebenso moralisch verhalten wie die Privilegierten. Stattdessen müsse das linke Denken sich aus der Gefangenschaft des von Merkel personifizierten liberalen Populismus befreien, zum Klassenbewusstsein zurückfinden und dieses zur Grundlage seiner Politik machen. Erforderlich sei ein linker Populismus, pflichtet ihm Christian Baron bei. Sonst könnte die Rechte auf lange Sicht immer mehr Raum gewinnen. Schon jetzt spricht sie mit ihrer Forderung nach mehr direkter Demokratie das Partizipationsbedürfnis breiter Schichten an. Eine Rechtspartei, die darüber hinaus ernsthaft fordern würde, die Macht der großen Konzerne zurückzudrängen und den gesellschaftlich erzeugten Reichtum von oben nach unten umzuverteilen, hätte auch in Deutschland womöglich langfristig eine Chance, den linken Parteien ernsthaft Konkurrenz zu machen. Der Front National in Frankreich scheint vorzumachen, wie das geht. Noch ist es aber nicht so weit – zumindest in Deutschland nicht. Die Tatsache, dass ein so kluger analytischer Kopf wie Benedikt Kaiser derzeit noch darauf angewiesen ist, überwiegend auf linke Analysen zurückzugreifen, um den Gesichtspunkt der sozialen Frage auf eine angemessene Weise in das Gesichtsfeld der Neuen Rechten zu bringen, zeigt eines: Das theoretische Rüstzeug der Linken auf diesem Gebiet ist dem der Rechten haushoch überlegen. Nach wie vor geht es um die Fragen, die nach 1968 im Zuge des langen Marschs durch die Institutionen verlorengegangen zu sein scheinen. Wer verfügt über die Produktionsmittel im 21. Jahrhundert? Wer gebietet über die von uns unablässig produzierten Daten? Sollen wir sie privaten Monopolkonzernen überlassen oder sie in die demokratisch kontrollierte öffentliche Hand überführen? Was haben die Kriege in Syrien und anderen Ländern des Mittleren und Nahen Ostens mit Kapital- und Großmachtinteressen zu tun? Wie gelangen Menschen aus ganz unterschiedlichen beruflichen Zusammenhängen und mit ganz verschiedenen Diskriminierungserfahrungen zu der Einsicht, dass sie gemeinsame Interessen haben, für die es sich auch gemeinsam zu kämpfen lohnt? Und: Wie können Forderungen, die gender- und migrations-, umwelt- und behindertenpolitische Gruppen in den vergangenen Jahrzehnten entwickelt haben, auf eine produktive Weise in die Klassenauseinandersetzungen eingebunden werden? Die Antworten auf Fragen wie diese sind heute nicht weniger dringlich als 1968. Wenn die Linke sich darauf besinnt, dass sie tatsächlich über die besseren Mittel zur Analyse der gesellschaftlichen Wirklichkeit verfügt und wenn sie sich bemüht, ihre Erkenntnisse und Lösungsvorschläge so zu formulieren, dass sie auch von Nichtakademikern verstanden werden, hätte sie auch in der Auseinandersetzung mit einem Götz Kubitschek oder einem Marc Jongen wenig zu fürchten. Eine hart geführte Diskussion, eine argumentative Auseinandersetzung mit Leuten wie ihnen wäre keine »Kapitulation vor dem Bösen«,[623] wie viele Linke zu meinen scheinen, sondern der Ausweis einer demokratischen Streitkultur, von der auch die fortschrittlichen Kräfte – etwa durch die Schärfung ihrer Position, dem Kennenlernen ihnen unvertrauter Gesichtspunkte und Perspektiven – profitieren könnten. Im Zuge meiner Recherche hat mich zuweilen überrascht, wie gut meine Gesprächspartner die Argumente der Linken kannten und wie viel sie von den Achtundsechzigern gelernt hatten. Die Kritiker der Neuen Rechten wiederum beschränken sich häufig darauf, deren Netzwerke aufzudecken oder nachzuweisen, dass Autoren wie Ernst Jünger, Martin Heidegger, Carl Schmitt oder Arnold Gehlen zu ihren Vorbildern zählen. Die Mühe, sich ernsthaft mit ihren Argumenten zu befassen, macht sich kaum jemand. Das muss sich ändern.

Danksagung

Dieses Buch würde ohne die vielen Hinweise und Gespräche mit Freundinnen und Freunden deutlich anders aussehen. Insbesondere danke ich Michael Streitberg und Carolin Holtmann, mit denen ich manches Problem intensiver besprechen konnte. Klaus Gramlich von der Argument-Buchhandlung gab mir viel Stoff zum Lesen und Nachdenken. Michael Gaeb war mit seinen Französischkenntnissen eine große Hilfe. Auch den Mitarbeiterinnen und Mitarbeitern der »Bibliothek des Konservatismus« gebührt mein Dank. Sie haben eine Menge Kopien von schwer zugänglicher Literatur für mich angefertigt. Besonderer Dank gilt den Interviewpartnern, die mir ihre Zeit geschenkt haben: Alain de Benoist, Horst Blume, Frank Böckelmann, Henning Eichberg (†), Ellen Kositza, Götz Kubitschek, Karl-Siegbert Rehberg, Falk Richter, Martin Sellner und Bernd Stegemann. Ich habe von ihnen allen viel gelernt.

Anhang

Anmerkungen

1 Michael Wolf: »Die Schaubühne als moralinsaure Anstalt. Wie sich das politische Theater selbst betrügt«, in: Nachtkritik-online, 16.11.2016.

2 Am 14.4.2016 hatte eine Gruppe von Aktivisten die Aufführung von Elfriede Jelineks Stück »Die Schutzbefohlenen« im Audimax der Universität Wien gestört. Die Medienresonanz in Österreich war groß, die Kritik fiel heftig aus. www.youtube.com/watch?v=S2B81Dve1EE.

3 Matthias Drobinski: »Reinheitsfanatiker«, in: Süddeutsche Zeitung, 13./14./15.8.2016, S. 45.

4 Vgl. Wolfgang Kraushaar: 1968. Das Jahr, das alles veränderte. München 1998, S. 56.

5 Ebenda, S. 55f.

6 Vgl. Helmut Schelsky: Die skeptische Generation. Eine Soziologie der deutschen Jugend. Köln 1957, S. 488.

7 Albrecht von Lucke: 68 oder neues Biedermeier. Der Kampf um die Deutungshoheit. Berlin 2008, S. 14.

8 Vgl. Panajotis Kondylis: Der Niedergang der bürgerlichen Denk- und Lebensform. Berlin 2010, S. 227f.

9 Ebenda, S. 231.

10 Albrecht von Lucke 2008, S. 29.

11 Ebenda, S. 9.

12 Vgl. Thomas Wagner (Hg.): Im Rücken die steinerne Last – Unternehmen Sisyfos. Die Romantetralogie von Erasmus Schöfer. Berlin 2012.

13 www.tz.de/muenchen/stadt/wir-waren-die-contras-62576.html, 9.3.2009.

14 So am 12.7.2014 gegenüber der Jungen Welt.

15 Peter Gauweiler: »Erinnerung an die 68er«, in: Bayernkurier. Deutsche Wochenzeitung für Politik & Wirtschaft. Jahrgang 60, Nr. 20, 16. Mai 2009.

16 Vgl. Jörg Haider: Befreite Zukunft. Jenseits von Links und Rechts. Wien 1997, S. 236.

17 Vgl. Institut für Staatspolitik (IfS): ’68. Ursachen und Folgen. Albersroda 2008, S. 31.

18 Günter Rohrmoser: Geistiger Umbruch. Bilanz der marxistischen Epoche. Mainz 1983, S. 59.

19 Vgl. Helmut Schelsky: Die Arbeit tun die anderen. Klassenkampf und Priesterherrschaft der Intellektuellen. Opladen 1975, S. 214.

20 Wilhelm Hennis: »Die hochschulpolitischen Forderungen der ›Neuen Linken‹«, in: Erwin K. Scheuch (Hg.): Die Wiedertäufer der Wohlstandsgesellschaft. Eine kritische Untersuchung der ›Neuen Linken‹ und ihrer Dogmen. Köln 1968, S. 136.

21 Helmut Thielicke: Kulturkritik der studentischen Rebellion. Tübingen 1969, S. IV.
22 Ebenda, S. III.
23 Erwin K. Scheuch: »Zur Einführung«, in: Erwin K. Scheuch (Hg.) 1968, S. 9.
24 Hans-Joachim Schoeps: Deutschland droht die Anarchie. Mainz 1972, S. 69.
25 Ebenda, S. 7.
26 Ebenda, S. 16.
27 Ebenda, S. 59 f.
28 Ebenda, S. 58.
29 Helmut Schelsky 1975, S. 362 f.
30 Gerd Koenen: Das rote Jahrzehnt. Unsere kleine deutsche Kulturrevolution 1967–1977. Köln 2001.
31 Vgl. Albrecht von Lucke 2008, S. 16.
32 Götz Aly: Unser Kampf. 1968 – ein irritierter Blick zurück. Frankfurt am Main 2012, S. 8.
33 Ebenda, S. 45 f.
34 Albrecht von Lucke 2008, S. 36.
35 Caspar von Schrenck-Notzing: Zukunftsmacher. Die neue Linke in Deutschland und ihre Herkunft. Stuttgart 1968, S. 176.
36 Ebenda, S. 177.
37 Ebenda, S. 179.
38 Ebenda, S. 9.
39 Panajotis Kondylis 2010, S. 234.
40 Frank Böckelmann: Jargon der Weltoffenheit. Was sind unsere Werte noch wert? Leipzig 2014, S. 56 f.
41 Ebenda, S. 96.
42 Albrecht von Lucke 2008, S. 70.
43 Wolfram Weimer: »Das Anti-1968 ist da«, in: The European. Das Debatten-Magazin 4/2016, S. 29.
44 Matthias Drobinski 2016, S. 45.
45 Thomas Wagner: Die Einmischer. Wie sich Schriftsteller heute engagieren. Hamburg 2010.
46 Thor Kunkel: »Schweigen ist Gold. Zwischenruf aus dem Reservat: Warum die Schriftsteller sich kaum mehr zu Wort melden«, in: Junge Freiheit 43/2009, 16. Oktober 2009.
47 Sebastian Maaß: Die Geschichte der Neuen Rechten in der Bundesrepublik Deutschland. Kiel 2014, S. 28 f.
48 Ebenda, S. 75.
49 Vgl. Michael Wildt: Volk, Volksgemeinschaft, AfD. Hamburg 2017, S. 102–104.
50 Vgl. David Bebnowski: »Aus aktuellem Anlass: Fundamentalopposition: Die ambivalente Anlehnung der AfD an ›'68‹«, in: Zeitgeschichte-online,

www.zeitgeschichte-online.de/kommentar/aus-aktuellem-anlass, 5.11.2016.

51 Volker Weiß: Die autoritäre Revolte. Die Neue Rechte und der Untergang des Abendlandes. Stuttgart 2017, S. 37.

52 Ebenda, S. 38.

53 Arnold Gehlen: Der Mensch. Seine Natur und seine Stellung in der Welt. Arnold Gehlen-Gesamtausgabe (GA 3). Frankfurt am Main 1993, S. 739.

54 Gespräch mit Karl-Siegbert Rehberg. Dresden, 25.10.2016.

55 Vgl. Wolfgang Harich: Zur Kritik der revolutionären Ungeduld. Berlin 1998, S. 159, FN 8.

56 Zit. n. Romain Leick: »Das Reich der Lüge«, in: Der Spiegel 16/2016, S. 118.

57 Arnold Gehlen: Moral und Hypermoral. Wiesbaden 1986, S. 45.

58 Ebenda, S. 160.

59 Ebenda, S. 75.

60 Ebenda, S. 71.

61 Ebenda, S. 172.

62 www.studienzentrum-weikersheim.de,30.4.2017.

63 Zit. n. Karl-Siegbert Rehberg: »Arnold Gehlen als Briefschreiber«, in: Zeitschrift für Ideengeschichte, Heft VII/3, Herbst 2013, S. 94.

64 Ebenda.

65 Ebenda.

66 Vgl. Carl-Christian Kaiser: »Der dramatische Tag von Kassel«, in: Die Zeit, 29.5.1970.

67 Jan-Ole Prasse: Der kurze Höhenflug der NPD. Rechtsextreme Wahlerfolge der 1960er Jahre. Marburg 2010, S. 91.

68 Namensgeber war Walter Hallstein (CDU), der von 1951 bis 1958 als Staatssekretär im Auswärtigen Amt tätig war.

69 Seit 1972 ist Murswiek CDU-Mitglied. Er hat die CDU/CSU-Fraktion in Staats- und Völkerrechtsfragen beraten, erstellte aber auch Gutachten für Die Grünen und Die Linke. Er wirkte als Prozessbevollmächtigter in einem Organstreitverfahren, das die Bundestagsabgeordneten Peter Gauweiler (CSU) und Willy Wimmer (CDU) gegen den Einsatz deutscher Tornado-Kampfflugzeuge in Afghanistan anstrengten, und unterstützte Gauweilers Organstreitverfahren gegen die Ratifikation des Vertrags von Lissabon sowie dessen Verfassungsbeschwerdeverfahren gegen den Euro-Rettungsschirm.

70 Vgl. Klaus Schönekäs: »Bundesrepublik Deutschland«, in: Franz Greß/Hans-Gerd Jaschke/Klaus Schönekäs: Neue Rechte und Rechtsextremismus in Europa. Bundesrepublik, Frankreich, Großbritannien. Opladen 1990, S. 242.

71 Jan-Ole Prasse 2010, S. 7.

72 Knapp eine Woche vor der Bundestagswahl im September 1969 war es im Rahmen der sechswöchigen »Deutschlandfahrt« des NPD-Vorsitzen-

den in Kassel zu einem blutigen Zwischenfall gekommen. Als von Thadden auf dem Weg zum Haus des NPD-Landtagsabgeordneten Werner Fischer von Demonstranten bedrängt wurde, gab der Chef seines Ordnerdienstes »mehrere Schüsse ab und verletzte zwei Demonstranten. Die Versuche der NPD, die Protestierenden dafür verantwortlich zu machen, scheiterten angesichts des medialen Echos kläglich«: Jan-Ole Prasse 2010, S. 47.

73 Zit. n. Klaus Schönekäs 1990, S. 242.

74 Vgl Günter Bartsch: Revolution von rechts? Ideologie und Organisation der Neuen Rechten. Freiburg 1975, S. 140f.

75 Karlheinz Weißmann: Schwarze Fahnen, Runenzeichen. Die Entwicklung der politischen Symbolik der deutschen Rechten zwischen 1890 und 1945. Düsseldorf 1991, S. 231f.

76 Vgl. Benedikt Sepp: Linke Leute von rechts? Die nationalrevolutionäre Bewegung in der Bundesrepublik. Marburg 2013, S. 26.

77 Vgl. Clemens Heni: Salonfähigkeit der Neuen Rechten. ›Nationale Identität‹, Antisemitismus und Antiamerikanismus in der politischen Kultur der Bundesrepublik Deutschland 1970–2005: Henning Eichberg als Exempel. Marburg 2007, S. 326f.

78 Gespräch mit Henning Eichberg, Odense, 4.11.2016.

79 Vgl. Karlheinz Weißmann 1991, S. 231f.

80 Hartwig Singer (Henning Eichberg): »Totale Nation? Europäischer Nationalismus und die Öffnung nach vorn«, in: Nationalismus heute. Junge Kritik 1. Coburg 1970 (zuerst in: Junges Forum 3/67), S. 20.

81 Gemeint ist die von dem ehemaligen NSDAP-Politiker und späteren Hitler-Gegner Otto Strasser im Jahr 1956 gegründete Deutsch-Soziale Union.

82 Hartwig Singer (Henning Eichberg) 1970, S. 36.

83 Ebenda.

84 Ebenda.

85 Hermann Ravensberg: »Die Antwort eines Konservativen. Hermann Ravensberg zu Gert Waldmanns Thesen«, in: Nationalismus heute. Junge Kritik 1. Coburg 1970, S. 83.

86 Hartmut Nöck: »Modernismus über alles?«, in: Nationalismus heute. Junge Kritik 1. Coburg 1970, S. 69.

87 Vgl. Gert Waldmann: »Sechs Thesen zum modernen Nationalismus«, in: Nationalismus heute. Junge Kritik 1. Coburg 1970 (zuerst in: fragmente 1968), S. 79.

88 Michael Meinrad: »Skizze eines dynamischen Nationalismus«, in: Nationalismus heute. Junge Kritik 1. Coburg 1970, S. 103.

89 Gespräch mit Henning Eichberg, Odense, 4.11.2016.

90 Hartwig Singer (Henning Eichberg): »Provokation I. Was blieb von der politischen Moral?«, in: Junges Forum 2/1967, zit. n.: Hartmut Nöck 1970, S. 61.

91 Hartwig Singer (Henning Eichberg): »Manifest neue Rationalität«, in: Leistungsgemeinschaft. Junge Kritik 2. Coburg 1971, S. 93.

92 Hartwig Singer (Henning Eichberg): »Logischer Empirismus«, in: Europäischer Nationalismus ist Fortschritt. Junge Kritik 3. Coburg 1973, S. 88.

93 Vgl. Günter Bartsch 1975, S. 19.

94 Ebenda.

95 Ebenda, S. 128.

96 Die Gründungsversammlung wählte Michael Marquardt zum Vorsitzenden und Bernd Müller zum Geschäftsführer. Anfang 1969 schlossen sich ihnen Sven Thomas Frank und einige weitere Mitglieder der »Initiative der Jugend« an.

97 Die APM wurde die Jugendgruppe des von SPD- und CDU-Politikern geschaffenen Demokratischen Klubs, der als Gegenstück zum 1967 von linken Intellektuellen wie Johannes Agnoli, Hans Magnus Enzensberger, Ossip K. Flechtheim und Ekkehart Krippendorff gegründeten Republikanischen Clubs ins Leben gerufen worden war.

98 Günter Bartsch 1975, S. 120.

99 Vgl. Benedikt Sepp 2013, S. 98.

100 Ebenda, S. 95.

101 Vgl. Günter Bartsch 1975, S. 121.

102 Nachdem sich die SPD von der ihr zunächst nahe stehenden Studentenorganisation 1972 getrennt hatte, nannte sich die Gruppierung Sozialistischer Hochschulbund (SHB).

103 Vgl. Günter Bartsch 1975, S. 139.

104 Ebenda, S. 135.

105 Ebenda, S. 135 f.

106 Ebenda, S. 132.

107 Ebenda, S. 19.

108 Ebenda, S. 13.

109 Dieter Stein: Phantom »Neue Rechte«. Die Geschichte eines politischen Begriffs und sein Missbrauch durch den Verfassungsschutz. Berlin 2005, S. 117.

110 Ebenda, S. 116.

111 Volker Weiß 2017, S. 31.

112 Alain de Benoist: Mein Leben. Wege eines Denkens. Berlin 2014, S. 104.

113 Ebenda, S. 89.

114 Dominique Venner: Für eine positive Kritik. Das Ende der alten Rechten. Dresden 2017, S. 50.

115 Zit. n. Toralf Staud: Moderne Nazis. Die neuen Rechten und der Aufstieg der NPD. Köln 2005, S. 75.

116 Sebastian Maaß (Hg.): Günter Maschke. »Verräter schlafen nicht«. Kiel 2011, S. 49.

117 Ulrich Raulff: Wiedersehen mit den Siebzigern. Die wilden Jahre des Lesens. Stuttgart 2014.

118 Vgl. Oskar Negt: Achtundsechzig. Politische Intellektuelle und die Macht. Göttingen 1995, S. 144.

119 Alain de Benoist 2014, S. 138.

120 Die 1898 gegründete Partei verband nationalistische, antisemitische, katholische und royalistische Kräfte und war eine Vorform faschistischer Bewegungen. Heute spielt sie in der französischen Rechten kaum noch eine Rolle.

121 Alain de Benoist: Kulturrevolution von rechts. Krefeld 1985, S. 45 f.

122 Dieter Stein 2005, S. 165.

123 In diese Richtung geht die an dieser Stelle etwas schiefe Kritik von: Volker Weiß 2017, S. 58.

124 Alain de Benoist 2014, S. 146.

125 Ebenda.

126 Armin Pfahl-Traughber: Konservative Revolution und Neue Rechte. Rechtsextremistische Intellektuelle gegen den demokratischen Verfassungsstaat. Opladen 1998, S. 130.
Auch Karlheinz Weißmann interpretierte die Gründung als »Antwort einer ›Neuen Rechten‹ auf die ›Neue Linke‹; und zwar nicht die Antwort der bürgerlichen Gaullisten, nicht die der katholischen Traditionalisten, aber auch nicht die der Faschismus-Nostalgiker«, Karlheinz Weißmann: Druiden, Goden, weise Frauen. Zurück zu Europas alten Göttern. Freiburg im Breisgau 1991, S. 165, zit. n. Alfred Schobert: Netze, Viren, Ströme – Wurzeln und das Reich oder: Wie Alain de Benoist mit Carl Schmitt der ›Dampfwalze der Globalisierung‹ trotzen will«, in: Alfred Schobert: Analysen und Essays. Extreme Rechte – Geschichtspolitik – Poststrukturalismus. Münster 2009, S. 63.

127 Dieter Stein 2005, S. 173.

128 Für die Vermittlung danke ich Henning Eichberg.

129 E-Mail-Interview mit Alain de Benoist, am 6.1.2017 (Übersetzung aus dem Französischen: Michael Gaeb).

130 Vgl. Jean-Claude Michéa: Das Reich des kleineren Übels. Über die liberale Gesellschaft. Berlin 2014.

131 Alain de Benoist 2014, S. 39 f.

132 Vgl. ebenda, S. 140.

133 E-Mail-Interview mit Alain de Benoist, 6.1.2017.

134 Hartwig Singer (Henning Eichberg) 1970, S. 10.

135 Ebenda, S. 40.

136 Klaus Schönekäs 1990, S. 242.

137 Günter Bartsch 1975, S. 135.

138 Gert Waldmann: »Parolen«, in: Fragmente 25, 1971, S. 31 zit. n. Benedikt Sepp 2013, S. 99.

139 Thora Ruth: Die besseren Argumente. Leserbrief, in: La Plata Ruf. La Voz del Plata. September 1973, S. 25, zit. n. Clemens Heni 2007, S. 136.
140 Michael Meinrad: »Skizze eines dynamischen Nationalismus«, in: Nationalismus heute. Junge Kritik 1. Coburg 1970, S. 105.
141 Manfred Grabowski: »Nationalismus ist Wille zur Freiheit«, in: Nationalismus heute. Junge Kritik 1. Coburg 1970 (zuerst in: Deutscher Studenten-Anzeiger, 1/1968), S. 115.
142 Hartwig Singer (Henning Eichberg) 1970 (zuerst in: Junges Forum 3/67), S. 30.
143 Vgl. Klaus Schönekäs 1990, S. 244.
144 Gespräch mit Henning Eichberg, Odense, 4.11.2016.
145 Ideologie & Strategie, Nr. 26/1978, zit. n. Karl-Heinz Pröhuber: Die nationalrevolutionäre Bewegung in Westdeutschland. Hamburg 1980, S. 44. Um es »reaktionären/faschistischen Kreisen zu erschweren, Identifikationen mit uns aufzubauen« und »um unsere politischen Vorstellungen ohne ›Ballast‹ verkaufen zu können«, empfahl das Zentralbüro der SdV/NRAO im Jahr 1979 sogar, den Organisationsuntertitel »Nationalrevolutionäre Aufbauorganisation« zu streichen. Ebenda, S. 43.
146 Vgl. Günter Bartsch 1975, S. 127.
147 Michael Meinrad: »Nationalismus heißt Solidarität«, in: Leistungsgemeinschaft. Junge Kritik 2. Coburg 1971, S. 16.
148 Michael Meinrad: »Das Prinzip Nationalismus«, in: Europäischer Nationalismus ist Fortschritt. Junge Kritik 3. Coburg 1973, S. 8.
149 Wolfgang Dreßen/Dieter Kunzelmann/Eckhard Siepmann (Hg.): Nilpferd des höllischen Urwalds. Spuren in eine unbekannte Stadt. Situationisten. Gruppe Spur. Kommune I. Berlin 1991, S. 194f.
150 Ebenda.
151 Rudi Dutschke: Mein langer Marsch. Reinbek bei Hamburg 1980, S. 68.
152 Wolfgang Kraushaar 2008, S. 103.
153 Hartwig Singer (Henning Eichberg) 1970, S. 26.
154 Ebenda, S. 27.
155 Ebenda, S. 21.
156 Ebenda, S. 33.
157 Delorias Buch erschien in der Originalausgabe 1970, in deutscher Übersetzung bei Trikont erst 1976.
158 Gespräch mit Henning Eichberg, Odense, 4.11.2016.
159 Henning Eichberg: »›Entwicklungshilfe‹ – Verhaltensformung nach europäischem Modell?«, in: Henning Eichberg: Nationale Identität. Entfremdung und nationale Frage in der Industriegesellschaft. München/Wien 1978, S. 43.
160 Ebenda, S. 44f.
161 Ebenda, S. 75.
162 Ebenda, S. 71.

163 Ebenda.
164 Ebenda, S. 74.
165 Gespräch mit Henning Eichberg, Odense, 4.11.2016.
166 Eichberg selbst war es, der eine gekürzte Fassung seines Aufsatzes unter dem Titel »Ethnopluralismus. Eine Kritik des naiven Ethnozentrismus und der Entwicklungshilfe« noch 1973 im Jungen Forum veröffentlichte.
167 Zit. n. Klaus Schönekäs 1990, S. 254.
168 Zit. n. Toralf Staud 2005, S. 85 f.
169 Ebenda 2005, S. 84.
170 Henning Eichberg 1978, S. 63.
171 Ebenda, S. 64.
172 Gespräch mit Henning Eichberg, Odense, 4.11.2016.
173 Er lobte Hannes Waders 1974 veröffentlichtes Album »Plattdeutsche Lieder« als eine politische Stellungnahme »gegen die amerikanische Kulturvernichtung«. Henning Eichberg: »Folklore oder Volkslied«, in: Henning Eichberg: Nationale Identität. Entfremdung und nationale Frage in der Industriegesellschaft. München/Wien 1978, S. 108 f.
174 Henning Eichberg 1978, S. 105.
175 Zwar steht der Satz bei ihm in Anführungszeichen. Doch es braucht keine böswillige Phantasie, um ihn im Sinne einer bekannten neonazistischen Parole zu vervollständigen: »Ausländer raus.«.
176 Mark Terkessidis: Kulturkampf. Volk, Nation, der Westen und die Neue Rechte. Köln 1995, S. 85.
177 Vgl. ebenda, S. 64.
178 Henning Eichberg: »Einleitung: Von der Eigentümlichkeit des anderen«, in: Henning Eichberg: Nationale Identität. Entfremdung und nationale Frage in der Industriegesellschaft. München/Wien 1978, S. 11.
179 Mark Terkessidis 1995, S. 66.
180 Gespräch mit Ellen Kositza und Götz Kubitschek, Schnellroda, 14.12.2016.
181 Brief an Horst Blume, 12.11.1979.
182 Vgl. Benedikt Sepp 2013, S. 30.
183 Margret Feit: Die »Neue Rechte« in der Bundesrepublik. Organisation – Ideologie – Strategie. Frankfurt am Main 1987, S. 50 f.
184 Karl-Heinz Pröhuber 1980, S. 146.
185 Vgl. ebenda, S. 150 f.
186 Es handelte sich um eine aufmüpfige Juso-Vorsitzende namens Heidemarie Wieczorek-Zeul. Ihre Rezension trägt den Titel »Ein ABC für Sozialdemokraten«, Die Zeit, 14.11.1975.
187 Karl-Heinz Pröhuber 1980, S. 139.
188 Vgl. ebenda, S. 143.
189 In: laser – nationalrevolutionäre perspektiven für eine sozialistische demokratie, Nr. 23, April 1980, S. 20.
190 Brief an Horst Blume, 4.1.1980.

191 Etwa am 31. Mai 1980 in Hamm.

192 So erhielt er eine auf den 20.12.1979 datierte Einladung der Sache des Volkes/Basisgruppe Menden für ein Treffen im Eulenspiegel in Hamm/Norden am 27.12.1979 sowie am 31.12.1979 eine der Nationalrevolutionäre – Düsseldorf/Stadt für den 26.1.1980.

193 Henning Eichberg 1978, S. 11.

194 Kurt Katschmarek: »NR und Regionalismus. Zum Artikel des Horst Blume in laser 21«, in: laser – nationalrevolutionäre perspektiven für eine sozialistische demokratie, Nr. 22, März 1980, S. 2.

195 Xaver Stadlhuber: »Anmerkungen zu Horst Blume«, in: laser – nationalrevolutionäre perspektiven für eine sozialistische demokratie, Nr. 23, April 1980, S. 11.

196 Michael Körber: »Anmerkungen zu Horst Blume«, in: laser – nationalrevolutionäre perspektiven für eine sozialistische demokratie, Nr. 23, April 1980, S. 15.

197 Im Juni 2004 wurde das Erscheinen des in der Szene einflussreichen anarchistischen Theorieorgans eingestellt. Vgl. zum Profil der Zeitschrift: Bernd Drücke: Zwischen Schreibtisch und Straßenschlacht. Anarchismus und libertäre Presse in Ost- und Westdeutschland. Ulm 1998, S. 203–214.

198 Vgl. Horst Blume: »Nationalrevolutionäre aus anarchistischer Sicht«, in: Schwarzer Faden 9, 4/1982, www.machtvonunten.de/nationalisten-rechte-neoliberale/76-nationalrevolutionaere-aus-anarchistischer-sicht.html.

199 Henning Eichberg: »Die nationale Frage ist offen«., in: Schwarzer Faden 10, 1/1983, S. 38.

200 Paul Winteracker: »Status quo oder Revolution. Eine nationalrevolutionäre Antwort auf Horst Blume«, in: Schwarzer Faden 10, 1/1983, S. 40.

201 Wolfgang Haug: »Entgegnung«, in: Schwarzer Faden 10, 1/1983, S. 43.

202 Ebenda, S. 41.

203 Ebenda, S. 42.

204 Autorenkollektiv: »Die braune Revolte«, in: Klüngelskerl, Februar 1983, S. 28.

205 Götz Kubitschek: 20 Jahre Junge Freiheit. Idee und Geschichte einer Zeitung. Schnellroda 2006, S. 118.

206 Ebenda, S. 116.

207 Ebenda, S. 118.

208 Götz Kubitschek: 20 Jahre Junge Freiheit. Idee und Geschichte einer Zeitung. Schnellroda 2006, S. 114.

209 Karlheinz Weißmann: »Die konservative Option«, in: Criticón, Heft 113, S. 129–133, zit. n. Helmut Kellershohn (Hg.): Das Plagiat. Der völkische Nationalismus der Jungen Freiheit. Duisburg 1994, S. 34.

210 Karlheinz Weißmann: Ohne Titel, in: Criticón, Heft 105, Rücks. zit. n. Helmut Kellershohn 1994, S. 34f.

211 Ebenda.

212 Helmut Kellershohn (Gespräch): »Sie wollen den autoritären Staat«, in: junge Welt, 20.7.2013.

213 Volker Weiß: Moderne Antimoderne. Arthur Moeller van den Bruck und der Wandel des Konservatismus. Paderborn 2012, S. 14.

214 Volker Weiß 2012, S. 190.

215 Vgl. Volker Weiß 2012, S. 191.

216 Roland Bubik in der Doppelausgabe Junge Freiheit 12/1992–1/1993.

217 Dieter Stein: »Geschichte und nationale Identität«, in: Junge Freiheit 7/1995.

218 Helmut Kellershohn (Gespräch): »Sie wollen den autoritären Staat«, in: junge Welt, 20.7.2013.

219 Meine Bemühungen, die sich von November 2016 bis Januar 2017 erstreckten, beinhalteten mehre Telefonate und zahlreiche E-Mails mit dem Pressesprecher der *Jungen Freiheit* Bastian Behrens.

220 Götz Kubitschek 2006, S. 200.

221 Karlheinz Weißmann: Armin Mohler. Eine politische Biographie. Schnellroda 2011, S. 281. Mohler habe einige Zeit intensiv mit Eichberg korrespondiert, heißt es darin weiter, »aber nach Eichbergs Linkskehre und dem Weggang nach Dänemark die Verbindung beendet« (ebd.).

222 Benoists Bekanntschaft machte Mohler bereits 1964, als der erst 20-jährige Franzose per Anhalter seine erste Deutschlandreise unternahm und Mohler bei dieser Gelegenheit in dessen Münchner Wohnung besuchte. Vgl. dazu Karlheinz Weißmann 2011, S. 180f.

223 Ebenda, S. 181.

224 Armin Mohler (Gespräch): »Ich bin ein Faschist«, in: Leipziger Volkszeitung, 25./26.11.1995, zit. n. Armin Pfahl-Traughber 1998, S. 169.

225 Götz Kubitschek: Provokation. Schnellroda 2007, S. 37.

226 Helmut Kellershohn (Gespräch), junge Welt, 20.7.2013.

227 Darunter die *Frankfurter Allgemeine Zeitung*, *Die Zeit*, die *Basler Nachrichten*, die *Neue Zürcher Zeitung*, die *Weltwoche*, *Die Tat*, *Christ und Welt*, den *Bayernkurier*, das *Handelsblatt*, *Die Welt*, den *Merkur* und *Der Monat*.

228 Karlheinz Weißmann 2011, S. 226.

229 Armin Mohler: »Der faschistische Stil«, in: Armin Mohler: Liberalenbeschimpfung. Essen 1992, S. 94f.

230 Ebenda, S. 114.

231 Helmut Kellershohn (Gespräch), junge Welt, 20.7.2013.

232 Armin Mohler: »Ich bin ein Faschist«, 25./26. November 1995; zit. n. Armin Pfahl-Traughber 1998, S. 170. In einem Brief an die Zeitschrift *Blick nach rechts* schrieb er: »Ich habe nichts dagegen, wenn ich im Zusammenhang ein Faschist genannt werde.«.

233 Götz Kubitschek: »Fünf Lehren – Nachruf auf Armin Mohler«, Sezession im Netz, 1.7.2003.
234 Felix Denk/Sven von Thülen: Der Klang der Familie. Berlin 2014, S. 58.
235 »Die Wagen waren privat, aber die Anlage mussten wir zahlen«, so Motte, in: Felix Denk/Sven von Thülen 2014, S. 58.
236 Es handelt sich um den DJ Tanith, in: Felix Denk/Sven von Thülen 2014, S. 62.
237 Ulf Poschardt: DJ-Culture. Diskjockeys und Popkultur. Reinbek bei Hamburg 1997, S. 325.
238 Frank Lisson: »Zerstörung der Zerstörer – eine Einstimmung«, Sezession im Netz, 16.1.2013.
239 Roland Bubik: »Herrschaft und Medien. Über den Kampf gegen die linke Meinungsdominanz«, in: Heimo Schwilk/Ulrich Schacht (Hg.): Die selbstbewusste Nation. »Anschwellender Bocksgesang« und weitere Beiträge zu einer deutschen Debatte. Frankfurt am Main/Berlin 1994, S. 193.
240 Ulf Poschardt 1997, S. 338.
241 Rainald Goetz: »Sven Väth. Maniac Love. The Tokio Tapes«, in: Rainald Goetz: 90 s Nacht. Pop. Frankfurt am Main 1999, S. 58 f., zuerst erschienen in: Tempo, September 1994.
242 Ulf Poschardt 1997, S. 337.
243 Vgl. Claus-Martin Wolfschlag: »Nachwort zum Ende der Loveparade«, clauswolfschlag.wordpress.com/texte-etc/.
244 Roland Bubik: »Trotzdem rechts«, in: Roland Bubik (Hg.): Wir '89er. Wer wir sind und was wir wollen. Frankfurt am Main/Berlin 1995, S. 118 f.
245 Roland Bubik: »Vorwort«, in: Roland Bubik (Hg.) 1995, S. 11.
246 Ebenda, S. 9.
247 Michael Hageböck: »Endzeit«, in: Roland Bubik (Hg.) 1995, S. 148.
248 Vgl. Patrick Martens: »Ehre – Freiheit – Vaterland«, in: Roland Bubik (Hg.) 1995, S. 197.
249 Frank Hauke: »Der rote Faden«, in: Roland Bubik (Hg.) 1995, S. 53.
250 Ebenda, S. 57.
251 Ebenda, S. 56.
252 Ebenda, S. 63.
253 Claus-Martin Wolfschlag: »Das Schweigen brechen«, in: Roland Bubik (Hg.) 1995, S. 18.
254 Ebenda, S. 19.
255 Roland Bubik: »Trotzdem rechts«, in: Roland Bubik (Hg.) 1995, S. 113 f.
256 Ellen Kositza: »Grenzgänge«, in: Roland Bubik (Hg.) 1995, S. 103 f.
257 Simone Satzger: »Elemente«, in: Roland Bubik (Hg.) 1995, S. 48.
258 Ulrich Greiner: »Die Neunundachtziger«, in: Die Zeit, 16.9.1994.
259 »Sezession« ist auch der Name, den Götz Kubitschek der von ihm seit 2003 verlegten Zeitschrift gab. Sie wird vom Institut für Staatspolitik herausgegeben und ist heute das wichtigste Theorieorgan der Neuen Rechten.

260 Ulrich Greiner 1994.

261 Heimo Schwilk/Ulrich Schacht: »Vorwort«, in: Heimo Schwilk/Ulrich Schacht (Hg.)1994, S. I.

262 Heimo Schwilk/Ulrich Schacht: »Einleitung«, in: Heimo Schwilk/Ulrich Schacht (Hg.) 1994, S. 14.

263 Gerd Bergfleth: »Erde und Heimat.«, in: Heimo Schwilk/Ulrich Schacht (Hg.) 1994, S. 104.

264 Vgl. Michael Bartsch: »Dresdner Stadtschreiber schreibt rechts«, in: taz, 20.2.2007, S. 6.

265 Rainer Zitelmann: »Position und Begriff. Über eine neue demokratische Rechte«, in: Heimo Schwilk/Ulrich Schacht (Hg.) 1994, S. 172.

266 Reiner Zitelmann: Wohin treibt unsere Republik? Berlin/Frankfurt am Main 1994, S. 194.

267 Götz Kubitschek 2006, S. 208.

268 Sebastian Maaß 2014, S. 242.

269 Ebenda, S. 249.

270 Annette Weber: »Miniaturstaat Rave-Nation. Konservatismus im Kontext der Techno-Community«, in: Tom Holert/Mark Terkessidis (Hg.): Mainstream der Minderheiten. Pop in der Kontrollgesellschaft. Berlin 1996, S. 42.

271 Vgl. Tom Holert/Mark Terkessidis: »Einführung in den Mainstream der Minderheiten«, in: Tom Holert/Mark Terkessidis (Hg.) 1996, S. 8.

272 Martin Büsser: Wie klingt die Neue Mitte? Rechte und reaktionäre Tendenzen in der Popmusik. Mainz 2001, S. 102.

273 »Loveparade/Techno/Straßenparty für alle«, Deutschlandfunk, 1.7.2014.

274 Die Zeitschrift war 1989 als Werbemedium für den Technoclub Frankfurt entstanden.

275 Zit. n. Annette Weber 1996, S. 43.

276 Zit. n. Felix Denk/Sven von Thülen 2014, S. 228.

277 Rainald Goetz: »Hard Times Big Fun. Das Kapital des Glücks und seine Politik. Loveparade 1997«, in: Rainald Goetz: 90s. Nacht. Pop. Frankfurt am Main. 1999, S. 221, zuerst erschienen in: Zeit Magazin, 11.7.1997.

278 Christof Meueler: Das ZickZack-Prinzip. Alfred Hilsberg – Ein Leben für den Underground. München 2016, S. 282.

279 Zit. n. BüroBert: Copyshop. Kunstpraxis & politische Öffentlichkeit. Berlin/Amsterdam 1993, S. 54.

280 Zit. n. Christof Meueler 2016, S. 284f.

281 Ebenda, S. 288.

282 Ebenda, S. 285.

283 Zit. n. ebenda, S. 287.

284 Ebenda, S. 287.

285 Rainald Goetz: »Praktische Politik. Streitgespräch mit Isabelle Graw und Astrid Wege«, in: Rainald Goetz: 90s. Nacht. Pop. Frankfurt am Main 1999, S. 268f., zuerst erschienen in: Texte zur Kunst, November 1997.

286 Ebenda, S. 250.
287 Ebenda, S. 243.
288 Ebenda, S. 247.
289 Ebenda, S. 269.
290 Ebenda, S. 271.
291 Ebenda, S. 255.
292 Ebenda, S. 255.
293 Martin Lichtmesz: »Der feldgraue Psychagoge. Jünger-Rezeption in der Subkultur«, in: Sezession 22, Februar 2008, S. 23; vgl. Manuel Ochsenreiter/Jürgen Hatzenbichler: »Der erste deutsche Raver«, in: Junge Freiheit 10/1998.
294 Christof Meueler 2016, S. 332.
295 Ulf Poschardt 1997, S. 338.
296 Roland Bubik: »Trotzdem rechts«, in: Roland Bubik (Hg.) 1995, S. 118. Frank Lisson beklagte die »Vereinnahmung« des Techno »durch den öffentlichen Betrieb«, Frank Lisson 2013.
297 Martin Lichtmesz 2008, S. 23.
298 Roland Bubik: »Herrschaft und Medien«, in: Heimo Schwilk/Ulrich Schacht (Hg.) 1994, S. 193.
299 Andreas Diesel/Dieter Gerten: Looking for Europe. Neofolk und Hintergründe. Wittlich 2013, S. 9.
300 Vgl. Hans Wanders: »The wonderful and frightening World of ... Gothic, Grufts und Industrial – die Schwarze Szene und deren Musik im Überblick«, in: Andreas Speit (Hg.): Ästhetische Mobilmachung. Dark Wave, Neofolk und Industrial im Spannungsfeld rechter Ideologien. Münster 2002, S. 34; Christian Dornbusch: »Von Landsertrommeln und Lärmorgien. Death in June und Kollaborateure«, in: Andreas Speit (Hg.) 2002, S. 133.
301 Vgl. Andreas Diesel/Dieter Gerten 2013, S. 103.
302 Christian Dornbusch 2002, S. 124.
303 Ebenda, S. 125.
304 Martin Büsser 2001, S. 94.
305 Andreas Diesel/Dieter Gerten 2013, S. 25.
306 Vgl. ebenda, S. 88.
307 Ebenda, S. 151.
308 Ebenda, S. 323.
309 Ebenda, S. 400f.
310 Ebenda, S. 401.
311 Ebenda, S. 83.
312 Ebenda, S. 401.
313 Jan Raabe/Andreas Speit: »›L'art du mal‹ – Vom antibürgerlichen Gestus zur faschistoiden Ästhetik«, in: Andreas Speit (Hg.) 2002, S. 73.
314 Andreas Diesel/Dieter Gerten, S. 395.
315 Ebenda, S. 430.

316 Martin Büsser: Wie klingt die Neue Mitte? Rechte und reaktionäre Tendenzen in der Popmusik. Mainz 2001, S. 386.

317 Andreas Diesel/Dieter Gerten: Looking for Europe. Neofolk und Hintergründe. Wittlich 2013, S. 386.

318 Andreas Speit: »Einleitung«, in: Andreas Speit (Hg.) 2002, S. 12.

319 Auf dem Festival Fire & Sun in Leipzig, neben Runes & Men das wichtigste Treffen der Szene, zu dem 2016 ca. 200 Besucher kamen, gab es keine Abendkasse. »Tickets mussten Wochen vorher auf dem Postweg angefordert werden«, in: Fabian Peltsch/Ralf Niemczyk: »Soundtrack eines rechten Gefühls.«, in: Die Welt, 6.8.2016, S. 8.

320 Kermanis Laudatio wurde am 29.10.2007 von der *taz* abgedruckt.

321 Martin Mosebach: Häresie der Formlosigkeit. Die römische Liturgie und ihr Feind. München 2007, S. 8.

322 Martin Mosebach 2007, S. 76.

323 Ebenda, S. 18.

324 Ebenda, S. 85.

325 Ebenda, S. 25.

326 Martin Mosebach: Schöne Literatur. Essays. München 2006, S. 80.

327 Ebenda, S. 81.

328 Vgl. Martin Mosebach: »Nicolás Gómez Dávila – Einsiedler am Rand der bewohnten Erde«, in: Nicolás Gómez Dávila: Notas. Unzeitgemäße Gedanken. Berlin 2005, S. 7 f.

329 Nicolás Gómez Dávila: Das Leben ist die Guillotine der Wahrheiten. Ausgewählte Sprengsätze. Frankfurt am Main 2007, S. 217. Mosebach steuerte zu dieser Ausgabe ein Vorwort bei.

330 Martin Mosebach im Gespräch mit dem Börsenblatt, http://www.boersenblatt.net/149504/, 28.6.2007.

331 Ebenda.

332 Matthias Matussek: Das katholische Abenteuer. Eine Provokation. München 2011, S. 177.

333 Ebenda, S. 44.

334 Ebenda, S. 53.

335 Vgl. Rudolf Maresch: »Spaßguerilla von rechts«, in: Telepolis, http://www.heise.de/tp/artikel/28/28876/1.html,9.10.2008.

336 Gespräch mit Götz Kubitschek, Schnellroda 14.12.2016.

337 In einem Gespräch mit Frank Schirrmacher und Hubert Spiegel in der *Frankfurter Allgemeinen Zeitung*. Zit. n. Michael Jürgs: Bürger Grass. Eine deutsche Biografie. Aktualisierte und erweiterte Neuauflage. München 2015, S. 431.

338 Nach dem Krieg habe er sich selbst die Mitgliedschaft »aus nachwachsender Scham verschweigen« wollen, heißt es in der autobiographischen Erzählung: »Doch die Last blieb, und niemand konnte sie erleichtern«, Günter Grass: Vom Häuten der Zwiebel. Göttingen 2006, S. 127.

339 Bereits am 26. Juli war sein Buch in immerhin 550 Freiexemplaren an Kritiker und weitere Interessierte verschickt worden, ohne dass diesen frühen Lesern irgendetwas Anstößiges aufgefallen wäre.

340 Wolfgang Kraushaar 2008, S. 176f.

341 Vgl. Eckhard Fuhr: »Konservative Spontis attackieren Günter Grass«, in: Die Welt, 2.9.2008.

342 Gespräch mit Götz Kubitschek, Schnellroda, am 14.12.2016.

343 Zit. n. Marc Felix Serrao: »Wir sind noch im Training«, in: Süddeutsche Zeitung, 6./7.9.2008.

344 Ebenda.

345 Die Online-Ausgabe der *Jungen Freiheit* stellte ihn zum Downloaden bereit. Noch am Abend der Buchvorstellung erschien dort ein Artikel über die Störaktion, vgl. Andreas Speit: »Rechte stören Grass-Lesung«, in: taz, 2.9.2008.

346 Marc Felix Serrao 2008.

347 Berichtet haben das *Hamburger Abendblatt, Die Welt,* die *taz,* die *Berliner Zeitung,* die *Süddeutsche Zeitung* und das Deutschlandradio.

348 Vgl. Marc Felix Serrao 2008.

349 Wolfgang Kraushaar 2008, S. 128.

350 Sara Hakemi: »Das terroristische Manifest. Die erste Generation der RAF im Kontext avantgardistischer und neo-avantgardistischer Diskurse«, in: Martin Klimke/Joachim Scharloth (Hg.): 1968. Handbuch zur Kultur- und Mediengeschichte der Studentenbewegung. Bonn 2008, S. 277.

351 Wolfgang Kraushaar: »Kinder einer abenteuerlichen Dialektik«, in: Frank Böckelmann/Herbert Nagel: Subversive Aktion. Der Sinn der Organisation ist ihr Scheitern. Frankfurt am Main 2002, S. 11.

352 Eckhard Fuhr 2008.

353 Vgl. Günter Scholdt: »Grass & Co. Dimensionen einer politischen Farce«, in: Sezession 19, August 2007, S. 17.

354 Günter Grass 2006, S. 126f.

355 Thorsten Hinz: Literatur aus der Schuldkolonie. Schreiben in Deutschland nach 1945. Schnellroda 2010, S. 9.

356 Ebenda, S. 8. Grass habe selbst »jenes Klima von rückschauendem Unverständnis« geschaffen, das auch für ihn »selbst die Chance minimierte, künftig ein ehrlicheres und freieres Leben zu führen«, Günter Scholdt 2007, S. 17.

357 Zit. n. Frank Böckelmann/Herbert Nagel: Subversive Aktion. Der Sinn der Organisation ist ihr Scheitern. Frankfurt am Main 2002, S. 59.
Er bezichtigt die sozial- und kulturkritische Lyrik und Prosa in der Bundesrepublik, unwahrhaftig zu sein: »Die Anklage der Enzensberger, G. B. Fuchs, Rühmkorf und Walser ist so schön, geschliffen und witzig, dass man ihnen allenfalls noch Hassliebe zugestehen kann.« (ebd.).

358 Vgl. Aribert Reimann: Dieter Kunzelmann. Avantgardist, Protestler, Radikaler. Göttingen 2009, S. 43.

359 Dieter Kunzelmann: Leisten Sie keinen Widerstand. Bilder aus meinem Leben. Berlin 1998, S. 20.

360 Zit. n. Aribert Reimann 2009, S. 97.

361 Ebenda, S. 25.

362 Dieter Kunzelmann1998, S. 19.

363 Bernd Rabehl: »Die Provokationselite: Aufbruch und Scheitern der subversiven Rebellion in den sechziger Jahren«, in: Siegward Lönnendonker/Bernd Rabehl/Jochen Staadt: Die antiautoritäre Revolte. Der Sozialistische Deutsche Studentenbund nach der Trennung von der SPD. Band 1: 1960–1967. Wiesbaden 2002, S. 407 f.

364 Dieter Kunzelmann 1998, S. 21. Die Gruppe stand in der Tradition von Kunstströmungen wie dem Dadaismus, dem Surrealismus und der Lettristischen Internationale.

365 Frank Böckelmann/Herbert Nagel 2002, S. 35.

366 Bernd Rabehl 2002, S. 405.

367 Ingrid Gilcher-Holtey: »Primat der Theorie oder Primat der Praxis? Kritische Theorie und Neue Linke«, in: Ingrid Gilcher-Holtey: Eingreifendes Denken. Die Wirkungschancen von Intellektuellen. Weilerswist 2007, S. 175 f.

368 Ingrid Gilcher-Holtey: »Avantgarde der Avantgarde: Guy Debord und die Situationistische Internationale«, in: Ingrid Gilcher-Holtey 2007, S. 251.

369 Frank Böckelmann/Herbert Nagel 2002, S. 43.

370 Aribert Reimann 2009, S. 83.

371 Ebenda.

372 Danach setzte sich das Ausschlussunwesen fort. Höhepunkt waren die Jahre 1969 und 1970. Danach wurde die Zeitschrift *Revue Internationale Situationniste* eingestellt und die »Situationistische Internationale« zerfiel endgültig.

373 Inga Buhmann1998, S. 34.

374 Schriftlich schlug sie sich 1962 und 1963 in der im Selbstverlag erfolgten Publikation von zwei programmatischen Heften nieder, die unter dem Titel »Unverbindliche Richtlinien« erschienen.

375 Vgl. Frank Böckelmann/Herbert Nagel 2002, S. 94.

376 Wolfgang Kraushaaar 2002, S. 10.

377 Gretchen Dutschke: Rudi Dutschke. Wir hatten ein barbarisches, schönes Leben. Köln 1996, S. 51.

378 Manuel Seitenbecher: Mahler, Maschke & Co. Rechtes Denken in der 68er-Bewegung. Paderborn/München/Wien/Zürich 2013, S. 59. Zu den vier festgenommenen Subversiven gehörte der zuvor in der Ostermarschbewegung und in der illegalen KPD engagierte Lyriker Günter Maschke. Ein Gedichtband, der im von Bernward Vesper und Gudrun Ensslin be-

triebenen Verlag studio neue literatur herauskommen sollte, wurde nie publiziert. In Stuttgart bewegte er sich gemeinsam mit Frank Böckelmann in einer an avantgardistischer Literatur interessierten Szene, in deren Mittelpunkt der Literaturwissenschaftler und Kulturphilosoph Max Bense stand. In den siebziger Jahren entdeckte Maschke seine Liebe zur Theorie von Carl Schmitt und lief ins rechte Lager über.

379 Zit. n. Frank Böckelmann/Herbert Nagel 2002, S. 115.

380 Brief an Steffen Schulze zitiert nach: Frank Böckelmann/Herbert Nagel 2002, S. 160f.

381 Theodor W. Adornos und Max Horkheimers in der »Dialektik der Aufklärung« entfaltete Kritik an der Kulturindustrie war in Deutschland damals außerhalb kleiner Zirkel noch wenig bekannt. Populär wurde sie erst durch die einige Jahre später kursierenden Raubdrucke der Studentenbewegung und die Neuauflage von 1969.

382 Zit. n. Frank Böckelmann/Herbert Nagel 2002, S. 145.

383 Mit seiner Empörung war er nicht allein. Er habe sich »wegen der Münchener Mistviecher« (zit. n. Lorenz Jäger: Adorno. Eine politische Biographie. München 2009, S. 272) umgehört, schrieb ihm der marxistische Philosoph Ernst Bloch aus Tübingen: »Lieber Teddie, es drängt mich, Dir zu schreiben und zu sagen, dass ich Dir, wenn Du willst, zur Verfügung stehe. Nämlich: Ich hörte heute abend von einem Studenten von dem Seminar, dass Du gegen die Lumpen der ›Suchanzeige‹ einen Antrag gestellt hast. Ich las den mir unbegreiflichen Anschlag der Lumpen erst vor kurzem, an einer Unterführung; er soll auch in der Nähe der Universität angeschlagen gewesen sein« (ebd.), so Bloch im Juni 1964. Bis zu seiner freundschaftlichen Begegnung mit Rudi Dutschke, der gemeinsam mit Bernd Rabehl Anfang 1964 in Berlin zur Subversiven Aktion gestoßen war, sollte es noch eine Weile dauern.

384 Was sie damals nicht wissen konnten: Adorno sperrte sich gegen die 1961 vom S. Fischer Verlag angeregte Neuauflage der fast 20 Jahre zuvor zum ersten Mal veröffentlichten »Dialektik der Aufklärung«. Nachdem er das Buch noch einmal seinem prüfenden Blick unterzogen hatte, schrieb er am 24. Januar 1961 an seinen Co-Autor Max Horkheimer: »Meine Fragezeichen und Kreuzchen bedeuten vorwiegend Bedenken gegen eine allzu offene Sprache. (...) Im Ganzen komme ich zu dem sehr betrüblichen Schluss, dass sich der Inhalt der ›Dialektik‹ zur Massenverbreitung nicht eignet.« Zit. n. Lorenz Jäger 2009, S. 271.

385 Bernd Rabehl 2002, S. 405.

386 Aribert Reimann 2009, S. 108.

387 Gerd Koenen 2011, S. 43.

388 Vgl. Aribert Reimann 2009, S. 138.

389 Hans-Joachim Hameister, Dorothea Ridder, Dieter Kunzelmann, Fritz Teufel sowie Dagmar Seehuber in das Schriftsteller-Atelier und Hans

Magnus Enzensbergers Bruder Ulrich, Volker Gebbert und Detlef Michel in die Stierstraße 3. Vgl. ebenda, S. 134.

390 Michael Jürgs 2015, S. 411.

391 Ebenda, S. 411.

392 Aribert Reimann 2009, S. 150.

393 Ebenda, S. 154.

394 Der 1968 durch ein Attentat schwer verletzte Rudi Dutschke hielt, kaum genesen, die »politische Bekämpfung von Grass« für eine wichtige Aufgabe. Vgl. Michael Jürgs 2015, S. 237.

395 Unter dem Titel »Ende offen. Kunst und Antikunst« wurde die eineinhalbstündige Sendung am 6. Februar 1970 in der Reihe Wochenendforum ausgestrahlt. Staatliche Museen zu Berlin: Joseph Beuys: Provokation. Lebensstoff der Gesellschaft. Kunst und Antikunst. Nr. 111 der Schriftenreihe des Joseph Beuys Medien-Archivs. Berlin 2003, vgl. HP Riegel: Beuys. Die Biographie. Berlin 2013, S. 335f.

396 Staatliche Museen zu Berlin 2003, S. 25. In den ersten Dada-Veranstaltungen, von denen er 1920 als Schüler noch eine gesehen habe, sei das noch möglich gewesen. Nun nicht mehr. Gehlen vermutet, dass die Kunst »eine gesellschaftlich einleuchtende Funktion nicht mehr hat« und man ihr deswegen »eine politische Funktion unterzuziehen sucht« (ebd., S. 42).

397 In der gesamten Kunstgeschichte sei eine eindeutig revolutionäre Kunst so gut wie noch nie hervorgetreten. »Es muss also offenbar nicht gut gehen«, sagte der Intellektuelle. Staatliche Museen zu Berlin 2003, S. 42.

398 Götz Kubitschek: Provokation. Schnellroda 2007, S. 46.

399 Auch wenn diese für die meisten Künstler der Gegenwart bloß »eine strategische und verkaufsfördernde Maßnahme« sei, ebenda, S. 22.

400 Ebenda, S. 21.

401 Zit. n. ebenda, S. 24.

402 Ebenda, S. 67.

403 Ebenda, S. 66. An dieser Stelle wird auf die Künstlergruppe »Spur« und auf den politischen Existenzialismus von Armin Mohler angespielt, den »Vordenker und Mentor« des rechten Milieus, ebenda, S. 37. Das Mohler-Zitat lautet: »Was den Konservativen an der Geschichte tief bewegt, ist, (...), dass der Mensch immer wieder, auch in den verzweifeltsten Situationen, versucht, eine Spur zu hinterlassen.« (S. 43).

404 Ebenda, S. 69.

405 Ebenda, S. 76.

406 Zit. n. ebenda, S. 23.

407 Rabehl hatte den Ausdruck »Provokationseliten« im Rückblick auf die Akteure der »Subversiven Aktion« gemünzt. Vgl. Bernd Rabehl 2002.

408 Gespräch mit Götz Kubitschek, Schnellroda, 14.12.2016.

409 So bei Helmut Kellershohn: »Strategische Optionen des Jungkonservatis-

mus«, in: Regina Wamper/Helmut Kellershohn/Martin Dietzsch (Hg.): Rechte Diskurspiratereien. Münster 2010, S. 25, Fn 31.

410 Er sah sich dabei aber weiterhin in der Tradition der »Subversiven Aktion«. Deshalb taufte er seinen Blog auch auf den Namen »Anschläge«: Anschläge. Ein Netzjournal von Bernd Rabehl, rabehl.wordpress.com.

411 Es handelt sich um die folgenden Bücher: Bernd Rabehl: Rudi Dutschke. Revolutionär im geteilten Deutschland. Schnellroda 2004 sowie Bernd Rabehl: Linke Gewalt. Der kurze Weg zur RAF. Schnellroda 2007. Außerdem veröffentlichte er in der von Kubitschek redaktionell verantworteten Zeitschrift Sezession: Bernd Rabehl: »Neue Linke und Gewalt«, in: Sezession 5, April 2004, S. 18–26.

412 Bernd Rabehl: »Der Revolutionär«, in: Junge Freiheit, 37/2006.

413 Bernd Rabehl: »Konservativ-Subversive Aktion überrascht mit gelungener Aktion«, https://rabehl.wordpress.com/2009/05/03/erstes-meisterstuck--der-konservativ-subversiven-aktion/. Beeindruckt zeigte sich Rabehl insbesondere vom Protest der Konservativ-Subversiven Aktion gegen die geplante Übermalung eines Wandgemäldes von Benjamin Jahn Zschocke in der Berufsbildenden Schule Lutherstraße in Chemnitz und die Störung der Lesung von Günter Grass. Mit einer Einschränkung: »Mit dem zur selben Aktion gehörenden, doch eher dünn geratenen, kalauernden Anti-Grass-Comic hat sich der Verleger Kubitschek allerdings keinen Gefallen getan.«.

414 Vgl. Jörg Schindler: »Auf der Schlacht-Bank«, in: Frankfurter Rundschau, 3.5.2008.

415 Zit. n. Manuel Seitenbecher 2013, S. 41. Auch die weiteren Aktionen von Kubitscheks Gruppe richteten sich vorwiegend gegen Linke. Sie störte eine Rede von Egon Krenz in Chemnitz im Juni 2008. Im April 2009 demonstrierte sie mit einer Sitzblockade in einer Chemnitzer Schule gegen die Übermalung eines Wandgemäldes des als rechts geltenden Malers Benjamin Jahn Zschocke und am 11. November desselben Jahres vor dem Brandenburger Tor gegen die Teilnahme der Bundeskanzlerin an der Siegesparade in Paris anlässlich des Waffenstillstandes vom 11.11.1918. Vgl. Helmut Kellershohn 2010, S. 24. Am 19.11.2009 »störten rund 25 Anhänger in Frankfurt eine Veranstaltung mit dem nordrhein-westfälischen Integrationsminister Armin Laschet und dem Grünen-Politiker Daniel Cohn-Bendit«, Robert Scholz: »Schlag auf Schlag: 6. ›konservativ-subversive aktion‹ (ksa) stört Veranstaltung mit Cohn-Bendit und Laschet«, in: Endstation rechts, 20.11.2009.

416 Thilo Sarrazin: Deutschland schafft sich ab. Wie wir unser Land aufs Spiel setzen. München 2010, S. 93.

417 Ebenda, S. 91.

418 Ebenda, S. 227.

419 Vgl. Deutschlandstiftung Integration: Sarrazin. Eine deutsche Debatte. München 2010 sowie Thomas Wagner/Michael Zander: Sarrazin, die SPD und die Neue Rechte. Berlin 2011.

420 Thilo Sarrazin: »Eine schleichende Krankheit«, in: Patrick Schwarz (Hg.): Die Sarrazin-Debatte. Hamburg 2010.

421 Warnfried Dettling: »Sicherheit und Anerkennung – Der Sozialstaat an den Grenzen der Umverteilung«, in: Pfeiffer (Hg.): Eine neosoziale Zukunft. Wiesbaden 2010, S. 71.

422 Vgl. Luc Boltanski/Ève Chiapello: Der neue Geist des Kapitalismus. Konstanz 2006.

423 Chantal Mouffe: »Demokratie auf dem Prüfstand« (Gespräch mit M. Miessen), in: Markus Miessen: Albtraum Partizipation, Berlin 2012, S. 111.

424 Vorbereitet wurde die neoliberale Wende sozialdemokratischer Politik in den folgenden Büchern der Autoren: Ulrich Beck: Die Erfindung des Politischen. Frankfurt am Main 1993; Anthony Giddens: Jenseits von Links und Rechts. Frankfurt am Main 1997; Anthony Giddens: Der dritte Weg. Die Erneuerung der sozialen Demokratie. Frankfurt am Main 1999.

425 Dirk Jörke/Nils Heisterhagen: »Was die Linken jetzt tun müssen«, in: Frankfurter Allgemeine Zeitung, 26.1.2017, S. 9.

426 Ebenda.

427 Chantal Mouffe 2012, S. 97f.

428 Peter Sloterdijk: Die nehmende Hand und die gebende Seite. Berlin 2010, S. 25.

429 Ebenda, S. 24.

430 Rainer Trampert: »›Der liberale Beobachter‹ Peter Sloterdijk und der Sozialneid von oben«, in: Jan Rehmann/Thomas Wagner (Hg.): Angriff der Leistungsträger? Das Buch zur Sloterdijk-Debatte. Hamburg 2010, S. 245.

431 Vgl. Peter Sloterdijk: Im Weltinnenraum des Kapitals. Frankfurt am Main 2006, S. 271.

432 Peter Sloterdijk/Hans-Jürgen Heinrichs: Die Sonne und der Tod. Frankfurt am Main 2006, S. 228.

433 Markus Abt: »Sarrazin verschärfen – eine Präzisierung«, in: Sezession, 10/2010, S. 14.

434 Vgl. Institut für Staatspolitik: Der Fall Sarrazin. Eine Analyse. Albersroda 2010.

435 Götz Kubitschek 2006, S. 8.

436 Ellen Kositza/Götz Kubitschek: Tristesse Droite. Die Abende von Schnellroda. Schnellroda 2015, S. 18.

437 Vgl. Markus Abt 2010, S. 14.

438 Das zeigt die Langzeitstudie: Wilhelm Heitmeyer (Hg.): Deutsche Zustände. Folge 9. Berlin 2010.

439 http://www.zeit.de/2011/08/Interview-Bahners, 17.2.2011.

440 Patrick Bahners: Die Panikmacher. Die deutsche Angst vor dem Islam. Eine Streitschrift. München 2011, S. 26.

441 Ebenda, S. 283.

442 Ebenda, S. 262.

443 Vgl. Domenico Losurdo: Freiheit als Privileg. Eine Gegengeschichte des Liberalismus. Köln 2010, S. 62.

444 Patrick Bahners 2011, S. 283.

445 Ebenda, S. 20.

446 Michael Klonovsky: Der Held. Ein Nachruf. München 2011, S. 37.

447 Vgl. Wilhelm Heitmeyer (Hg.) 2010.

448 Vgl. Klaus Peter Krause: »Widerstand ist machbar. Agieren gegen die Herrschenden: Eine Tagung in Speyer mit Hans Herbert von Arnim und Thilo Sarrazin«, in: Junge Freiheit, 45/2011.

449 Gertrud Höhler: Die Patin. Wie Angela Merkel Deutschland umbaut. Zürich 2012, S. 101.

450 Norbert Bolz: »Die politische Rechte steht für Bürgerlichkeit«, in: Der Tagesspiegel, 13.8.2010.

451 Norbert Bolz: Diskurs über Ungleichheit. München 2009, S. 16.

452 Norbert Bolz: Die ungeliebte Freiheit. Ein Lagebericht. München 2010, S. 9.

453 Ebenda, S. 12.

454 Norbert Bolz 2009, S. 34.

455 Ebenda, S. 47.

456 Ebenda, S. 54.

457 Ebenda, S. 34.

458 Ebenda, S. 55.

459 Ebenda, S. 178.

460 Ebenda, S. 19.

461 Hans-Olaf Henkel: Die Euro-Lügner. München 2013, S. 237.

462 Vgl. Sebastian Friedrich: Der Aufstieg der AfD. Neokonservative Mobilmachung in Deutschland. Berlin 2015, S. 23.

463 Kenntnisreich stellt Hans Herbert von Arnim Auswüchse der Politikerfinanzierung, darunter Mehrfachbezahlungen und -versorgungen an den Pranger. Zu Recht wendet er sich gegen die Verschwendung von Steuergeldern, schwarze Kassen, fragwürdige Parteispenden oder die Erhöhung von Abgeordnetendiäten durch die Parlamentarier.

464 Hans Herbert von Arnim: Die Deutschlandakte. München 2008, S. 71.

465 Ebenda, S. 278.

466 Das radikale rechte Lager setzte hingegen von Anfang an auf eine Umarmungsstrategie. Hans Herbert von Arnims Buch »Die Deutschlandakte« wurde in der *Jungen Freiheit* vom 26.9.2008 als »weiteres politisch unkorrektes Buch« begrüßt. Der Autor revanchierte sich am 12.6.2009 mit einem Interview, das er der Zeitung gab. Für die NPD-Führung ist der

Staatsrechtler seit langem ein Gewährsmann für ihre Forderung, den »Parteienstaat« zu überwinden. Vgl. das Interview des damaligen NPD-Vorsitzenden Udo Voigt mit der Jungen Freiheit am 24.9.2004.

467 Vgl. Thomas Wagner: Demokratie als Mogelpackung. Köln 2011, S. 74–80.

468 Klaus Kunze: »Plebiszite als Weg aus dem Parteienstaat«, in: Junge Freiheit 10/1992, S. 24.

469 NPD-Vorstand: Argumente für Kandidaten & Funktionsträger. Handreichung für die öffentliche Auseinandersetzung. Berlin 2006, S. 32.

470 Jörg Haider 1997, S. 240.

471 Hans Herbert von Arnim: Die Hebel der Macht und wer sie bedient. Parteienherrschaft statt Volkssouveränität. München 2017, S. 360.

472 Tilman Gerwien: Aufstand aus der Mitte, in: Der Stern 1/2015, 23. Dezember 2014, S. 130.

473 Gespräch mit Frank Böckelmann, Dresden, 25.10.2016.

474 Zum Zeitpunkt dieser Niederschrift erschient sie sie mit dem Untertitel »Schriften zur Verkehrswissenschaft« im Sonderzahl Verlag in Wien.

475 Philipp Felsch: Der lange Sommer der Theorie. Geschichte einer Revolte. 1960–1990. München 2015, S. 163.

476 Ulrich Raulff 2014, S. 102.

477 Ebenda, S. 104.

478 Die AfK wurde gegründet als der empirische Arm der süddeutschen, der österreichischen und Schweizer Hochschulinstitute im Bereich der Kommunikationswissenschaft. Ihr erster Geschäftsführer war der SPD-Politiker Peter Glotz.

479 Unter dem Titel »Offene Türen eingerannt. Rückblick auf die frühen und späten Sechzigerjahre« steuerte Böckelmann Auszüge aus seinem 1977 in Bodenheim erschienen Buch »Begriffe versenken« bei.

480 Frank Böckelmann (Gespräch): »Der Jargon der Demokratie«, in: Sezession-online, 3.6.2014; in gekürzter Fassung gedruckt erschienen in: Sezession 60.

481 Hans-Willi Weis: Intellektuellendämmerung. Gedanken zum Tumult der neuen Rechtsintellektuellen, http://www.textem.de/index.php?id=2710, 18.4.2016.

482 In seinem Essay »Die Ethnozentriker, ihre Vordenker und die Deutschen«, https://www.perlentaucher.de/essay/wolfgang-kraushaar-wie-umgehen-mit-der-af-d.html, 22.4.2016.

483 Frank Böckelmann: Die Gelben, die Schwarzen, die Weißen. Frankfurt am Main 1998, S. 441.

484 Ebenda, S. 440.

485 Ebenda, S. 8.

486 Ebenda, S. 9.

487 Ebenda, S. 7.

488 Ebenda, S. 442.

489 Ebenda, S. 453.

490 http://www.deutschlandfunk.de/die-gelben-die-schwarzen-die-weissen.700.de.html?dram:article_id=79285), 24.6.1998.

491 http://www.berliner-zeitung.de/frank-boeckelmanns-lob-der-verschiedenheit-von-gelben-schwarzen-und-weissen-eine-affaere-ist-besser-als-toleranz-16622568, 15.8.1998.

492 http://www.literaturpreisgewinner.de/sachbuch/das-politische-buch, 29.4.2017.

493 Frank Böckelmann: »Der Riss im Schleier 4. Zur Ausgabe Frühjahr 2016«, in: Tumult. Vierteljahresschrift für Konsensstörung. Frühjahr 2016, S. 5.

494 Ebenda, S. 6.

495 Hans Vorländer/Maik Herold/Steven Schäller: Pegida. Entwicklung, Zusammensetzung und Deutung einer Empörungsbewegung. Wiesbaden 2016, S. 7.

496 Gespräch mit Frank Böckelmann, Dresden, 25.10.2016.

497 Vgl. Karl-Siegbert Rehberg/Franziska Kunz, Tino Schlinzig (Hg.): Pegida. Rechtspopulismus zwischen Fremdenangst und ›Wende‹-Enttäuschung? Analysen im Überblick. Bielefeld 2016, S. 32 f.

498 Gespräch mit Karl-Siegbert Rehberg, Dresden, 25.10.2016.

499 Gespräch mit Götz Kubitschek, Schnellroda, 14.12.2016.

500 Dieser Bezeichnung für die Identitären begegnete ich im Musikjournalismus. John Lütten/Susann Witt-Stahl: »Die neue Pop-Rechte«, in Melodie & Rhythmus, Nr. 1/2017, S. 21.

501 Thomas Wagner: Robokratie. Google, das Silicon Valley und der Mensch als Auslaufmodell. Köln 2015.

502 Gespräch mit Martin Sellner, Wien, 21.10.2016.

503 Diese Methode gilt als besonders schmerzhafte Vorgehensweise, sich selbst vom Leben zum Tode zu befördern. Im Zuge der Abschaffung des Shogunats und der umfassenden Modernisierung Japans im Rahmen der Meiji-Restauration war sie bereits 1868 verboten worden. Danach hatten sich vereinzelt ranghohe Offiziere auf diese Weise umgebracht. Die Tat des Schriftstellers ist der letzte bekannt gewordene Fall.

504 Vgl. Volker Stanzel: »Mishima und seine ›Schildgemeinschaft‹«, in: Gisela Völger/Karin von Welck: Männerbande. Männerbünde. Zur Rolle des Mannes im Kulturvergleich. Rautenstrauch-Joest-Museum Köln 1990, S. 123.

505 Für den Fall, dass die Behörden den Vorfall zu vertuschen versuchen würden, hatte Mishima dafür gesorgt, dass zwei Reporter in der Nähe waren. Um zu verhindern, dass sie sich während des Seppuku durch die unwillkürliche Entleerung ihres Darminhalts erniedrigten, hatten Morita und er sich Baumwolle in den Anus gesteckt.

506 Vgl. William Andrews: Dissenting Japan. A History of Japanese Radicalism and Counterculture, from 1945 to Fukushima. London 2016, S. 61 f.

507 Vgl. Henry Scott-Stokes: Yukio Mishima. Leben und Tod. München 1986, S. 329.

508 Dazu zählten der Japanologe Donald Keene, der Dokumentarfilmer John Nathan, der Verleger Meredith Weatherby, der Schriftsteller Donald Richie und der Journalist Henry Scott-Stokes.

509 Henry Scott-Stokes 1986, S. 290.

510 Zit. n. Daniel Napiorkowski: »Seppuku vor 40 Jahren: Yukio Mishima«, in: Sezession 39, Dezember 2010. Die Debatte wurde aufgezeichnet und von Mishima als Buch veröffentlicht, das ein Bestseller wurde. Den Erlös teilte der Schriftsteller mit der Studentengruppe, die ihn eingeladen hatte.

511 Vgl. Fritz J. Raddatz: »Sterben ist Kultur«, in: Die Zeit, 23.11.2000.

512 Martin Lichtmesz ist von dem Schriftsteller fasziniert, seit er sechzehn Jahre alt ist. Diese Faszination sei vor allem durch einen Film von Paul Schrader aus dem Jahr 1985 vermittelt worden: »Mishima – A Life in Four Chapters«, Martin Lichtmesz: »Krankheit und Gesundheit«, in: Sezession 54, Juni 2013.

513 Dabei handelt es sich um die Antithese zu dem Akronym der Jugendsprache: YOLO (»You only live once«).

514 Vgl. Fabian Peltsch/Ralf Niemczyk 2016, S. 8.

515 Vgl. Julian Bruns, Kathrin Glösel, Natascha Strobl: Die Identitären. Münster 2014, S. 15.

516 Markus Willinger: Die identitäre Generation. Eine Kriegserklärung an die 68er. London 2013, S. 102.

517 E-Mail-Interview mit Alain de Benoist, 6.1.2017.

518 Vgl. Heiko Koch: Casa Pound Italia. Mussolinis Erben. Münster 2013, S. 101–145.

519 Volker Weiß 2017, S. 109.

520 Vgl. Julian Bruns, Kathrin Glösel, Natascha Strobl 2014, S. 14.

521 Der Begleittext erinnert im Gestus an die Nationalrevolutionäre der siebziger Jahre: »Das geplante Ende des 50 Jahre alten Bochumer Opelwerks zeigt mal wieder, dass im Spätkapitalismus und in der von ihm geprägten Globalisierung nur noch der Profit und die stetige Steigerung des Profits zählen. Ist an einem Wirtschaftsstandort nicht mehr genug Profit zu machen, dann wird die Industrie dort einfach abgebaut, werden Zechen und Werke geschlossen. Das Kapital zieht weiter und die überflüssig gewordenen Arbeiter und Arbeiterinnen vor Ort müssen mit den Folgen leben. Wir leben inzwischen in einem länderübergreifenden, menschenfeindlichen System, das den einzelnen Menschen nur noch als Arbeitskraft und Konsumenten sieht und das Regionen und Länder zu reinen Wirtschaftsstandorten herabwürdigt«, zit. n. Julian Bruns/Kathrin Glösel/Natascha Strob 2014, S. 190.

522 Martin Sellner: »Gewaltlose Disziplin«, in: Sezession im Netz, 16.2.2017, https://sezession.de/56991,16.2.2017.

523 Ebenda.

524 Als Mohler einmal gefragt wurde, warum er der Nation, die ja auch eine Abstraktion sei, einen so hohen Stellenwert einräume, konnte er das nicht weiter begründen. Er sagte bloß: »Für die einfachen Leute ist das gar kein Problem; bei einem Länderspiel wollen Sie, dass die Deutschen gewinnen. Das ist nur für Intellektuelle ein Problem«, in: Armin Mohler: Das Gespräch. Über Linke, Rechte und Langweiler. Dresden 2001, S. 89.

525 Es handelt sich um Professor Pierre Aronnax aus dem 1869 erschienenen Roman »20 000 Meilen unter dem Meer«.

526 www.identitaere-generation.info/demokratie-und-demokratie/, Pierre Aronnax am 24.9.2015.

527 www.identitaere-generation.info/das-problem-der-demokratie, Raul Jaubein am 27.9.2015.

528 www.identitaere-generation.info/demokratie-und-demokratie, Pierre Aronnax: »Demokratie und Demokratie« am24.9.2015.

529 Martin Sellner: »Der Große Austausch in Theorie und Praxis – ein Nachwort«, in: Renaud Camus: Revolte gegen den Großen Austausch. Schnellroda 2016, S. 213.

530 Vgl. Elias Schneider: »Der Maskentanz der Rassisten«, in: Stern online, 14.11.2012.

531 Regina Wamper/Helmut Kellershohn/Martin Dietzsch (Hg.): Rechte Diskurspiraterien. Strategien der Aneignung linker Codes, Symbole und Aktionsformen. Münster 2010.

532 Adriano Scianca: »Der Faschismus der Casa Pound Italia«, in: Sezession 55, August 2013.

533 Zit. n. Gerd Koenen 2011, S. 25.

534 So in dem Sammelband: Oskar Negt (Hg.): Die Linke antwortet Jürgen Habermas. Frankfurt am Main 1968; vgl. Rolf Wiggershaus: Die Frankfurter Schule. München 1986, S. 686 f.

535 Zit. n. Gerd Koenen: Das rote Jahrzehnt. Unsere kleine deutsche Kulturrevolution 1967–1977. Frankfurt am Main 2011, S. 25.

536 Volker Weiß 2017, S. 125.

537 Vgl. Georg Lichtheim: »Nachwort«, in: Georges Sorel: Über die Gewalt. Frankfurt am Main 1981, S. 358.

538 Kurt Lenk/Günter Meuter/Henrique Otten: Vordenker der Neuen Rechten. Frankfurt am Main/New York 1997, S. 31.

539 Ebenda, S. 32.

540 Ebenda, S. 33.

541 Ebenda, S. 36.

542 Ebenda, S. 36.

543 Ebenda, S. 36.

544 Mussolini zit. n. ebenda, S. 37.

545 Martin Sellner 2016, S. 189.

546 Ebenda, S. 189 f.
547 Vgl. ebenda, S. 190.
548 Ebenda, S. 191.
549 Ebenda, S. 206 f.
550 http://podcast.jungeuropa.de/nach-hausbesetzung-in-rom-interview-mit-simone-di-stefano/#more-74, 21.10.2016.
551 Matthias Matussek: »Lust, die eigene Kultur auszulöschen«, in: Die Weltwoche 40/2015.
552 Michael Klonovsky: »Die Apokalypse nach Jean«, in: Focus 48/2015.
553 Lorenz Jäger: »Apokalypse lieber später«, in: FAZ, 23.09.2015.
554 Lorenz Jäger: »Das schlechte Gewissen können wir kaufen«, in: FAZ, 12.10.2005.
555 Jürg Altwegg: »Das Ende der europäischen Welt«, FAZ, 25.02.2011.
556 Konrad Weiß: »Generalkonsul eines Königreichs der Phantasie«, in: FAZ, 6.4.2016.
557 Vgl. Jan Rehmann/Thomas Wagner: »Sloterdijks Weg vom Zynismus-Kritiker zum Herrschaftszyniker«, in: Jan Rehmann/Thomas Wagner 2010, S. 37.
558 Peter Sloterdijk: Zorn und Zeit. Politisch-psychologischer Versuch. Frankfurt am Main 2006, S. 344.
559 Ebenda, S. 348.
560 Ebenda, S. 75.
561 Ebenda, S. 34.
562 Ebenda, S. 355.
563 Justus Bender/Reinhard Bingener: »Marc Jongen. Der Parteiphilosoph der AfD«, in: FAS, 15.1.2016.
564 Marc Jongen im Gespräch mit der NZZ am Sonntag, 13.3.2016.
565 Justus Bender/Reinhard Bingener 2016.
566 Götz Kubitschek: »Sloterdijk auf der Kippe«, Sezession im Netz, 22.7.2016, aufgerufen am 2.10.2016.
567 Götz Kubitschek: »Hygienefimmel und Thymos-Regulierung«, in: Götz Kubitschek: Die Spurbreite des schmalen Grats. Schnellroda 2016, S. 145.
568 Justus Bender/Reinhard Bingener 2016.
569 Götz Kubitschek 2016, S. 146.
570 Ebenda, S. 147.
571 Klaus Schönekäs 1990, S. 303.
572 Armin Krebs: »Frauen und nationalrevolutionäre Bewegung«, in: laser – nationalrevolutionäre perspektiven für eine sozialistische demokratie, Nr. 23, April 1980, S. 10.
573 Gespräch mit Martin Sellner, Wien 21.10.2016.
574 Gespräch mit Ellen Kositza, Schnellroda 14.12.2016.
575 Götz Kubitschek: »Beim Bloc Identitaire in Orange: Strukturen«, in: Sezession im Netz, 9.11.2012.

576 Jean-David Cattin/Philippe Vardon-Raybaud: »Wie eine Böe herannahenden Sturmes«, in: Dominique Venner: Für eine positive Kritik. Dresden 2017, S. 19.

577 Götz Kubitschek 2012.

578 Vgl. Karlheinz-Weißmann (Gespräch): »Sonst endet die AfD als ›Lega Ost‹«, in: Junge Freiheit Online, 21.12.2015.

579 Adriano Scianca: »Der Faschismus der Casa Pound Italia«, in: Sezession 55, August 2013.

580 Martin Lichtmesz: »Casa Pound«, in: Sezession 34, Februar 2010.

581 http://podcast.jungeuropa.de/hogar-social-und-die-soziale-frage-in-spanien/#more-97, 1.1.2017.

582 http://podcast.jungeuropa.de/nationale-solidaritaet-hogar-social-madrid-vs-immobilienhaie/#more-65, 10.10.2016.

583 podcast.jungeuropa.de/casapound-im-kampf-fuer-italienischen-wohnraum/#more-36, 5.10.2016.

584 podcast.jungeuropa.de/nach-hausbesetzung-in-rom-interview-mit-simone-di-stefano/#more-74, 21.10.2016.

585 Benedikt Kaiser: Eurofaschismus und bürgerliche Dekadenz. Europakonzeption und Gesellschaftskritik bei Pierre Drieu La Rochelle. Kiel 2011, S. 105.

586 Ebenda, S. 106.

587 Ebenda, S. 140f.

588 Volkmar Wölk (Gespräch): »Die Identitären haben Räume besetzt«, in: junge Welt, 10.2.2017.

589 Henning Eichberg: »Rezension zu Sebastian Maaß: Die Geschichte der Neuen Rechten in der Bundesrepublik«, globkult.de, 11.5.2016.

590 Alain de Benoist 2014, S. 301.

591 Benedikt Kaiser: »Lenin reloaded«, in: Sezession 74, Oktober 2016, S. 55.

592 Vgl. Benedikt Kaiser: Querfront. Schnellroda 2017, S. 67f.

593 Ebenda, S. 84f.

594 Ebenda, S. 81.

595 Ebenda, S. 86.

596 Roland Bubik 1995, S. 10f.

597 Ein von Martin Luther übersetztes lateinisches Sprichwort: Hoc scio pro certo, quod si cum stercore certo vinco vel vincor, semper ego maculor.

598 Vgl. http://www.nachtkritik.de/index.php?option=com_content&view=article&id=13646:kritik-an-geplanter-diskussionsveranstaltung-mit-afd-chefideologen-in-zuerich&catid=126:meldungen-k&Itemid=100089,. 11.3.2017.

599 Simon Strauß: »Die Probe fällt aus. Mit Rechten reden? Ein Theater verliert die Courage«, in: FAZ, 9.3.2017, S. 9.

600 Vgl. https://www.theater-magdeburg.de/extras/extras-im-schauspielhaus/politischer-salon/, 16.1.2017.

601 Vgl. für die Ablaufbeschreibung: http://www.mdr.de/sachsen-anhalt/landespolitik/streit-gespraech-stahlknecht-kubitschek-100.html, 1.12.2016.

602 Gespräch mit Bernd Stegemann, Berlin, 8.2.2017.

603 Marianna Salzmann: »Angst nicht so romantisch. Wir müssen unsere Ängste auseinanderpflücken, um eine Chance zu haben«, in: Theater der Zeit, November 2015, Heft 11, S. 14.

604 Ebenda, S. 15.

605 Ebenda.

606 Ebenda, S. 16.

607 Simon Strauß 2017, S. 9.

608 Tuvia Tenenbom: Allein unter Flüchtlingen. Berlin 2017, S. 53.

609 Am 25.5.2016 in der SWR2-Sendung Kulturgespräch, http://www.swr.de/swr2/kultur-info/afd-macht-front-gegen-kunst-und-kultur/-/id=9597116/did=17490364/nid=9597116/1pvxtte/index.html; http://www.deutschlandfunk.de/afd-in-sachsen-anhalt-bloss-keine-streitbare.691.de.html?dram:article_id=374230.

610 Falk Richter im Gespräch mit Joseph Hanimann, Süddeutsche Zeitung, 3.3.2016.

611 Diese Analyse entfaltete der Theaterautor während der 5. Saarbrücker Poetikdozentur. Falk Richter: »Protagonisten der Angst«, 24.6.2016.

612 Falk Richter im Gespräch mit Bärbel Nückles, Badische Zeitung, 1.1.2016.

613 Gespräch mit Falk Richter, Berlin 11.11.2016.

614 Henning Eichberg: »Rezension zu Sebastian Maaß: Die Geschichte der Neuen Rechten in der Bundesrepublik«, in: globkult.de, 11.5.2016.

615 E-Mail-Interview mit Alain de Benoist, 6.1.2017.

616 Didier Eribon: Rückkehr nach Reims. Berlin 2016, S. 124.

617 Ebenda, S. 121.

618 Dirk Jörke/Nils Heisterhagen 2017, S. 9.

619 Christian Baron: Proleten. Pöbel. Parasiten. Warum die Linken die Arbeiter verachten. Berlin 2016, S. 267.

620 Ijoma Mangold: »Der Verlust der Mitte«, in: Die Zeit, 21.1.2016.

621 Bernd Stegemann: Das Gespenst des Populismus. Ein Essay zur politischen Dramaturgie. Berlin 2017, S. 153.

622 Ebenda, S. 85.

623 Ebenda, S. 152.

Literatur

Abt, Markus: »Sarrazin verschärfen – eine Präzisierung«, in: *Sezession*, 10, 2010.
Altwegg, Jürg: »Das Ende der europäischen Welt«, *FAZ*, 25.2.2011.
Andrews, William: Dissenting Japan. A History of Japanese Radicalism and Counterculture, from 1945 to Fukushima. London 2016.
Arnim, Hans Herbert von: Die Deutschlandakte. München 2008.
Arnim, Hans Herbert von: Die Hebel der Macht und wer sie bedient. Parteienherrschaft statt Volkssouveränität. München 2017.
Autorenkollektiv: »Die braune Revolte«, in: *Klüngelskerl*, Februar 1983.

Bahners, Patrick: Die Panikmacher. Die deutsche Angst vor dem Islam. Eine Streitschrift. München 2011.
Baron, Christian: Proleten. Pöbel. Parasiten. Warum die Linken die Arbeiter verachten. Berlin 2016.
Bartsch, Günter: Revolution von rechts? Ideologie und Organisation der Neuen Rechten. Freiburg im Breisgau 1975.
Bartsch, Michael: »Dresdner Stadtschreiber schreibt rechts«, in: *taz*, 20.2.2007.
Bebnowski, David: »Aus aktuellem Anlass: Fundamentalopposition: Die ambivalente Anlehnung der AfD an '68‹«, in: Zeitgeschichte-online, 5.11.2016.
Beck, Ulrich: Die Erfindung des Politischen. Frankfurt am Main 1993.
Bender, Justus/Bingener, Reinhard: »Marc Jongen. Der Parteiphilosoph der AfD«, in: *FAS*, 15.1.2016.
Benoist, Alain de: Kulturrevolution von rechts. Krefeld 1985.
Benoist, Alain de: Mein Leben. Wege eines Denkens. Berlin 2014.
Bergfleth, Gerd: »Erde und Heimat. Über das Ende der Ära des Unheils«, in: Heimo Schwilk/Ulrich Schacht (Hg.): Die selbstbewusste Nation. »Anschwellender Bocksgesang« und weitere Beiträge zu einer deutschen Debatte. Frankfurt am Main/Berlin 1994.
Blume, Horst: »Leserbrief/Die braune Revolte«, in: *Klüngelskerl*, Mai 1983.
Blume, Horst: »Leserbrief/Einige Überlegungen zum Verhältnis der Nationalrevolutionäre in der BRD zum Regionalismus«, in: *laser – nationalrevolutionäre perspektiven für eine sozialistische demokratie*, 21, Februar/März 1980.
Blume, Horst: »Nationalrevolutionäre aus anarchistischer Sicht«, in: *Schwarzer Faden* 9, 4/1982.
Böckelmann, Frank: Die Gelben, die Schwarzen, die Weißen. Frankfurt am Main 1998.
Böckelmann, Frank: Jargon der Weltoffenheit. Was sind unsere Werte noch Wert? Leipzig 2014.

Böckelmann, Frank (Gespräch): »Der Jargon der Demokratie«, in: *Sezession-online*, 3.6.2014.

Böckelmann, Frank: »Der Riss im Schleier 4. Zur Ausgabe Frühjahr 2016«, in: *Tumult. Vierteljahresschrift für Konsensstörung*. Frühjahr 2016.

Böckelmann, Frank/Nagel, Herbert: Subversive Aktion. Der Sinn der Organisation ist ihr Scheitern. Frankfurt am Main 2002.

Boltanski, Luc/Chiapello, Ève: Der neue Geist des Kapitalismus. Konstanz 2006.

Bolz, Norbert: »Die politische Rechte steht für Bürgerlichkeit«, in: *Der Tagesspiegel*, 13.8.2010.

Bolz, Norbert: Die ungeliebte Freiheit. Ein Lagebericht. München 2010.

Bolz, Norbert: Diskurs über Ungleichheit. München 2009.

Brodkorb, Mathias: »Götz Kubitschek: Der Faschist von Schnellroda?«, in: endstation-rechts.de, 5.11.2008.

Bruns, Julian/Glösel, Kathrin/Strobl, Natascha: Die Identitären. Handbuch zur Jugendbewegung der Neuen Rechten in Europa. Münster 2014.

Bubik, Roland: »Herrschaft und Medien. Über den Kampf gegen die linke Meinungsdominanz«, in: Heimo Schwilk/Ulrich Schacht (Hg.): Die selbstbewusste Nation. »Anschwellender Bocksgesang« und weitere Beiträge zu einer deutschen Debatte. Frankfurt am Main/Berlin 1994.

Bubik, Roland (Hg.): Wir '89er. Wer wir sind und was wir wollen. Frankfurt am Main/Berlin 1995.

BüroBert: Copyshop. Kunstpraxis & politische Öffentlichkeit. Berlin/Amsterdam 1993.

Buhmann, Inga: »Kunzelmanns Keller«, in: Dieter Kunzelmann: Leisten Sie keinen Widerstand. Bilder aus meinem Leben. Berlin 1998.

Cattin, Jean-David/Vardon-Raybaud, Philippe: »Wie eine Böe herannahenden Sturmes«, in: Dominique Venner: Für eine positive Kritik. Dresden 2017.

Dávila, Nicolás Gómez: Das Leben ist die Guillotine der Wahrheiten. Ausgewählte Sprengsätze. Frankfurt am Main 2007.

Denk, Felix/Thülen, Sven von: Der Klang der Familie. Berlin 2014.

Dettling, Warnfried: »Sicherheit und Anerkennung – Der Sozialstaat an den Grenzen der Umverteilung«, in: Ulrich Pfeiffer (Hg.): Eine neosoziale Zukunft. Wiesbaden 2010.

Deutschlandstiftung Integration (Hg.): Sarrazin. Eine deutsche Debatte. München 2010.

Diesel, Andreas/Gerten, Dieter: Looking for Europe. Neofolk und Hintergründe. Wittlich 2013.

Dornbusch, Christian: »Von Landsertrommeln und Lärmorgien. Death in June und Kollaborateure«, in: Andreas Speit (Hg.): Ästhetische Mobilmachung. Dark Wave, Neofolk und Industrial im Spannungsfeld rechter Ideologien. Münster 2002.

Dreßen, Wolfgang/Kunzelmann, Dieter/Siepmann, Eckhard (Hg.): Nilpferd des höllischen Urwalds. Spuren in eine unbekannte Stadt. Situationisten. Gruppe Spur. Kommune I. Berlin 1991.

Drobinski, Matthias: »Reinheitsfanatiker«, in: *Süddeutsche Zeitung*, 13./14./15.8.2016.

Drücke, Bernd: Zwischen Schreibtisch und Straßenschlacht. Anarchismus und libertäre Presse in Ost- und Westdeutschland. Ulm 1998.

Dutschke, Gretchen: Rudi Dutschke. Wir hatten ein barbarisches, schönes Leben. Köln 1996.

Dutschke, Rudi: Mein langer Marsch. Reden, Schriften und Tagebücher aus zwanzig Jahren. Reinbek bei Hamburg 1980.

Eichberg, Henning: »Die nationale Frage ist offen«, in: *Schwarzer Faden* 10, 1/1983.

Eichberg, Henning: Nationale Identität. Entfremdung und nationale Frage in der Industriegesellschaft. München/Wien 1978.

Eichberg, Henning: Ethnopluralismus. Eine antikoloniale Begriffsgeschichte, unveröffentlichtes Manuskript 2016.

Eichberg, Henning: »Rezension zu Sebastian Maaß: Die Geschichte der Neuen Rechten in der Bundesrepublik«, in: *globkult.de*, 11.5.2016.

Eribon, Didier: Rückkehr nach Reims. Berlin 2016.

Feit, Margret: Die »Neue Rechte« in der Bundesrepublik. Organisation – Ideologie – Strategie. Frankfurt am Main 1987.

Felsch, Philipp: Der lange Sommer der Theorie. Geschichte einer Revolte. 1960–1990. München 2015.

Friedrich, Sebastian: Der Aufstieg der AfD. Neokonservative Mobilmachung in Deutschland. Berlin 2015.

Fuhr, Eckhard: »Konservative Spontis attackieren Günter Grass«, in: *Die Welt*, 2.9.2008.

Gauweiler, Peter: »Erinnerung an die 68er«, in: *Bayernkurier. Deutsche Wochenzeitung für Politik & Wirtschaft*. Jahrgang 60, Nr. 20, 16. Mai 2009.

Gehlen, Arnold: Der Mensch. Seine Natur und seine Stellung in der Welt. Arnold Gehlen-Gesamtausgabe (GA 3). Frankfurt am Main 1993.

Gehlen, Arnold: Moral und Hypermoral. Wiesbaden 1986.

Gerwien, Tilman: Aufstand aus der Mitte, in: Der Stern, 1/2015, 23.12.2014.

Giddens, Anthony: Der dritte Weg. Die Erneuerung der sozialen Demokratie. Frankfurt am Main 1999.

Giddens, Anthony: Jenseits von Links und Rechts. Frankfurt am Main 1997.

Gilcher-Holtey, Ingrid: »Avantgarde der Avantgarde: Guy Debord und die

Situationistische Internationale«, in: Ingrid Gilcher-Holtey: Eingreifendes Denken. Die Wirkungschancen von Intellektuellen. Weilerswist 2007.

Gilcher-Holtey, Ingrid: »Primat der Theorie oder Primat der Praxis? Kritische Theorie und Neue Linke«, in: Ingrid Gilcher-Holtey: Eingreifendes Denken. Die Wirkungschancen von Intellektuellen. Weilerswist 2007.

Goetz, Rainald: 90 s Nacht. Pop. Frankfurt am Main 1999.

Grabowski, Manfred: »Nationalismus ist Wille zur Freiheit«, in: Nationalismus heute. Junge Kritik 1. Beiheft des Studenten-Anzeigers. Coburg 1970.

Grass, Günter: Vom Häuten der Zwiebel. Göttingen 2006.

Greiner, Ulrich: »Die Neunundachtziger«, in: *Die Zeit* 38, 16.9.1994.

Haider, Jörg: Befreite Zukunft. Jenseits von Links und Rechts. Wien 1997.

Hageböck, Michael: »Endzeit«, in: Roland Bubik (Hg.): Wir '89er. Wer wir sind und was wir wollen. Frankfurt am Main/Berlin 1995.

Hakemi, Sara: »Das terroristische Manifest. Die erste Generation der RAF im Kontext avantgardistischer und neo-avantgardistischer Diskurse«, in: Martin Klimke/Joachim Scharloth (Hg.): 1968. Handbuch zur Kultur- und Mediengeschichte der Studentenbewegung. Bonn 2008.

Harich, Wolfgang: Zur Kritik der revolutionären Ungeduld. Eine Abrechnung mit dem alten und dem neuen Anarchismus. Berlin 1998.

Haug, Wolfgang: »Entgegnung«, in: *Schwarzer Faden* 10, 1/1983.

Hauke, Frank: »Der rote Faden«, in: Roland Bubik (Hg.): Wir '89er. Wer wir sind und was wir wollen. Frankfurt am Main/Berlin 1995, S. 53–68.

Heitmeyer, Wilhelm (Hg): Deutsche Zustände. Folge 9. Berlin 2010.

Heni, Clemens: Salonfähigkeit der Neuen Rechten. ›Nationale Identität‹, Antisemitismus und Antiamerikanismus in der politischen Kultur der Bundesrepublik Deutschland 1970–2005: Henning Eichberg als Exempel. Marburg 2007.

Henkel, Hans-Olaf: Die Euro-Lügner. München 2013.

Hennis, Wilhelm: »Die hochschulpolitischen Forderungen der ›Neuen Linken‹«, in: Erwin K. Scheuch (Hg.): Die Wiedertäufer der Wohlstandsgesellschaft. Eine kritische Untersuchung der ›Neuen Linken‹ und ihrer Dogmen. Köln 1968.

Hinz, Thorsten: Literatur aus der Schuldkolonie. Schreiben in Deutschland nach 1945. Schnellroda 2010.

Höhler, Gertrud: Die Patin. Wie Angela Merkel Deutschland umbaut. Zürich 2012.

Holert, Tom/Terkessidis, Mark: »Einführung in den Mainstream der Minderheiten«, in: Tom Holert/Mark Terkessidis (Hg.): Mainstream der Minderheiten. Pop in der Kontrollgesellschaft. Berlin 1996.

Institut für Staatspolitik (IfS): Der Fall Sarrazin. Eine Analyse. Albersroda 2010.

Institut für Staatspolitik (IfS): ’68. Ursachen und Folgen. Albersroda 2008.

Jäger, Lorenz: »Apokalypse lieber später«, in: *FAZ*, 23.9.2015.
Jäger, Lorenz: »Das schlechte Gewissen können wir kaufen«, in: *FAZ*, 12.10.2005.
Jäger, Lorenz: Adorno. Eine politische Biographie. München 2009.
Jappe, Georg: »›Provokation als Lebenselement‹. Joseph Beuys im Verhör«, in: *National-Zeitung Basel*, 4. Februar 1970, zitiert nach: Staatliche Museen zu Berlin: Joseph Beuys: Provokation. Lebensstoff der Gesellschaft. Kunst und Antikunst. Nr. 111 der Schriftenreihe des Joseph Beuys Medien-Archivs, Berlin 2003.
Jörke, Dirk/Heisterhagen, Nils: »Was die Linken jetzt tun müssen«, in: *FAZ*, 26.1.2017.
Jürgs, Michael: Bürger Grass. Eine deutsche Biografie. Aktualisierte und erweiterte Neuauflage. München 2015.

Kaiser, Benedikt: Eurofaschismus und bürgerliche Dekadenz. Europakonzeption und Gesellschaftskritik bei Pierre Drieu La Rochelle. Kiel 2011.
Kaiser, Benedikt: »Lenin reloaded«, in: *Sezession* 74, 10/2016, S. 55.
Kaiser, Benedikt: Querfront. Schnellroda 2017.
Kaiser, Carl-Christian: »Der dramatische Tag von Kassel«, in: *Die Zeit*, 29.5.1970.
Katschmarek, Kurt: »NR und Regionalismus. Zum Artikel des Horst Blume in *laser* 21«, in: *laser. nationalrevolutionäre perspektiven für eine sozialistische demokratie*, 22. März 1980.
Kellershohn, Helmut (Hg.): Das Plagiat. Der völkische Nationalismus der *Jungen Freiheit*. Duisburg 1994.
Kellershohn, Helmut (Gespräch): »Sie wollen den autoritären Staat«, in: *junge Welt*, 20.7.2013.
Kellershohn, Helmut: »Strategische Optionen des Jungkonservatismus«, in: Regina Wamper/Helmut Kellershohn/Martin Dietzsch (Hg.): Rechte Diskurspiraterien. Strategien der Aneignung linker Codes, Symbole und Aktionsformen. Münster 2010.
Klonovsky, Michael: Der Held. Ein Nachruf. München 2011.
Klonovsky, Michael: »Die Apokalypse nach Jean«, in: *Focus*, 48/2015.
Koch, Heiko: Casa Pound Italia. Mussolinis Erben. Münster 2013.
Koenen, Gerd: Das rote Jahrzehnt. Unsere kleine deutsche Kulturrevolution 1967–1977. Frankfurt am Main 2011.
Körber, Michael: »Anmerkungen zu Horst Blume«, in: *laser – nationalrevolutionäre perspektiven für eine sozialistische demokratie*, 23. April 1980.
Kondylis, Panajotis: Der Niedergang der bürgerlichen Denk- und Lebensform. Berlin 2010.
Kositza, Ellen: Die Einzelfalle. Schnellroda 2016.

Kositza, Ellen: »Grenzgänge«, in: Roland Bubik (Hg.): Wir '89er. Wer wir sind und was wir wollen. Frankfurt am Main/Berlin 1995.

Krause, Klaus Peter: »Widerstand ist machbar. Agieren gegen die Herrschenden: Eine Tagung in Speyer mit Hans Herbert von Arnim und Thilo Sarrazin«, in: *Junge Freiheit* 45/2011.

Kraushaar, Wolfgang: Achtundsechzig. Eine Bilanz. Berlin 2008.

Kraushaar, Wolfgang: »Die Ethnozentriker, ihre Vordenker und die Deutschen«, in: perlentaucher.de, 22.4.2016.

Kraushaar, Wolfgang: »Kinder einer abenteuerlichen Dialektik«, in: Frank Böckelmann/Herbert Nagel: Subversive Aktion. Der Sinn der Organisation ist ihr Scheitern. Frankfurt am Main 2002.

Kraushaar, Wolfgang: 1968. Das Jahr, das alles veränderte. München 1998.

Krebs, Armin: »Frauen und nationalrevolutionäre Bewegung«, in: *laser – nationalrevolutionäre perspektiven für eine sozialistische demokratie*, 23. April 1980.

Kubitschek, Götz: »Beim Bloc Identitaire in Orange: Strukturen«, in: *Sezession im Netz*, 9.11.2012.

Kubitschek, Götz: »Fünf Lehren – Nachruf auf Armin Mohler«, *Sezession im Netz*, 1.7.2003.

Kubitschek, Götz: »Hygienefimmel und Thymos-Regulierung«, in: Götz Kubitschek: Die Spurbreite des schmalen Grats. Schnellroda 2016.

Kubitschek, Götz: Provokation. Schnellroda 2007.

Kubitschek, Götz: 20 Jahre *Junge Freiheit*. Idee und Geschichte einer Zeitung. Schnellroda 2006.

Kubitschek, Götz: »Sloterdijk auf der Kippe«, in: *Sezession im Netz*, 22.7.2016.

Kunkel, Thor: »Schweigen ist Gold. Zwischenruf aus dem Reservat: Warum die Schriftsteller sich kaum mehr zu Wort melden«, in: *Junge Freiheit* 43/2009.

Kunzelmann, Dieter: Leisten Sie keinen Widerstand. Bilder aus meinem Leben. Berlin 1998.

Leicht, Robert: »Vom Bockshorn und vom Bocksgesang«, in: *Die Zeit*, 7.10. 1994.

Leick, Romain: »Das Reich der Lüge«, in: *Der Spiegel* 16/2016.

Lenk, Kurt/Meuter, Günter/Otten, Henrique: Vordenker der Neuen Rechten. Frankfurt am Main/New York 1997.

Lichtheim, Georg: »Nachwort«, in: Georges Sorel: Über die Gewalt. Frankfurt am Main 1981.

Lichtmesz, Martin: »Der feldgraue Psychagoge. Jünger-Rezeption in der Subkultur«, in: *Sezession* 22, Februar 2008.

Lichtmesz, Martin: »Krankheit und Gesundheit«, in: *Sezession* 54, Juni 2013.

Lisson, Frank: »Zerstörung der Zerstörer – eine Einstimmung«, *Sezession im Netz*, 16.1.2013.

Losurdo, Domenico: Freiheit als Privileg. Eine Gegengeschichte des Liberalismus. Köln 2010.

Lucke, Albrecht von: 68 oder neues Biedermeier. Der Kampf um die Deutungshoheit. Berlin 2008.

Maaß, Sebastian (Hg.): Günter Maschke. »Verräter schlafen nicht«. Kiel 2011.

Maaß, Sebastian: Die Geschichte der Neuen Rechten in der Bundesrepublik Deutschland. Kiel 2014.

Mangold, Ijoma: »Der Verlust der Mitte«, in: *Die Zeit*, 21.1.2016.

Maresch, Rudolf: »Spaßguerilla von rechts«, in: *Telepolis*, 09.10.2008.

Martens, Patrick: »Ehre – Freiheit – Vaterland«, in: Roland Bubik (Hg.): Wir '89er. Wer wir sind und was wir wollen. Frankfurt am Main/Berlin 1995.

Maschke, Günter: »Verräter schlafen nicht«, herausgegeben von Sebastian Maaß. Kiel 2011.

Matussek, Matthias: Das katholische Abenteuer. Eine Provokation. München 2011.

Matussek, Matthias: »Lust, die eigene Kultur auszulöschen«, in: *Die Weltwoche* 40/2015.

Mausbach, Wilfried: »Von der ›zweiten Front‹ in die friedliche Etappe? Internationale Solidaritätsbewegungen in der Bundesrepublik 1968–1983«, in: Sven Reichardt/Detlef Siegfried: Das alternative Milieu. Antibürgerlicher Lebensstil und linke Politik in der Bundesrepublik Deutschland und Europa 1968–1983. Göttingen 2010.

Meinrad, Michael: »Das Prinzip Nationalismus«, in: Europäischer Nationalismus ist Fortschritt. Junge Kritik 3. Beiheft des Studenten-Anzeigers. Coburg 1973.

Meinrad, Michael: »Nationalismus heißt Solidarität«, in: Leistungsgemeinschaft. Junge Kritik 2. Beiheft des Studenten-Anzeigers. Coburg 1971.

Meinrad, Michael: »Skizze eines dynamischen Nationalismus«, in: Nationalismus heute. Junge Kritik 1. Beiheft des Studenten-Anzeigers. Coburg 1970.

Meueler, Christof: Das ZickZack-Prinzip. Alfred Hilsberg – Ein Leben für den Underground. München 2016.

Michéa, Jean-Claude: Das Reich des kleineren Übels. Über die liberale Gesellschaft. Berlin 2014.

Mohler, Armin: Das Gespräch. Über Linke, Rechte und Langweiler. Dresden 2001.

Mohler, Armin: »Der faschistische Stil«, in: Armin Mohler: Liberalenbeschimpfung. Drei politische Traktate. Essen 1992.

Mohler, Armin/Weißmann, Karlheinz: Die konservative Revolution in Deutschland 1918–1932. Ein Handbuch. 6., überarbeitete und erweiterte Auflage. Graz 2005.

Mosebach, Martin: Häresie der Formlosigkeit. Die römische Liturgie und ihr Feind. München 2007.

Mosebach, Martin: »Nicolás Gómez Dávila – Einsiedler am Rand der bewohnten Erde«, in: Nicolás Gómez Dávila: Notas. Unzeitgemäße Gedanken. Berlin 2005.

Mosebach, Martin: Schöne Literatur. Essays. München 2006.

Mouffe, Chantal: »Demokratie auf dem Prüfstand« (Gespräch mit M. Miessen), in: Markus Miessen: Albtraum Partizipation Berlin 2012.

Napiorkowski, Daniel: »Seppuku vor 40 Jahren: Yukio Mishima«, in: *Sezession* 39, Dezember 2010.

Negt, Oskar: Achtundsechzig. Politische Intellektuelle und die Macht. Göttingen 1995.

Negt, Oskar (Hg.): Die Linke antwortet Jürgen Habermas. Frankfurt am Main 1968.

Nöck, Hartmut: »Modernismus über alles?«, in: Nationalismus heute. Junge Kritik 1. Beiheft des Studenten-Anzeigers. Coburg 1970.

NPD-Vorstand: Argumente für Kandidaten & Funktionsträger. Handreichung für die öffentliche Auseinandersetzung. Berlin 2006.

Ochsenreiter, Manuel/Hatzenbichler, Jürgen: »Der erste deutsche Raver«, in: *Junge Freiheit* 10/1998.

Peltsch, Fabian/Niemczyk, Ralf: »Soundtrack eines rechten Gefühls«, in: *Die Welt*, 6.8.2016.

Pfahl-Traughber, Armin: Konservative Revolution und Neue Rechte. Rechtsextremistische Intellektuelle gegen den demokratischen Verfassungsstaat. Opladen 1998.

Poschardt, Ulf: DJ-Culture. Diskjockeys und Popkultur. Reinbek bei Hamburg 1997.

Prasse, Jan-Ole: Der kurze Höhenflug der NPD. Rechtsextreme Wahlerfolge der 1960er Jahre. Marburg 2010.

Pröhuber, Karl-Heinz: Die nationalrevolutionäre Bewegung in Westdeutschland. Hamburg 1980.

Raabe, Jan/Speit, Andreas: »›L'art du mal‹ – Vom antibürgerlichen Gestus zur faschistoiden Ästhetik«, in: Andreas Speit (Hg.): Ästhetische Mobilmachung. Dark Wave, Neofolk und Industrial im Spannungsfeld rechter Ideologien. Münster 2002.

Rabehl, Bernd: »Konservativ-Subversive Aktion überrascht mit gelungener Aktion«, rabehl.wordpress.com, 3.5.2009.

Rabehl, Bernd: Linke Gewalt. Der kurze Weg zur RAF. Schnellroda 2007.

Rabehl, Bernd: »Neue Linke und Gewalt«, in: *Sezession*, 5. April 2004.

Rabehl, Bernd: »Der Revolutionär«, in: *Junge Freiheit* 37/2006.
Rabehl, Bernd: Rudi Dutschke. Revolutionär im geteilten Deutschland. Schnellroda 2004.
Rabehl, Bernd: »Die Provokationselite: Aufbruch und Scheitern der subversiven Rebellion in den sechziger Jahren«, in: Siegward Lönnendonker/Bernd Rabehl/Jochen Staadt: Die antiautoritäre Revolte. Der Sozialistische Deutsche Studentenbund nach der Trennung von der SPD. Band 1: 1960–1967. Wiesbaden 2002.
Raddatz, Fritz J.: »Sterben ist Kultur. Porträt des japanischen Exzentrikers, Selbstmörders und Dichters Yukio Mishima«, in: *Die Zeit*, 23.11.2000.
Raspail, Jean: Das Heerlager der Heiligen. Schnellroda 2015.
Raulff, Ulrich: Wiedersehen mit den Siebzigern. Die wilden Jahre des Lesens. Stuttgart 2014.
Ravensberg, Hermann: »Die Antwort eines Konservativen. Hermann Ravensberg zu Gert Waldmanns Thesen«, in: Nationalismus heute. Junge Kritik 1. Beiheft des Studenten-Anzeigers. Coburg 1970.
Redaktion: »auch das noch ... Schwarze Ratschläge«, in: *Neue Zeit* 2, 1984.
Rehberg, Karl-Siegbert: »Arnold Gehlen als Briefschreiber«, in: *Zeitschrift für Ideengeschichte*. Heft VII/3, Herbst 2013.
Rehberg, Karl-Siegbert/Franziska, Kunz/Schlinzig, Tino (Hg.): Pegida. Rechtspopulismus zwischen Fremdenangst und »Wende«-Enttäuschung? Analysen im Überblick. Bielefeld 2016.
Rehmann, Jan/Wagner, Thomas: »Sloterdijks Weg vom Zynismus-Kritiker zum Herrschaftszyniker«, in: Jan Rehmann/Thomas Wagner: Angriff der Leistungsträger? Das Buch zur Sloterdijk-Debatte. Hamburg 2010.
Reimann, Aribert: Dieter Kunzelmann. Avantgardist, Protestler, Radikaler. Göttingen 2009.
Riegel, HP: Beuys. Die Biographie. Berlin 2013.
Rohrmoser, Günter: Geistiger Umbruch. Bilanz der marxistischen Epoche. Mainz 1983.

Salzmann, Marianna: »Angst nicht so romantisch. Wir müssen unsere Ängste auseinander pflücken, um eine Chance zu haben«, in: *Theater der Zeit* 11, 2015.
Sarrazin, Thilo: Deutschland schafft sich ab. Wie wir unser Land aufs Spiel setzen. München 2010.
Sarrazin, Thilo: »Eine schleichende Krankheit«, in: Patrick Schwarz (Hg.): Die Sarrazin-Debatte. Hamburg 2010.
Satzger, Simone: »Elemente«, in: Roland Bubik (Hg.): Wir '89er. Wer wir sind und was wir wollen. Frankfurt am Main/Berlin 1995.
Schelsky, Helmut: Die Arbeit tun die anderen. Klassenkampf und Priesterherrschaft der Intellektuellen. Opladen 1975.
Schelsky, Helmut: Die skeptische Generation. Eine Soziologie der deutschen Jugend. Köln 1957.

Scheuch, Erwin K.: »Zur Einführung«, in: Erwin K. Scheuch (Hg.): Die Wiedertäufer der Wohlstandsgesellschaft. Eine kritische Untersuchung der ›Neuen Linken‹ und ihrer Dogmen. Köln 1968.

Schindler, Jörg: »Auf der Schlacht-Bank«, in: *Frankfurter Rundschau*, 3.5.2008.

Schneider, Elias: »Der Maskentanz der Rassisten«, in: *Stern.de*, 14.11.2012.

Schobert, Alfred: Netze, Viren, Ströme – Wurzeln und das Reich oder: Wie Alain de Benoist mit Carl Schmitt der ›Dampfwalze der Globalisierung‹ trotzen will«, in: Alfred Schobert: Analysen und Essays. Extreme Rechte – Geschichtspolitik – Poststrukturalismus. Münster 2009.

Schönekäs, Klaus: »Bundesrepublik Deutschland«, in: Greß, Franz/Jaschke, Hans-Gerd/ Schönekäs, Klaus: Neue Rechte und Rechtsextremismus in Europa. Bundesrepublik, Frankreich, Großbritannien. Opladen 1990.

Schoeps, Hans-Joachim: Deutschland droht die Anarchie. Mainz 1972.

Schöfer, Erasmus: Die Kinder des Sisyfos. 4 Bände. Berlin 2008.

Scholdt, Günter: »Grass & Co. Dimensionen einer politischen Farce«, in: *Sezession* 19, August 2007.

Scholz, Robert: »Schlag auf Schlag: 6. ›konservativ-subversive aktion‹ (ksa) stört Veranstaltung mit Cohn-Bendit und Laschet«, in: endstation-rechts.de, 20.11.2009.

Schrenck-Notzing, Caspar von: Zukunftsmacher. Die neue Linke in Deutschland und ihre Herkunft. Stuttgart 1968.

Schwilk, Heimo/Schacht, Ulrich (Hg.): Die selbstbewusste Nation. »Anschwellender Bocksgesang« und weitere Beiträge zu einer deutschen Debatte. Frankfurt am Main/Berlin 1994.

Scianca, Adriano: »Der Faschismus der Casa Pound Italia«, in: Sezession 55, August 2013.

Scott-Stokes, Henry: Yukio Mishima. Leben und Tod. München 1986.

Seitenbecher, Manuel: Mahler, Maschke & Co. Rechtes Denken in der 68er-Bewegung. Paderborn/München/Wien/Zürich 2013.

Sellner, Martin: »Gewaltlose Disziplin«, in: Sezession im Netz, 16.2.2017.

Sellner, Martin: »Der Große Austausch in Theorie und Praxis – ein Nachwort«, in: Renaud Camus: Revolte gegen den Großen Austausch. Schnellroda 2016.

Sepp, Benedikt: Linke Leute von rechts? Die nationalrevolutionäre Bewegung in der Bundesrepublik. Marburg 2013.

Serrao, Marc Felix: »Wir sind noch im Training«, in: *Süddeutsche Zeitung*, 6./7.9.2008.

Singer, Hartwig (Henning Eichberg): »Antwort an einen Konservativen«, in: Nationalismus heute. Junge Kritik 1. Beiheft des Studenten-Anzeigers. Coburg 1970.

Singer, Hartwig (Henning Eichberg): »Logischer Empirismus«, in: Europäischer Nationalismus ist Fortschritt. Junge Kritik 3. Beiheft des Studenten-Anzeigers. Coburg 1973.

Singer, Hartwig (Henning Eichberg): »Manifest neue Rationalität«, in: Leistungsgemeinschaft. Junge Kritik 2. Beiheft des Studenten-Anzeigers. Coburg 1971.
Singer, Hartwig (Henning Eichberg): »›Modernismus‹ oder irrationale Hingabe? Zu Hartmut Nöcks Kritik«, in: Nationalismus heute. Junge Kritik 1. Beiheft des Studenten-Anzeigers. Coburg 1970.
Singer, Hartwig (Henning Eichberg): »Provokation I. Was blieb von der politischen Moral?«, in: *Junges Forum*, 2/1967, zit. n.: Hartmut Nöck: »Modernismus über alles?«, in: Nationalismus heute. Junge Kritik 1. Beiheft des Studenten-Anzeigers. Coburg 1970.
Singer, Hartwig (Henning Eichberg): »Totale Nation? Europäischer Nationalismus und die Öffnung nach vorn«, in: Nationalismus heute. Junge Kritik 1. Beiheft des Studenten-Anzeigers. Coburg 1970.
Sloterdijk, Peter: Die nehmende Hand und die gebende Seite. Berlin 2010.
Sloterdijk, Peter/Heinrichs, Hans-Jürgen: Die Sonne und der Tod. Frankfurt am Main 2006.
Sloterdijk, Peter: Im Weltinnenraum des Kapitals. Frankfurt am Main 2006.
Sloterdijk, Peter: Zorn und Zeit. Politisch-psychologischer Versuch. Frankfurt am Main 2006.
Sonnenberg, Uwe: Von Marx zum Maulwurf. Linker Buchhandel in Westdeutschland in den 1970er Jahren. Göttingen 2016.
Speit, Andreas (Hg.): Ästhetische Mobilmachung. Dark Wave, Neofolk und Industrial im Spannungsfeld rechter Ideologien. Münster 2002.
Speit, Andreas: »Rechte stören Grass-Lesung«, in: *taz*, 2.9.2008.
Staatliche Museen zu Berlin: Joseph Beuys: Provokation. Lebensstoff der Gesellschaft. Kunst und Antikunst. Nr. 111 der Schriftenreihe des Joseph Beuys Medien-Archivs, Berlin 2003.
Stadlhuber, Xaver: »Anmerkungen zu Horst Blume«, in: *laser – nationalrevolutionäre perspektiven für eine sozialistische demokratie*, 23, April 1980.
Stanzel Volker: »Mishima und seine ›Schildgemeinschaft‹«, in: Gisela Völger/Karin von Welck: Männerbande. Männerbünde. Zur Rolle des Mannes im Kulturvergleich. Rautenstrauch-Joest-Museum Köln 1990, S. 121–125.
Staud, Toralf: Moderne Nazis. Die neuen Rechten und der Aufstieg der NPD. Köln 2005.
Stein, Dieter: Phantom »Neue Rechte«. Die Geschichte eines politischen Begriffs und sein Missbrauch durch den Verfassungsschutz. Berlin 2005.
Stegemann, Bernd: Das Gespenst des Populismus. Ein Essay zur politischen Dramaturgie. Berlin 2017.
Strauß, Simon: »Die Probe fällt aus. Mit Rechten reden? Ein Theater verliert die Courage«, in: *FAZ*, 9.3.2017.

Terkessidis, Mark: Kulturkampf. Volk, Nation, der Westen und die Neue Rechte. Köln 1995.

Thielicke, Helmut: Kulturkritik der studentischen Rebellion. Tübingen 1969.

Trampert, Rainer: »›Der liberale Beobachter‹ Peter Sloterdijk und der Sozialneid von oben«, in: Jan Rehmann/Thomas Wagner (Hg.): Angriff der Leistungsträger? Das Buch zur Sloterdijk-Debatte. Hamburg 2010.

Tullio, Domenico Di: Wer gegen uns? Schnellroda 2010.

Venner, Dominique: Für eine positive Kritik. Das Ende der alten Rechten. Dresden 2017.

Vorländer, Hans/Herold, Maik/Schäller, Steven: Pegida. Entwicklung, Zusammensetzung und Deutung einer Empörungsbewegung. Wiesbaden 2016.

»**Vorwort**«, in: Nationalismus heute. Junge Kritik 1. Beiheft des Studenten-Anzeigers. Coburg 1970 (ohne Verfasserangabe).

Wiggershaus, Rolf: Die Frankfurter Schule. Geschichte. Theoretische Entwicklung. Politische Bedeutung. München 1986.

Wagner, Thomas: Demokratie als Mogelpackung. Oder: Deutschlands sanfter Weg in den Bonapartismus. Köln 2011.

Wagner, Thomas: Die Einmischer. Wie sich Schriftsteller heute engagieren. Hamburg 2010.

Wagner, Thomas (Hg.): Im Rücken die steinerne Last – Unternehmen Sisyfos. Die Romantetralogie von Erasmus Schöfer. Berlin 2012.

Wagner, Thomas/Zander, Michael: Sarrazin, die SPD und die Neue Rechte. Berlin 2011.

Waldmann, Gert: »Konzept eines europäischen Nationalismus«, in: Nationalismus heute. Junge Kritik 1. Beiheft des Studenten-Anzeigers. Coburg 1970.

Waldmann, Gert: »Sechs Thesen zum modernen Nationalismus«, in: Nationalismus heute. Junge Kritik 1. Beiheft des Studenten-Anzeigers. Coburg 1970.

Waldmann, Gert: »Parolen«, in: *Fragmente* 25, 1971.

Wamper, Regina/Kellershohn, Helmut/Dietzsch, Martin (Hg.): Rechte Diskurspiration. Strategien der Aneignung linker Codes, Symbole und Aktionsformen. Münster 2010.

Wanders, Hans: »The wonderful and frightening World of ... Gothic, Grufts und Industrial – die Schwarze Szene und deren Musik im Überblick«, in: Andreas Speit (Hg.): Ästhetische Mobilmachung. Dark Wave, Neofolk und Industrial im Spannungsfeld rechter Ideologien. Münster 2002.

Weber, Annette: »Miniaturstaat Rave-Nation. Konservatismus im Kontext der Techno-Community«, in: Tom Holert/Mark Terkessidis (Hg.): Mainstream der Minderheiten. Pop in der Kontrollgesellschaft. Berlin 1996.

Weimer, Wolfram: »Das Anti-1968 ist da«, in: *The European. Das Debatten-Magazin* 4/2016.

Weiß, Konrad: »Generalkonsul eines Königreichs der Phantasie«, in: *FAZ*, 6.4.2016.
Weiß, Volker: Moderne Antimoderne. Arthur Moeller van den Bruck und der Wandel des Konservatismus. Paderborn 2012.
Weiß, Volker: Die autoritäre Revolte. Die Neue Rechte und der Untergang des Abendlandes. Stuttgart 2017.
Weißmann, Karlheinz: Armin Mohler. Eine politische Biographie. Schnellroda 2011.
Weißmann, Karlheinz: Druiden, Goden, weise Frauen. Zurück zu Europas alten Göttern. Freiburg im Breisgau 1991.
Weißmann, Karlheinz: »Die konservative Option«, in: *Criticón* 113.
Weißmann, Karlheinz: Schwarze Fahnen, Runenzeichen. Die Entwicklung der politischen Symbolik der deutschen Rechten zwischen 1890 und 1945. Düsseldorf 1991.
Wiggershaus, Rolf: Die Frankfurter Schule. Geschichte. Theoretische Entwicklung. Politische Bedeutung. München 1986.
Wildt, Michael: Volk, Volksgemeinschaft, AfD. Hamburg 2017.
Willinger, Markus: Die identitäre Generation. Eine Kriegserklärung an die 68er. London 2013.
Winteracker, Paul: »Kurt Katschmareks Horror-Laser-Show oder Die alternative Dekadenz der Bourgeoisie« (Leserbrief), in: *laser – nationalrevolutionäre perspektiven für eine sozialistische demokratie*, 23. April 1980.
Winteracker, Paul: »Status quo oder Revolution. Eine nationalrevolutionäre Antwort auf Horst Blume«, in: *Schwarzer Faden* 10, 1/1983.
Wolf, Michael: »Die Schaubühne als moralinsaure Anstalt. Wie sich das politische Theater selbst betrügt«, in: *Nachtkritik-online*, 16.11.2016.
Wolfschlag, Claus-Martin: »Das Schweigen brechen«, in: Roland Bubik (Hg.): Wir '89er. Wer wir sind und was wir wollen. Frankfurt am Main/Berlin 1995.
Wölk, Volkmar (Gespräch): »De Identitären haben Räume besetzt«, in: *junge Welt*, 10.2.2017.

Zitelmann, Rainer: »Position und Begriff. Über eine neue demokratische Rechte«, in: Heimo Schwilk/Ulrich Schacht (Hrsg.): Die selbstbewusste Nation. »Anschwellender Bocksgesang« und weitere Beiträge zu einer deutschen Debatte. Frankfurt am Main/Berlin 1994.
Zitelmann, Rainer: Wohin treibt unsere Republik? Berlin/Frankfurt am Main 1994.

Personenregister

Abd ar-Rahman 206
Abt, Markus 161
Adam, Konrad 170
Adenauer, Konrad 24, 39, 129
Adorno, Theodor W. 30 f., 59, 140 f., 266
Agnoli, Johannes 24
Ali, Tariq 14
Altwegg, Jürg 234
Aly, Götz 20
Andersen, Hans Christian 288
Antonioni, Michelangelo 14
Aragon, Louis 256
Arnim, Hans Herbert von 165, 171, 177
Aronnax, Pierre (Pseudonym) 219
Augstein, Jakob 276
Augstein, Rudolf 31

Bachmann, Lutz 178, 194
Backhaus, Gottfried 280
Bahners, Patrick 162 ff.
Bahr, Egon 101
Bardot, Brigitte 73
Baron, Christian 294, 296
Barrientos Ortuño, René 61
Bartók, Béla 183
Bartsch, Günter 53
Batista, Fulgencio 74
Baudrillard, Jean 65, 67, 181, 185
Bebnowski, David 25
Beck, Ulrich 157
Bednarz, Liane 269
Behrens, Bastian 312
Benn, Gottfried 118
Benoist, Alain de 26, 56 f., 60, 62–68, 123, 202, 218 f., 228, 259, 291 ff.
Beuys, Joseph 145
Beverfoerde, Hedwig Freifrau von 280
Biermann, Wolf 110
Bingener, Reinhard 264
Blair, Tony 157
Bloch, Ernst 14, 48, 73
Blum, Bodo 49
Blume, Horst 27, 85 f., 89–92, 94
Böckelmann, Frank 22, 26, 132, 134, 141, 147, 178–191, 282 f.
Böll, Heinrich 18
Boltanski, Luc 157
Bolz, Norbert 168
Bosbach, Wolfgang 166
Brandt, Willy 37 f., 40, 42, 46, 51, 69, 95 f., 101, 173
Breker, Arno 204
Breton, André 59
Broder, Henryk M. 164
Brückner, Peter 24
Brunner, Manfred 112
Bruns, Julian 212
Buber, Martin 292
Bubik, Roland 108 f., 113, 119, 175, 261
Bucharin, Nikolai Iwanowitsch 14
Büchner, Georg 125
Büsser, Manfred 115, 124

Caillé, Alain 65
Camus, Renaud 229
Castro, Fidel 61, 74
Cattin, Jean-David 251
Céline, Louis-Ferdinand 123
Césaire, Aimé 79
Che Guevara, Ernesto 35, 61 f., 74 f.

Chiapello, Ève 157
Clinton, Hillary 285

Dahrendorf, Ralf 266
Dávila, Nicolás Gómez 126
Dean, James 61
Debord, Guy 65, 67, 136, 138
Deckert, Günter 77
Dehoust, Peter 77
Deleuze, Gilles 181
Deloria, Vine 65, 309
Dettling, Warnfried 157
Diederichsen, Diedrich 117
Diesel, Andreas 120
Dr. Motte 106
Dregger, Alfred 114
Drieu La Rochelle, Pierre 56, 72, 123, 256, 258
Drobinski, Matthias 13, 23
Dutschke, Rudi 12, 17, 49, 61, 73 f., 132, 135, 141, 149, 152, 203, 224
Duvalier, François 73

Ebner, Horst 185 f.
Eichberg, Henning 26, 42–48, 51, 53–60, 68–72, 74–79, 86, 90, 102 f., 240, 250 f., 259, 288–291
Eichberg, Søren Nils 290
Eismann, Sonja 245
Elsässer, Jürgen 194
Enzensberger, Dagrun 142
Enzensberger, Hans Magnus 14, 110, 142, 188, 263
Enzensberger, Ulrich 73
Epstein, Alexander (Sven Thomas Frank) 49
ErdoĐan, Recep Tayyip 193
Erhardt, Arthur 55 f.
Eribon, Didier 293 f.
Evola, Julius 122, 222

Feltrinelli, Giangiacomo 14
Festerling, Tatjana 190
Fichte, Hubert 59
Fischer, Joschka 159
Fischler, Hersch 183
Fitzpatrick, Jim 61
Foucault, Michel 181
Frank, Sven Thomas 49, 72
Freyer, Hans 35
Fried, Erich 14, 224
Funke, Michael 170

Gaeb, Michael 299, 308
Gauland, Alexander 170, 176, 229
Gaulle, Charles de 57
Gauweiler, Peter 17 f., 166
Gehlen, Arnold 19, 29–32, 145, 169, 188 f., 266, 298
Gehring, Petra 186
Gente, Peter 181
Gerten, Dieter 120
Giddens, Anthony 157
Giersch, Ulrich 181
Glösel, Kathrin 212
Glotz, Peter 111
Goebbels, Joseph 69, 130
Goetz, Rainald 108, 115–118
Gohlis, Tobias 188
Gottschalk, Thomas 117
Gramlich, Klaus 299
Gramsci, Antonio 63 f., 210, 228
Grass, Günter 18, 128–134, 142–145
Graw, Isabelle 117 f.
Greiner, Ulrich 110 f.
Guattari, Félix 181
Guevara, Ernesto Che 25, 61 f., 74
Guttenberg, Karl-Theodor zu 166

Habermas, Jürgen 59, 224
Haider, Jörg 176
Haley, Bill 54
Hallstein, Walter 305
Handlos, Franz 97
Harich, Wolfgang 30
Hartung, Klaus 16

Haude, Rüdiger 43
Haug, Wolfgang 93
Hauke, Frank 109
Haußleitner, August 46
Hayek, Friedrich August von 259
Heidegger, Martin 160, 201, 298
Heim, Claus 45
Heisterhagen, Nils 158, 294
Helle, Horst Jürgen 34
Henkel, Hans-Olaf 165 f., 169, 171 f., 174, 176
Hennis, Wilhelm 19
Hepp, Marcel 224 f.
Hepp, Robert 224
Herzog, Roman 172
Hetzer, Wolfgang 186
Hilbert, Dirk 190
Hindemith, Paul 183
Hinz, Thorsten 133
Hitler, Adolf 23, 71, 72, 86, 101 f., 109, 121, 126, 129, 265
Höcke, Björn 13, 80, 251, 265, 289
Höhler, Gertrud 166 ff.
Holtmann, Carolin 299
Homer 235
Honneth, Axel 259
Humphrey, Hubert H. 143 f.

Jäger, Lorenz 234
Jahn, René 192
Jamiroquai 110
Jappe, Anselm 66
Jappe, Georg 66
Jelinek, Elfriede 208
Jens, Walter 144
Jirgl, Reinhard 187
Johannes XXIII. 125
Johnson, Elisabeth 142 f.
Johnson, Uwe 142 f.
Jongen, Marc 236 f., 267, 297
Jörke, Dirk 158, 294
Jorn, Asger 136, 138
Jünger, Ernst 104, 107, 119, 122, 201, 218, 298
Jurkschat, Dirk 117

Kahrs, Johannes 173
Kaiser, Benedikt 255 f., 258 ff., 291, 296 f.
Kamper, Dietmar 181
Käßmann, Margot 276
Keene, Donald 326
Kellershohn, Helmut 98, 102–105
Kermani, Navid 125
Kessler, Olivier 267
Kesting, Hanjo 36, 131
Khuon, Ulrich 279
Kiesinger, Kurt Georg 15, 39, 129 f.
Klonovsky, Michael 127, 164, 234
Kluge, Alexander 144
Knütter, Hans-Helmuth 113
Koenen, Gerd 20
Kohl, Helmut 95, 114, 171
Kondylis, Panajotis 22
Kopp, Hans-Ulrich 102
Korda, Alberto 61
Kositza, Ellen 26, 80–83, 110, 150, 184, 241–249, 253 f., 256, 261, 264 f., 278
Kramer, Karin 43
Kraushaar, Wolfgang 187
Krebs, Armin 85, 240
Kriese, Christopher 267
Kubitschek, Götz 26, 80–83, 96, 98, 102 f., 105, 113, 132, 146–153, 161, 176, 184, 193 f., 206 f., 210, 232, 237 f., 250–256, 261–266, 268 ff., 272, 278, 297
Kudla, Bettina 229
Kunkel, Thor 24
Kunze, Klaus 175
Künzel, Siegbert 89
Kunzelmann, Dieter 73, 132, 135–143, 147, 150
Kurras, Karl-Heinz 20

Kurz, Robert 66
Küssel, Gottfried 205

Laclau, Ernesto 66
Lasch, Christopher 65
Laschet, Armin 321
Latouche, Serge 66
Le Pen, Marine 293
Lemke, Steffi 269
Lenart, Patrick 201
Lenin, Wladimir Iljitsch 14, 57, 63, 68, 152, 209, 259, 265
Leonidas 205
Leroux, Pierre 65
Leuchter, Fred 110
Levin, Tobias 117
Lichtmesz, Martin 119, 250, 252
Lischka, Burkhard 263, 269, 272
Lisson, Frank 107
Locke, John 163
Löffler, Sigrid 125, 127
Lohaus, Stefanie 245
Lorenzo, Giovanni di 117
Lucke, Albrecht von 15, 21
Lucke, Bernd 169 f., 176
Lüddemann, Cornelia 269
Ludendorff, Erich 54
Lührs, Georg 88
Lummer, Heinrich 113
Lüth, Christian 280
Luxemburg, Rosa 14, 65
Lyotard, Jean-François 181

Maaß, Sebastian 24
Mabire, Jean 56
Mahler, Gustav 183
Mahler, Horst 144, 148
Malle, Louis 73, 257
Malon, Benoit 65
Malraux, André 257
Mandel, Ernest 14
Mangold, Ijoma 295
Manke, Alfred E. 42
Marat, Jean Paul 116
Marcuse, Herbert 14, 18, 48, 59, 65
Maron, Monika 164
Martell, Karl 206
Marx, Karl 30, 68, 180, 183, 213, 292
Maschke, Günter 132, 147
Mashita, Kanetoshi 197
Matussek, Matthias 127, 234
Mechtersheimer, Alfred 112
Meese, Jonathan 263
Merkel, Angela 11, 25, 166–171, 177, 271, 287, 292, 296
Meuthen, Jörg 13
Michéa, Jean-Claude 66
Mishima, Yukio 121 f., 195 f., 197–201
Mitscherlich, Alexander 18
Mitscherlich, Margarete 18
Moeller van den Bruck, Arthur 98 ff.
Mohlau, Fred 49
Mohler, Armin 36, 103 ff., 123, 200, 214 ff., 218, 225
Mohr, Reinhard 188
Molau, Andreas 102
Monroe, Marilyn 61
Montherlant, Henry de 123
Moreau, Jeanne 73
Morita, Masakatsu 197 f.
Morrison, Jim 61
Mosebach, Martin 125 ff., 246
Mosley, Oswald 72
Mouffe, Chantal 66, 158
Mubarak, Hosni 210
Murswiek, Dietrich 40
Mussolini, Benito 227

Nagel, Herbert 132, 181
Nahr, Günter 181
Nathan, John 326
Neuhäusler, Johannes 138
Nietzsche, Friedrich 160, 201, 215
Nirumand, Bahman 14

Nolte, Ernst 253

Oertel, Kathrin 192
Ohnesorg, Benno 20
OrtuĐo, René Barrientos 61
Orwell, George 65
Ott, Michaela 186
Otting, Ludwig von 132
Oven, Wilfred von 69

Pahlevi, Mohammed Reza (Schah) 20
Pannekoek, Anton 65
Pasolini, Pier Paolo 14, 204
Paul VI. (Papst) 125
Pauli, Gabriele 166
Paulwitz, Michael 162
Pazderski, Georg 26
Pearce, Douglas 120f., 124
Penny, Laurie 246f.
Penz, Lothar 49, 86
Petry, Frauke 176, 289
Pfeiffer, Ulrich 156
Platon 62
Poggenburg, André 265
Pöhlmann, Siegfried 86
Poschardt, Ulf 108
Posener, Alan 24
Postone, Moishe 66
Pound, Ezra 123, 204
Prem, Heimrad 136
Primo de Rivera, José Antonio 105
Proudhon, Pierre-Joseph 65

Quade, Henriette 269

Rabehl, Bernd 132, 141, 147–150, 152, 203
Raddatz, Fritz J. 200
Rády, Alexander 122
Rahn, Otto 212
Rajoy, Mariano 257
Raspail, Jean 232ff.
Raulff, Ulrich 181
Rehberg, Karl-Siegbert 30ff., 34f., 190ff., 194
Rennicke, Frank 110
Ribbentrop, Joachim von 130
Richie, Donald 326
Richter, Falk 27, 280–286
Richter, Hans-Werner 144
Ricœur, Paul 292
Ridder, Dorothea 73
Riefenstahl, Leni 121
Roche, Charlotte 247
Röhm, Ernst 120
Rohrmoser, Günter 18
Rosenberg, Alfred 29
Rüger, Sigrid 239
Rühmkorf, Peter 317
Russell, Bertrand 14
Rutschky, Katharina 188

Salvatore, Gaston 14, 61
Salzmann, Marianna 273
Sandel, Michael 292
Sander, Helke 239
Sanders, Bernie 285
Sarrazin, Thilo 88, 154ff., 160–166
Sartre, Jean-Paul 14
Satzger, Simone 110
Schacht, Ulrich 111ff.
Schamoni, Rocko 116
Schäuble, Wolfgang 114
Scheller, Jörg 267
Schelsky, Helmut 18f., 29, 35
Scheuch, Erwin K. 19
Schmidt, Helmut 86, 95, 166
Schmitt, Carl 35, 118, 298
Schmitz, Melanie 241
Schneider, Peter 110
Schoeps, Hans-Joachim 19
Schöfer, Erasmus 16
Scholdt, Günter 128, 133
Schönhuber, Franz 95, 175
Schrader, Paul 122

Schrenck-Notzing, Caspar von 21, 36
Schröder, Gerhard 156–159
Schröder, Jörg 150
Schuppe, Matthias 269
Schütz, Waldemar 45
Schwarzer, Alice 241, 244 ff.
Schweeger, Elisabeth 268, 270
Schwilk, Heimo 111, 113
Scianca, Adriano 223, 252
Scott-Stokes, Henry 326
Seitter, Walter 181, 185
Sellner, Martin 26, 194 ff., 201 ff., 205–220, 222–225, 228, 230 f., 241, 250, 291
Senghor, Léopold Sédar 79
Sharp, Gene 210
Shinoyama, Kishiro 122
Sievers, Thorsten (Henning Eichberg) 45
Sigrist, Christian 44
Singer, Hartwig (Henning Eichberg) 58
Sloterdijk, Peter 159 f., 162, 164, 235 ff., 267
Sorel, Georges 57, 65, 224–228
Spengler, Oswald 122, 160, 201
Spielberg, Steven 212
Spreer, Frithjof 88
Stahl, Alexander von 113
Stahlknecht, Holger 268 ff.
Stange, Eva-Maria 190
Starbatty, Joachim 170
Stauffenberg, Claus Schenk Graf von 71 f., 101, 207
Stefano, Simone di 230, 258
Stegemann, Bernd 27, 270–273, 275–278, 295 f.
Stegner, Ralf 173
Stein, Dieter 54 f., 95 f., 98, 101 f., 161
Stein, Hans-Peter 96
Stein, Philip 255
Stokowski, Margarete 247
Stoph, Willi 37–42, 46, 51, 69
Storch, Beatrix von 170, 265, 280
Strasser, Otto 46
Straubhaar, Thomas 170
Strauß, Botho 110 f.
Strauß, Franz Josef 95, 104, 225
Strauß, Simon 268, 278
Streitberg, Michael 299
Strobl, Natascha 209, 212
Sturm, Helmut 136
Szondi, Peter 144

Tanith 115
Taubes, Jacob 103, 144
Tenenbom, Tuvia 278 f.
Terkessidis, Mark 79
Teufel, Fritz 13, 18, 143, 147, 150
Thadden, Adolf von 42
Thielicke, Helmut 19
Thora, Ruth (Pseudonym) 69
Tietzel, Manfred 88
Tillschneider, Hans-Thomas 280
Tischleder, Dominik 122 f.
Trampert, Rainer 160
Trawny, Peter 186
Trump, Donald 285 f.
Tullio, Domenico di 254

Uekermann, Johanna 173
Ulbricht, Walter 69

Vardon-Raybaud, Philippe 251
Venner, Dominique 56 f., 62, 251, 256
Venohr, Wolfgang 266
Verne, Jules 219
Virilio, Paul 185
Visconti, Luchino 14

Wagenknecht, Sahra 259
Wagner, Adolf 121
Wagner, Richard 182

Wakeford, Tony 120, 123
Waldmann, Gert 69
Walser, Martin 110
Weatherby, Meredith 326
Weber, A. Paul 72
Wege, Astrid 117
Wehr, Andreas 259
Weimer, Wolfram 23
Weiss, Peter 14
Weiß, Volker 25, 205
Weißmann, Karlheinz 97 f., 102, 113 f., 176, 251–254
WestBam 106, 115
Wizorek, Anne 246
Wildt, Michael 24 f.
Willinger, Markus 201 f., 218
Wintzek, Bernhard C. 42
Winzer, Otto 40
Wolf, Michael 12
Wolfschlag, Claus-Martin 108 ff., 184
Wolfskämpf, Vera 269
Wölk, Volkmar 259
Wychera, Alina 241

Yamamoto, Tsunetomo 122
Yeats, William Butler 204

Zedong, Mao 35, 68
Zetkin, Clara 246
Zimmer, Hans-Peter 136
Zimmer, Laura 267
Zischler, Hanns 181, 186
Zitelmann, Rainer 112 ff.
Žižek, Slavoj 259
Zwerenz, Gerhard 144